COLLECTION
FOLIO/HISTOIRE

Michel de Certeau
Dominique Julia
Jacques Revel

Une politique de la langue

La Révolution française
et les patois :
l'enquête de Grégoire

*Postface inédite de Dominique Julia
et Jacques Revel*

Gallimard

DANS LA MÊME COLLECTION

Michel de Certeau (1925-1986) a d'abord été l'historien des réorganisations du religieux entre la fin du Moyen Âge et le XVIIIᵉ siècle : au sein d'une œuvre abondante, il s'est particulièrement attaché à la figure de Jean-Joseph Surin, dont il a édité le *Guide spirituel* (1963) et la *Correspondance* (1966) et il est l'auteur de *La Fable mystique* (1982). Il a été l'observateur aigu des transformations contemporaines des pratiques culturelles dans *La culture au pluriel* (1974) et *L'Invention du quotidien* (1980). Il n'a cessé par ailleurs de s'interroger sur les procédures à l'œuvre dans *L'écriture de l'histoire* (1975).

Dominique Julia, directeur de recherche au CNRS, a principalement travaillé sur l'histoire culturelle et religieuse de la France sous l'Ancien Régime. Il a notamment publié *Les trois couleurs du tableau noir. La Révolution* (1981) et le fascicule *Enseignement 1760-1815* de l'*Atlas de la Révolution française* (1987).

Jacques Revel est directeur d'études à l'École des hautes études en sciences sociales. Ses domaines de recherche sont l'histoire sociale des pratiques culturelles entre XVIᵉ et XVIIIᵉ siècle et l'historiographie. Il a notamment publié *Logiques de la foule* (avec A. Farge, 1988), *L'Histoire de la*

France (codirigée avec A. Burguière, 1989-1993). Avec L. Hunt, il est l'auteur de *Histories. French Constructions of the Past* (1996).

Ce livre est né de préoccupations et de recherches communes. Elles se sont rencontrées pour soumettre un dossier historique à une série d'interrogations croisées. Nous présentons ici le résultat d'un certain travail sur les textes, qui n'envisage en rien d'être exhaustif. Aussi bien n'avons-nous pas eu la prétention d'apporter à la connaissance positive de la Révolution, ou à celle de l'histoire linguistique de la France, une pierre de plus. Notre propos est tout autre. Sur un corpus de textes homogènes, nous avons tenté de faire ici l'épreuve d'un certain nombre de procédures d'analyse. La collaboration avait pour base une répartition des recherches nécessaires : à M. de Certeau, l'analyse linguistique de l'enquête et de ses antécédents ; à D. Julia, la sociologie historique des réponses ; à J. Revel, les éléments ethnologiques du dossier*. Recoupées l'une par l'autre, nos lectures nous ont conduits à nous interroger sur la cohérence historique des documents étudiés, c'est-à-dire sur les conditions mêmes de leur production.

Nous avons en outre souhaité que cet ouvrage

---

* La table des matières indique les contributions de chacun à cette élaboration commune.

témoigne dans sa forme du caractère expérimental de notre entreprise : l'articulation interne du texte de présentation, les retours des questions à travers l'analyse, trouvent ici leur justification à nos yeux. Mais il convenait aussi que l'expérience pût être contrôlée ; c'est le sens du dossier documentaire qui complète ce livre.

Septembre 1974.

Introduction

On sait depuis longtemps le rôle joué par l'État
monarchique dans la destruction des cultures périphériques, par l'imposition systématique de la langue
française dans les actes publics. Alors que l'ordonnance de Villers-Cotterêts (1539) ne visait qu'à interdire l'usage du latin et prescrivait celui du «langage
maternel françois» — c'est-à-dire laissait place aux
idiomes particuliers[1] —, les édits qui suivent l'an-
nexion des provinces nouvellement conquises exigent tous, à partir de la mi-XVIIe siècle, l'emploi
exclusif de la langue française[2]. On peut s'interroger
cependant sur le but réel que se fixaient de telles
directives. Il est évident qu'à Strasbourg l'exclusion
linguistique tend, sous la pression des intendants, à
devenir le signe de l'exclusion religieuse[3]. Surtout,
ce qui compte pour la royauté, c'est moins de faire
parler le français que de le faire comprendre. Il n'est
pas question de franciser des masses qui, de toute
façon, dans une société strictement hiérarchisée,
n'ont pas d'accès à la culture écrite — à preuve l'absence de politique scolaire[4]; il faut simplement rallier des élites en éliminant tout particularisme culturel
qui pourrait étayer un autonomisme dommageable
à la centralisation. La langue française est donc le

véhicule qui permet l'accession aux emplois de l'administration, l'outil qui établit la discrimination sociale.

La Révolution est d'emblée confrontée au problème linguistique dès lors que, fondant un ordre politique et social nouveau, elle entend susciter l'adhésion populaire. Les résistances que rencontrent les autorités pour appliquer les nouveaux décrets ne peuvent venir que de l'« ignorance » ou des « préjugés ». Dès lors une double pédagogie politique s'avère nécessaire : d'une part expliquer aux habitants de la campagne le sens des lois nouvelles dans une langue connue d'eux — c'est-à-dire traduire ; d'autre part élaborer une politique d'instruction publique. Comme le dit Talleyrand en présentant aux Constituants son rapport sur l'instruction publique, seule l'« action journalière et toujours croissante de l'instruction » pourra imprimer dans l'âme des citoyens « de nouveaux sentiments, de nouvelles mœurs, de nouvelles habitudes[5] ». Quant à la traduction des décrets, elle est décidée dès le 14 janvier 1790 et l'entreprise se développe soit sous l'impulsion de Paris, où elle prend une allure quasi industrielle dans l'officine de Dugas qui prend en charge trente départements, soit à l'initiative de bureaux départementaux particulièrement actifs dans l'Est[6].

Le revirement de cette politique, somme toute libérale, n'intervient qu'à partir de 1793, au moment où les représentants en mission envoyés dans les pays à idiomes voient dans ceux-ci non plus un simple obstacle passif mais le lieu d'une résistance propre qui diffuse la contre-révolution : « le fédéralisme et la superstition », écrit Barère dans le rapport du Comité de Salut public à la Convention en date du 8 pluviôse an II, « parlent bas breton ; l'émigration et la haine de la République parlent allemand ;

la contre-révolution parle l'italien et le fanatisme parle le basque[7] ». Et prenant soin de limiter son projet aux départements dont les idiomes « paraissent le plus contraires à la propagation de l'esprit public », c'est-à-dire breton, allemand, italien et basque, mais refusant de s'attaquer aux patois[8], il fait voter la nomination d'un instituteur de langue française dans chaque commune où « les habitants parlent un idiome étranger », chargé d'une part d'enseigner aux enfants la langue française et la Déclaration des Droits de l'Homme, d'autre part de « donner lecture au peuple et de traduire vocalement les lois de la république » chaque décade. De l'écrit, suspecté de « maintenir les jargons barbares », on est donc passé à la voix, et le décret du 2 thermidor complète logiquement celui du 8 pluviôse en interdisant l'emploi d'aucun idiome autre que la langue française dans quelque acte que ce soit, même sous seing privé. C'est dans le droit fil de cette politique que Grégoire présente à la Convention, le 16 prairial an II, son *Rapport sur la nécessité et les moyens d'anéantir les patois et d'universaliser l'usage de la langue française* qui, remarquons-le cependant, ne débouche sur aucune mesure coercitive. Au reste, aussitôt après Thermidor, on en revient aux tolérances anciennes, et l'exécution de la loi du 2 thermidor est suspendue dès le 16 fructidor.

L'enquête de Grégoire sur les patois[9] marque une étape entre les mesures prônées au début de 1790 et celles de 1793-1794. Elle prépare de loin ce renversement. Le 13 août 1790, Grégoire envoie « une série de questions relatives au patois et aux mœurs des gens de la campagne ».

1. — L'usage de la langue française est-il universel dans votre contrée ? Y parle-t-on un ou plusieurs patois ?

2. — Ce patois a-t-il une origine ancienne et connue ?

3. — A-t-il beaucoup de termes radicaux, beaucoup de termes composés ?

4. — Y trouve-t-on des mots dérivés du celtique, du grec, du latin, et en général des langues anciennes et modernes ?

5. — A-t-il une affinité marquée avec le français, avec le dialecte des contrées voisines, avec celui de certains lieux éloignés, où des émigrants, des colons de votre contrée, sont allés anciennement s'établir ?

6. — En quoi s'éloigne-t-il le plus de l'idiome national ? n'est-ce pas spécialement pour les noms des plantes, des maladies, les termes des arts et métiers, des instruments aratoires, des diverses espèces de grains, du commerce et du droit coutumier ? On désirerait avoir cette nomenclature.

7. — Y trouve-t-on fréquemment plusieurs mots pour désigner la même chose ?

8. — Pour quels genres de choses, d'occupations, de passions, ce patois est-il plus abondant ?

9. — A-t-il beaucoup de mots pour exprimer les nuances des idées et les objets intellectuels ?

10. — A-t-il beaucoup de termes contraires à la pudeur ? Ce que l'on doit en inférer relativement à la pureté ou à la corruption des mœurs ?

11. — A-t-il beaucoup de jurements et d'expressions particulières aux grands mouvements de colère ?

12. — Trouve-t-on dans ce patois des termes, des locutions très-énergiques, et même qui manquent à l'idiome français ?

13. — Les finales sont-elles plus communément voyelles que consonnes ?

14. — Quel est le caractère de la prononciation ? Est-elle gutturale, sifflante, douce, peu ou fortement accentuée ?

15. — L'écriture de ce patois a-t-elle des traits, des caractères autres que le français?

16. — Ce patois varie-t-il beaucoup de village à village?

17. — Le parle-t-on dans les villes?

18. — Quelle est l'étendue territoriale où il est usité?

19. — Les campagnards savent-ils également s'énoncer en français?

20. — Prêchait-on jadis en patois? Cet usage a-t-il cessé?

21. — A-t-on des grammaires et des dictionnaires de ce dialecte?

22. — Trouve-t-on des inscriptions patoises dans les églises, les cimetières, les places publiques, etc.?

23. — Avez-vous des ouvrages en patois, imprimés ou manuscrits, anciens ou modernes, comme droit coutumier, actes publics, chroniques, prières, sermons, livres ascétiques, cantiques, chansons, almanachs, poésie, traductions, etc.?

24. — Quel est le mérite de ces divers ouvrages?

25. — Serait-il possible de se les procurer facilement?

26. — Avez-vous beaucoup de proverbes patois particuliers à votre dialecte et à votre contrée?

27. — Quelle est l'influence respective du patois sur les mœurs, et de celles-ci sur votre dialecte?

28. — Remarque-t-on qu'il se rapproche insensiblement de l'idiome français, que certains mots disparaissent, et depuis quand?

29. — Quelle serait l'importance religieuse et politique de détruire entièrement ce patois?

30. — Quels en seraient les moyens?

31. — Dans les écoles de campagne, l'enseignement se fait-il en français? les livres sont-ils uniformes?

32. — Chaque village est-il pourvu de maîtres et de maîtresses d'école?

33. — Outre l'art de lire, d'écrire, de chiffrer et le catéchisme, enseigne-t-on autre chose dans ces écoles?

34. — Sont-elles assidûment surveillées par MM. les Curés et Vicaires?

35. — Ont-ils un assortiment de livres pour prêter à leurs paroissiens?

36. — Les gens de la campagne ont-ils le goût de la lecture?

37. — Quelles espèces de livres trouve-t-on plus communément chez eux?

38. — Ont-ils beaucoup de préjugés, et dans quel genre?

39. — Depuis une vingtaine d'années, sont-ils plus éclairés? leurs mœurs sont-elles plus dépravées? leurs principes religieux ne sont-ils pas affaiblis?

40. — Quelles sont les causes et quels seraient les remèdes à ces maux?

41. — Quels effets moraux produit chez eux la révolution actuelle?

42. — Trouve-t-on chez eux du patriotisme, ou seulement les affections qu'inspire l'intérêt personnel?

43. — Les ecclésiastiques et les ci-devant nobles ne sont-ils pas en butte aux injures grossières, aux outrages des paysans et au despotisme des maires et des municipalités?

Grégoire a en vue le projet qu'il présentera le 16 prairial an II. Il faudrait suivre l'ensemble de son action révolutionnaire, sujet ici laissé de côté[10]. Mais dans sa dernière partie, son questionnaire précise déjà nettement l'objectif: «Anéantir les patois» (questions 29 et 30). L'information demandée doit répondre à une visée qui la mue en service de renseignement. De Paris s'énonce un dessein. Le correspondant provincial se voit fixer, d'entrée de jeu, le rôle de lui être «utile». Il sera au loin l'œil d'un pouvoir. «Je ferai usage des renseignements qu'ils ont bien voulu me donner»: par cette note (début 1791) en tête de la réponse que lui envoient les Amis de la Constitution d'Agen (B. N. 7), Grégoire n'indique pas seulement comment il va utiliser et trier l'information dans le *Rapport* de 1794, mais aussi quelle fonction, relative à une politique, il donne à l'étude des patois dans l'enquête de 1790. Le questionnaire met en connexion un *plan*, déjà établi, tenu pour évident et «juste», et une *consultation* qui, sous l'apparence du détour, doit informer le pouvoir et mobiliser ses agents. Il articule une Raison sur une Éducation, croisant ainsi deux tendances de la pensée révolutionnaire sous la Constituante avant que la première l'emporte. L'utopie politique et l'itinéraire de l'investigation s'articulent comme le Savoir de la raison sur le temps du progrès. L'idée patriote d'une langue unique passe par une circulation préliminaire chez les *Amis de la Constitution*, clercs et clients provinciaux susceptibles de faire sortir les résistances cachées dans la nuit des campagnes, de fournir un matériau et des preuves aux vues de Grégoire, et d'être enrôlés dans son grand dessein. Tels qu'ils sont organisés par l'enquête, l'analyse du langage et, secondaire, le tableau de la scolarisation et des mœurs se trouvent encadrés dans une action du pouvoir. Les données «linguistiques» ou «ethnologiques» s'inscrivent dans un temps qui a pour définition de séparer un projet de sa promulgation effective. La durée de l'observation est un entre-deux, inclus dans une politique du langage. Précise et précieuse à bien des égards, l'enquête présente l'intérêt supplémentaire de laisser voir la place où elle fonctionne.

Outre les articles qui concernent la cible de l'opération (questions 29 et 30) et la conjoncture politique (les effets de la Révolution, question 41; l'adhésion au patriotisme, question 42; la situation des ecclésiastiques et des nobles à la campagne, question 43), le questionnaire de Grégoire distingue deux champs d'analyse: l'un regarde la langue, qui est au XVIIIe siècle peinture de la société (questions 1 à 28); l'autre, complémentaire, a pour objet l'instruction et son envers, les préjugés (questions 31-37 et 38-40).

La première partie obéit à un mouvement qui, en utilisant les catégories des grammairiens et «philosophes», s'ouvre sur la question de l'origine (centrale à l'époque) et s'achève avec le projet de créer une Bibliothèque. L'idiome, lieu d'une interrogation sur le principe et fondement, devient l'objet mort d'une curiosité préservatrice. Indice d'une mutation, et aussi des préalables qui seront encore présents, au XIXe siècle, dans les «reliques» du passé. Par cet habile glissement, Grégoire se saisit donc du patois *parlé* pour le transformer en une collection d'*écrits conservés*. Il passe d'une incertitude sur la relation (distance ou proximité) à la production d'un trésor national. «Anéanti» comme différence qui menace l'unicité politique, le patois peut dès lors, et doit, être protégé par l'État contre le «vandalisme[11]». Deux opérations connexes. Dans l'ordre de leur énoncé, les demandes de Grégoire ont trait d'abord à l'origine, aux «affinités» ou à l'«éloignement» du patois, questions «linguistiques» indissociables d'une psychosociologie de la relation (questions 2 à 6); puis au monde que peignent les mots, aux choses qui s'y disent avec «énergie» ou «abondance», désignant une utilité et un «propre» du patois (questions 7 à 12); puis aux rapports entre l'oral et l'écrit, c'est-à-dire entre la variation de l'un et sa fixation par l'autre (questions 13 à 16), et aux lieux de transit entre le français et le patois sur les frontières mobiles de la ville et de la campagne (questions 17 à 20). Après ce parcours assez complet, interviennent les interrogations sur les moyens de constituer un musée des écrits en patois (questions 21 à 25), avec une mention spéciale pour un élément toujours privilégié par les travaux sur la littérature orale, parce qu'il est plus scriptible et didactique : les proverbes (question 26). Le reste vise à mesurer l'appui que l'idiome local trouve dans les mœurs (question 27) et l'érosion du dialecte par l'«idiome français» (question 28). Enfin s'annonce, adressée à des clercs au titre d'une «importance religieuse» autant que «politique», et appelant une collaboration de leur part («Quels en seraient les moyens?»), la finalité politique de l'enquête.

En considérant les lieux, les intermédiaires et les instruments de l'enseignement (questions 31 à 37), puis la résistance des «préjugés» ou leur recul «depuis une vingtaine d'années» (questions 38 et 39), la seconde partie du questionnaire n'a que l'apparence de ce qui deviendra plus tard une enquête ethnologique. En fait, la volonté qui destine à la guillotine les patois parlés se déploie désormais en une analyse de ses moyens d'action et des obstacles qu'elle rencontre. Aussi ne s'agit-il plus ici d'un damier de questions à remplir. Les demandes supposent un enrôlement dans une histoire qui a deux pôles : une pathologie sociale, qui requiert un diagnostic sur les «maux» de la campagne, leurs «causes» et leurs «remèdes» (question 40, récapitulatrice) ; une dynamique des Lumières qu'indexent déjà deux dates, les années 1770 (il y a «une vingtaine d'années») et la Révolution de 1789. Dans cette histoire partagée entre celle de la superstition et celle du progrès, le choix n'est pas possible. L'information demandée est mobilisatrice. Elle précise aussi le champ clos où les Lumières vont s'opposer aux ténèbres pendant une guerre de cent ans : l'institution scolaire rurale. Le lieu stratégique, c'est l'école. Le questionnaire indique, sur la carte, le point décisif : la lutte du maître contre les préjugés de la campagne.

Grégoire ajoute à son tableau une dernière nuance, par laquelle la thérapeutique nationale des maladies de la campagne prend l'allure d'une croisade. Elle a besoin d'un assentiment. Elle s'autorise d'être crue. Il lui est donc essentiel de mesurer sa *crédibilité*, de connaître ses «effets moraux» (question 41), et son aptitude à se faire aimer (question 42). Enfin il lui faut (question caractéristique d'une révolution des croyances qui suppose encore une croyance) savoir quel espace d'action lui laisse, dans les campagnes, le faible écart qui sépare l'ébranlement des autorités anciennes (ecclésiastiques, ci-devant nobles) et le rejet de l'autorité centrale par les «outrages» paysans ou par le «despotisme» municipal (question 43). La politique des Lumières doit traverser une zone dangereuse qu'elle crée sans la contrôler, transit entre *ce qui était cru* jusque-là (les superstitions) et *ce qu'elle veut faire croire*. Ce passage rend possible, en effet, ou la rébellion du peuple des campagnes (figurée ici par les «injures grossières» et le blasphème) ou l'émancipation de pouvoirs locaux qui s'exilent de la Raison universelle promulguée par le discours de la capitale, et qui sont donc nécessairement «despotiques». Ces deux périls, l'un anarchique, l'autre particulariste, menacent la place où se tient la «représentation» parisienne et bourgeoise de la nation. Pour que cette représentation fonctionne, les moyens ne suffisent pas. Il lui faut rendre croyable le savoir

qui l'autorise à instruire, et aimable le pouvoir qui
prétend assurer le progrès, ce bien suprême. D'où le
danger de l'incrédulité dont relèvent soit les jacque-
ries populaires soit les réappropriations de leur sol
par les municipalités. À ces deux mouvements qui
viennent des profondeurs du corps, c'est-à-dire du
lieu propre, s'oppose la loi de la raison «éclairée».
Pour anéantir ou censurer l'«intérêt personnel»
(question 42), elle tirera son autorité de ce qu'elle
fait croire par son discours. À cet égard, plantée au
milieu des campagnes possédées par la violence de
désirs jamais tout à fait endormis ou par l'ambition municipale, toujours rémanente, de retrouver le
contrôle d'un propre, l'école devra produire des
croyants pour les «faire marcher». Il lui faudra
faire aimer la discipline qu'elle impose. L'outrage ou
l'irrespect sera son adversaire, tout autant que la
superstition.

De cette enquête nous n'analyserons pas comment
elle s'inscrit dans une combinaison de conflits socio-
économiques et de productions idéologiques, ni
comment s'y dessine une institution du savoir, l'école,
qui est tour à tour le déterminant et le déterminé
d'une politique. Seuls seront étudiés les textes provinciaux qui lui ont répondu et qui proviennent précisément de notables, de clercs et d'enseignants. Les
réponses racontent ce qui se passe dans les municipalités, où les pouvoirs, le savoir et les croyances
bougent ensemble. De cette place clé, elles représentent, à propos du patois, les relations de Paris avec
les campagnes. L'abondante information qu'elles
fournissent sur les patois peut être considérée comme
la production d'un lieu frontalier entre les formations rurales et une politique de la capitale. Dans la
mesure où ces réponses sont ancrées dans un milieu
social homogène, formé de notables d'ailleurs légè-

rement marginaux par rapport aux responsables locaux et donc plus liés à Paris qu'aux municipalités, l'analyse de leurs représentations acquiert une pertinence historique. Elle permet de saisir comment ce groupe *symbolise* l'ambivalence de sa position en produisant un *savoir* sur les patois, et comment il intervient ainsi dans le cadre d'une relation politique. Une dynamique s'écrit dans le texte où ces notables mettent en scène ce qui, de leurs liens à la terre natale et à la langue maternelle, *devient* un objet de savoir ou bien un imaginaire indicible devant le pouvoir central. On a donc affaire à un travail idéologique, indissociable de l'imaginaire qui en est tantôt le postulat, tantôt l'effet[12]. Le *passage par la représentation* dévoile et opère des déplacements dans des combinaisons stables entre statuts socio-économiques, institutions politiques, organisations du savoir et un imaginaire collectif lié à des croyances déniées ou changeantes. Il «place» autrement les forces en présence dans un système symbolique. Il modifie la nature des conflits. Traitant d'une politique du langage, les réponses à Grégoire forment un corpus qui offre à l'analyse les relations du langage et de la politique.

I

Les correspondants

Les réponses à la circulaire de Grégoire se trouvent dispersées dans deux recueils factices : l'un in-quarto à la Bibliothèque de la Société de Port-Royal[1], l'autre in-folio à la Bibliothèque nationale[2]. Elles sont mêlées à d'autres lettres que Grégoire a reçues sous la Convention soit en tant que membre du Comité d'Instruction publique, soit parce qu'il avait adressé à divers correspondants ses célèbres rapports «sur la nécessité et les moyens d'anéantir les patois et d'universaliser l'usage de la langue française» et sur le vandalisme. Un troisième recueil in-octavo de pièces imprimées en patois envoyées à Grégoire en même temps que les réponses à sa circulaire vient enrichir l'ensemble[3]. Augustin Gazier a publié en 1880 une partie des réponses du recueil conservé à la Bibliothèque de la Société de Port-Royal[4]. Mais son édition est loin d'être exhaustive ; l'auteur ignorait d'autre part l'existence du recueil conservé à la Bibliothèque nationale ; or les deux recueils se complètent et leur confrontation a permis bon nombre d'identifications et de datations[5].

D'abord curé, Grégoire avait eu lui-même à enseigner les paysans lorrains avant la Révolution. Celui qui deviendra, pour la France entière, à partir de 1790 le symbole du curé patriote, représente assez bien par ses préoccupations intellectuelles comme dans son action pastorale le clergé «éclairé» des dernières années du xviiie siècle. «Je vois encore assis vis-à-vis de moi dans mon petit muséum le jeune curé que notre pauvre Tschudi m'avait adressé — lui écrit en l'an III un ami suisse auquel il vient d'envoyer son rapport sur le vandalisme —, je l'entends m'exprimer ses désirs de répandre les lumières chez les bons cultivateurs au milieu desquels il vivait et surtout de détruire les préjugés qui les aveuglaient. Mais qui nous aurait dit alors ce que vous avez fait depuis[6]?» Lorsqu'il visite au Ban de la Roche, en 1787, le pasteur Jean-Jérôme Oberlin, frère du savant Jérémie-Jacques, c'est pour puiser des leçons auprès de ce ministre pionnier, fondateur d'écoles, constructeur de routes, créateur d'industries[7]. Lui-même crée, dans son presbytère d'Embermesnil, une bibliothèque de bons livres pour ses paysans afin de contrebalancer les effets pernicieux des almanachs:

> Annuellement on tire quarante mille exemplaires de l'almanach de Bâle imprimé tant en cette ville qu'à Colmar par un habitant de Berlin qui en a le privilège. Des Savoyards colportent par toute la France ce répertoire absurde qui perpétue jusqu'à la fin du xviiie siècle les préjugés du xiie. Pour huit sols, chaque paysan se nantit de cette collection chiromancique, astrologique, dictée par le mauvais goût et le délire. Le débit à la vérité en est moindre depuis quelques années parce que grâce au clergé du second ordre des idées plus saines de toutes espèces pénètrent jusque dans les hameaux[8].

Curé sensible, Grégoire préside en 1779 au couronnement de la fête de la rosière de Rechicourt-le-

Château et prononce le sermon[9]. Mais la notoriété nationale lui vient d'avoir obtenu le prix du concours académique organisé par la Société royale des Sciences et des Arts de Metz en 1788 pour son *Essai sur la Régénération physique, morale et politique des Juifs*. La Société de Metz, non contente d'avoir couronné l'ouvrage, décide en 1789 d'accueillir en son sein l'auteur. Désormais Grégoire appartient donc au réseau de correspondance académique. Or sa position vis-à-vis du patois est déjà nettement fixée : affirmant la nécessité d'extirper «cette espèce d'argot, ce jargon tudesco-hébraïco-rabbinique dont se servent les Juifs allemands», Grégoire ajoute :

> En Europe et nulle part que je sache sur le globe, aucune langue nationale n'est universellement usitée par la nation. La France a dans son sein peut-être huit millions de sujets dont les uns peuvent à peine balbutier quelques mots estropiés ou quelques phrases disloquées de notre idiome ; les autres l'ignorent complètement. On sait qu'en Basse Bretagne, et par-delà la Loire, en beaucoup de lieux, le Clergé est encore obligé de prêcher en patois local, sous peine de n'être pas compris s'il parlait français. Les gouvernements ignorent ou ne sentent pas assez combien l'anéantissement des patois importe à l'expansion des lumières, à la connaissance épurée de la religion, à l'exécution facile des lois, au bonheur national et à la tranquillité politique[10].

Le questionnaire[11] est donc dans le droit fil des préoccupations antérieures de Grégoire. Sa conviction a simplement été renforcée par les troubles paysans dont il attribue l'origine à l'ignorance de la langue[12].

LA DIFFUSION DU QUESTIONNAIRE

Les réponses qui parviennent à Grégoire s'étendent du 17 août 1790 au 12 janvier 1792[13], la majorité des réponses datées (17 sur 32) étant répartie entre novembre 1790 et février 1791. Cette chronologie même permet de déceler plusieurs réseaux de diffusion qui se recoupent parfois.

a) Grégoire suscite lui-même des réponses en écrivant personnellement à des personnalités amies dont il estimait la compétence et dont il attendait des renseignements circonstanciés. Il s'agit bien d'abord d'une communication de lumières entre « personnes de capacités distinguées[14] ». En témoigne la lettre écrite par Grégoire à Jérémie-Jacques Oberlin :

> Paris, 22 août.
>
> Monsieur,
>
> Peut-être vous rappelez-vous l'abbé Grégoire qu'autrefois vous avez accueilli avec bienveillance à Strasbourg et qui en conserve une tendre reconnaissance. Je sais que dans l'immensité de vos connaissances vous avez embrassé les idiomes patois[15]. Je me propose un travail relatif à ces divers objets ; j'ai fait imprimer en conséquence une série des questions dont je vous envoie plusieurs exemplaires pour vous et vos amis, en vous suppliant ainsi qu'eux de m'accorder quelques renseignements[16].

b) À ce premier réseau, il faut relier celui des collègues de Grégoire à l'Assemblée constituante : quatre d'entre eux ont répondu sur ses instances : Guy Bouillotte, curé d'Arnay-le-Duc[17] ; Colaud de La Salcette, chanoine de Die[18] ; l'abbé Jean-Michel Rolland pour la Provence[19] et Fournier de La Charmie[20].

Deux autres au moins ont servi d'intermédiaires : Cochon de Lapparent[21] qui suscita la réponse du prieur des dominicains de Fontenay-le-Comte[22], et Faulcon qui indiqua sans doute à Grégoire le nom de Louis-François Dominique Norbert Pressac de La Chagnaye, curé de Saint-Gaudent[23]. Joignons peut-être à ces constituants, pour faire bonne mesure, la réponse ultra-sommaire — puisque écrite à même la circulaire imprimée — de Lequinio[24], futur législateur et conventionnel.

c) Un troisième réseau est assuré par la publication du questionnaire dans *Le Patriote français* du 23 août 1790[25]. La connivence de Brissot, directeur du journal, et de Grégoire est de longue date. C'est en effet Brissot qui a fondé en 1788 la Société des Amis des Noirs où Grégoire joua le rôle que l'on sait[26]. La large diffusion du *Patriote* — on estime son tirage aux alentours de 10 000 exemplaires[27] — assurait au questionnaire une audience inespérée. Le chapeau rédactionnel précisait aux lecteurs — chez qui viennent en tête les membres des professions libérales (professeurs, instituteurs, hommes de loi) suivis des militaires, ecclésiastiques, négociants[28] — le but de l'entreprise :

> L'éducation des gens de la campagne est et sera toujours un des moyens les plus efficaces pour soutenir la constitution. L'universalité de la langue française par tout le royaume est un autre moyen non moins essentiel. M. l'abbé Grégoire, qui ne cesse de s'occuper de la chose publique et qui dirige maintenant ses vues sur ces deux points importants propose les questions suivantes aux patriotes et sans doute il obtiendra des réponses qui le mettront à même d'atteindre son but.

Le *Nouvelliste national*[29], journal politique toulousain, répercuta l'information au niveau du Sud-
Ouest en reprenant et le chapeau du *Patriote* et la
circulaire de Grégoire.

Cinq correspondants au moins signalent explicitement avoir été touchés par la voie de la presse[30].

d) Dernière répartition, sans doute la plus importante, celle des *Sociétés des Amis de la Constitution*.
Il s'agit là de l'organisation qui fut le support de
l'enquête. Déjà, *Le Patriote français*, dans la mesure
où il servait de lien entre les Sociétés[31], a pu la dif-
fuser auprès de celles-ci. Mais il est certain que Grégoire envoya aux Sociétés sa circulaire par un
courrier spécial à la fin d'octobre ou au début de
novembre. Un triple indice le révèle avec certitude :
d'une part toutes les réponses datées émanant de
Sociétés des Amis de la Constitution — sauf une —
datent de novembre et décembre 1790 ; d'autre part
des procès-verbaux de Sociétés dont les réponses ne
nous sont pas parvenues indiquent la réception de
la circulaire. Dans la séance du 25 décembre 1790,
Louis Louchet, professeur de seconde au collège,
administrateur du département de l'Aveyron, lit à la
Société des Amis de la Constitution de Rodez la
réponse à l'abbé Grégoire « dont il a bien voulu se
charger et après l'avoir remercié des soins qu'il y
avait mis et des renseignements vrais et fidèles qu'il
donnait, il a été arrêté que cette réponse partirait
par le courrier prochain[32] ». Plus explicite encore est
le procès-verbal de la séance du 11 novembre 1790
au Club littéraire et patriotique de Toulouse :

> Il a été ouvert un paquet adressé sous le contre-
> seing de l'Assemblée nationale contenant une lettre
> aux philanthropes sur les malheurs des gens de cou-

leur. Elle a été renvoyée au Comité des Rapports...
Il a été ouvert encore un autre paquet aussi contre-
signé par l'Assemblée nationale qui s'est trouvé
contenir une lettre imprimée au seing de M. Grégoire
représentant de la nation ; cette lettre renfermant
une infinité de questions à résoudre sur l'origine, les
variétés, la prononciation et l'accentuation de notre
idiome patois et sur ses livres élémentaires ; comme
aussi sur l'usage de la langue française parmi le bas
peuple et dans les airs liturgiques, les actes judiciaires ou les conversations ordinaires. Cette lettre
intéressante a été renvoyée au Comité des Rapports
pour proposer samedi prochain les moyens à prendre
pour satisfaire aux questions contenues dans cette
lettre et tous ceux qui ont des instructions à fournir
relativement aux objets de ces questions ont été
priés d'en faire part le plus tôt possible au Comité[33]

Ce procès-verbal fournit en lui-même un critère
significatif supplémentaire : l'envoi par Grégoire de
la *Lettre aux Philanthropes*, sorte de « service de
presse » avant la lettre, qui lui permet de demander
en retour une réponse à sa circulaire. Or certains
correspondants remercient Grégoire de son envoi[34].
Un support institutionnel vient donc renforcer et
compléter le réseau de relations personnelles établi
par Grégoire. Celui-ci n'hésite pas d'ailleurs, pour
obtenir un maximum de réponses, à remercier ses
correspondants chaque fois qu'il le peut, contrairement aux termes de la circulaire qui prévenait
d'avance toute carence de ce type : « Comme l'étendue de mes occupations ne me permettra pas de
vous écrire pour vous remercier, agréez d'avance
les sentiments de reconnaissance avec lesquels je
serai etc. » Débordé de courrier[35], Grégoire jette à la
hâte, sur les lettres reçues, quelques notes destinées
à son secrétaire, telle celle-ci que l'on trouve sur la

lettre de son homonyme curé des Palais dans le Lot-et-Garonne : « Impossible de lui écrire ; amitiés, un exemplaire ; fraternité constante et union ; Aux Amis de la Constitution de Tonneins : sensible aux choses honnêtes qu'ils ont dites de moi ; un exemplaire ; leur demander des renseignements sur le patois[36]. »

Au total une géographie des réponses se dessine. La densité des réponses venues de l'Est tient sans doute au rayonnement régional de Grégoire. Mais avec dix-sept réponses venues du Sud — soit plus du tiers —, les pays de langue d'oc, de Périgueux à Perpignan, se taillent la part du lion : ce poids n'est sans doute pas fortuit et c'est déjà l'indice du lieu où le problème linguistique est politiquement essentiel.

SOCIOLOGIE DES CORRESPONDANTS

Si nous tentons maintenant de faire le bilan des réponses conservées, 36 sur 49 suivent plus ou moins fidèlement le schéma proposé. Les autres sont des lettres d'accompagnement, des annonces ou des refus de réponse. Même lorsqu'elles émanent d'individus isolés, elles sont souvent le fruit d'une élaboration collective : le correspondant s'est fait un devoir de se renseigner auprès des personnes susceptibles de lui apporter des indications précieuses[37]. Grünwald, journaliste à Bouillon, transmet la circulaire à « un respectable et érudit Père Augustin de Bouillon » ainsi qu'à son curé et propose : « Si vous pouvez attendre que nos laboureurs aient le loisir, je rassemblerai de temps en temps chez moi une espèce d'Académie patoise pendant les longues nuits d'hiver et nous ferons tout ce que nous pourrons pour vous composer un recueil aussi complet que possible de termes et de proverbes patois[38]. » Beaucoup sentent le handicap que constitue le fait d'être citadin :

> Je ne suis pas le *Beatus* d'Horace qui *procul nego-tiis paterna rura bobus exercet suis*. Né d'un père chargé de huit enfants qui n'avait d'autre secours pour soutenir sa famille que ceux que lui procurait l'exercice d'un office de procureur en province. Il n'a pas été en son pouvoir de nous laisser des biens à la campagne. Élevé moi-même pour suivre la même carrière, j'ai eu peu d'occasions de connaître le langage et les mœurs des villageois [39].

À l'inverse, exceptionnelle apparaît l'assurance de cet anonyme du district de Nérac :

> Je puis vous instruire sur certaines choses avec d'autant plus de certitude, que depuis mon bas âge j'ai presque toujours habité la campagne, n'ayant d'autre compagnie et pour voisins que des laboureurs et des gens sans éducation ; ayant donc resté toute ma vie avec eux, je ne puis ignorer leur patois, leurs sentiments et leurs mœurs [40].

Lorsqu'il s'agit des Sociétés des Amis de la Constitution, le procès-verbal de Toulouse, cité plus haut, indique bien la réaction habituelle : la Société désigne un membre jugé de par sa profession particulièrement qualifié pour répondre ou renvoie à un Comité spécialisé l'étude détaillée du questionnaire, invitant ses membres à leur fournir toutes les indications en leur possession. Une lecture en séance publique précède l'envoi de la réponse à Paris.

Ce qui amène à établir une double sociologie des correspondants. D'une part celle des individus, d'autre part celle des Sociétés elles-mêmes. Si nous nous en tenons aux correspondants que nous avons pu identifier — et qui peuvent parfois se situer dans deux ou même trois catégories à la fois[41] — nous obtenons les résultats suivants :

Professions liées à la justice	8	
Médecin-chirurgien	2	
Professeur	5	
Clergé régulier 4		
séculier 15	19	dont 2 chanoines
		11 curés
Administration publique	4	
Négociant	1	
Laboureur	1	
Inconnus	2	dont 1 femme
Anonymes	4	
Sté des Amis de la Constitution	14	

On reconnaîtra l'écrasante prépondérance des « clercs » pris au sens large (justice, médecine, enseignement, clergé, administration publique) puisqu'ils constituent trente et un correspondants sur les quarante-trois que nous avons réussi à identifier.

Si l'on cherche à repérer plus finement la qualité des correspondants, deux clercs attirent immédiatement l'attention : Chabot et Rochejean. Leur réponse à Grégoire devait jouer un rôle décisif dans leur carrière puisque Grégoire, devenu évêque de Blois, les choisit un peu plus tard comme vicaires épiscopaux. François Chabot qui s'intitule « ci-devant Père Augustin, gardien du couvent des Capucins de Rodez », après avoir été professeur de mathématiques au collège de Rodez est entré dans l'ordre des Capucins ; dès 1788 il s'est vu interdire par son évêque Mgr Colbert de Castle-Hill la prédication[42] ; membre fondateur de la Société des Amis de la Constitution de Rodez au 3 mai 1790, il se retire en août 1790 chez sa mère, à Saint-Geniez-d'Olt, où il s'empresse de fonder une nouvelle Société des Amis de la Constitution[43]. Marie-Joseph Philibert Rochejean — qui était son suppléant à la Convention — né à Salins en 1762, fils d'un procureur du roi en la prévôté royale de Bracon, est un Oratorien[44]. Après avoir enseigné à l'École militaire de Tournon puis au séminaire Saint-Magloire, il est, au moment où il répond à l'enquête Grégoire le 15 mars 1791, devenu précepteur des enfants du duc de Sully[45].

Au-delà de ces cas particuliers, il faut bien reconnaître que l'ensemble de la trame tissée par les correspondants de Grégoire recoupe ce réseau de communication de lumières dont on sait la vigueur à la fin du xviiie siècle[46]. De Bernadau, « membre de plusieurs sociétés littéraires et patriotiques » à Oberlin, du chanoine Hennebert aux membres correspondants de la Société d'Agriculture que sont Norbert Pressac ou Jacques-Joseph Juge de Saint-Martin, on est en présence de cette bourgeoisie éclairée dont la sociabilité s'exprime à travers les réunions académiques ou l'échange épistolaire, dont la curiosité encyclopédique manie aussi bien l'érudition linguistique que l'agronomie ou la médecine. Ainsi Norbert Pressac de La Chagnaye, curé de Saint-Gaudent dans la Vienne[47], a fait paraître depuis 1785 ses *Lettres d'un curé des environs de Civrai* où il préconise des solutions agronomiques, nettement inspirées de l'école physiocratique : ennemi de la jachère, il se prononce contre le libre parcours. Il reçoit en 1789 une médaille d'or de la Société d'Agriculture de Paris ainsi qu'un bélier et une brebis de race espagnole. Curé éclairé, Norbert Pressac crée dans sa paroisse un bureau de charité pour secourir les pauvres, un bureau de conciliation pour régler les conflits[48] ; botaniste, il rassemble les plantes à des fins médicinales : n'écrit-il pas dans les *Affiches du*

Poitou du 25 août 1787 : « Guérir le corps et l'âme sont deux sacerdoces que les pasteurs devraient unir ensemble et rendre inséparables[49]. » Aussi bien les remèdes du curé de Saint-Gaudent ont-ils une célébrité qui dépasse le cadre paroissial[50]. Et au moment où il répond à l'enquête de Grégoire, il a récemment acquis une notoriété nationale grâce à l'article que *Le Moniteur*[51] vient de lui consacrer à propos de la plantation de l'arbre de la liberté. L'anecdote civique avait dû frapper Grégoire lui-même puisqu'il reproduit quasi intégralement la notice du *Moniteur* dans son *Histoire patriotique des arbres de la Liberté*, parue en l'an III[52] :

> Chez nous les mais que plantaient l'estime, l'amitié ou l'amour, ont été consacrés à l'amour de la liberté dont la nature féconde est le symbole. Le premier qui paraît en avoir donné l'exemple est Norbert Pressac curé de Saint-Gaudent près Civray dans la Vienne. En mai 1790, le jour de l'organisation de la municipalité, il fait arracher dans la forêt un chêneau de belle venue et le fait transporter sur la place du village où les deux sexes réunis concourent à le planter ; il les harangue ensuite sur les avantages de la Révolution et de la liberté : « Au pied de cet arbre, dit-il, vous vous souviendrez que vous êtes français et dans votre vieillesse vous rappellerez à vos enfants l'époque mémorable à laquelle vous l'avez planté. » Alors tous les citoyens qui avaient des procès consentent, sur sa demande, à les terminer par arbitres ; ils s'accordent sur le choix, s'embrassent après avoir entendu leur sentence ; et les chants de l'allégresse terminent cette fête digne d'un peuple libre[53].

Âgé seulement de vingt-huit ans, l'abbé Fonvielhe, curé de Saint-Amand-de-Boisse en Dordogne, se vante — tout comme l'homonyme de Grégoire, curé des Palais — d'avoir été le premier de son district à prêter le serment[54]. Consacrant cinq pages de sa réponse aux moyens permettant de rendre le clergé patriote, notre théologien rural dirige ses coups contre le vœu de célibat et contre l'éducation au séminaire :

> Quel rapport a-t-elle avec une solide instruction, avec le commerce de la vie civile, avec le gouvernement d'une paroisse ?... Ah Monsieur, aplanissez les difficultés ; faites enfin travailler une théologie raisonnable ; anéantissez pour toujours cet absurde bréviaire qu'on a inventé autrefois pour occuper notre désœuvrement ; qu'il ne soit plus question de ce vœu de célibat que j'ose appeler *atroce* et qu'on n'a pu exiger sans crime de ceux que la nature a doués des précieuses facultés de se reproduire par une sainte union ; ce vœu qui est à tout le moins *nul* et incapable de lier devant Dieu ; faites dis-je tout cela et vous aurez pour pontifes des hommes selon le cœur de Dieu choisis à volonté parmi les sages du peuple, et dignes d'offrir des dons et des sacrifices pour le salut de tous... Pour être citoyen il faut nécessairement être ou du moins pouvoir devenir père de famille[55].

Poursuivant son analyse, il dénonce toute ecclésiologie reposant sur un cléricalisme de type hiérarchique[56]. On conçoit que Fonvielhe ait été admis d'enthousiasme à la Société des Amis de la Constitution de Bergerac[57] dont il devient l'un des membres les plus actifs.

Avec Chabot et Fonvielhe, nous atteignons déjà des réponses qui dépassent leur simple individualité puisque tous deux sont en effet membres actifs des Sociétés révolutionnaires. S'interroge-t-on sur l'identité du négociant poète de Montpellier qui envoie à Grégoire quelques morceaux de sa lyre patoisante[58] ?

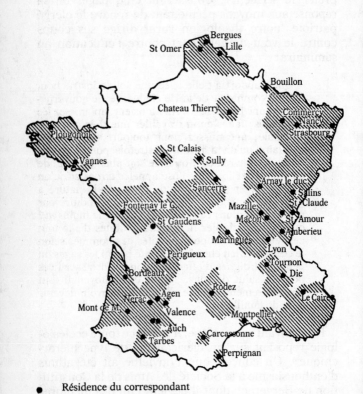

• Résidence du correspondant

▨ Région couverte par la réponse

Réponse au questionnaire de Grégoire sur les patois.

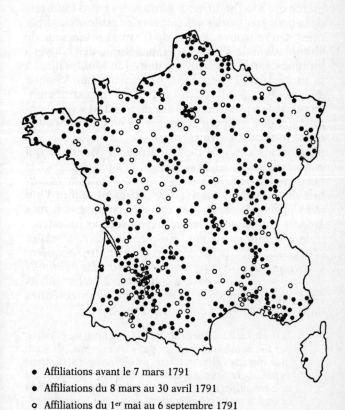

- ● Affiliations avant le 7 mars 1791
- ● Affiliations du 8 mars au 30 avril 1791
- ○ Affiliations du 1er mai au 6 septembre 1791

Les Sociétés des Amis de la Constitution :
répartition géographique suivant la date d'affiliation.

Fils et petit-fils de libraire[59], Pierre-Augustin Rigaud
fait partie de cette aristocratie culturelle du commerce qui à la fin du XVIIIᵉ partage les goûts culturels
de la bourgeoisie des officiers et des professions libérales. On le trouve, à côté de Chaptal professeur de
chimie, dans le «Tableau alphabétique des citoyens
indiqués par la Société populaire [de Montpellier] à
la municipalité pour faire une instruction chaque
décade dans la salle décadaire[60]». Le magistrat campagnard Jacques-Joseph Juge de Saint-Martin, commissaire désigné pour répondre au nom de la Société
des Amis de la Constitution de Limoges, est un
physiocrate disciple de Duhamel du Monceau qui
consacre l'essentiel de ses loisirs à l'agronomie : «Les
bois que j'ai semés, écrit-il dans son *Traité de la culture du chêne*, paru en 1788[61], forment aujourd'hui
mon principal revenu ; je me suis préparé et à mes
enfants une espèce de richesse presque indestructible.» Il publiera sous l'Empire un ouvrage entier
répondant aux préoccupations de notre enquête :
*Changements survenus dans les mœurs des habitants
de Limoges depuis une cinquantaine d'années*[62]. Abordant les «préjugés et usages singuliers accrédités
dans la Haute-Vienne», l'auteur précise :

> Il est facile de prévoir que le sujet qui va m'occu-
> per me ramènera souvent dans les champs ; ils sont,
> plus que les villes, couverts de bonnes gens, de trou-
> peaux, de moissons, de bêtes fauves, de reptiles : c'est
> une manufacture qui fournit les matières premières
> et où les matières premières reçoivent un commen-
> cement de préparation.

En somme, sous le regard de la culture urbaine,
la campagne n'est qu'une entreprise d'extraction
de matière brute, lieu d'un labeur silencieux de
production.

LES SOCIÉTÉS DES AMIS
DE LA CONSTITUTION

L'autre versant du réseau Grégoire — dont nous avons déjà vu quatre représentants — est constitué par les Sociétés des Amis de la Constitution. Surgi parfois localement et indépendamment de la Société mère des Jacobins, le réseau d'affiliation à Paris se constitue à partir d'août 1790. *Le Patriote français* de Brissot sert un moment d'organe de liaison qui, dès son numéro 372 en date du 15 août 1790, publie une première liste des Sociétés affiliées. En octobre, le *Journal des Sociétés des Amis de la Constitution*, fondé par Choderlos de Laclos, se donne pour fonction explicite d'être l'instrument privilégié de correspondance entre toutes les Sociétés. Comme le note un membre de la Société d'Aix : « Un journal sortant de la source du patriotisme est proprement une nourriture salutaire que notre mère destine à toutes les sociétés[63]. » Les Sociétés s'abonnent donc au journal pour une double raison : le recevoir régulièrement et y faire insérer des mémoires ou des nouvelles[64].

Les listes publiées par le *Journal* de Choderlos de Laclos, tout comme celles du *Moniteur*[65], permettent d'esquisser exactement une chronologie et une carte des Sociétés. Elles sont 123 en octobre 1790, et ont plus que doublé en mars 1791. Elles sont plus de 500 à la fin d'août au moment où disparaît le *Journal*[66]. Le mouvement d'affiliation s'est accéléré à partir de février pour atteindre son apogée en avril[67]. Une topographie de la sociabilité révolutionnaire se dessine : le Sud-Ouest, pays de langue d'oc justement, occupe la première place : à eux seuls huit départements dont le chef de file est le Lot-et-

Garonne font le cinquième des Sociétés[68]; vient
ensuite un groupe méditerranéen particulièrement
vivant : 57 Sociétés pour les quatre départements de
la Drôme, du Gard, des Bouches-du-Rhône et du
Var[69]; le Nord enfin constitue l'un des foyers les
plus actifs[70]. Deux zones de dispersion plus diffuse,
l'une qui découpe à travers les anciennes provinces
de Bourgogne, Franche-Comté, Lyonnais, l'autre qui
atteint l'ensemble de la Bretagne, complètent cette
implantation. Pour rendre compte de celle-ci, il faudrait pouvoir dans chaque cas mesurer la part de
l'impulsion locale et celle de l'impact parisien. On
peut surtout se demander si les hypothèses émises
récemment par Maurice Agulhon sur la sociabilité
en Provence ne sont pas vérifiables ailleurs[71].

La question se pose avec d'autant plus de pertinence qu'il est possible, dans certains cas, de déceler aux origines des Sociétés une influence indéniable
des loges. Le cas est flagrant pour Lille[72], Bergerac[73], Tulle[74], Perpignan[75], dans le Gers[76]. Sans doute
l'exemple parisien impose-t-il peu à peu un type de
règlement uniforme : « Chaque Société en adoptant
ses règlements peut les adapter à ses convenances
particulières ; mais les dispositions relatives à l'esprit et au but de l'institution doivent être partout les
mêmes[77]. » Pourtant certains règlements, avant de se
modeler sur celui de Paris, transposent purement et
simplement le rituel maçonnique tel celui du *Club
littéraire et patriotique* de Toulouse[78] : « Le doyen
est le *Père patriote*, quatre *éphores* sont chargés de
prendre des renseignements sur les candidats ; ceux-
ci, à leur entrée, font le *baiser de paix* à chacun des
membres de la Société et font le serment de ne
jamais révéler les résolutions secrètes de la Société
sous aucun prétexte. » Enfin quatre signes de reconnaissance permettent aux initiés de se reconnaître :

Il y aura quatre signes de reconnaissance dont le premier sera de lever les yeux au ciel sans affectation pour marquer que l'amour pour Dieu est entré le premier dans l'esprit de la Société patriotique, le deuxième celui de porter les doigts d'une main légèrement sur les yeux pour exprimer qu'ils ont participé à la lumière qui éclaire la nation, le troisième en portant un doigt au front qui indique l'esprit d'où ressort la nouvelle loi qui ranime le feu sacré du patriotisme. Et le quatrième se manifestera en portant adroitement la main au cœur pour exprimer que Louis XVI le restaurateur de la liberté y a établi le siège de son empire.

Pour déterminer avec exactitude la composition sociale des Sociétés, il faudrait connaître avec précision les conditions d'entrée : dans certains cas, l'on n'admet que les citoyens actifs comme à Orléans[79], Bergues[80] ; dans d'autres, on exige que les candidats soient défendus par plusieurs membres de la Société (6 à Strasbourg, 6 à Toulouse, 5 à Limoges)[81] ; d'autres Sociétés formulent des conditions de majorité extrêmement dures : deux tiers à Orléans, cinq sixièmes à Limoges[82]. Enfin une cotisation souvent élevée opère une nouvelle sélection : 9 livres tournois à Bergues, 14 à Toulouse, 24 à Bergerac, 27 à Lille, 36 à Rouen[83].

Dans le tableau ci-après, nous avons tenté de représenter la composition sociale de cinq Sociétés : Tulle, Bergerac, Aurillac, Strasbourg et Lille pour les années 1790-1791[84].

La variété des situations locales s'y inscrit d'emblée. En fait deux types de structure se dégagent : d'une part à Bergerac et à Tulle on note l'importance capitale de la catégorie petit commerce et artisanat qui atteint 38 et 30 %, relayée à Tulle, du

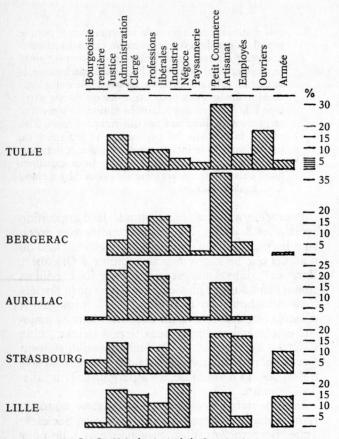

Les Sociétés des Amis de la Constitution :
distribution socioprofessionnelle.

	Bourgeoisie rentière	Justice administration	Clergé	Professions libérales	Industrie et négoce	Paysannerie	Petit commerce artisanat	Employés	Ouvriers	Armée	Total	Inconnus	Connus	Total en chiffres absolus
	1	2	3	4	5	6	7	8	9	10	11			
TULLE	0	16	8	9	5	3	30	7	18	4	100	32	68	460
BERGERAC	0	7	14	18	14	2	38	6	0	1	100	65	35	247
AURILLAC	1	23	27	20	10	1	17	1	0	0	100	43	57	215
STRASBOURG	6	14	3	12	20	0	18	17	0	10	100	8	92	308
LILLE	2	17	15	11	20	0	16	5	0	14	100	30	70	225

Armée (en chiffres absolus)

	Lille	Tulle	Bergerac	Strasbourg
Officiers	23	0	1	35
Sous-officiers	7	1	0	0
Soldats	6	11	0	0

TABLEAU EN POURCENTAGE.
Sociétés des Amis de la Constitution : répartition socioprofessionnelle, 1790-1791.

fait de la présence de la manufacture d'armes, par un groupe ouvrier non négligeable puisqu'il atteint 18 %. Mais le cas est unique[85]. Inversement, si l'on bloque les catégories justice-administration, clergé et professions libérales, on obtient le chiffre record de 70 % à Aurillac ; pour peu qu'on leur ajoute, à Lille et à Strasbourg, chefs-lieux d'intendance et villes-frontières, la catégorie des employés d'administration, nous arrivons, pour l'ensemble des professions «lettrées», à la moitié des effectifs de la Société (48 % Lille, 46 % Strasbourg). On notera d'ailleurs dans ces deux villes le rigoureux parallélisme de la participation civique des officiers (14 et 10 %) particulièrement nombreux aux frontières, et l'importance des gros négociants (20 % dans chaque cas), qui dépassent petits commerçants et artisans. Si la paysannerie est toujours absente, le pourcentage des catégories «tertiaires[86]» n'est donc jamais inférieur à 40 % des membres. Les sondages partiels que l'on peut opérer ailleurs soit à partir de procès-verbaux publiés, soit à partir d'études confirment cette prédominance : ainsi à Bergues, Limoges, Rodez, et Bordeaux[87].

Reste à s'interroger sur l'attitude des Sociétés patriotiques vis-à-vis du patois[88]. Étant donné la composition sociale de celles-ci au cours des années 1790 et 1791, l'usage du dialecte ou du patois n'y eut lieu que dans un but d'éducation populaire. Bien plus, l'activité de correspondance qui occupait une bonne part des séances ne pouvait se faire qu'en français. Mais, dans la mesure où les Sociétés se donnaient pour but explicite de répandre les idées nouvelles parmi les classes défavorisées, certaines séances publiques se faisaient dans l'idiome local. Comme le fait remarquer un membre de la Société des Amis de la Constitution de Strasbourg,

Le moyen le plus sûr de rendre les habitants de l'Alsace les meilleurs citoyens de la France c'est de les familiariser avec les principes humains et la Loi sainte de la Constitution. Faites-les-leur connaître pour les leur faire aimer. De l'autre côté, comment espérez-vous en faire de vrais patriotes si les Administrateurs et les Juges, qui seuls peuvent opérer cette heureuse révolution dédaignent de parler leur langue ?... Ne vous flattez donc jamais d'éteindre en Alsace la langue allemande[89].

Aussi bien la Société de Strasbourg décide-t-elle de faire une séance de lectures allemandes tous les dimanches et fêtes, «jours les plus commodes pour les artisans et les ouvriers[90]». Un même souci apparaît à Bergues où l'article 8 du règlement de la Société prévoit que le comité exécutif

pourra, aux frais de la société, faire traduire du français en flamand et livrer à l'impression dans ces deux langues soit des décrets de l'Assemblée nationale, soit des adresses et autres productions quelconques qui seraient émanées de la Société ou d'ailleurs en vue d'étendre et de propager les bons principes et de faire goûter à la classe indigente et non assez éclairée de nos concitoyens le prix d'une sage liberté et du vrai bonheur que les augustes représentants de la nation lui préparent[91].

À Perpignan, l'abbé Chambon, président de l'École patriotique[92], correspondant de Grégoire, explique tous les soirs en catalan les décrets de l'Assemblée nationale. À Aix-en-Provence, lors des séances publiques du dimanche, les décrets reçus au cours de la semaine sont traduits en provençal de même que les adresses importantes des Sociétés sœurs[93]. Les exemples pourraient être sans doute multipliés.

Ils prouvent en tout cas que l'emploi du patois est fondamentalement réservé, au cours de cette première phase de la Révolution[94], à un but purement pédagogique : le peuple est un enfant.

On retrouve ici les préoccupations d'éducation sociale que se fixait un journal comme *La Feuille villageoise* qui, dès son prospectus, exactement contemporain du questionnaire de Grégoire, précisait :

> Nous nous proposons de donner par forme de dictionnaire des définitions précises de tous les mots peu usités qui entrent nécessairement dans la langue constitutionnelle et, sans nous étendre sur la grammaire française, nous aiderons à substituer un idiome plus pur, plus uniforme à tous ces différents patois qui sont un reste grossier de la tyrannie féodale et une preuve honteuse de la distance et de l'abaissement où les Grands tenaient la multitude. Chose étonnante ! La langue française parlée dans toute l'Europe est à peine balbutiée dans plusieurs de nos provinces[95].

Et le propagandiste de proposer aux riches propriétaires, aux fermiers aisés, aux curés patriotes, aux médecins et chirurgiens de se rendre utiles aux paysans en leur faisant eux-mêmes la lecture du journal : « Ces lectures publiques formeront une communauté nouvelle et de petits clubs campagnards qui répandront les vérités et les vertus sociales dans ces cantons où les uns et les autres étaient si négligés. » Vaincre l'« obstination rustique », c'était aussi guider ce « mouvement de la liberté » que le paysan a reçu de la nature avec un « sens droit et un cœur chaleureux » mais dont il ignore les principes ; bref, prévenir les désordres[96].

Au total, les correspondants de Grégoire sont situés dans une position relativement inconfortable.

Notables locaux, ils poursuivent, en répondant à l'enquête, une pratique qui leur est familière, à savoir la communication de lumières entre personnes instruites, flattés en outre de voir le pouvoir politique central les consulter, soucieux de contribuer, par leurs observations, à la future législation. Mais, en animant ces clubs de réflexion et de culture que sont les Sociétés des Amis de la Constitution, en élaborant une pédagogie destinée à faire pénétrer la raison patriotique dans les campagnes, ils représentent un danger pour les municipalités, moins éclairées peut-être mais peu disposées à être court-circuitées par le développement d'un réseau parallèle qui pourrait à terme chercher à les supplanter. Cette situation locale, incertaine et changeante suivant les régions, a donné à l'appel parisien de Grégoire une résonance d'autant plus forte ; elle se répercute aussi dans le contenu des réponses.

II

Le lieu du discours

Le questionnaire de Grégoire combinait une enquête scientifique à une analyse d'opinion. Il les articulait sur ce que Bernadau appelle justement un «projet patriotique» (G. 136): une politique. Sa première partie visait la description des patois; la seconde, leur destruction, mais en n'avouant qu'à demi son objectif. Située à mi-chemin entre une temporisation fédéraliste et une prospective centralisatrice[1], l'enquête doit permettre à Grégoire de calculer les résistances ou les adhésions rencontrées par son «projet patriotique» et, en même temps, elle lui fournit le moyen d'exercer déjà une pression mobilisatrice sur des «clercs» provinciaux qui seront de précieux agents du pouvoir. Une politique à long terme s'y dessine, qui est en avance sur celle du moment. Elle s'annonce dans le questionnaire sur le mode d'interrogations contraignantes et par une finalisation *politique* (seconde partie) de l'analyse *linguistique* (première partie) des patois.

Les correspondants de Grégoire ont une position moins tacticienne et plus complexe. Ils réagissent à la pression exercée sur eux. Déjà, certes, par leurs appartenances sociales et professionnelles, ils tiennent d'une référence parisienne une militance locale:

chez eux, leur rôle «pédagogique» et philanthropique
s'appuie sur ce qui leur vient ou sur ce qu'ils attendent de la capitale. Mais entre l'effectivité de leurs
attaches provinciales et leur volonté d'être intégrés
dans l'espace «patriotique» (qui se superpose à l'espace des Lumières), il y a tension. L'enquête les
oblige à se situer. Il leur faut préciser le lieu d'où ils
parlent, se fixer une identité au milieu de ces liens
que le questionnaire présente comme antinomiques
sous la forme d'une opposition entre la langue et les
patois. Obéissant au découpage des questions organisées par une même visée, les réponses tracent
donc en pointillés la place qu'ils se donnent, décalée
et en avance sur leur situation réelle, mais en retard
sur la demande parisienne.

L'IDENTITÉ LINGUISTIQUE

Enracinés encore dans l'idiome dont ils traitent,
les correspondants doivent faire de *leur* dialecte
(«votre dialecte»[2], dit le questionnaire) l'*objet* d'une
observation. Une mise à distance de cet objet est
requise pour que le regard puisse le considérer d'un
point de vue extérieur, qui est celui de Paris. Une
coupure par rapport au local et au terroir, lieu d'origine, est le postulat du discours qui se tient au nom de
la culture. La distinction *linguistique* entre «langue»
et «patois» suppose partout une différence *géographique* entre des lieux. L'*Encyclopédie* le soulignait
déjà: «*Patois*, langage corrompu tel qu'il se parle
presque dans toutes les provinces... On ne parle la
langue que dans la capitale[3].» L'opération qu'organise le questionnaire oblige les notables provinciaux
à être dans leur propre lieu les témoins de la capitale, à venir mentalement d'ailleurs pour juger de ce

qui se passe chez eux. Elle suppose un discours qui inverse les rapports géographiques, puisque le locuteur d'Auch, d'Agen ou de Commercy doit avoir pour place («ici») le référent parisien et pour objet («là-bas») la région même qu'il habite. Les réponses oscillent entre la géographie effective et la géographie culturelle, c'est-à-dire entre le lieu d'une solidarité régionale et celui d'une ambition tout à la fois culturelle, sociale et patriote. Dans la majorité des cas, la référence «éclairée» l'emporte. Mais, de toute façon, une articulation de ces deux lieux est nécessaire. Les correspondants réaménagent donc les conceptions parisiennes de la langue afin d'y introduire une transformation «provinciale» de leur relation à la langue locale.

Les réponses à la demande venue de la capitale renvoient plus profondément au geste de «détruire la langue maternelle»: ce travail du conflit et de la transgression, comme Louis Wolfson le montrait[4], est indissociable d'un rapport au savoir. L'analyse des patois met en cause «la linguistique comme meurtre rituel et propitiatoire de la langue maternelle[5]». Le débat sociopolitique dont l'ensemble des textes est le théâtre se produit aussi comme l'histoire ou la répétition de ce «meurtre». Une linguistique en est l'instrument comme elle désigne la place à laquelle donne droit cette destruction propitiatoire. Aussi bien, la coupure qui sépare ces notables de «leur» patois est moins due à la contrainte exercée par quelques questions fermées qu'à l'alignement du questionnaire sur une problématique «scientifique» liée à une violence que le discours suppose en la cachant. La politique d'extermination qui se dévoile dans la deuxième partie du questionnaire («Quelle serait l'importance religieuse et politique de détruire entièrement ce patois[6]?») ne fait qu'élucider les postulats de ce savoir. Inversement, en adoptant les règles propres à une «observation» linguistique, les correspondants sont normalement conduits à entériner la politique qu'on leur suggère et qui est déjà tacitement inscrite dans les présupposés d'une information objective. Le dossier va donc déployer les relations qu'entretiennent une politique, une science du langage et ce que je désignerais encore approximativement comme une violence érotique à l'égard de la terre mère.

Ce qu'il faut d'abord souligner, c'est que l'information fournie, souvent abondante et précise, ne peut être dissociée de l'opération qui consiste pour ces clercs à déplier *devant* eux l'idiome qui est le proche. Ils déclinent en effet leur identité en décrivant un patois. On pourrait croire aussi qu'ils se trouvent un nom et un lieu propres en le renonçant — en le perdant. En réalité, parviennent-ils à effectuer une distinction véritable entre la place du sujet (locuteur) et celle de l'objet (linguistique)? Non. Ils glissent constamment. Ils intervertissent les positions, parlant tantôt du français au titre d'une appartenance régionale, tantôt du patois au nom de la «langue» de la capitale. Du coup l'analyse hésite, parce que la place qui permettrait de la «tenir» est mal assurée. L'ambivalence qui atteint l'identité linguistique reflue dans l'étude des patois et s'y inscrit comme un trouble, par des contradictions ou des silences. L'information est un champ où s'insinuent des éléments qui ne relèvent pas directement de la connaissance, mais d'une difficulté à se situer.

Par là, ce document est la trace d'un moment historique. La naissance d'un nouveau regard sur les patois, chez ces clercs patriotes, est liée au mouvement par lequel ils déplacent leurs appartenances en se définissant eux-mêmes. Quelle sera leur langue?

Quelle sera la langue de l'autre, le langage-objet ?
Comment vont se distribuer pour eux le proche et le
lointain ? Autant de questions auxquelles ils répondent tout en recueillant les données sollicitées par
Grégoire. La gravité de l'enjeu tient aussi au terrain
de l'enquête : le langage. Pour l'un des correspondants, la « régénérescence de l'homme » se traduit en
« régénérescence de la langue ». Pendant la seconde
moitié du XVIIIᵉ siècle, le discours sur la langue a en
effet pris en charge bien des interrogations jusque-là
véhiculées par la religion ou la philosophie. Traiter
de la langue, c'est traiter de l'homme. Il n'est donc
pas surprenant qu'une enquête sur les patois tra-
hisse les déplacements qui sont en train de se produire dans les identifications sociales et imaginaires
des répondants.

UNE TAXINOMIE DE LA DISTANCE

Se situer, c'est déterminer le proche et le lointain.
Il y a donc appel à la distance comme critère de
définition. Mais, dans le dossier, ce recours à la différenciation spatiale est beaucoup plus général. La
distance y a partout valeur classificatoire. Elle y
joue le rôle d'un axe sémantique. Ainsi, elle est le
principe selon lequel s'organisent dans le texte :
— des « affinités » et des « dérivations » linguistiques entre les mots ;
— des évolutions et des variations relatives à des
éloignements qui accélèrent les différences verbales,
ou à des proximités qui les effacent ;
— des aires géographiques propres à un parler et
de nature variable selon qu'elles sont étendues ou
non, plus ou moins éloignées de la ville par le fait de

la distance, de la hauteur (montagnes) ou d'une clô-
ture (vallées) ;

— les rapprochements et les croisements linguistiques explicables dans les termes d'un rapport entre
une intériorité de la langue (une structure originaire) et ce qui survient d'une extériorité lointaine
(l'étranger qui occupe un pays, les armées qui le traversent, toute une série de venues et de départs) ;

— les propositions concernant les actions à entreprendre ou les moyens à créer et qui consistent
essentiellement à surmonter l'obstacle de la distance
(par la création de routes, par la diffusion de livres,
par l'implantation d'écoles, etc.) ;

— enfin les notations mêmes des correspondants
sur leur situation sociale *et* sur la précision de leurs
observations (ils sont «éloignés» ou non de la pratique patoisante, dans une position d'ailleurs contra-
dictoire, car une plus grande distance valorise leur
statut et dévalorise leur analyse).

Trait encore plus caractéristique, la distance n'intervient pas à la manière d'une mesure stable. Elle
n'est pas d'abord un code selon lequel classer les
données. Alors même que la plus ou moins grande
distance permet de ranger les différences et les particularités linguistiques, les indications spatiales ou
géographiques de type quantitatif sont étrangement
déficientes. L'intérêt va plutôt à ce qui *devient* proche
ou lointain. La distance connote l'*opération de se
rapprocher ou de s'éloigner*. Ainsi le gascon «se rapprochera insensiblement du français» (G. 141), ou
bien il «s'éloigne peu de l'idiome national dans les
noms des plantes, des maladies, etc.» (G. 147). Du
languedocien, on dit que «plus le français se perfectionne, plus le patois s'en éloigne» (G. 94), ou du
patois de l'Artois, qu'il «s'éloigne» de l'idiome national «tantôt par la prononciation des mots, tantôt

par les idées représentatives de l'objet» (G. 256). Le diagnostic n'est pas toujours aisé. Les expressions du lorrain, par exemple, sont «si variées et si bizarres qu'on ne sait de quel idiome elles se rapprochent le plus» (B. N. 37). Mais partout une dynamique de l'unification ou de la séparation trace un reclassement en train de s'effectuer, la genèse d'un nouvel ordre spatial. Elle commande soit les relations des patois entre eux, soit leur rapport à l'origine ou à la langue mère. Des corps linguistiques se forment, déforment, reforment lentement, mais sans qu'aucun sujet ne soit affecté à ces opérations. Les disséminations et les resserrements sont placés sous le signe du réfléchi (s'éloigner, se rapprocher). Ce qui se décrit ainsi, ce sont des unités en voie de transformation et qui se scindent ou se constituent selon des lois anonymes et silencieuses.

Une normalité de type biologique régit des attractions et des allergies qui se représentent par le quasi-concept d'*affinité*. Des pulsions profondes se dévoilent dans les mouvements de la langue. Des forces invisibles traversent les aires linguistiques et supposent une géographie souterraine qui distord la topographie superficielle des langues en y «marquant» des relations tendancielles. Ainsi le patois «a avec le français une affinité qui devient sensible de jour en jour» (G. 16); «le français est la langue avec laquelle le patois de nos provinces a le plus d'affinité» (B. N. 29); «notre langue flamande a une affinité spéciale avec le grec» (B. N. 14); etc. Ces affinités préférentielles clivent les circonscriptions idiomatiques. À Bergues, elle conduit la seule syntaxe flamande vers les langues sans déclinaison (B. N. 14); à Nérac, il est vrai seulement de «plusieurs mots» qu'ils «ont une affinité marquée avec le français» (B. N. 65).

Une problématique de la *force* s'articule sur le découpage des *langues* grâce à ce qui est déjà «un peu», «assez» ou très «marqué» en elles et à ce qui s'y produit de «sensible» ou «assez» insensiblement (G. 288). D'origine savante, on le verra, l'affinité n'est donc pas seulement un principe de déplacement dans les parlers ; elle trace sur la surface des idiomes les émergences d'une économie de pulsions et de répulsions. Elle assure un passage de l'*être* au *paraître*. Aussi, pour être reconnue, fait-elle appel non seulement à un regard mais aux affinités de l'observateur lui-même, à ses approches et distanciations. La coupure entre le sujet et l'objet de l'observation reste une frontière qui se déplace dans un champ de forces. Toute l'opération se déroule à l'intérieur d'un espace où des mouvances et des sympathies travaillent un ordre visible et y dessinent «insensiblement» une autre composition de lieux.

Cette dynamique de la distance était déjà indiquée dans le questionnaire lorsque à propos du patois il demandait «En quoi s'*éloigne-t-il le plus* de l'idiome national[7]» ou s'il «*se rapproche insensiblement* de l'idiome français[8]». Mais ces termes déjà lestés par un usage savant et jetés parmi d'autres au milieu du questionnaire prennent dans les réponses un poids nouveau. C'est que la littérature savante (à laquelle Grégoire se réfère) part d'une différenciation établie : la distance y est le fait à mesurer, à partir d'une position assurée, et non le geste à faire. Dans le questionnaire, il s'agit d'une différence à observer ; dans les réponses, d'une différenciation en train de s'effectuer et qui est le problème des observateurs eux-mêmes. Les outils conceptuels de l'«analyse des langues» sont donc réemployés autrement par ces notables soucieux (ou contraints) de se différencier ; entre des appartenances qui s'altèrent réciproquement, ils passent «insensiblement» de l'une à l'autre, plaçant du côté d'une force plus profonde l'ordre qui doit ou peut modifier l'organisation en place. Pour eux, s'éloigner ou se rapprocher, c'est ce qu'ils font, plus que ce qu'ils voient, ou du moins les deux sont indissociables. Pour marquer la *(leur)* distinction, ils reprennent aux personnes «éclairées» de la capitale (qui savent bien, elles, d'où elles parlent) des instruments qui doivent leur permettre, à eux, de préciser leur identité linguistique. Ils ont donc une autre pratique des mêmes catégories intellectuelles. Dans le champ du langage, ce sont encore des itinérants, des locuteurs en quête d'une place. Entre la langue et les patois, la coupure que la science éclairée présuppose est pour eux ce qu'ils doivent encore produire ou ce qui se produit — selon des modalités qui varient avec leur proximité ou leur éloignement de l'idiome local.

«EUX» ET «NOUS» :

IDIOME, PATOIS, DIALECTE, JARGON, ETC.

Contrairement à ce qu'exigerait une bonne procédure d'analyse, une définition de *patois*, *dialecte* ou *langue* n'est pas ici le point de départ. Des classes repères ne précèdent pas le rangement des données fournies par l'observation. Elles font partie aussi de ce qui est déterminé (et non déterminant) par les mouvements de l'opérateur. Elles dépendent de la relation de différence ou d'affinité qui s'établit entre *eux* (les gens de la campagne) et *nous* (les auteurs des réponses). Le *patois* n'est donc pas fixé *a priori* par un code du savoir. Son statut et son contenu sont liés aux variations et aux ambivalences de la position adoptée par les correspondants. Dans le dossier, les emplois de *patois, langue,* etc. ne sont pas les préalables, mais les effets et les symptômes d'une opération en cours.

Entre *eux* et *nous,* il doit y avoir une « lisière » (un mot clé du document) — tel est le vrai préalable —, mais ce qu'elle sépare varie. La coupure est la nécessité première, connotée par la différence entre eux et nous ; mais *patois* et *langue* passent d'un côté ou de l'autre de la lisière et, du fait de ces transports, reçoivent des significations hétérogènes. Par exemple, là où le questionnaire pose en face du « nous » parisien un « vous » qui associe « votre contrée et votre dialecte[9] », les Amis de la Constitution d'Auch entérinent la place qui leur est faite et parlent du patois sur le mode du *nous* (y compris pour accepter l'oblation de « leur » patois sur l'autel de la patrie)[10], mais ils se distinguent d'*eux,* les paysans. La coupure n'est pas d'ordre linguistique, mais sociale : le *nous* auscitain comprend le patois et exclut les campagnards. Ce lieu pourtant n'est pas stable : la destruction sacrificielle du patois qu'il inclut encore est la condition pour qu'il verse du côté de la capitale et pour que le « nous » d'Auch rejoigne le « nous » du questionnaire parisien. Le patois est le prix de ce changement.

Ailleurs, la césure traverse un espace linguistique homogène, soit celui de la « langue », soit celui du patois. Exemple du premier cas, la réponse de Bouillon s'établit du côté de la « langue » (« *notre* langue française actuelle »), mais grevée par une perte (elle est « plus pauvre et moins expressive »). La différence ne passe pas par l'opposition hiérarchique entre langue et patois, mais elle tient à une distinction de nations à l'intérieur du champ commun de la langue (« notre langue française » et la « langue wallonne », B. N. 63) : le *nous* est français, et il s'éloigne d'un lieu plus riche et plus «expressif» qui appartient aussi à la langue mais qui est wallon ; *eux*, c'est ce que fait perdre au *nous* le rattachement à la France. Dans la réponse de Bergerac (abbé Fonvielhe), on a l'inverse. Tout se passe à l'intérieur du patois, et non plus de la langue. Le *nous* du patois languedocien se différencie du «patois» français. Ici non plus la coupure n'est pas linguistique ; elle traverse le patois en séparant de sa région intime et comme sauvage *(nous)* sa région cultivée, lieu de l'«effort» et du travail, lieu de l'autre parisien (B. N. 43-45). Un ascétisme de la culture — une éthique bourgeoise de l'*Aufklärung* — caractérise le lointain et le distingue de la place, faite de «naïveté», d'«amitié» et de «chansons», d'où parle comme à mi-voix la réponse périgourdine. Un «effort» doit produire dans ce *nous* de quoi le conformer au travail patriotique et culturel de Paris, en créant ainsi un reste, *eux*. En somme, la «lisière» entre *eux* et *nous* ne suit pas un découpage du patois et de la langue ; mobile, révélatrice plutôt de situations locales et d'un imaginaire social, elle affecte à ces notions linguistiques des contenus variables.

Plus que «patois» ou «langue», «*idiome*» a le rôle décisif dans le texte et y fait office de plaque tournante. Avec ce terme, se joue le problème, ici essentiel, du *propre* et de l'*appropriation* : *qui* va avoir *quoi* en propre ? La réponse fixe le lieu du discours et la propriété linguistique. Elle effectue un classement. Du côté de Grégoire, il n'y avait pas d'hésitation : dans son questionnaire (où «langue» n'apparaît qu'à propos des «langues anciennes et modernes»), les «patois» (12 fois[11]) s'opposent à «français», et l'«idiome» n'est jamais que singulier, «national» ou «français». Position très jacobine par rapport à celle des grands traités de la fin de l'Ancien Régime. Ainsi, dans son *Dictionnaire étymologique* (1778), Court de Gébelin conjuguait idiome au pluriel; parmi les «idiomes français», il rangeait des parlers que Grégoire tient pour des patois [12], et il en distinguait les «langues» qui, avec l'anglais, le chinois, etc., comprennent le bas breton, le basque, le celte, le vieux français et le languedocien [13]. Ce tableau complexe est réduit à un dualisme par le questionnaire.

Dans les réponses, «idiome» ramène une pluralité de lieux propres, qui ne sont pas nécessairement français. «L'esprit des idiomes qu'on parle dans ces districts de Gironde», écrit Bernadau (G. 135). Les Amis de la Constitution de Carcassonne présentent les «patois» de Languedoc «comme un même idiome divisé en une infinité de dialectes, à peu près comme le grec, qui en a quatre très différents» (G. 13). Le languedocien est donc un idiome, à l'égal du grec. D'après Morel l'aîné, il en va de même pour le parler des Francs, celui des Germains, etc., mais aussi pour le provençal, le bourguignon, le bas breton, etc. Est idiome le parler d'un peuple (Lyon, B. N. 28). Entre l'usage du mot dans ces réponses [14] et celui de Grégoire, il y a la différence entre l'idée de peuple, unité quasi *ethnique*, et celle de nation, unité *politique* dont l'idiome va devenir l'instrument. Le «propre» oscille entre deux référents susceptibles de fournir une identité.

«*Patois*» aura donc des sens variables selon la problématique qui décide du propre. Comment définir le patois? Question de point de vue, répond l'abbé Andriès: «Si vous entendez par le mot "patois" (dont vous vous servez uniquement) tout langage différent du français... Si au contraire, par le mot "patois", vous n'entendez qu'un dialecte du français pur...» (Bergues, B. N. 11). L'abbé flamand introduit «dialecte» à la place où fonctionnait l'«idiome»

de Grégoire. Pour lui comme pour les autres, le statut du mot obéit à une dialectique du même et de
l'autre. La tendance commune est de définir comme
patois ce qui *devient* étranger à cette place instituée
en lieu de Parole de la nation.

Enfin, dans ce répertoire linguistique de l'altérité,
dialecte et *jargon* représentent un vocabulaire plus
ferme. Le même abbé Andriès ne sait pas s'il faut ou
non parler de patois à propos du flamand, mais il
sait que ce n'est pas un «*jargon*» (B. N. 11), terme
qui désigne assez régulièrement, dans les textes,
une dégradation de la langue ou du patois [15], et quelquefois la «langue» propre à des métiers tenus pour
vils [16]. «*Dialecte*» reçoit la valeur, encore contemporaine [17], d'une différenciation *locale* et *orale* : ce n'est
pas une corruption, mais une variante ; elle insinue
dans la phonétique les effets de la distance ou des
particularités géographiques. Le jargon renvoie à
une altération ; le dialecte, à une multiplicité. Deux
modes différents d'une inquiétante étrangeté : elle
atteint soit la pureté, soit l'unité de la langue.

III

Un savoir linguistique

SCIENCE ET MYTHOLOGIE

La place qui se désigne par des jeux de distance et de vocabulaire s'inscrit aussi dans un réseau de connaissances reçues. Le champ où se déploie l'analyse se situe au croisement d'un savoir transmis (une littérature éclairée sur les langues et les patois) et d'une observation personnelle. Mais ces deux références y ont des rôles bien différents. À simplifier beaucoup les choses, la tradition du savoir fonctionne comme accès à la « culture » et alignement sur une politique. À l'inverse, l'observé a la figure d'une « nature » qui s'éloigne ; il représente aux observateurs leur propre déracinement : c'est ce qu'ils perdent lorsqu'ils entrent en possession du savoir. La sécurité *scientifique* de la première se combine donc à la valeur *mythologique* dont se revêtent les données observées. L'objet en train d'être acquis symbolise avec l'objet en train de disparaître. Ce qui s'apprend et se construit (une connaissance linguistique érudite) s'allie à ce qui s'éloigne et se détériore (l'appartenance muée peu à peu en origine perdue). Le savoir qui s'introduit dans les textes leur permet de parler de quelque chose qui s'en va. Les correspondants racontent à la fois le gain d'une culture et la perte d'une langue maternelle.

Qu'il soit souhaité ou redouté, avoué ou dénié, proche ou encore lointain, cet évanouissement du « propre » habite les documents. Il s'y marque, on le verra, par le renvoi multiplié à ce qui *devient* originaire et progressivement indicible dans le patois. Le patois observable semble être perçu comme la trace de quelque chose qui n'a plus de place. Il circonscrit un commencement (c'était aussi un enracinement) qui n'a plus d'autre lieu et n'est plus que ce qu'on en raconte. Les informations relevées selon les codes de la science éclairée se métamorphosent discrètement, constituant le matériau d'un récit en *Il était une fois*. Elles sont prises dans un processus de mythification[1], alors même que leur relevé obéit à des règles et à des codes. La séduction, la frustration, le rejet, la nostalgie qui muent l'analyse du patois en interrogation sur l'origine exercent leur pression sur les procédures et les résultats de l'examen. L'objet même de l'enquête reflue sur l'observation ; il infiltre dans un progrès des Lumières les effets d'une cible qui bouge et prend des allures fantastiques, devenant aussi la métaphore d'un impensable « ailleurs » du sens.

RÉFÉRENCES ÉRUDITES

Cette mythologisation de l'objet du savoir s'appuie pourtant sur une information sérieuse. Ces notables attestent la diffusion en province des œuvres littéraires et linguistiques du xviiie siècle. Ainsi le procureur Morel cite comme ses guides les *Synonymes* (1780) de Nicolas Beauzée[2], inscrits dans la série des travaux qui, au xviiie siècle, s'attachent à pourvoir d'idées distinctes les mots différents[3], et surtout le *Dictionnaire étymologique de la langue française* d'Antoine Court de Gébelin (1778), in-folio de 1 300 pages, partie d'une œuvre en plusieurs volumes, *Le Monde primitif...*, distribuée à des souscripteurs (Morel n'en était pas) (Lyon, B. N. 27). À Bergues, Andriès se réfère aussi à Beauzée, mais à son «excellente» *Grammaire générale*[4] (1767), ouvrage, dit-il, «qui n'est inconnu à personne» et «que j'estime digne de l'immortalité» (B. N. 16). À laisser de côté les études sur les patois et à retenir seulement la littérature éclairée du XVIIIe siècle que citent les correspondants, on obtient une bibliographie déjà importante:

TABLEAU I. — *Littérature générale* (linguistique, etc.)

N. Beauzée, *Grammaire générale*, Paris, 1767.

N. Beauzée, *Synonymes*, Paris, 1780.

Callepin[5].

A. Court de Gébelin, *Le Monde primitif...*, *Dictionnaire étymologique de la langue française*, Paris, 1778.

Dictionnaire de Trévoux.

J.-B. Dubos, *Réflexions critiques sur la poésie, la peinture et la musique*, Paris, 2 vol., 1719; 3 vol., 1770[6].

C. Du Marsais, *Fragment sur les causes de la parole*[7].

J. Frain du Tremblay, *Traité des Langues*, Amsterdam, 1709.

H. Grégoire, *Lettre aux philanthropes.*

J. le Brigant[8].

W. Leibniz, *Nouveaux Essais sur l'entendement*, Paris, 1765.

C. von Linné[9].

Claude Lancelot, *Le Jardin des racines grecques...*, Paris, 1657.

Dom A. Rivet, etc., *Histoire littéraire de la France*, Paris, 9 vol., 1733-1750 (sur le Limousin, cf. t. VII, p. 19 sq.).

F.-E. de Rochow, *Essai d'un livre d'école pour les enfants des paysans, ou Instruction pour les maîtres des classes inférieures*, Berlin, Nicolaï, 1777[10].

J.-J. Rousseau, *Dictionnaire de la musique*, 1764.

C. Schrevelius, *Lexicon manuale graeco-latinum*, 1645[11].

Voltaire, art. «Hémistiche» dans l'*Encyclopédie*.

À ce fond de culture générale et linguistique, s'ajoute, beaucoup plus importante, la bibliographie érudite concernant les patois. À titre de sondage, les dictionnaires mentionnés explicitement par les correspondants sont rassemblés dans le tableau II.

À l'information des correspondants de Grégoire, on peut comparer celle de Court de Gébelin, présentée à la fin du «Discours préliminaire» de son *Dictionnaire étymologique*, treize ans plus tôt[12]. L'enquête atteste un progrès, même si elle ne couvre pas certaines des régions mentionnées par le *Dictionnaire* (le Valdois, le Velayen, le Rouergas, l'Angevin, le Manceau et le Normand[13].)

TABLEAU II. — *Dictionnaires, lexiques
et histoires du patois*[14]

D'Arnaud, *Nouvelles historiques*, 4ᵉ vol.

Nigcolas Audibert, *Dissertation sur les Origines de Toulouse*, Avignon, 1764[15].

Pierre Borel, *Les Antiquitez, Raretés, Minéraux et autres choses considérables de la ville et comté de Castres d'Albigeois*, Castres, A. Colomiez, 1649[16].

Jean-Baptiste Bullet, *Mémoires sur la langue celtique*, 3 parties, parues en 1754, 1759 et 1770[17].

Pierre de Caseneuve (ou Cazeneuve) († 1652), *Origines de la langue française*, texte posthume[18].

Jean-Baptiste de Cherval (correspondant de Grégoire), «Encyclopédie des habitants des campagnes»[19].

Jean Davies, *Antiquae linguae britannicae nunc communiter dictae cambro britannicae a suis Cymeracae, vel Cambriae, ab aliis Wallicae rudimenta…*, 1621[20], ou le *Dictionnarium latino-britannicum*, 1632.

Jean Desroches, *Dictionnaire français-flamand et flamand-français*, 2 vol., Anvers, 1769[21].

Charles Du Cange, *Glossaire françois* (suite au *Glossarium ad scriptores mediae et infimae latinitatis*, 1733-1736).

Dom Vincent Du Chesne († 1724), *Mémoires* sur la Franche-Comté, insérés dans l'*État de la France* de Boulainvilliers, 1752, t. IV.

Dom Léonard Duclou, «Dictionnaire de la langue limousine et parallèle ou comparaison de cette langue avec plusieurs langues…[22].»

Dom Jean François, *Dictionnaire roman, wallon, celtique et tudesque pour servir à l'intelligence des anciennes Loix et Contracts...*, Bouillon, Imprimerie de la Société typographique, 1777.

GRÉGOIRE DE ROSTRENEN («le P. Grégoire»), *Dictionnaire français-celtique ou français-breton*, Rennes, 1732 (rééd. 1738, etc.).

PIERRE-JEAN GROSLEY, *Éphémérides troyennes*, Troyes, 12 vol., 1757-1768.

NICOLAS HALMA, *Dictionnaire français-flamand et flamand-français*, 2 vol.

XAVIER HARDUIN, *Remarques diverses sur la prononciation et l'orthographe, contenant un traité des sons*, Paris, 1757 ; *Dissertation sur les voyelles et les consonnes*, Arras, 1760 [23].

JEAN-BAPTISTE HENNEBERT, *Histoire générale de la province d'Artois*, 3 vol., Lille, 1786 et 1788, Saint-Omer, 1789.

DAVID VAN HOOGSTRAATEN, *Nouveau dictionnaire hollandais et latin*, Amsterdam, 1704.

FRANÇOIS-MARIE DE LA MONNOYE, *Noëls bourguignons*, nombreuses éditions [24].

DOM LOUIS LEPELLETIER, *Dictionnaire de la langue bretonne, où l'on voit son antiquité, son affinité avec les anciennes langues... Avec l'étymologie de plusieurs mots des autres langues*, Paris, 1752 (éd. par dom Taillandier, après la mort de l'auteur, 1733).

JOSEPH NADAUD, «Mémoires [25] ».

NICOT [26].

JÉRÉMIE-JACQUES OBERLIN (correspondant de Grégoire), *Essai sur le patois lorrain des environs du Comté du Ban de la Roche, fief royal d'Alsace*, Strasbourg, Stein, 1775 [27].

SAMUEL PITISCUS, *Lexicon latino-belgium*, 1704 ; Dordrecht, 1725 ; Rotterdam (éd. Westerhos), 1771, 2 vol.

VINCENT POUPARD, *Histoire de Sancerre*, Paris, 1777.

PIERRE RICHELET, *Dictionnaire françois*, Genève, J.-H. Widerhold, 1680, etc.

JEAN-MICHEL ROLLAND (correspondant de Grégoire), *Dictionnaire des expressions vicieuses et des fautes de prononciation les plus communes dans les Hautes et les Basses Alpes,' accompagnées de leurs corrections*, Gap, Allier, 1810 [28].

Les Amis de la Constitution de Carcassonne signalent aussi «deux dictionnaires languedociens, l'un de Toulouse, l'autre de Nîmes» comme traitant de dialectes «fort éloignés du nôtre» (G. 17) : sans doute Caseneuve [29] et, pour Nîmes, Sauvages [30]. Quant aux «dictionnaires provençaux» mentionnés en pass

Le tableau suit l'ordre des documents (cf. *infra*, p. 185-188). Partout, le blanc désigne l'absence de réponse. De ce qui concerne les dictionnaires et les grammaires, est relevé seulement le fait qu'il y en a: *aucun, un, plusieurs*[1], ou que les réponses déclarent n'en rien savoir (*inconnu*). Les sources sont réparties 1° en «inscriptions» (gravées sur pierre, bronze, etc.), 2° en «chartes» (actes anciens manuscrits, etc.), 3° en chansons et cantiques (poésie traditionnelle et populaire), 4° en œuvres d'auteurs (une «littérature» liée à la culture ou au nom propre — même si, en fait, il est inconnu), 5° en traductions de textes étrangers (ouvrages de clercs, à tendance pédagogique). Les données fournies dans ces cinq secteurs sont représentées comme suit:

— rien (pas de documents connus)....
— oral (expression non écrite).....
— écrit gravé ou manuscrit.....
— imprimé.....

1. Ne sont relevées que les indications qui, de la part d'un correspondant, concernent l'idiome de sa région et non d'autres patois.

TABLEAU III. — *Bibliographie et sources*

LIEUX	BIBLIOGRAPHIE			SOURCES			
	Diction-naire	Gram-maire	Inscrip-tions	Chartes	Chansons & Cantiques	Œuvres	Traduc-tions
1. Bordeaux			0	▨		▨	
2. Périgueux							
3. Périgord			0	▨	▨		

4. Périgord							0
5. Gascogne	aucun						
6. Gers (Auch)	aucun	aucune			0		
7. Gers (Auch)			0			0	
8. Htes-Pyrénées							
9. Lot-et-Garonne	aucun	aucune					
10. Nérac	aucun	aucune	0				
11. Valence d'Agen							
12. Aveyron	un	aucune					
13. Perpignan	plusieurs	plusieurs					
14. Carcassonne	aucun	aucune	0				
15. Montpellier							
16. Provence	plusieurs	plusieurs	0				
17. Drôme	aucun	aucune				0	
18. Lyon	aucun	aucune	0		0		0

LIEUX	BIBLIOGRAPHIE		SOURCES				
	Dictionnaire	Grammaire	Inscriptions	Chartes	Chansons & Cantiques	Œuvres	Traductions
19. Ain							
20. Mâconnais	aucun	aucune	0				
21. Bourgogne	plusieurs						
22. Mâcon						▓	
23. Bresse	aucun	aucune	0		▓		
24. Saint-Claude	aucun	aucune			▓	0	0
25. Saint-Claude	aucun	aucune			▓		
26. Franche-Comté							
27. Alsace							
28. Lorraine	aucun	aucune	0		▓		
29. Lorraine	aucun	aucune	0		▓		
30. Bouillon	un		0		0	0	0

31. Bouillon	plusieurs	une
32. Flandre-Maritime	plusieurs	
33. Nord		
34. Artois	plusieurs	une
35. Soissons		
36. Léon, Tréguier	plusieurs	plusieurs
37. Morbihan etc.	plusieurs	plusieurs	0
38. Saint-Calais		
39. Poitou	inconnu	inconnu
40. Bas-Poitou		0
41. Haute-Vienne	plusieurs	plusieurs
42. Limagne	aucun	aucune	0
43. Berri		

(B. N. 99), ils renvoient très probablement aux ouvrages de Pellas et d'Achard, ou à d'autres, inédits[31]. À Bordeaux, il y a un «dictionnaire manuscrit» du gascon, «trouvé dans la bibliothèque du feu abbé Beaurein, l'homme qui possédait le mieux nos antiquités» (G. 128).

UN CORPUS LITTÉRAIRE DES PATOIS

Dans le questionnaire, un bloc de questions (21 à 25) concernait la littérature du sujet, soit les sources en patois (inscriptions, ouvrages «imprimés ou manuscrits»), soit la bibliographie («grammaires et dictionnaires»). Les réponses fournissent donc un état de la question, évidemment relatif aux enquêteurs. Fait significatif, presque toutes passent des sources écrites, seules demandées, aux sources orales, d'ailleurs évanouissantes, telle une rumeur à peine audible. Si l'idée de *document* est à Paris identifiée à celle d'*écriture*, en province l'objet visé à travers les sources est plus fort que cette contrainte : le *patois* ramène le document vers l'*oralité*. Une présence semble interdire ou effacer la perception des *textes* patois (écrits ou gravés) pour ramener l'idiome des campagnes du côté de la *voix*. En fait, le rassemblement des indications fournies par les correspondants (tableau III) est la représentation de ce que, du lieu où ils sont, ils entendent et ils voient. Ce théâtre du patois compose — en «inscriptions» découpées sur le sol vécu, en écrits mis à part dans les textes lus, en cantiques et chants triés parmi les sons entendus — la collection de ce qui est *déjà* constitué comme «remarquable». Il suppose et manifeste une géographie socioculturelle de l'exotique patois. En particulier, avec les inscriptions mentionnées, rares en comparaison de toutes celles qui sont déjà là mais n'accéderont au «notable» que dix ou vingt ans plus tard, on a ce qu'un regard a institué comme «monument». Le musée imaginaire des correspondants s'articule sur un musée social (cf. le tableau des pp. 66-69).

Enfin, au milieu des chansons, poésies ou proverbes anonymes, peuple d'ombres, certains textes émergent: ils ont un titre, un auteur ou un contenu qui les fait accéder à une *littérature*. Des œuvres se distinguent d'être attribuables à un écrivain et de constituer des écritures organisées — tout le contraire de ces «chansons que chacun augmente, embellit et change suivant ses caprices» (G. 117). Le stable est le proche, par rapport à la masse fuyante et mobile de l'ensemble. Une notabilité littéraire se détache ainsi à l'intérieur du patois.

TABLEAU IV. — *Œuvres littéraires en patois*

a) *Auteurs*

J.-G. D'Astros (gascon), *Les Quatre Saisons*; *Discussion entre les quatre éléments*[32].

Cortele de Prades (Agen), «poésies pastorales»; «*Ramounet*» (le petit Raymond), comédie[33].

François Cotigny, dit Brule Maison (Lille), *Chansons*[34].

Arnaud Daubasse (Villeneuve d'Agen), auteur de madrigaux[35].

Guillaume Delprat (Agen), *Las Bucolicos de Birgilio tournados en bers agenez* (trad. des *Bucoliques*), Agen, Gayau, 1696 (G. 116).

Cyprien Des Pourrins (Bigorre), «Chansons»[36].

Gay (né à Lavardens), poète[37].

Pierre Godolin (Toulouse), auteur de «Fleurettes» dans le *Bouquet toulousain* (1617, 1621, 1627, 1637, 1638)[38].

François Gusteau (Poitou), *Cantiques*[39].

Hemricourt (Flandre), *Histoire héraldique de la noblesse des Pays-Bas*, dont «la version française est imprimée à côté du texte et se vend à Liège» (G. 235).

François-Marie de la Monnoye (Bourgogne), *Noëls bourguignons* (cf. tableau II).

Loz (Carcassonne), poète[40].

Montaigne (Gascogne)[41].

M. DE NANTES (Dauphiné), «Quelques morceaux de poésie patoise» (B. N. 31)[42].

JEAN-CLAUDE PEYROT (Aveyron), ancien prieur de Pradines, *Poésies diverses patoises et françaises*[43].

L'abbé ROBI (Limagne), auteur d'une parodie de l'*Énéide* en vers limousins[44].

L'abbé SAMARY (Languedoc), «le meilleur poète moderne après M. Loz» (G. 18)[45].

Le P. HYACINTHE SERMET (Toulouse), un «sermon patriotique[46]».

«Un curé de Saint-Macaire», *Requeste de Recardeyres de Senmacary à Messius dau Parlemen*, 1762 («une critique agréable du régime des Jésuites», G. 140)[47].

b) *Anonymes*

La *Chronique de Metz* (Lorraine, B. N. 26).

Coutumes du ressort du Parlement de Bordeaux (Bordeaux, G. 135), éditées à Bordeaux.

Dialogue (Bourgogne) en patois, édité dans *La Fête des Fous de Dijon, ou la Mère folle*, «in-4°», ouvrage qui «n'est pas rare» (G. 226)[48].

Dialogue entre un père, sa femme, sa voisine et son fils qui voulait se faire capucin (Picardie, B. N. 100).

Le Grand Puits (Carcassonne, G. 17)[49].

Histoire de sainte Valérie, protomartyre d'Aquitaine (Limagne, G. 169-170), «manuscrite», 1641[50].

Jammeto, Coumedio (Carcassonne), comédie en six actes, 1720 (B. N. 102-121)[51].

«*Mémoire* fait par les pêcheurs de la Teste pour réclamer la diminution des droits seigneuriaux dans le pays de Born» (Gascogne, G. 140).

La Liauda, i.e. «La Claudine» (Dauphiné), poème «que j'ai beaucoup entendu vanter» (Morel, B. N. 31)[52].

Romance sur Raoul de Créqui (Artois, G. 258).

Statuts de la Confrérie de Moutiezet (Bordelais), confrérie «fondée par Louis XI» à Moutiezet, paroisse Saint-Michel (G. 140).

c) *Traductions*

Outre les traductions de Virgile par Delprat ou la paraphrase burlesque des *Églogues* par Roby, il y a, signalée à Nérac, celle «de la *Didon* de Virgile, très estimée» (B. N. 67). À Bayonne, «une traduction élégante des *Fables* de La Fontaine, grand in-8°» (G. 151), celle qui a été éditée à Bayonne (Duhard, 1776, in-8°), probablement identique aux *Fables choisies de La Fontaine mises en vers gascons* par M. Bergeret (Paris, Michaud, 1816, in-12). On signale aussi en Aveyron «une traduction patoise d'un vieux livre du

xvie siècle, intitulé *Le Pédagogue chrétien*, l'antipode du christianisme, farci d'histoires fabuleuses et plus propres à discréditer la
religion qu'à l'établir » (G. 58).

De l'ensemble de ces indications, quelques conclusions peuvent déjà être dégagées.

1. Toute cette information a l'allure d'une photo
bougée. Elle est floue. Les détails doivent en être
reconstruits à partir d'approximations dans les titres
et les noms. Ce qui s'y trouve de plus précis tient aux
relations personnelles des correspondants avec des
érudits locaux, travailleurs déjà (ou encore) marginalisés auxquels l'enquête rend un intérêt. Quelques-
uns des correspondants semblent entrer eux-mêmes
dans cette catégorie : tels Andriès (Bergues) ou Bernadau (Bordeaux), personnages effacés ou solitaires
auxquels on a dû faire appel pour répondre au questionnaire ; tel encore le rédacteur d'Agen, qui parle
en connaisseur et avec sensibilité de la littérature
« patoise ». Parmi les personnages en retrait sur le
texte, référents du savoir mais trop loin pour que
leurs connaissances paraissent avec netteté, un rôle
privilégié est donné aux libraires, Fauvel à Bayonne
(G. 151), les libraires de Toulouse (G. 58), les Faulcon à Poitiers (G. 272), Derien à Quimper (G. 282),
Vanekere à Lille (G. 266), etc. Le médiateur et déten-
teur de l'érudition est celui chez qui le livre « se
vend » et « se trouve »[53]. Par rapport aux universités,
voire aux académies, une compétence parallèle se
construit dans les boutiques, liée simultanément à
un marché de la curiosité et au rejet des patois hors
de la culture officielle. Les noms propres qui désignent les tenants de ce savoir excommunié sont ici
des noms de marchands. Chassés de la « langue »
autorisée, les idiomes provinciaux ressortent sous la
forme d'un exotisme et par les voies d'un commerce.

2. Le questionnaire de Grégoire a rencontré dans les provinces une « curiosité ». Qu'elle soit proche ou éloignée des correspondants, il y a une érudition régionaliste. Une fois de plus, elle se constitue à partir d'une appropriation et d'une série, — le stockage des imprimés par les libraires, mais aussi les collections privées de manuscrits. Les Amis de la Constitution d'Auch mentionnent cet évêque de Lascar, Mgr Noé, qui a « trouvé le moyen de se procurer tous les manuscrits du poète Gay » et qui aurait « arraché… les manuscrits de d'Astros » à la famille du poète (G. 91). Cherval souhaite qu'on se mette en chasse des textes : « C'est une recherche à faire chez les particuliers assez curieux pour les avoir conservés » (B. N. 53). Par toute sorte d'allusions, les réponses attestent le passage des anciennes expressions publiques en des réseaux privés où se termine une histoire collective. Paradoxalement, ce qu'elles réclament, en même temps que la destruction des patois, c'est le retour des collections privées au domaine public. Paradoxe apparent, car ces textes étaient hier publics au titre d'une *langue* parlée et le seront demain à titre de *documents* dans des Archives ou des Bibliothèques. Entre les deux, s'effectue une privatisation. Au cours de ce transit silencieux, les intérêts ou les passions de « particuliers » recueillent ce qui cesse d'organiser une société et ce que la suivante va récupérer comme des « biens » d'intérêt national. Nous sommes ici au terme d'un long reflux des idiomes provinciaux[54], au moment où leur métamorphose en objets de curiosité s'est déjà opérée dans le privé, et où l'État prend le relais des collectionneurs disséminés à travers le pays. Par des gestes qui étaient encore ceux, filiaux, d'héritiers et déjà ceux, distants, d'érudits, ce sont eux qui préparent les musées et les Archives de « traditions populaires ».

Dès à présent, l'appropriation privée paraît une dilapidation du bien public. Ces documents, demandait le questionnaire, «Comment se les procurer?». À Auch, on se révolte contre un réflexe qui est pourtant celui du collectionneur : «Il possédait les manuscrits de d'Astros, et c'est tout ce qu'il voulait.» Il faut arracher ces textes au secret des maisons familiales. La nation prend en charge la tâche de *préserver* les reliques du patois ou, ce qui revient au même, elle fait désormais du patois l'une de ses *reliques*; elle l'inscrit dans son rapport à une *perte* qui est évidente, et même rassurante, mais ne doit pas être totale. Grégoire regrettera la disparition du matériau lexicographique rassemblé par dom Calmet : «Ce Mémoire, m'a-t-on dit, a disparu; c'est une perte à ajouter à tant d'autres[55]» — et d'abord à la perte à laquelle il travaille par une politique de «destruction» des patois.

3. L'intérêt «conservateur» privilégie donc l'excepté et le plus lointain (passé ou exotique), d'avance constitué en objet. Tactique de la curiosité muséographique : elle vise l'extrême, le plus assurément perdu, le plus aisément transformable en un signe (la représentation d'une «origine») *produit* par l'opération «observatrice». Cette cible, Court de Gébelin la désignait clairement à propos des dialectes provinciaux : «Il serait important d'en recueillir les mots, surtout ceux qui paraîtraient avoir le moins d'analogie au latin et au français; il faudrait s'attacher principalement aux mots des lieux les plus éloignés des grandes villes et à ceux qu'on parle dans les montagnes les plus sauvages, ces mots devant représenter naturellement avec moins de mélange les anciennes langues du pays[56].»

Le corpus qu'organise pareille démarche lui est nécessairement homogène. À cet égard, celui que

forment les diverses informations fournies par les
correspondants pourrait être envisagé comme une
variante par rapport à un corpus type. Toujours est-
il qu'il présente des traits notables. D'abord les
pièces mentionnées y sont généralement qualifiées
d'«anciennes» (même si ce n'est pas exact)[57], dans
un décor d'auteurs où prédominent les morts et de
vénérables vieillards dont le grand âge est l'essence
plutôt que l'attribut. L'ancienneté participe à la mise
en scène d'un immémorial, étranger à l'ordre chronologique d'une histoire. Surtout, deux critères semblent commander la sélection des œuvres littéraires :
d'une part, il s'agit de textes *poétiques*[58] (très peu
d'ouvrages en prose, du côté du patois, alors que
c'est l'inverse dans la littérature savante qui lui fait
face) ; d'autre part, l'intérêt privilégie le fragment
et, essentiellement, les *mots* (outre glossaires et
dictionnaires, les réponses donnent des listes de
«termes»). Les mots sont d'ailleurs là, épars sur la
table comme des bijoux de famille, pour leur valeur
de fragments et de poésie, soit que, par l'étymologie, ils renvoient à une origine, soit que, par leur
«énergie» ou leur «naïveté», ils maintiennent, dis-
séminée, une richesse affective dont le français
s'éloigne. L'éparpillement du poétique en des «mots»
et des «morceaux» patois se coordonne à l'évolution et à l'expansion de la «langue» que, d'après
Boissier de Sauvages, «les Languedociens ne trouvent guère de mise que dans le sérieux[59]». La langue
de la culture et des idées, affectée à l'effort et au travail, vouée à représenter la loi et la raison, se montre
ici tel un arbre qui se dépouillerait de son vocabulaire affectif. Autour, les feuilles et les fleurs dispersées du patois figurent les fêtes évanouies du cœur.

Quoi qu'il en soit du détail, on a déjà, au niveau
du corpus, une combinaison de dictionnaires et

d'œuvres poétiques. Deux phénomènes connexes : la *collation des mots* (essentiellement ceux du sentiment et de la passion, secondairement ceux d'un travail) ; la *poétisation de la perception littéraire* des textes. Certes, le premier de ces phénomènes est un effet de la linguistique classique, que polarise, depuis la *Logique* de Port-Royal, une problématique du mot (et de l'idée) plutôt que de la phrase. Une conjoncture s'inscrit dans le mouvement d'aller à la langue de la capitale, mais à reculons, en recueillant les parcelles de ce qui se désagrège.

Si le savoir et l'histoire s'énoncent désormais en français, si donc la prose, discours de l'action, est elle aussi française, il n'est pas surprenant que l'intérêt pour le patois vise des mots et non une langue, des poèmes et non des traités, ou qu'il se traduise par des dictionnaires de termes et par les anthologies privées d'une culture en miettes. Mais, ici, les miettes du patois sont destinées à boucher les trous du français. À propos des «idiomes vulgaires», Grégoire dit que «la philosophie... peut leur dérober des expressions enflammées et des mots naïfs qui nous manquent[60]». Ses correspondants insistent sur cet aspect. Les fragments de l'idiome comblent les déficits de la langue. Point de vue répressif, dans la mesure où le «propre» de l'idiome local est relatif à des «manques» français[61]. Perspective nostalgique aussi, et réaction contre la langue qui s'impose. Les deux sont liées dans l'analyse qui répartit des «richesses» *poétiques* là où il y a des insuffisances dans la *normalité* du prosaïque. L'impérialisme d'un code se traduit à ce signe que ses pleins et ses vides déterminent la connaissance de l'autre.

4. Vingt ans avant la mode qui va faire proliférer les descriptions des «Antiquités» provinciales[62], on est surpris du peu de curiosité que les correspon-

dants manifestent pour les inscriptions et les chartes. L'attention est *linguistique*, non historique. Elle porte sur une différence d'expression, et non sur un passé. La nature du questionnaire en est une première raison. Il portait sur les idiomes. La préservation des «trésors» anciens faisait l'objet d'autres procédures. À la même époque, Grégoire menait une enquête sur les «destructions opérées par le vandalisme[63]». Pourtant, plus qu'à une spécialisation du questionnaire, le fait renvoie à une différence d'époques, à ce qui s'est passé, pendant ces vingt ou trente ans, pour que les patois, de *lexiques*, deviennent des *monuments* et pour que, de la culture provinciale, on ne relève plus des mots mais des pierres. Une *historicisation* de l'«Ancien Régime» résulte de la Révolution française et s'infiltre (pour en changer le sens) dans la *poétisation* des cultures traditionnelles. Alors la mythification des patois, évidente déjà dans les réponses à Grégoire, sera surdéterminée par une histoire mythique du progrès, histoire centralisatrice dont le triomphe sur le patois aura pour signe de n'y plus entendre des voix[64] mais d'y observer des pierres tombales.

Le dossier de 1790-1791 laisse pressentir cette historicisation. Non qu'il faille prendre au sérieux de vagues références à la «féodalité». Mais l'*analyse étymologique* des patois y est centrale, c'est-à-dire ce qu'en l'an VIII Grégoire appellera après Sulzer l'«histoire étymologique des langues»: cette discipline pour lui à la fois linguistique et «philosophique», où il range les «recherches de Pelloutier, Bochart, Court de Gébelin, Corret de la Tour d'Auvergne, Le Brigant» etc., permet, dit-il, d'édifier «la meilleure histoire des progrès de l'esprit humain[65]». À ses correspondants, le corpus *littéraire* des patois fournit aussi le moyen de *se situer*, en termes de progrès, par rapport à une origine. Plus que lui sans doute, ils sont tournés vers ces langues maternelles déchues qu'ils exorcisent en y cherchant encore de quoi se constituer une généalogie. Mais par là ils trahissent leur position, liée aux règles d'une langue, séduite par les voix d'une filiation, et mobile sur une surface linguistique tant qu'une expérience révolutionnaire plus directe ou plus prolongée ne les assure pas d'être les témoins d'un *Zeitgeist*, d'une force au travail dans l'épaisseur des sociétés.

IV

Théorie et fiction (1760-1780) : De Brosses et Court de Gébelin

Autant que « *la marche de l'esprit humain* dans la génération de ses idées » comme disait d'Alembert[1], une *quête de l'origine* est l'objet de la linguistique savante. En effet, « à l'époque, étudier l'origine du langage est essentiellement étudier l'essence du langage[2] ». Là se croisent deux problèmes, l'un, épistémologique, qui consiste à trouver le principe expliquant l'assemblage, dans le langage, de constituants tenus pour hétérogènes, « l'être réel, l'idée, le son et la lettre, quatre choses de nature si opposée[3] » ; l'autre, historique, visant à déterminer la diversification et la transmission des langues à partir d'un commencement. Double rapport du multiple au simple : l'un, interne au *signe*, donc propre au pouvoir de signifier et de communiquer, rassemble *mécaniquement* les atomes constitutifs de la nomination des choses ; l'autre relie *historiquement* la pluralité des formations linguistiques à un *sens* énonçable en termes de genèse ou de progrès. Entre la théorie du signe (centrée sur le mot et, plus spécialement, sur le nom) et le tableau du sens (présenté en forme d'arbre généalogique), les passages sont incessants. Ainsi la filiation s'effectue par le mot ; elle suppose un effritement des unités phrastiques ou discursives propres à chaque langue. Ou bien elle s'appuie sur les relations stables qu'isole la théorie du signe ; d'où, par exemple, le privilège que l'analyse étymologique donne soit à l'*idée* (dont le mot est la «peinture» et qui renvoie à l'«être réel»), soit à la *consonne* (qui rattache les sons aux organes vocaux et, par eux, aux objets, pour faire de la langue une «mimique articulatoire⁴» du monde). Tous ces traits se retrouvent dans l'analyse des patois par les correspondants de Grégoire.

Mais sans doute faut-il d'abord relever chez eux, comme dans toute la tradition linguistique dont ils s'inspirent, le geste plus fondamental auquel se réfère l'identification d'une origine. Il marque à l'intérieur du langage l'instauration politique d'un ordre. Depuis longtemps la quête de l'origine combine la volonté de *fonder une raison* (par exemple une langue universelle) à celle d'*effacer la faute* (ou le crime) que, d'après le mythe biblique de Babel⁵, le pluriel traçait en lettres de feu sur les parlers humains. Poser une origine unique, principe explicatif des langues, et surmonter ou contourner la culpabilité inscrite dans la prolifération des différences sont les composantes d'un même travail — celui qui, hier, affirmait le triomphe d'une «vérité» sur le désordre de l'histoire, et celui qui, sous la Révolution, assure à une «raison» le pouvoir de refaire l'histoire et constitue en hétérogénéités «féodales», «superstitieuses» ou «patoisantes» les résistances qu'il rencontre. La raison qui entend réorganiser le langage (au titre d'un principe désigné comme «origine») a pour adversaire moins l'erreur qu'une faute attachée à l'histoire même. En face d'une politique de la raison, le pluriel apparaît «criminel» ; il figure le retour du multiple, de l'historique et de l'anti-raison.

LA GÉNÉALOGIE DE LA PRODUCTION

Au seuil de son *Traité de la formation méchanique des langues*, le président de Brosses précise très clairement l'objet qu'il lui faut trouver, condition de possibilité d'une science ou d'une «philosophie» linguistique : «une langue primitive... commune à tout le genre humain, qu'aucun peuple ne connaît ni ne pratique dans sa première simplicité, que tous les hommes parlent néanmoins et qui fait le premier fond du langage de tous les pays[6]». À ce vouloir unificateur se référaient déjà les travaux du xvie siècle. Les traités consacrés à l'«affinité entre les diverses langues» (G. Postel, 1538), à leur *Ratio communis* (T. Bibliander, 1548), à l'«harmonie étymologique des langues» (E. Guichard, 1606) sont d'ailleurs doublés, en chaque pays, par des recherches sur l'origine du florentin (P.-F. Giambullari, 1549), du français (J. Périon, 1554 ; C. Fauchet, 1581), du germanique (J.-V. Gorp, 1580), de l'espagnol (B. Aldrete, 1606), etc.[7]. La raison s'introduit dans les langues par des généalogies. Elle se met en scène dans un *système de parenté*. Que ce «tableau familial» soit l'effet des variables qu'on fait sortir (par exemple la consonne «masculine», et non la voyelle «féminine») et privilégie la descendance masculine, on le constatera, mais il faut souligner d'abord que ce tableau législatif sert d'appui théorique à l'action entreprise pour normaliser la pratique, pour définir une «pureté» de la langue et pour la distinguer du «vulgaire», comme le faisait déjà C. de Bovelles, par exemple, dans *La Différence des langues vulgaires et la variété de la langue française* (1533)[8]. Sous-jacente à l'évolution qui va de la symbolique architecturale de Bovelles à l'économie mécaniste du président de

Brosses (ou à la politique de Grégoire), une volonté
«constituante» est première; elle s'exprime conformément au schéma rationnel que lui offre le recours
à une origine. Tant que ce schéma tient, un «vouloir
dire l'ordre» entraîne la production d'une origine;
du xvie au xviiie siècle, il y a seulement variation dans
ce produit, selon que la conjoncture polarise l'attention sur la totalité des langues ou sur l'idiome national, qu'elle situe l'identité du côté du celtique, et non
plus de l'hébreu, ou qu'elle privilégie, dans les techniques d'analyse, non plus les filiations d'entités
verbales mais les «peintures» linguistiques mécaniquement construites à partir des choses et des organes.

Le tableau généalogique ne fonctionne pourtant
pas de la même manière au milieu du xviiie siècle
lorsque, après un oubli de près de cent ans[9], la question de l'origine fait retour dans la linguistique.
Cette résurrection est évidente dans les textes. «On
peut ramener toutes les langues à une seule langue
dont elles ne sont que des nuances»: tel est le postulat de Court de Gébelin dans le «Discours préliminaire» de son *Origine du langage et de l'écriture*
(1775). Cette «langue primitive et commune» sera,
dit-il, l'«objet de [ses] recherches»[10]. Si inclassable
que soit l'épopée monumentale de Gébelin, jalon
entre Vico et le romantisme[11], le *Monde primitif* participe à la vague de publications avec lesquelles
revient l'interrogation sur l'origine[12]. Depuis les
années 1750, en effet, l'analyse «structuraliste» et
syntaxique de la langue, après avoir éclipsé l'étymo-
logisme du xvie siècle, s'efface à son tour devant un
historicisme. La faillite de la *Grammaire générale* et
du logicisme s'annonce progressivement, à partir
de 1710, dans les travaux qui soulignent l'arbitraire
et la contingence de faits de langue «irréductibles à
toute élucidation logique[13]». Finalement, dira Beau-

zée, l'«usage» est le «législateur naturel, nécessaire
et exclusif» des langues. Avec l'*Encyclopédie*, l'idée
s'impose[14]. Mais qu'est-ce que l'usage sinon une
pratique dont la langue est à la fois l'objet et l'«instrument[15]»? Ce primat d'un *faire* (historique) sur
un *donné* (rationnel) a toute une série de conséquences. J'en signalerai deux, partout lisibles dans
les réponses au questionnaire de Grégoire.

D'une part, après 1750, l'ambition de réconcilier
l'usage et la raison se traduit, chez grammairiens et
philosophes, par un rangement chronologique; il y
a un ordre d'apparition des organes, des consonnes,
des écritures ou des productions linguistiques. La
rationalité du langage fait sa rentrée par l'histoire.
Elle sera évolutive et diachronique. On case sur l'axe
du temps (celui d'une dégradation ou d'un progrès)
ce qui faisait exception à un ordre synchronique.
Par-delà un siècle et demi de morphologisme, les
catégories d'*origine*, de *composition*, de *dérivation*,
etc., retrouvent un emploi scientifique, mais dans
un système où l'explication économique (des productions) se substitue à l'interprétation cosmologique
(une hiérarchie d'êtres). Le tableau taxinomique est
de type généalogique: il met en ordre des séries successives de «constructions» obéissant à des «règles
communes».

Effet de mécanismes réglés par la «nature», la
langue résulte *aussi* d'interventions humaines ou
historiques. L'insistance sur l'«usage» de la langue,
sur le «savoir s'en servir» (Grandval) et sur la
«manière d'employer les mots» (Beauzée) valorise
une activité technicienne, et donc les régions où ce
travail s'effectue, où une culture «perfectionne»
l'idiome naturel, où se réalise ainsi un progrès (une
é-ducation) de la raison et de la langue. À cet égard,
les idiomes défavorisés ne le sont pas au nom d'une

« infériorité » naturelle (« il n'y a point de langue, dit l'*Encyclopédie*, qui n'ait toute la perfection possible et nécessaire à la nation qui la parle[16] »), mais à cause d'une inertie locale et faute du travail qui leur ferait « produire des miracles[17] ». Inversement, ce ne sont pas des titres généalogiques qui assurent à la capitale son privilège, mais le travail productif dont elle est le centre. La pertinence scientifique du *lieu* tient à ce qui s'y *fait*, et à la manière dont un capital linguistique se trouve rentabilisé. Le « génie » a dès lors, par rapport à la langue, la fonction d'un sujet : il la parle et il la parfait ; il désigne la force d'introduire des productions *historiques* dans les produits admirables de la *nature*. Aussi l'action entreprise à Paris (celle de Grégoire donc) est-elle déjà, en elle-même, un jugement porté sur d'autres régions dont la langue sommeille. Les espaces sont triés, et les idiomes hiérarchisés, d'après l'opération à laquelle leur capital donne lieu. Les correspondants de Grégoire sont donc portés, eux aussi, à créditer la langue « française » du travail dont elle est l'objet et l'« instrument ».

Plus généralement, le langage donne à *voir* le réel, mais un réel atomisé en éléments que la nature conjoint et construit selon des règles stables. Dans la pensée commune de la plupart des grammairiens, celle que postulent leurs lecteurs provinciaux, les mots s'articulent sur les idées et sur les organes vocaux, les idées et les organes se modèlent sur les choses. Le langage est la « peinture » des objets. Il a pour nature d'être une imitation. Il signifie en reproduisant. Il est *mimesis* et « figure », et d'autant plus vrai qu'il est plus proche des objets qu'il reproduit, plus conforme aux lois qui font passer d'une multitude d'objets à une multitude de noms en construisant sur la filière de chaque objet la série des opérations dont le mot est le résultat. Autrement dit, ce qui habite le savoir éclairé de ces notables, et pas seulement quelques ouvrages théoriques, c'est un *cratylisme*, «ce grand mythe séculaire qui veut que le langage imite les idées et que, contrairement aux précisions de la science linguistique, les signes soient motivés[18]».

Le cratylisme triomphe en cette deuxième moitié du XVIIIe siècle, même chez des penseurs par ailleurs très différents[19]. Mais alors que grammairiens et philosophes visent à démonter et à reconstruire les procédures qui conduisent des premiers éléments naturels à la composition des lexiques et des alphabets, les correspondants de Grégoire s'appuient sur ce résultat pour procéder à un mouvement réciproque. Ils lisent dans le langage la réalité qu'il imite. Du rapport mécanique et organique que la langue entretient avec les choses, ils retiennent le corollaire : de là découle, par exemple, l'avantage des mots qui désignent des choses socialement plus importantes ou qui les «peignent» plus fidèlement, et qui procurent donc une connaissance plus exacte et un pouvoir plus grand. Aussi un peuple se mesure-t-il à son vocabulaire. La prédominance de l'articulation (fondée sur la consonne et non sur la voyelle), le primat de la vue sur l'ouïe (c'est-à-dire de la peinture graphique et de la lettre sur l'oralité et l'audition), le souci de la littéralité (alors que le figuré est «égarement» et dérivation du sens) assurent une nation d'une relation privilégiée au réel. Hors de cette perspective, les convictions des correspondants ne seraient plus compréhensibles : ni l'assimilation de la vie rurale à son vocabulaire, ni le destin qui condamne le patois à payer de sa mort un déficit d'idées, ni la nécessaire domination de l'écriture sur l'oralité, ni l'espoir mis dans le graphisme (apprendre à écrire, à «former des lettres») comme assez puissant pour que son introduction transforme des provinces. Évoquer quelques-unes des thèses élaborées par les théoriciens de l'époque, ce sera donc exhumer les postulats des correspondants.

LE CELTIQUE
OU L'UTOPIE D'UNE RATIONALITÉ

Le celtique obsède le corpus des réponses à Grégoire. Il y exerce la fonction d'un garant référentiel, nordique désormais et non plus méditerranéen. Il figure un «commencement» qui a changé de nom et de direction, détaché de ses définitions religieuses. Cette «origine» remonte à *plus haut* que la Bible (qui devient l'objet de l'historiographie en cessant progressivement d'en être le référent) et elle est *décalée* par rapport à l'hébreu (qui doit s'inscrire désormais dans une filiation au lieu d'en être le sommet). Le celtique indique un déplacement dans la géographie du principe explicatif.

Le nouveau commencement linguistique résulte d'une opération intellectuelle. Chez De Brosses, le celtique est un *artefact*. Il est construit dans un lieu imaginaire (l'origine), espace propre (analogue intellectuel de ce qu'est la page du livre) où écrire une langue de la science, projet cher à De Brosses ainsi qu'à bien d'autres, tel Condorcet[20]. Il est l'équivalent de l'île d'*Utopia* chez Thomas More, ou de la lune chez Cyrano de Bergerac : un non-lieu où s'expose un modèle abstrait. Le discours qui veut penser la complexité se tient dans un espace mis entre parenthèses. Dans cette structure assez traditionnelle, un *imaginaire* est la condition de possibilité d'une *théorie* ; l'histoire *fictive* (des commencements) est le champ où s'énonce pour elle-même une *hypo-thèse* qui se prouvera par sa force explicative. Ici l'«utopie» reçoit pour statut d'être le degré zéro d'une chronologie (un début), et non plus un «ailleurs» (un «autre monde») par rapport à l'effec-tivité des choses. Elle est installée dans une plus grande proximité du réel. Le modèle qui donne la formule de la construction linguistique s'articule étroitement sur la description du constatable, bien qu'il s'énonce toujours comme hors-texte, sous la forme d'un premier terrain de son fonctionnement. Très vite, ce statut change. Chez Court de Gébelin, le celtique a le rôle d'un commencement qui explique par lui-même ; c'est déjà une cause. Pour la majorité des correspondants de Grégoire, il est devenu un réel : tel un Atlas qui aurait la forme d'un passé, il soutient le développement des langues, il y est reconnaissable et il fonde leur hiérarchisation généa-logique. Une «mythification» du celtique accom-pagne la diffusion de la nouvelle linguistique. Elle mue peu à peu en origine historique ce qui était d'abord l'utopie où s'inscrivait un discours scienti-fique sur la «formation mécanique des langues».

D'après le président de Brosses, les langues «que le vulgaire appelle *langues mères* sont véritablement mères de quelques-unes, mais filles de beaucoup d'autres... On remarque dans toutes une altération insensible et journalière, jamais de création[21]». Une filiation matrilinéaire va traverser l'imbroglio des «altérations insensibles» pour rejoindre le moment quasi abstrait de la «création» initiale et faire de la variation une extériorité par rapport à la répétition d'une mécanique. Exposées par De Brosses sur le mode d'une mise en scène des origines — ou bien, ailleurs, par Condorcet, sous la forme d'un «tableau des destinées futures de l'espèce humaine» — ce qui est représenté, comme passé ou comme avenir, ce sont des «lois générales, nécessaires et constantes». Dans l'utopie du passé que De Brosses privilégie, elles ont pour double fonction d'enraciner les mots dans les choses (les mots sont «fabriqués à l'imitation même de l'objet», «directement formés sur la chose même») et de faire apparaître l'unité (les mêmes règles) cachée sous la multiplicité des phénomènes linguistiques. La généalogie se construit comme un rapport entre un *prototype*, schéma de fonctionnement, et une *reproduction* des mêmes processus tout au long d'un temps qui permet de classer ses variantes et ses modulations. L'ordre chronologique de la «descendance» fournit donc le moyen de combiner, dans le même tableau, un *commencement* (que définit surtout l'onomatopée[22]) et ses *recommencements* (sous la diversité des formations de mots et des déplacements de sens).

L'implantation de la théorie dans le temps, sur le mode d'une histoire à partir des origines, met en rapport un savoir abstrait avec des phénomènes; elle n'a pas réellement pour objet d'articuler entre elles des configurations linguistiques successives. Au fond, chaque langue ne présente qu'une apparence lorsqu'on la saisit comme une totalité: examinée au titre du processus qui explique la construction de son vocabulaire, elle se morcelle en mots plus ou moins conformes à l'«imitation» qui en est le principe, plus ou moins proches des «racines» qui «peignent» les choses, et donc plus ou moins semblables à d'autres mots, issus des mêmes racines et dispersés en différentes langues. La «filiation généalogique des langages[23]» se fragmente en mille histoires qui racontent les avatars de ces «racines» jusqu'à la forme de leur apparition dans telle ou telle langue, à plus ou moins grande distance du phonème initial et du sens littéral, c'est-à-dire de la chose. Regroupées en un seul texte, les filières entrecroisées de ces récits se présenteront à la manière d'un dictionnaire étymologique. Les articles décrivent des trajectoires différentes tracées chacune à partir d'une racine, mais obéissant aux mêmes règles ; ils démembrent l'unité de chaque langue pour constituer un tableau de « lois générales ». Avec la liste des racines, « nous aurions, *par abstraction*, écrit De Brosses, une langue primitive que personne ne parlerait ni n'aurait jamais parlée, du moins dans tout son contenu, quoique tout le monde en ait en soi tous les germes primitifs[24] ». Autrement dit, la langue « primitive » coupe toutes les langues effectives et mue chaque lexique national en une surface où les racines émergent à des stades hétérogènes de leur histoire. Elle traverse ces totalités confuses. Elle y crée une légalité. C'est la modalité historique de la « langue universelle » de Leibniz. Ce qui est posé comme « primitif », c'est un ordre universel et fondé en nature.

Tout autre est la position de Court de Gébelin. D'un même mouvement, il transforme la langue primitive en une poétique et en une origine placée quelque part dans le temps. Certes, il se félicite de voir, « par l'examen des sons en usage chez chaque peuple, s'évanouir le fantôme effrayant de la multitude des langues[25] ». L'unité, chez lui, résulte aussi d'une opération. « Lorsque l'on ôte des langues tous les mots composés et tous les mots dérivés, il reste dans chacune un très petit nombre de mots monosyllabiques et au-delà desquels on ne saurait aller. C'est ce petit nombre de mots qu'il faut regarder comme les éléments des langues, comme la source dans laquelle on a puisé tous les autres mots. Et comme ces éléments sont les mêmes dans toutes les langues, on ne peut s'empêcher de les reconnaître

pour la langue primitive[26]...» «Reste» d'une sous-
traction, le «primitif» est également la *limite* d'une
opération («on ne saurait aller» plus loin) parce que
l'analyse est, *en fait*, incapable de diviser plus, et
parce que le monosyllabique est l'unité *donnée* par
la langue empirique (c'est le point au-delà duquel le
matériau linguistique s'évanouirait et ne fournirait
plus les «éléments» d'une reconstruction raisonnée). Il a finalement pour définition, doublement
contingente, d'être le point où s'arrête la décomposition et celui d'où part la recomposition : la syllabe[27]. L'unité construite par la *théorie* est déterminée
par un seuil *factuel* ; elle repose sur une limite ren-
contrée et sur une unité reçue. La représentation
de ce *fait* comme un *commencement* explicatif et
mythique dit bien un fonctionnement réel de la
démarche, mais en cachant la véritable nature de la
frontière au-delà de laquelle l'analyse «ne saurait
aller». L'historicisation tient lieu de ce qui manque
à la théorie. Elle installe dans une origine le «reste»
que la production savante ne peut intégrer.

Mais un fantastique de l'histoire fait retour par
cet inconnu. L'imaginaire entre par cette faille et
s'insinue partout dans l'œuvre de Court de Gébelin,
«le seul vrai système poétique du siècle[28]» avec celui
de Fabre d'Olivet, depuis Géraud de Cordemoy. De
la magie des origines aux jeux de l'allitération et des
«harmonies» phonétiques — «sorcellerie évoca-
toire[29]» —, les sujets touchés par cet érudit se trans-
forment en une épopée de la langue, qui commence
avec une interprétation des «fables» antiques[30] et
demeure hantée par l'origine non des langages mais
de la parole. Pour l'auteur, «tout n'est qu'allégo-
rie». Sa science est le lexique d'un visionnaire[31]. Il y
a déjà du Schelling et presque du Michelet chez lui.

D'où son succès, dont témoignent Grégoire lui-même et ses correspondants[32].

Par les sons premiers, fondement de l'étymologie, et par les organes vocaux, producteurs de sons relatifs aux choses, Court de Gébelin parvient à dresser un *Tableau des mots primitifs* qui permet à la fois le « rapprochement des langues » et l'établissement du « rapport de ces mots avec la Nature[33] ». L'essentiel de cette fondation du langage en Raison et en Nature se dit en un *Alphabet primitif* composé de 16 caractères, « hiéroglyphiques » puisqu'ils sont une « peinture d'objets ». Supposant qu'au commencement, il y a l'écriture, « inventée antérieurement à la séparation des peuples »[34] — donnant donc une valeur d'antériorité historique au postulat logique non démontrable par le raisonnement qu'il rend possible —, Court de Gébelin peut « montrer la conformité de tous les alphabets avec le Primitif et qu'ils en tirent tous leur Origine[35] ».

Une fois établi « ce Dictionnaire primitif qui préside à toutes les langues, qui en est l'âme », une fois démontré que « les différences qu'on observe à cet égard [dans la « peinture des idées »] entre les divers peuples ne portent que sur la forme et non sur le fond, sur des accessoires et non sur l'essentiel », et qu'elles « tiennent toute leur énergie d'une base commune[36] », Court de Gébelin s'attache à définir le chaînon qui relie à ce Dictionnaire les langues de l'Europe occidentale. En historicisant le « primitif », il revient à l'idée d'une « langue mère », que De Brosses critiquait. L'*origine* ramène le « maternel » dans sa linguistique : ce sera le celtique. Son *Dictionnaire étymologique* (1778) s'édifie sur le gallois, le cornouaillien et le bas breton, « précieux restes de l'ancienne langue des Celtes ou des Gaulois » : « Ces dialectes offrent une prodigieuse quantité de mono-

syllabes, dont, comme autant de radicaux, dérivent
leurs autres mots : c'est donc une langue primitive
qu'ils parlent, puisque tel est le grand caractère dis-
tinctif des langues premières, des langues mères[37]. »
Ce qui était le « *reste* » échappant à une opération
analytique trouve ici la fonction d'être une *relique*
laissée par la mère. À l'intérieur des dialectes, quelque
chose d'imaginaire se joue qui ne permet plus seulement de poser une raison, mais de *ne pas quitter*
l'origine : ces restes fétichisés par la dénégation d'une
absence (celle de ce primitif nécessaire) s'organisent
en une référence mythique sur les bords et dans les
interstices d'une linguistique.

Le celtique, « cette langue primitive de l'Europe,
la même dans son origine que celle des Orientaux,
se divisa bientôt en diverses langues collatérales à
mesure qu'il se forma en Europe de grandes peuplades » : la grecque, la latine, l'étrusque, la thrace,
la germanique, la gauloise, la « cantabre » (espagnole),
la « runique » (nordique) proviennent de la celtique,
« cette langue que nous regardons comme la mère
de la française et qui a servi de base à nos Origines
françaises[38] ». Il ne s'agit plus d'une « abstraction »,
comme chez De Brosses, mais d'une figure historique. Paradoxalement, cette traduction historici-
sante du modèle abstrait gauchit l'objectif visé : Court
de Gébelin voulait « ramener les langues à *un centre*
commun[39] » ; or voici qu'en identifiant à une origine
ancienne la règle d'une « police » du langage, il
décentre l'étude du français et, lui faisant quitter les
chemins de la normativité académique ou d'un syn-
chronisme rationnel, il la tourne vers les reliques
d'un *passé* dont les patois sont plus proches. L'historicisation de la langue primitive a pour effet cet
écart qui place le centre hors du centre, qui établit
la « raison » d'une langue loin des régions dominées

par la capitale et qui déporte l'explication vers des archives sonores soustraites à l'empire des Lumières. L'unité verse du côté des marches obscures et lointaines où se conservent les restes de la langue référentielle. Installée dans la chronologie, la représentation de l'«essentiel» se marginalise. L'utopie devient déjà folklore.

Cinquante ans plus tôt, la même volonté d'ordre faisait dire à Vallange, dans son *Nouveau système ou nouveau plan d'une Grammaire française* (1719): «Par le moyen de mes méthodes répandues par tout le Royaume, on pourra extirper tous les patois et jargons du Royaume et des États voisins où l'on parle français, comme en Lorraine, en Suisse et en Flandre[40]». Ce qu'un ordre éliminait comme une «diversité» étrangère à la raison et dangereuse pour l'État[41], il le retrouve transformé en une mine de «racines» dont Court de Gébelin se fait le collectionneur. C'est devenu un cimetière de l'origine, désormais valorisé par le regard scientifique ou, comme on disait, par l'«analyse des langues[42]». Deux conduites se stratifient et se combinent, qui ne sont qu'apparemment contradictoires: *une politique de la raison* soumet ou élimine la diversité, pour imposer les normes d'un ordre éclairé; *une curiosité scientifique*, également parisienne, se met en quête des «éléments radicaux» enfouis dans des idiomes déjà mentalement voués à n'être plus que les traces d'un passé.

LA VOIX DE L'AUTRE

Un autre thème domine les réponses à l'enquête de Grégoire: la voix. Les préalables savants de ce dossier sur le patois comme voix doivent être, eux

aussi, mentionnés. Chez De Brosses comme chez
Court de Gébelin, la langue («primitive» ou non) est
une «peinture» des choses. Elle se situe donc essentiellement du côté de la «figuration» graphique, ou
de l'écriture, qui est pour l'un le rebondissement
génial de l'imitation verbale et, pour l'autre, liée à
l'origine même du langage. Le privilège que l'Occident moderne accorde à la peinture dans les beaux-
arts semble ainsi polariser la réflexion sur la langue.
Quoi qu'il en soit, cette définition du mot comme
«copie» de la chose a pour conséquences (même si,
pour De Brosses, la «copie» est pendant un premier
temps un «bruit», une «onomatopée d'oreille») *le
primat de l'œil sur l'oreille*, celui *de l'écriture sur la
voix* et, dans l'analyse des lettres, celui *de la consonne
sur la voyelle*[43].

Ces conséquences habitent déjà les données mêmes
du problème à traiter puisqu'il pose la signification
comme un rapport (médiatisé par des sons) entre
des objets et des «idées» — images ou «figures présentées aux yeux»: «... les sons vocaux signifient les
idées représentatives des objets réels». On aboutit au
paradoxe que les langues *parlées* n'ont de solide que
la *figure*, et donc la *graphie*: «L'image, qui est du
départ de la vue, étant aussi permanente que la voix,
qui est du départ de l'ouïe, l'est peu, doit par conséquent être moins sujette à subir des changements de
forme... Le son ne consiste que dans la voyelle, qui
est chez tous les hommes tout à fait vague. La figure
au contraire ne consiste que dans la lettre[44] qui,
quoique variable, ne s'égare que rarement tout à fait,
ne sortant même guère des bornes de l'organe qui
lui est propre[45].» Le corps, par la médiation des
organes, tient le sens car il façonne le souffle qui
est, lui, insaisissable. Priorité est donc donnée à la
«forme du son», qui se voit plus qu'elle ne s'entend,

— c'est-à-dire à la consonne. La voyelle « est plus du ressort de l'oreille » ; la consonne « est plus du ressort de la vue » et mieux proportionnée à « la figure alphabétique ». Chez De Brosses, à travers une théorie de l'alphabet et de l'étymologie, revient la vieille tradition qui veut que l'écriture « maintienne » et que l'oralité « s'égare ». « En étymologie, dans la comparaison des mots, il ne faut avoir aucun égard aux voyelles… » La variation s'insinue en effet dans les mots par la voyelle qui, telle une « matière » sonore fluctuante (donnée avec le *a* dont les autres voyelles ne sont que des affaiblissements), ne reçoit « forme » que par les consonnes, seules à être véritablement des lettres. Le mixage de voyelles et de consonnes combine le *vu* et l'*entendu* : des articulations consonantiques représentatives supposent une « substance » vocale mobile[46]. La langue organise en codage finalement corporel, consonantique et scripturaire, la voix qui est à la fois, comme souffle, sa « matière prime » et, comme prononciation, sa dégénérescence continue à travers d'incessantes variations de son et de perpétuels égarements de sens[47].

Le même principe, la voix, a la fonction ambivalente d'être l'originaire de la langue et de la dégrader en compromettant, décalant, défigurant les représentations littérales des choses. Le linguiste résiste à cette érosion des articulations scripturaires. Il restaure la loi déterminatrice des mots. Il travaille à désensabler l'architecture des sens « littéraux » contre l'envahissement des fluctuations vocales. De ce point de vue, la distinction entre les « langues » et les « dialectes » est une arme de la raison. Des organisations linguistiques sont mises à part, celles qui « diffèrent essentiellement », par des changements de consonnes dans les mots, c'est-à-dire par des modifications graphiques attestant une évolution ou des combinaisons

de racines. À ces changements de statut, scientifi-
quement contrôlables et relatifs au rapport des choses
avec les mots, s'opposent les différences de prononciation, variations vocales, innombrables mais sans
pertinence fondamentale et seulement dialectales.
D'où la proposition citée plusieurs fois dans les
réponses à Grégoire et qui les déterminent : « Wach-
ter, écrit De Brosses, marque ingénieusement en
deux mots le caractère de différence entre les langues
et les dialectes. *Les langues*, dit-il, *diffèrent entre elles
par des consonnes… et les dialectes par les voyelles* [48]. »

Très ancienne tradition que Spinoza reprenait
déjà au seuil de sa *Grammaire hébraïque* comme le
postulat d'une analyse rationnelle de la langue [49], le
clivage entre la consonne et la voyelle sépare d'un
ordre techniquement traitable, celui de la langue,
l'indéfini d'une richesse désordonnée, le dialecte.
C'est un geste scientifique analogue à celui qui, de
la part de Saussure, établit la possibilité d'une analyse structurale de la « langue » sur l'élimination de
la « parole ». L'étrangeté de la voix est ici la condition de possibilité de l'opération qui, scripturaire, se
donne un champ propre d'objets graphiques. Elle
est aussi, construite comme son « autre » par la linguistique éclairée, la place où s'enferme l'opposition aux Lumières et dont elle va d'ailleurs changer
le sens plus que la définition en faisant l'apologie de
la voix ou de la prononciation [50].

Cette coupure rend évidemment très difficile une
analyse des patois : il y faut appliquer des instruments conceptuels qui postulent un exil des dialectes
hors du champ linguistique et qui sont proportion-
nés aux articulations consonantiques de la langue.
Quelle pourra être, désormais, l'étude de ces patois
voués à être les régions insaisissables des fluctuations vocales ? À cet obstacle s'en ajoute un autre,

qui vient des «grammairiens et philosophes» eux-
mêmes. Ainsi Court de Gébelin fait passer dans le
contenu de la langue et des dialectes la différence
qu'établissait entre eux l'*opération* scientifique. Du
fait que les consonnes — ou, comme il dit, les «intonations» — sont isolées par l'analyse et qu'elles peuvent seules définir son objet, il en conclut qu'elles
forment une «peinture et langage des idées», alors
que les «sons ou voyelles» constituent un «langage
des sensations» relatif au besoin propre à «ce qui
agite l'âme». Pour produire les premières, «il faut
plus d'art... que pour les voyelles»: «celles-ci sont
plus l'effet de la sensation, et celles-là plus l'effet de
la réflexion». Aussi les enfants vocalisent plutôt. À la
limite, chez les animaux, il y a des voyelles mais pas
de consonnes[51]. Court de Gébelin est trop poète pour
que, sur la base de ces distinctions entre des positivités
linguistiques et anthropologiques, il ne se réjouisse
pas des admirables mélanges produits par les «grands
retours des sensations aux idées, et des idées aux sensations», ou par les mariages entre la «tranquillité»
des consonnes et l'«impétuosité» des voyelles. Mais
qu'en sera-t-il lorsque les correspondants de Grégoire se trouveront devant le questionnaire qui explicite la relation de l'analyse linguistique à un pouvoir
central et à un milieu social, et que l'objet dont ils
ont à rendre compte, bien loin d'être présenté comme
l'un de ces mixtes, sera le lieu où se conjuguent l'absence d'instruments conceptuels adéquats, la vocalisation des passions et l'éloignement des Lumières?

V

Le cycle de la langue maternelle

Les correspondants de Grégoire reprennent la double thématique savante du commencement et de la vocalisation. Mais ils y opèrent une série de transformations. Un récit nouveau se compose ainsi. Il fait place au temps présent, grâce auquel un travail de l'histoire produit une langue. Mais le patois y figure le lieu où se trouvent l'origine et la voix, et d'où elles ne cesseront de revenir ensemble. Étrange conviction, installée dans les marges des Lumières et non éliminée par le texte de la raison : à l'origine, il y a toujours une voix.

UN SYSTÈME DE PARENTÉ :
L'IMAGINAIRE FAMILIAL

Avec un appareil conceptuel qui transpose la dialectique traditionnelle de la similitude et de la dissimilitude en termes d'espace — de distanciations et de rapprochements —, le corpus manifeste une volonté de repérer dans les diversités linguistiques un «fond» qui soit partout «le même» (Lyon, B. N. 30 ; Mont-de-Marsan, G. 150). La pratique de l'«analogie» ou de «l'affinité avec» permet de muer

en une immense famille la multiplicité des idiomes.
« Il nous paraît incontestable que toutes les langues
ont une grande analogie entre elles » (Auch 1, G. 86).
Ce n'est pas un fait, mais une loi. Il faut le croire. Ce
principe « incontestable » a pour effet le travail,
quasi filial, qui range le pluriel des langues en un
arbre généalogique et qui restaure ainsi la priorité
absolue du singulier.

Ce travail s'effectue à deux niveaux différents
selon que l'origine (ou le « fond ») est plus ou moins
lisible à la surface des langues. À un premier niveau,
la langue s'offre comme la transparence de son histoire ; elle présente elle-même les signes de la descendance où elle s'inscrit. Ainsi, la « langue » bretonne
« conserve encore aujourd'hui un air de ressemblance
qui marque une origine commune » (Limoges, G. 167).
Des parentés se reconnaissent à des affinités qui renvoient à un « air de famille ». Il s'agit d'un « style »
globalement désigné par des « ressemblances » dont
les contenus varient (quand ils sont indiqués). De
cette lecture à livre ouvert, se distingue un décryp-
tage ; de la perception, une construction. Enfouie
dans l'épaisseur d'une langue, la parenté doit alors
être historiquement reconstituée. Elle résulte d'affinités qu'a précisées une théorie des « termes radicaux » et de leurs « dérivations ». Du signe, on passe
au chiffre. Une « analyse » devient nécessaire, fondée
sur le modèle abstrait qui définit le « radical » comme
l'unité la plus simple, la plus courte et donc la plus
naturelle. Pour Fonvielhe, par exemple, la « Nature
est » en effet « d'accourcir les mots au lieu de les
allonger » (Périgord, B. N. 43). Le plus court est au
plus proche de la Nature et de l'Origine. Le simple et
l'initial coïncident. La longueur est au contraire liée
au « composé » ; elle indexe la culture et le tardif. Sur
la base de cet axiome, fermement posé par Court de

Gébelin[1], on peut décompter dans une langue les indicateurs d'antériorités linguistiques fondées dans les choses — ce sont les «termes radicaux» —, ou dégager dans les composés la racine qui s'y cache sous la gangue de ses dérivations. Fait notable et assez exceptionnel, les formes verbales sont elles aussi prises en considération dans cette recherche du «radical»[2].

En suivant les réseaux d'affinités ou les filières de racines, la plupart des correspondants de Grégoire travaillent ainsi à circonscrire et nommer l'*autre* de la langue qu'ils parlent. Un corpus primitif, susceptible d'être différence *et* «fondement» par rapport à leur idiome, sera simultanément l'*objet* dont ils se distinguent comme locuteurs ou observateurs, et le *principe* qui autorise leur idiome et unifie leur savoir. Or c'est précisément dans les patois qu'ils relèvent une particulière abondance de radicaux, présence fragmentaire du corps géniteur. Pour l'abbé Barère, le patois «a des termes radicaux beaucoup plus que de composés», ce qui signifie qu'il «est d'une origine très ancienne» (Hautes-Pyrénées, B. N. 67). D'autres en disent autant[3]. Ou bien, de la féconde postérité du patois, ils déduisent que les radicaux y dominent nécessairement: «Notre patois, s'étant divisé en plusieurs langues, devrait avoir plus de radicaux que chacune d'elles en particulier, mais moins de composés» (Agen, G. 108). S'il y a engendrement de langues (ici l'italien, l'espagnol et même le français), il faut qu'il y ait une population d'engendreurs. Reste à identifier les radicaux qui doivent être là. Ainsi l'abbé Andriès compte, sur 3 000 ou 4 000 mots flamands, «pour le moins» 2 000 monosyllabes (Bergues, B. N. 13), autant dire des radicaux, unités pures et dures qui s'opposent aux «composés» ou aux «dérivés» dont le nombre

est si grand dans les langues secondes. Certes, il n'y
a pas unanimité pour reconnaître dans les patois ces
marques originaires. Certains correspondants déclarent que les termes composés sont majoritaires dans
leur patois — mâconnais ou bressan, par exemple —,
parce que, au dire de Cherval, il s'agit d'«amal-
games» (Bresse, B. N. 50). Mais l'important est la
pression qu'exerce la volonté de situer par rapport
à un corps maternel, encore si présent dans les
patois, la différence de la langue qui en vient et que
parlent ces correspondants. La construction d'un
arbre généalogique — «un arbre dont les sommités
ne ressemblent plus au tronc» (Bresse, B. N. 50) —
camoufle une rupture en la faisant figurer dans la
continuité d'une filiation. Un rejet se masque dans
le tableau d'une descendance.

Dans cet ordre de questions, on a seulement des
symptômes indicatifs de fonctionnements. Le vocabulaire familial qui traverse et ponctue cette enquête
en est un. Un imaginaire familial habite ce discours ;
il l'obsède même. C'est le fantôme d'une loi à laquelle
il semble que l'analyse *doit* soumettre son *langage*
pour se tenir *en fait* à distance de l'«origine», en
cette autre place qui est celle des Lumières. D'où
les contrariétés entre les signifiants référentiels (la
famille) et ce qu'ils signifient (la séparation). Ainsi la
«langue mère», terme usité par le vulgaire et récusé
par les «vrais savants»[4], est partout donnée comme
le «fondement» du tableau de parenté. Cette généalogie matrilinéaire n'en substitue pas moins à la
source gréco-latine ou hébraïque la fabrication d'une
origine celtique, c'est-à-dire une représentation *ersatz*
mieux conforme à ce qui prend la place du passé
méditerranéen et catholique, à savoir l'Europe prussienne on anglaise, les prestiges de l'Amérique libérale, une Nature très nordique et le légendaire d'une

primitivité non chrétienne. La langue maternelle revient donc dans le discours, mais sous un déguisement qui la dénie et remplace l'origine par une création des Lumières. Cette *fiction* linguistique suppose éliminé ce qu'elle met en scène.

Le système de parenté qui s'élabore à partir de cette image inversée de la mère déploie tout le lexique d'une «raison» familiale; il en distribue les personnages en fraternités et cousinages linguistiques. Mais contredisant cette rhétorique dont les mots parlent sans cesse d'une mère commune et d'un ordre de naissance, une autre thématique s'insinue qui annonce l'évanouissement de la dynastie matrilinéaire et l'inégalité produite par le travail ou la richesse. Par son mouvement et son contenu, le discours subvertit la référence qui organise la représentation. Du languedocien du Gers, il nous est dit que «les dialectes voisins sont ses frères», mais des frères enrichis par la langue française, alors que «notre patois est resté dans sa pauvreté primitive» (Auch 1, G. 86). L'égalité de naissance est le lexique dans lequel s'annonce son contraire, le fait de l'inégalité sociale et d'une hiérarchisation nouvelle produite par le travail et l'argent. Par rapport à cet état de fait, le tableau de famille laisse nécessairement s'introduire la lacune. Il est voué à l'à-peu-près et troué de cases vides. «Mon périgourdin, écrit Fournier de La Charmie, a beaucoup d'analogie avec le [latin] dont il dérive, et avec [le français] dont je le crois au moins cousin germain… Il est cependant des mots dont je ne connais ni père ni mère» (Périgord, G. 154). Ces mots orphelins indiquent des filiations, dérivations ou cousinages encore à trouver, en réalité introuvables. Il en va de même pour les descendances occultes et illégales que le texte mentionne: les «bâtards[5]» renvoient à une généalogie qui ne peut se dire, mystique en somme et susceptible d'être remplie par n'importe quoi ; bien plus, ces idiomes de mère inconnue inscrivent dans le code imposé (la filiation) une dénégation de son «fondement» (la langue mère). Le récit qui s'ordonne en continuité familiale raconte en fait une lutte sociale entre des «frères» ennemis et «sans mère». Des lacunes et des approximations marquent déjà dans la généalogie son rôle d'être la légende d'une autre histoire. Non une explication, mais, relative à une coupure, la production d'un imaginaire.

LE RETOUR DU PATOIS, OU LA RÉPÉTITION

Par un autre biais, à première vue assez paradoxal chez des notables éclairés, il y a confirmation de la même structure. Leurs réponses disent souvent que le commencement sera aussi la fin. Ainsi, pour Fonvielhe, à l'origine de toute langue, il y a un patois. On aurait donc «tort» de penser que, dans le latin, le patois est un effet de l'évolution, une décadence tardive ou une conséquence de l'«invasion des barbares» :

> La langue latine avait commencé, comme toutes les autres, par un patois sans presque aucune syntaxe... Le latin était presque aussi barbare, comme on le voit par les fragments des Loix des *Douze Tables* cités par Cicéron, et, ce qui est plus, c'est que du temps de Cicéron, la plupart des Romains et même les premiers de l'État parlaient un latin qui n'est qu'un vrai patois. On le voit par les lettres d'Antoine que Cicéron rapporte dans ses *Philippiques*. Il est donc tout simple que le latin, après s'être allongé par la suppression des articles, des déclinaisons et des conjugaisons, s'être prêté par là

à toutes les inversions, ait perdu ensuite cet échafaudage et que les hommes, aimant naturellement à s'exprimer au moins de frais possible, soient revenus naturellement au patois.

Il n'y a pas plus loin du patois latin de nos scolastiques au langage harmonieux de Virgile et de Cicéron, que du patois de nos campagnes, de nos villes et même de Paris au langage de Racine, de Buffon et de Bossuet. Et si l'on veut savoir à quelle langue on reviendra à la fin, il semble que ce sera à celle du peuple, parce qu'elle ne demande ni combinaison, ni effort, ni travail (Périgord, P. R., 43 v).

Définie par le simple, l'origine est toujours «le même» («le langage était autrefois le même»). C'est aussi la loi naturelle des choses. Aussi *reviendrat-elle* «à la fin», car le naturel est assuré de la victoire sur l'«échafaudage» que la culture édifie pour un temps seulement. Une parenthèse du «travail» et de l'histoire sera fermée par le retour de la langue initiale. Ce qui s'est passé dans la latinité se reproduira pour le français : il a commencé avec un patois — «nos vieux Français, tels que Froissard, Amiot,… semblent en effet ne parler que le patois» (*ibid.*, P. R., 44 r) — et il finira de même. Autrement dit, du latin «qui n'est qu'un vrai patois» au «langage harmonieux» (Virgile et Cicéron) puis au «patois latin» de la scolastique, ou de la «naïveté» (Amiot, Froissard) au «beau français» (celui «de Racine, de Fénelon etc.») puis à la «langue du peuple», le même cycle se répète.

Dans cette représentation, les clivages sociaux (ville-campagne, Paris-province) perdent leur pertinence. Il leur est substitué une opposition entre le court et l'allongement, entre le simple et l'artifice («inversions», «échafaudage», etc.), entre le «naturel» et l'«harmonieux» (le «beau» se trouvant du côté de la « combinaison »), finalement entre la « naïveté » et le « travail ». La culture apparaît donc comme un « effort » dont les résultats restent éphémères, toujours fragiles, et devront finalement s'effacer devant la génialité, la séduction et la facilité de la nature. Langue du peuple et, on le verra, langue de la passion, le patois reviendra. Déjà il « revient naturellement », dès que l'*Aufklärung* cesse de progresser. Le labeur culturel se trouve ainsi institué dans une position menacée et agressive par rapport au retour eschatologique de la langue maternelle.

Ailleurs, les éducateurs et les auteurs littéraires sont comparés au cavalier qui mate la belle animalité du cheval (cf. Mont-de-Marsan, G. 149). Ils cultivent, ils « épurent », ils contrôlent, ils combattent. Morel le dit autrement : « L'habitude l'emportera toujours sur l'instruction » (Lyon, B. N. 32). Le moindre relâchement de l'instruction laisse reparaître ce qu'elle combat. La « raison » (tout comme la langue cultivée et patriotique) n'est pas inscrite dans la nature comme le mouvement de son progrès, mais elle s'y inscrit par un travail qui, à la limite, est une lutte à mort. L'élimination des patois riposte à la menace de ce qui « revient » toujours avec eux. C'est un combat contre le destin que trace (au moins dans les représentations de ces notables) l'image fatale de revenants impossibles à tuer.

Quelque chose ici prolonge, on le verra mieux par la suite, les guerres d'antan contre les sorcières, symptômes fantastiques de ce qui, remontant du fond des opacités rurales, contestait une raison en train de s'instaurer[6]. L'agression contre les patois répète, en la déplaçant du côté des idiomes, une défense contre le « remords » — morsure et retour[7] — d'une « origine » refoulée mais jamais disparue dont se détache l'ambition « éclairée », et jacobine

déjà, d'un ordre à fonder. Le moindre relâchement
dans la mobilisation contre cet occulte danger lui
ouvre la porte. Protection ambivalente pourtant, car
dans le même temps les leaders et scribes locaux
célèbrent déjà le deuil de leur adversaire.

LES RELIQUES DE L'ORIGINE PERDUE

Les patois conservent une «origine très ancienne»
(Mont-de-Marsan, G. 147). Ils en sont les musées.
Sur le mode linguistique, on a là des «réserves» de
primitifs. «Ce patois, écrit Grünwald (un exemple
entre cent autres)[8], est originairement gaulois. C'est la
langue ancienne et primitive» (Bouillon 1, B. N. 63).
Mais ce qui vient «de la plus haute antiquité»
(Limoges, G. 166) arrive sous la forme d'un mélange.
Le grand texte immobile de l'Origine a été marqué par les passages et les événements de l'histoire
humaine. Sur le «fond» primitif, se sont inscrits les
mille avatars des échanges entre nations, les invasions, les expansionnismes commerciaux, etc., et aussi
les «travaux» par lesquels des «auteurs» en ont fait
des langues harmonieuses. Les notables déchiffrent
le patois comme un précieux palimpseste du monde :
non «épuré», il a souffert l'histoire mais il la porte
gravée en lui. Le patois n'est pas le lieu de l'histoire
qui se fait (il est toujours région passive) mais le lieu
où se trace, dans le désordre, l'histoire des autres.

Essentiellement, dans ce palimpseste, on lit ce qui
fut *avant* : avant l'advenue des arts, avant les épu-
rations lexicales, avant les mises en forme syn-
taxiques. Ainsi les monosyllabes du patois (bientôt
relayés par les monolithes bretons) racontent aux
Amis de la Constitution de Limoges un passé universel et millénaire :

> Ces mots, monosyllabes pour la plupart, n'ont
> aucun rapport aux mots latins, mais bien un grand
> rapport aux mots celtiques, aux mots et aux sons
> asiatiques, aux mots et aux sons usités à Tahiti et
> dans les autres mers du Sud nouvellement décou-
> vertes (Haute-Vienne, G. 167).

Déniée («aucun rapport»), la filiation gréco-latine
est remplacée par des substituts, produits culturels
de l'époque : le celtique tel qu'il sort de la poétique
de Court de Gébelin, les chinoiseries à la mode
depuis un siècle, les prestiges des «mers du Sud»
orchestrés par Buffon ou Charles de Brosses[9] et,
dernier-né, le mythe de Tahiti qui se lève au milieu des
immensités australes grâce à Bougainville («Législateurs et philosophes, venez voir ici tout établi ce que
votre imagination n'a pu même rêver[10]»). L'univers
d'un immémorial primitif est signifié par les monosyllabes de cet étranger proche — le patois — qui a
pour vertu et pour fonction de conserver : «Les gens
de la campagne… retiennent bien plus constamment
l'ancien langage» (Haute-Vienne, G. 168). Par des
transmissions secrètes, leurs mots mettent l'Auvergne
en relation avec Tahiti, conduisent jusqu'en Lorraine des éléments provenant «de la Tartarie[11]», et
font émerger dans les campagnes françaises les préjugés et les «sorts» des «colonies». Localisé hors du
travail historique et «avant» lui, comme l'environnement, la condition et l'objet dont se distingue l'«effort»
éclairé, le patois dessine un espace construit sur
trois pôles : le *rural* (une terre mère), le *primitif* (une
origine), l'*exotique* (une étrangeté). De cette région
constituée en extériorité de la ville, de l'histoire et de
l'identité patriotique, l'*oralité* va être la définition.
Il faut souligner d'abord que, dans ce corpus, le

patois est l'origine (malgré tout) *encore* présente.
Cet *encore* étiquette tour à tour des mots originaires,
des mœurs («point encore corrompues») dont ils
sont la peinture, et des «innocents habitants des
campagnes»: «Il est peu de peuples qui aient gardé
si scrupuleusement l'état de la première innocence
de l'homme» (Bresse, B. N. 51). Mais cette primitivité n'est pas intacte. Elle n'apparaît qu'à travers
des corruptions. L'île du patois a été piétinée par
l'histoire: des passants et des passages l'ont «altérée». Aussi l'ancien s'y présente comme le *non-iden-
tifiable*. «Ancien, mais sans qu'on puisse en indiquer
l'origine» (Mont-de-Marsan, G. 147), le patois pré-
serve l'origine, mais il n'a plus de propre. Comme
témoin d'un commencement, il est pour l'histoire le
texte peu à peu illisible qu'elle traverse, rature, obli-
tère. Ce n'est plus qu'un *lieu commun*, de soi non
déterminable, et soumis à une permutabilité indéfinie d'identifications. Horizon sur lequel se détache
le «travail», espace où la culture s'écrit, condition
de possibilité chaque fois relative à des opérations
distinctes, nommé seulement par elles et au titre de
ce qu'elles supposent pour s'effectuer, le patois est
sans nom. C'est la *matière* de l'histoire, comme l'est
pour l'articulation consonnique la voix ou le souffle.
   Il y a là, sur le mode sociolinguistique, l'indication d'une limite où se perd le savoir producteur.
Par rapport à ce que la langue et l'histoire déterminent, c'est-à-dire par rapport au déterminé, s'insinue un *indéterminé* qui apparaît ici au point le plus
avancé du travail de distinguer et d'articuler, en ce
point de fuite où ce que l'opération ne peut plus
déterminer se mue en ce qu'il lui faut supposer pour
qu'elle ait lieu. L'activité linguistique éclairée se
place d'emblée du côté où la lumière se fait. Elle
rencontre, sur le terrain d'une analyse linguistique,

cette «matière» qu'une longue tradition philosophique, depuis Plotin[12], oppose à la «forme» (maî-
trise des choses) et désigne comme une profondeur
indiscernable. L'indétermination du patois ramène
dans les Lumières une nuit qui est toujours là, sous
la figure impensable et sans forme d'une matière
prime. Pour être des clercs provinciaux, les correspondants de Grégoire n'en inscrivent pas moins
dans leurs analyses, sous la forme d'une relation
entre la «langue» et l'origine qui fait retour, quelque
chose d'analogue au rapport plotinien entre le
Logos qui «est Lumière» et le «ténébreux qui est au-
dessous», pluriel pur, expérience d'une altérité dis-
séminée. Mais cette expérience «philosophique»
fondamentale se dit en la forme, «mythique», d'une
représentation. L'«Origine inconnue», partout obsédante[13], renvoie à une limite qui n'est pas l'objet
d'un savoir, mais son postulat. Déposée dans les
patois, elle ne peut y être que «*méconnaissable*[14]»,
du fait de sa fragmentation ou d'altérations. Par ses
présupposés mêmes, l'étymologiste ne la trouve que
dans son autre, dans la «corruption» de l'idiome
originel (Limagne, G. 162) et comme «dégénérée»
(Bouillon 2, G. 232). Problème théorique : l'origine
doit à la fois être *l'autre* (pour être la condition
unique de la pluralité) et rester *repérable dans* le langage (pour qu'une positivité en soit saisissable). Ce
ne sera donc ni une autre langue (qui ne serait
qu'une langue de plus) ni la langue reçue (qui ne
saurait jouer un rôle explicatif). Elle sera donnée
comme *la trace de ce qui ne peut être que perdu*.

Il y a certes des variantes. Le wallon, par exemple,
«dans le pays de Liège et dans les provinces belgiques conserve des traces plus marquées de son origine» (Bouillon 2, G. 232). Plus généralement, Morel
pense que français et patois sont «des débris de la

langue latine et de la celtique» (Lyon, B. N. 28). Mais déjà le latin a travaillé à la défection de la formation antérieure : «Tant que la Gaule fut gouvernée par ses druides, elle conserva sa langue dans toute sa pureté. Cette langue ne fut altérée que par le mélange des différents peuples qui envahirent successivement le pays et principalement par les Romains.» Les occupants «achevèrent, par le mélange des différents idiomes de ces peuples, d'y dénaturer la langue celtique, au point qu'elle n'était presque plus reconnaissable» (Lyon, B. N. 22).

«Méconnaissable», «défiguré», «altéré», ainsi apparaît l'essentiel lié à l'origine encore présente dans les patois — comme si la langue maternelle portait à l'avance la marque du traitement que ces notables lui destinent. La dénaturation est en effet le programme de leur ambition et le signe de ce qu'ils perdent. Dans les champs du patois s'accumulent les «débris» de la langue mère où se mêlent les déchets laissés par les piétinements qui l'ont violée. Les auteurs n'ont pas, ici, la nostalgie dont la même thématique sera l'instrument lorsque les «restes» ne seront plus linguistiques mais ethnologiques et lorsqu'un traditionalisme s'efforcera, comme le fait Charles de Gaulle à propos des «Celtes», de sauver «les débris d'une grande race»[15]. Ils optent pour le progrès en percevant de quel sacrifice il est payé et de quelle fragilité il est affecté. On ne saurait oublier pour autant ce qui se raconte en leur tableau des patois : développée d'après le modèle généalogique, une problématique de la dénaturation. L'*origine*, qui en est l'hypothèse, y apparaît comme le principe qui n'a pas de lieu, ni de discours propre, sinon le récit de ses altérations.

VI

Le monde de la voyelle

LA PRONONCIATION

En abordant la prononciation (question 14), le questionnaire touche au point sensible. Le patois *varie*. Il échappe aux régularités et aux fixations de la «langue». Il est la voix mobile par où s'évanouissent les stabilités de l'écriture, «la prononciation changeant toujours et l'orthographe restant la même». Jean-Jacques Rousseau l'avait noté, en ajoutant que, par l'insinuation de la voix, «la langue change par degrés d'esprit et de caractère[1]». Certes, il entendait défendre la «vive voix[2]», *intimité* et *intimation* naturelles, antérieures à tout discours[3]; il voulait promouvoir un enseignement fondé sur l'oral. Mais il n'en constatait pas moins le fait d'où partent les correspondants de Grégoire : «La prosodie et l'accent se perdent et se défigurent à mesure qu'on s'éloigne de la capitale[4].» Tel apparaît le patois dans le corpus grégorien : il est la subversion vocale des normalités scripturaires, mais aussi la chaleur des origines, la richesse des affections — «L'on rend ses sentiments quand on parle, et ses idées quand on écrit[5]». Une aura ambivalente enveloppe le patois, pensé au féminin comme la voix et la voyelle. C'est la sorcière et c'est la Sirène.

La prononciation introduit aussi, à propos des dialectes locaux, l'«agréable» ou le «désagréable», le «doux» et le «dur». Elle ouvre dans l'analyse linguistique un poème de l'«agrément», contrepoint de l'hostilité qu'éveille son insaisissable mobilité. Autour du patois «très agréable à l'oreille» (Andriès), se développe une problématique du plaisir auditif (cf. Gers 2, G. 113-114), mais indissociable d'une peur de perdre l'ordre édifié à haut prix par les Lumières. À vrai dire, cette audition sensible aux «accents» des idiomes ne s'attache pas seulement, comme le fait l'abbé Grégoire, à repérer le «son de la voix[6]»; elle en a une perception tactile, éprouvant de la voix sa «douceur» ou sa «rugosité». L'oreille est la peau délicate que le son caresse ou irrite : une zone érogène, exacerbée, dirait-on, par les interdits qui chassent de la langue et des bonnes mœurs les grossièretés, les vulgarités et finalement les passions. Une ascèse construit le code de la culture parisienne et révolutionnaire qui s'impose aux militants locaux. Mais, repoussée par la loi (écrite), l'érotique exilée de l'écriture semble faire retour en cette oreille touchée par les voix qui sortent des vallons et des bois. «Les premières langues furent chantantes et passionnées» (Rousseau). Métamorphosées dans ce corpus en formes sonores et déguisées en prononciation, les magiciennes d'antan viennent toujours hanter le paysage linguistique du XVIIIe siècle.

«La prononciation est capiteuse» dit Lequinio (Bretagne, G. 287). Par elle, dans le texte, s'éveille un monde de sentiments. Selon les catégories de Jean-Jacques, elle ressortit à l'«expression», qu'il opposait à l'«exactitude» des idées. Mais ici l'univers sonore de l'agréable et du désagréable, identifié

au patois, se constitue *à côté* de celui des «pensées
articulées» par la «langue». La distinction partageait
formellement le langage; elle partage désormais
l'espace. Dans la représentation qui est ici donnée,
une région de la vocalisation s'isole. L'énonciation
s'extrapose par rapport aux énoncés et forme un lieu
séparé, connoté par la prolifération des sentiments.
Royaume des voix, le patois est le site de l'affectif.
«Doux, agréable, sonore, expressif, abondant, grave
et propre à exprimer les grands mouvements de
l'âme»: cent passages du corpus répètent cette description d'Aubry (Bouillon 2, G. 292), qui rassemble
au même endroit l'appauvrissement du sens (une
redondance), la multiplication du sentir (des impres-
sions) et la mobilité des plaisirs ou des désirs (des
«mouvements»). Pour d'autres, le patois est «sif-
flant» ou «guttural», «rude» et «désagréable»: chez
eux, joue le même registre de perception, mais sur le
mode du déplaisir.

De ce patois entendu et non lu, prononcé plus
qu'articulé, matière sonore prise dans une esthétique, ce premier tableau peut être complété par un
élément qui fait, à lui seul, l'objet d'une question:
«Les finales sont-elles plus communément voyelles
que consonnes[7]?» Cette étrange préoccupation suppose à la finale des mots une importance particulière. Elle reçoit une double réponse: d'une part,
dans les trois quarts des cas, la *voyelle* caractérise la
finale[8]; d'autre part, le plus souvent, elle n'est *pas
muette* et l'on trouve *a, o, i,* là où le mot français
finit par un *e* muet. Le premier trait renvoie à une
prononciation plus «facile» (G. 233); le second distingue de la «langue» le «dialecte» (G. 14), peut-
être parce que «l'*e* muet serait un raffinement des
peuples amollis» (Saint-Claude, G. 201). Ces deux
marques (signifiants directement articulés sur une

réalité vécue) sont l'indice de mots encore ouverts par (et à) la voix, mais une voix proche du *a* primitif et du cri originaire, et que le « raffinement » consonantique de la culture n'a pas réduite à la fonction d'une « muette ».

LA VOYELLE, OU LA DIFFÉRENCE

Dans les réponses, l'essentiel pourtant n'est pas là. Elles racontent plutôt un combat. La prononciation, en effet, introduit dans la langue la variation, c'est-à-dire le « fantôme effrayant de la multitude des langues » comme le disait Court de Gébelin. Cette mouvance phonétique menace l'ordre urbain de l'écriture ; elle prolifère autour de lui comme une forêt vierge ; elle s'insinue dans la place avec la parole telle qu'elle est effectivement pratiquée, avec les « variations insensibles » qui altèrent, « défigurent » et « perdent » une langue à son insu. La défense de la langue avait inspiré aux plus lucides, à Jean-Jacques Rousseau[9], à bien d'autres, tel Jérémie-Jacques Oberlin, les conseils qu'ils adressent aux grammairiens de renoncer à l'obsession qui les arrête sur l'écrit et de s'attacher à « fixer les nuances et les principes des nuances qui font varier le langage d'un village à l'autre[10] ». Vain conseil. « Plus l'art d'écrire se perfectionne, plus celui de parler est négligé[11]. » Cette disparité de traitement pousse l'oral du côté d'une altérité peu à peu fantastique. En se retirant sur l'écrit (l'orthographe, l'étymologie, la syntaxe), l'analyse du langage constitue en désordre la région qu'elle délaisse. Hier, les bois se peuplaient de sabbats pour la population qui se concentrait dans les municipalités et les villes. De même, un enchantement des voix accompagne le « désenchantement » rationnel dont l'écrit est l'objet et le moyen. L'introduction de la vocalisation dans un imaginaire linguistique semble la réciproque de ce que l'écrit devient pour la science.

Le patois se clive, en effet, partagé tout entier entre ce qui peut en être écrit et ce qui reste vocal : là, c'est le même ; ici, l'autre. « L'écriture de ce patois est la même que pour le français, en variant l'accentuation » (Mont-de-Marsan, G. 150). À ce qui « varie », s'oppose le « fond » qui signifie « le même »[12]. « La différence essentielle... vient de la prononciation » (Carcassonne, G. 14). Dans ce schéma, la différence est réduite à n'être qu'un effet de surface par rapport à l'identité stable que désigne le « fond ». Elle est aussi portée au compte de la voyelle. C'est par elle que des mobilités s'insinuent dans la permanence des consonnes. Les « variations » tiennent à cette hérétique. « La substitution d'une voyelle à une autre » et « le retranchement ou addition d'une voyelle » (Mâconnais, G. 221 ; Lyon, B. N. 29 ; etc.) : tels sont, illustrés de nombreux exemples, les processus explicatifs de la « différence ». On y ajoute (ainsi Mâconnais, G. 221) « la transposition des lettres qui composent le mot », mais sans donner d'exemples et comme pour noter une généralité reçue mais inerte dans l'analyse. Ce qui frappe, c'est que la même explication vaut tantôt pour les changements du même patois, de village en village[13], tantôt pour la différence entre le patois et la langue[14]. Même si, dans le cas du flamand ou du breton, les réponses défendent une autonomie du patois, elles reposent elles aussi sur ces deux convictions : *le patois, c'est la variation*, et *la voyelle désigne sa nature*.

En effet la voyelle marque dans le langage *la singularité du sol et du corps*. Elle y indique le lieu de l'énonciation. Le « pays » d'abord. « On reconnaît, à la manière de prononcer… les habitants d'un même endroit» (Bresse, B. N. 51; cf. Limoges, G. 166; etc.). La montagne et la vallée, le bocage et la forêt ont leurs accents propres. Finalement, chaque «paroisse» a le sien. L'air, le climat, l'altitude, la distance des villages et des villes ont un enregistrement sonore, vif ou traînant, aigu ou grave, dur ou doux[15]. Dans cet univers des voyelles, partout bruissent les particularités. Un royaume vocal de l'idiotisme s'oppose au règne consonnal des «idées», qui est celui de l'universel, de la langue et des Lumières. Mais ce qui s'entend dans le patois, ce sont aussi les bruits du corps. Les «organes» se donnent à percevoir: la bouche («à pleine bouche[16]»), les lèvres, la gorge parlent dans ces voix dont on n'attend plus qu'elles disent des pensées. Signes d'une singularité qui s'érotise en s'éloignant. La pluralité du pays natal et du corps vécu s'opacifie. Inversement, enraciné dans la terre, le corps est le bruit, fait de rumeurs particulières, où la signification se perd: là s'épaississent des phonèmes qui ne sont plus affectables de sens. Ils ne sont plus compris mais seulement entendus au fur et à mesure que, pour la raison éclairée, ils deviennent l'autre.

Une *audition* se désigne, à travers la science du langage, par le rôle donné à la voyelle. En reprenant aux grammairiens et aux philosophes les catégories qu'ils ont créées, le corpus atteste leur réemploi sur un autre régime. Alors qu'à Paris se développe une sensibilité *visuelle* à la campagne (la nature est «spectacle», la «vie simple» est «scène»)[17], les correspondants de Grégoire *entendent* les organes du corps et les «singularités» locales. Il semble que si l'écriture est pour eux une «peinture» qui se réfère à des idées, l'oralité patoisante n'est pas rangée parmi les documents (bientôt les mouvements «popu-

laires» seront des écritures et des peintures enfer-
mées dans les livres ou dans les musées). Elle est
encore entendue comme un concert de voyelles ou
de «sons[18]». À ce qui est *dit* et qu'on peut traduire
dans la langue de Paris, ils ajoutent, intraduisible,
une «manière de dire». La voix chante autre chose
que le sens transportable d'un idiome à son voisin et
donc réductible au même. *Poutel* ou *poutou*, d'après
Chabot, «signifie baiser, mais d'une manière plus
tendre et plus énergique» (Aveyron, G. 59). La
«manière» de prononcer déborde le «signifié». L'élocution est un excès — surcroît ou déchet — par
rapport à l'identité sémantique, susceptible d'être
énoncée en français tout comme en languedocien
du Rouergue. La signification désigne la «même
chose» sous les métamorphoses linguistiques, mais
elle laisse hors de son champ le pluriel, la différence
et le particulier : les musiques de la terre, du corps
et des passions.

PASSIONS ET PASSIVITÉS

Le patois subit. Là se montrent des séductions et
des emportements «naturels» qui le déterminent
tout autant que les modifications du climat ou les
mouvements des organes. Il subit aussi l'histoire. Il
est marqué par les actions des étrangers et des
autres sociétés, comme il est destiné au travail des
auteurs qui, venus du dehors, sont les acteurs de la
langue. Par ces divers aspects, indiqués déjà dans la
tendance de sa prononciation à la «facilité», il s'oppose à une éthique des Lumières, celle de l'effort. Il
ne contrôle pas plus les choses qu'il ne se contrôle.
Dans la logique des correspondants de Grégoire, il
apparaît à la fois sans pouvoir et «sans règles»

(Lyon, B. N. 22 ; cf. Bresse, B. N. 54 ; etc.), comme s'il était l'image inversée de la société où le travail reçoit d'une conformation à des lois sa capacité productrice.

La passion inclut donc une double passivité : aux « affections de l'âme » et à l'histoire. Mais le premier élément répond seul à l'interrogation présente dans presque tous les textes et pourtant absente du questionnaire[19] : le patois, qu'a-t-il en « propre » ? à quoi est-il « propre » ? Le mot polarise une réaction devant un vide. Ce « propre » qu'est l'idiome, perpétuel évanouissant, de quoi peut-il bien être rempli ? Puisque l'autonomie du patois (le « propre ») se mesure à une utilité spécifique (être « propre à »), c'est-à-dire à ce qu'il « sert à exprimer[20] », il est caractérisé par son « abondance » pour l'amour, la tendresse, l'amitié (série majoritaire), et aussi (mais cette série reste mineure) pour la colère, la haine, etc.[21]. Moins que ce qu'il fait ou produit, cette description indique ce qui y pousse. Certes, elle mentionne également sa « richesse » pour le « travail de la terre » et les « occupations de la campagne[22] », ou son aptitude soit au comique, à la satire, à la gaieté, soit aux « scènes tragiques[23] ». Mais, dans l'ensemble, ces traits restent secondaires par rapport à la « fertilité » du patois en passions — des passions le plus souvent simples (Bordeaux, G. 138), non violentes (Bresse, B. N. 51), associées à la naïveté (Périgord, B. N. 44), à la bonhomie (Lot-et-Garonne, G. 118) et au bon sens (Saint-Claude, G. 210) qui contrastent avec la corruption et les « besoins factices » des villes. « Force » et « douceur », les deux termes reviennent constamment pour peindre l'idiome local. Mais le deuxième prédomine. Il voile de nostalgie le tableau d'un répertoire du cœur que l'éloignement mue en un paradis d'ombres. Ce sont des passions adoucies et des vertus tranquilles qui hantent ce lieu. Elles se conjuguent déjà au passé :

> Les mœurs de nos bons aïeux étaient simples comme leur patois, et celui-ci paraissait fait pour peindre la simplicité et la bonhomie (Lot-et-Garonne, G. 118).

Un « funeste changement » voue à l'idéalisation le monde perdu de l'enfance.

> Le village où demeurait mon père et où j'ai passé ma première jeunesse, était l'asile du bonheur, de la simplicité et de la vertu. C'est aujourd'hui un cloaque infect (Lorraine, B. N. 38)[24].

Le calme qui s'étend sur cette région dont la « naïveté plaît beaucoup » (Périgord, B. N. 44) ou dont le lexique est la légende d'une « ancienne simplicité » (Lot-et-Garonne, G. 118) donne sans doute leur portée aux réponses qui mettent en relation l'« énergie » du patois avec « ce qui manque au français ». Le questionnaire interrogeait sur l'existence de « locutions très énergiques et même qui manquent à l'idiome français[25] ». Mais ici l'énergie, liée par Court de Gébelin aux « passions qu'on veut peindre » et fondée sur « les rapports des mots avec la Nature[26] », correspond précisément dans le patois à ce qui fait défaut dans l'« idiome national » : la nature, proche encore de l'un, s'absente de l'autre. Rudesse, grossièreté, lourdeur, force, abondance, originalité, pittoresque, expressions « voluptueuses », « termes allégoriques », « métaphores hardies », « formes piquantes » : ces qualificatifs renvoient explicitement à l'énergie que presque tous les correspondants reconnaissent au patois[27]. En fait, ils visent moins une vertu qui lui serait propre, que la vertu dont le pourvoit la nature qui s'y montre. Aussi dit-on partout de lui qu'il est «expressif». D'où le contraste entre un vocabulaire souvent tenu pour très «pauvre» et une «énergie» qui, dès qu'elle est précisée, se caractérise plutôt par une «manière de parler». Le lexique est rare, mais il est parlé par la nature, douce ou violente, que les notables perçoivent dans la phrase des campagnards. Ainsi dans les temps forts :

> Le paysan exprime ses accès de colère d'une manière plus énergique que toutes les langues. Communément, il tombe sans réfléchir et comme un faucon sur son antagoniste, ce qui prouverait qu'il est bien près de la nature (Gers, G. 89).

Ce constat peut se changer en confession :

> Notre ignorance est extrême; notre éducation, nulle. Nous sommes les hommes de la nature et, comme eux, hardis et impétueux (Gers, G. 85).

«Esclaves» (G. 89) ou «sauvages» (G. 288), ces «hommes de la nature» sont les échos de la nature, véritable locuteur de leur patois. Liés à la terre, «se servant rarement de l'organe de la parole, et sans cesse occupés à se procurer les premiers besoins de la vie», ils répondent à l'animal plus qu'à l'homme.

> Nos laboureurs parlent presque continuellement à leurs bœufs (*o! o!* allons; *jâ! jâ!* arrête), et la bergère à son chien : *A l'auveillas, baraca, à l'auveillas; vei la lai; o lo dorei, baraca, o lo dorei* (Limagne, G. 166).

Cette communication avec les «bêtes», thème de la littérature sur les paysans[28], a pour réciproque la «ligne de démarcation» que le patois dresse «entre les habitants des villes et des campagnes» (Bresse, B. N. 54). La communion avec la nature et l'absence de relation avec les hommes concourent à créer un isolat. «Partout où il ne s'est pas établi quelque petite communication avec les voisins, le patois règne presque seul, et toujours le même» (Gers, G. 90). Faute de déplacements et d'échanges, on a ici l'envers immobile du commerce et d'une histoire sociale. Derrière leur muraille de Chine (qu'effritent peu à peu l'invasion du français et la «contagion du siècle»), les gens de la campagne forment «une caste isolée et séparée qui ne communique pas avec la ville» (Mâconnais, G. 222). Ils sont là comme les «cèdres du Mont Liban» (Bresse, B. N. 51). Ils habitent un parc où s'entend partout la rumeur de la nature. D'après l'abbé Rolland, le «climat», l'«air», le tempérament ou le «caractère» donnent «naissance aux expressions énergiques de leur langue» (Provence, B. N. 99). Entre les éléments, les bêtes et ces «hommes de la nature», des harmonies — tour à tour violentes et douces, finalement plus «naïves» que redoutables — composent le poème, «toujours le même», qui chante là-bas dans l'énergie du patois.

Une «abondance» affleure entre les consonnes et remonte jusque dans les peintures d'idées pour les changer en vocalisations. Mais cette force n'est pas exploitée. Elle attend le travail qui la fera produire. Pour que le patois devienne vraiment une langue, des acteurs doivent intervenir : les «auteurs». Ainsi en a-t-il été par le passé. «L'italien et l'espagnol ne sont réellement devenus langues que lorsqu'ils ont été fixés par les bons auteurs» (Lot-et-Garonne, G. 107). De même, le languedocien a dû ses progrès à des académies, les *Puys d'amour* (Lyon, B. N. 28).

Le patois demande à être «civilisé» (Gers, G. 86) et
«cultivé» (Carcassonne, G. 15). Tel l'homme languedocien dont «on croirait qu'il vient d'être créé
comme l'est un âne ou un veau» (Gers, G. 85), son
patois est une pouliche sauvage, une «belle nature»;
il doit être «exercé par d'habiles écrivains», «manié
par une touche savante, gracieuse et philosophique»,
comme le gascon l'a été «sous la main de Montaigne,
de Malherbe» (Mont-de-Marsan, G. 149). Sinon, la
langue reste «brute», comme les Amis de la Constitution d'Auch le constatent dans le cas de l'Armagnac:

> Le patois de cette contrée est aujourd'hui ce
> qu'était dans son principe la langue française...
> Depuis que les Anglais ne sont plus maîtres de ces
> contrées, il ne s'y est rien passé qui pût électriser le
> colon (Gers, G. 86 et 85).

Sans maître de la langue et du pays, rien n'y bouge.
Ces ressources inertes appellent donc un possesseur
qui «enrichisse» la nature patoisante en la faisant
travailler. Déjà les correspondants de Grégoire
décèlent dans cette terre passive les traces de ce que
des étrangers en ont fait en l'occupant ou en la traversant. Il s'y trouve «plusieurs dérivés de l'espagnol, du temps que les Espagnols ont possédé les
Pays-Bas» (Bouillon 1, B. N. 63). «Les colonies
romaines opérèrent quelque révolution dans notre
langage» (Aveyron, G. 53). Le patois ne travaille pas.
Ce qui s'y passe vient des autres. À cet égard, c'est
tout le contraire d'un outil et de ce qui, pour
Condillac, était déjà l'idéal d'une langue: «Les
langues ne sont que des méthodes, et les méthodes
ne sont que des langues[29].» Avec ces idiomes sans
règle et sans productivité, les notables éclairés ont à
côté d'eux l'équivalent de ce que sera l'Afrique pour

les bourgeois du XIXe siècle : un immobile continent, dont les ressources naturelles doivent être possédées par la patrie, acquises au progrès, rentabilisées et « cultivées ». Une politique se dessine ainsi et se justifie à l'avance.

VII

Dictionnaires de la campagne

UN ALPHABET DES CHOSES

Le corpus des réponses à Grégoire est traversé de trois problématiques, déjà anciennes, destinées à des développements inégaux et qu'il faut distinguer même si elles se croisent constamment. Le patois, c'est 1. La présence d'une origine; 2. Un espace vocal; 3. Un lexique de choses. Langue maternelle, il s'inscrit dans une généalogie. Région qui gît dans un «état absolu d'isolement», loin des villes (ce «foyer ordinaire des révolutions qui éprouvent les langues»)[1], il est spécifié par une aire géographique où la variation phonétique prolifère «sans règles». Mais en tant qu'il organise des mots articulés sur des choses, il est aussi l'objet d'un classement qui combine à une taxinomie de l'économie rurale la traduction française du vocabulaire des réalités paysannes.

Dans la première perspective, l'*étymologie* prime. Elle permet de construire un système de parenté qui raconte à la fois la répétition et la perte de l'origine. Dans la deuxième problématique, la nécessité de maintenir des lois universelles expliquant la formation de toute langue à partir d'éléments premiers communs (les « racines ») oblige à chercher du côté de la *prononciation* la possibilité de délimiter l'espace où les idiomes se déploient[2]. À la loi historique d'une généalogie se juxtapose la représentation, en partie fantastique, d'un monde à part où les sons prolifèrent en désordre. L'une disait une filiation en termes de consonnes : l'autre qualifie avec les variations indéfinies de la voyelle les zones où la nature n'est pas cultivée : les voyages du son tracent d'innombrables corrélations entre l'espace, la voix et le corps. Par là s'esquisse le rôle que va jouer la phonétique dans l'établissement d'atlas linguistiques régionaux[3]. En 1790, impossible à « peindre » en signes graphiques[4] et donc à cartographier, l'anti-écriture a la figure d'un volume, mais, vu la fluctuation de ses frontières et de ses définitions vocales, ce « monde » doit être lesté d'un contenu anthropologique (les passions et les mœurs des paysans) tout comme l'espace lointain, lui aussi oral, des « sauvages »[5].

Ce contenu anthropologique définit précisément les secteurs — essentiellement les passions et les travaux de la campagne — où une troisième opération a lieu, à savoir la mise à plat, sous forme de nomenclatures, de mots distincts et significatifs de choses rurales. Dans le volume indéterminé que remplissent les voix patoisantes, se découpent des champs de langage offerts à un classement. Il y a des corpus délimités. Une « histoire naturelle » y est possible, inventaire de territoires susceptibles de trouver place dans un tableau général du monde ou dans une « description des choses comme elles sont[6] ». Ces corpus présentent deux caractéristiques : ils sont relatifs à un intérêt pour l'*économie rurale*, dans le contexte de l'« engouement rural », ou « agronomie », qui s'étend à partir de 1760[7] ; le type de rationalité qu'ils supposent privilégie, entre les réalités désignées par les mots, une *classification* fondée sur le principe de leur *distinction*. La combinaison de ces deux éléments, un contenu et une forme, rend possible l'établissement de dictionnaires économiques.

D'une part, autour du laboureur, figure centrale de l'«entrepreneur» et de l'homme «productif» (un mot clé du xviiie siècle), s'organisent alors soit les nouvelles «philosophies économiques» créatrices de vocabulaires artificiels (tel est le cas, par exemple, des *Économiques* de Mirabeau[8]), soit les relevés méthodiques de tout ce qui concerne l'agriculture dans la langue rurale[9]. Cette langue se retrouve enfouie dans les campagnes, là où le «bel usage» du xviie siècle a repoussé toutes les «locutions basses». En 1671, Bouhours pensait que «ce n'est pas avoir appauvri la langue que d'en avoir retranché ces vilains mots. On n'est pas moins riche pour avoir tout son bien en pierreries[10]». À la fin du xviiie siècle, les mots techniques des «vilains» redeviennent des pierreries, mais disséminées dans les champs. Il faut les y chercher. Ainsi fait le corpus grégorien. Il n'invente pas. Il collationne ces mots «naturels» qui désormais, au dire des correspondants, «manquent» au français. Plutôt qu'une découverte, l'inventaire de ce lexique traditionnel est donc une redécouverte, après un siècle et demi de négligence pour le langage qui circulait dans les traités d'agriculture du xvie siècle. La différence entre les deux époques se marque ici dans le fait que le langage parlé — ou langage-*sujet* — s'est fragmenté en *objets* d'étude ; longtemps exilé du bel usage, il revient brisé, tantôt sous la forme d'un matériau spécialisé, tantôt comme un imaginaire de voix perdues. Ce qui parlait ne présente plus que des parties *utiles*, ou bien s'est mué en *fantôme* (ou en «fable») d'une altérité séductrice et menaçante. Cette division se répète dans la reconstitution alphabétique du vocabulaire paysan, puisque à côté (et parfois à l'intérieur) des mots «techniques» s'insinue (sur la demande du questionnaire) un lexique du «jurement» et de la pudeur-impudeur. La section réservée au blasphème et à l'obscène n'est d'ailleurs pas un objet de classement. S'y trouve entassé tout ce qui forme, sous cette double métonymie, l'antithèse de l'utile et, pour une part, l'obsession des correspondants. La technique et la transgression (religieuse et sexuelle) constituent le dedans et le dehors (entre eux disparates) de la scène lexicographique composée par les observateurs de l'«économie» rurale.

Ce contenu s'offre dans une forme particulière, celle d'un lexique où les choses se rangent dans un espace taxinomique. Les mots sont des *informations*, et non des signes[11], et ces mots à valeur documentaire sont *classifiables*. Ils sont rangés «sur le tableau continu, ordonné et universel de toutes les différences possibles»: un individu «est ce que ne sont pas les autres; il n'existe en lui-même qu'à la limite de ce qui s'en distingue[12]». Primat de la distinction sur la clarté, comme si l'opacification de l'être était compensée par la luminosité de ses délimitations et donc aussi par la netteté de relations qui décident de l'utile. Or la distinction caractérise précisément le vocabulaire patois, au moins certaines de ses régions. Le gascon sait «dénommer les divers objets avec leurs nuances» (Mont-de-Marsan, G. 149). «Dans ce qui concerne les ouvrages de la campagne» (mais ce n'est pas vrai pour les «idées», ni pour les maladies ou les plantes), les paysans «n'ont pas une seule opération qui n'ait son nom propre, pas un instrument qui n'ait sa dénomination particulière»; de ces mots qui n'ont pas d'équivalent en français, «il n'y en a pas deux où l'on ne trouve de la différence», y compris dans l'usage des temps (Lorraine, B. N. 25). Avec ces termes ajustés à des choses et des actions distinctes, on a une «pensée sauvage» conforme au canon de la linguistique éclairée, qui fait la chasse aux synonymes. Le patois obéit ici au principe que Bernadau rappelle en citant Du Marsais: «Il n'y a point de mots synonymes, autrement il y aurait deux langues dans une» (Bordeaux, G. 138). Signe-test des endroits où se trouvent, au lieu de mixtes, des fragments de langue naturelle.

LE BLASPHÈME ET L'OBSCÈNE

Le premier de ces lieux est en fait constitué par la demande parisienne plutôt que par l'intérêt des notables provinciaux (ce sera l'inverse pour tout ce qui a trait aux travaux de la campagne). Le questionnaire isolait d'une part l'impudeur (question 10) et d'autre part les jurements (question 11), objets spécialement excommuniés par l'éducation qu'une intelligentsia bourgeoise destine au peuple. Deux interdictions, l'une de nommer le sexe, l'autre de prononcer le nom de Dieu, si l'on admet que le juron est l'«expression blasphémique par excellence[13]». Deux *tabous* linguistiques. Des mots ne doivent «pas passer par la bouche». Ils sont obscènes, chassés de la scène du discours. Ils contreviennent à une police du langage en laissant entrer, comme un voleur, le désir du corps ou le désir de profaner l'autorité sacrée. «Excès» de la sexualité et de la transgression, ils désignent en fait une élocution du *sujet*, violence qui déchire un instant l'organisation des choses en peintures *objectives*.

En ces marges, le jurement est, par sa forme lin-

guistique même, le point extrême de l'*hybris* : c'est
une « exclamation ». Elle ne transmet aucun mes-
sage, ne vise aucun destinataire, ne se réfère à
aucune situation particulière, ne décrit pas le locuteur, mais elle est « seulement expressive », échappant
au sujet[14]. Inter-jection émotive, elle fait irruption
au milieu des énoncés. Elle profane l'ordre sacré du
langage. Aussi, dans son *Traité de la police*, Delamare réserve un chapitre entier, intitulé « Des blas-
phèmes et des jurements », à ces « vices dans lesquels
les hommes tombent ordinairement faute d'éducation ou par mauvaise habitude », donc localisés hors
du savoir ou de la raison, « crimes abominables que
les lois punissent » jusque par le pilori et la section
de la langue[15]. C'est aussi par le « défaut d'éducation »
que Pierre Riou explique les « quelques imiréca-
tions familières au vulgaire, dans la conversation »
(Bretagne, G. 282). Fréquemment liés aux « mouvements de colère », parfois à la boisson, les jurons
restent pourtant bénins : « *En vérité de Dieu* » (Champagne, B. N. 41), *Bordel, Foutre, Salaud* (« jurements
communs aux autres pays »), *sacrelotte, sapignotte,
sacredi, mafrite, guinmoure* (Bas Poitou, G. 276),
Diaul-bras, Grand diable, f..., B... (Bretagne, G. 287),
etc. Aucun d'eux n'est traité de « crime exécrable ».
Delamare est déjà loin. Les correspondants de Grégoire jettent un voile sur ces mots de la transgression : « quelques-uns », « rares », « peu », voire « pas
du tout » quand bien même des exemples suivent.
De plus, les jurons viennent d'autres « pays ». Ils
résultent d'une influence étrangère. Bien loin d'appartenir à l'idiome, ils y sont la marque, et quelquefois la seule marque du français : « très rares et
purement français », note Grünwald (Bouillon 1,
B. N. 63), et pour Andriès beaucoup de gens « ne
savent souvent point d'autre français que des jure-

ments » (Bergues, B. N. 17)[16]. *Le juron, c'est l'autre*, et non le « propre ». Le diable est urbain. La corruption vient des villes et des ports. Manière plus subtile de préserver l'ordre « euphémique » (bien-pensant et bien-parlant) de la campagne et d'en chasser la blasphémie qui exprimerait la transgression du désir et des sujets dans le monde objectif de la nature. De cette analyse, l'Image de la Loi sort intacte, tachée seulement par des altérations dues à l'extérieur.

Par contre, le lexique de l'impudeur fait partie du propre. Certes la règle qui consiste à mettre au compte de l'étranger les mots contraires à l'innocence rurale joue encore[17]. Ces termes compromettants sont minimisés, marginalisés ou exilés. Il y en a « très peu », d'après Barère : « Les mœurs ne sont pas entièrement corrompues et beaucoup moins dans les villages que dans les villes » (Hautes-Pyrénées, B. N. 67). C'est « surtout parmi la jeunesse » (Nérac, B. N. 65). Ou bien il n'y en a « point », et « nos peuples wallons... rougissent quand ils en entendent, si toutefois ils les peuvent comprendre » (Bouillon 1, B. N. 63). Quand l'observateur perçoit des *mœurs* dans la transparence de ce vocabulaire, il tend à effacer les mots pour sauvegarder les pratiques. Mais quand il y reconnaît des *choses*, il porte au crédit du patois la capacité de les appeler par leur nom. Une « langue naturelle » est là, spécifiée par la « distinction » et par la « simplicité ». Cependant, « naïveté » qui « sait bien peindre d'après nature », vertu linguistique opposée à l'exagération ou à la paraphrase, la « simplicité » prend aussi, comme dans toute la littérature sur les sauvages, valeur de primitivité ; alors, avec la nudité, elle s'oppose à la parure[18]. Ce glissement, lui-même métaphorique, maintient le rapport nécessaire entre une philosophie du langage et une éthique de la nature.

> Nos paysannes nomment volontiers les choses
> par leur nom, en commun, sans rougir. Elles ont
> même des expressions qui, traduites en français,
> présentent des images obscènes qui n'effarouchent
> point la pudeur dans nos campagnes. Les mœurs y
> sont simples, en raison de l'éloignement de la ville
> (Bordeaux, G. 139).

Précision dans le vocabulaire, simplicité dans sa
pratique. L'exactitude est casée du côté de la compétence, et la morale du côté de la performance,
moyennant quoi la «crudité» des termes permet de
maintenir qu'«il est peu de peuples qui aient gardé
si scrupuleusement l'état de la première innocence
de l'homme» (Saint-Claude, B. N. 51). Autre système, les mots découpent des opérations différentes
sur les mêmes choses, mais de toute façon la «décadence» urbaine en est exclue et le déploiement analytique du patois s'arrête à la frontière qui ferait
passer de la loi naturelle à l'immoralité :

> Dans les campagnes, les parties naturelles de l'un
> et l'autre sexe ont deux noms dont l'un est regardé
> comme destiné au langage de la passion ou du liber-
> tinage; l'autre est employé dans les circonstances
> où il n'y a point de passion, comme quand on
> consulte un médecin. Mais il n'y en a point pour
> exprimer les turpitudes contre nature et tous les raf-
> finements de la lubricité (Lorraine, B. N. 25).

Parce que le monde rural a pour «caractère», ou
pour marque spécifique, des *mœurs* «aussi pures que
dures» (Bretagne, G. 287), le vocabulaire de l'impudeur est voué tantôt à n'être qu'un effet de l'étranger, tantôt, s'il est bien tenu à l'intérieur d'un usage
«franc» mais «innocent» ou «comique[19]», à n'avoir

pour rôle que de nommer des choses et des actions distinctes. Il est vidé de son pouvoir d'exprimer le désir. Le repérage des termes obscènes est, de ce fait, doublement bénéficiaire. Un lexique peut s'insérer dans le tableau alphabétique des choses pour y suppléer ce qui manque au français. Mais, derrière lui, il laisse intacte la *place*, définie par une moralité originaire, qui sert de référent et de condition de possibilité à l'opération encyclopédique. Cette décomposition ramène l'impudeur des termes à la nomination de choses et à l'innocence de pratiques. La transgression du sujet est éliminée des deux systèmes qui, s'articulant étroitement l'un sur l'autre, refoulent sa menace : la classification des êtres, et l'ordre des principes moraux. La rigueur de ce fonctionnement, dès qu'il s'agit d'une tâche technique (l'établissement d'un dictionnaire) sur le lieu même du désir (l'obscénité), n'indique pas une lucidité dominatrice ou perverse des correspondants ; elle « trahit » seulement le postulat et la logique de leur activité, qui suppose l'instauration d'un sujet du savoir et donc la transformation de la campagne en objet de ce savoir (des choses et des vertus). En évacuant des patois le désir, toujours « indécent », cette opération raconte à mots couverts l'agressive ambition de la raison observatrice. Curieux chiasme. Le désir, chassé du vocabulaire patois qui en parlait sans « pudeur », habite en secret le vocabulaire d'une analyse linguistique. À un titre nouveau, il est là comme l'obscène, exclu de la scène « éclairée » où il se produit sans l'avouer.

L'AGRI-CULTURE

Les travaux de la campagne ne posaient pas les mêmes problèmes. Il s'agit de ranger des animaux, des plantes, des instruments, des techniques. Outre des indications dispersées, les correspondants de Grégoire donnent des listes de mots, d'ailleurs peu nombreuses. Premier choix significatif, à une exception près (Aveyron, G. 63. 70) ils établissent des dictionnaires patois-français et non français-patois : ils ramènent le languedocien, le picard ou le wallon à la langue de la capitale. Mouvement centripète et non centrifuge, en avance sur la politique qui va, en 1794, interdire la traduction des textes patriotiques en idiomes locaux et mettre fin au fédéralisme linguistique[20]. À ce choix, s'en ajoute un second, celui du contenu. Certes l'objet du lexique a des significations différentes selon qu'il s'agit d'«exemples» (Agen, B. N. 69 ; Gers, G. 87 ; Bergues, B. N. 13-14)[21], d'une «liste» (Carcassonne, G. 24-25), d'une «nomenclature» (Artois, G. 261-265), d'un «dictionnaire» (Bouillon, G. 241-252) ou d'un «vocabulaire» (Aveyron, G. 63-70)[22]. Des pertinences rurales s'y dessinent pourtant. Si les données ainsi fournies sont combinées aux indications plus générales sur les matières pour lesquelles le patois est «riche» ou «distant» du français, on obtient l'ordre suivant de fréquence pour les chapitres indiqués par douze réponses[23] :

— Plantes et grains	10 fois
— Instruments aratoires	9 fois
— Arts et métiers	6 fois
— Maladies	6 fois
— Commerce et droit coutumier	4 fois
— Bestiaux	2 fois

Premier tableau de l'agriculture. Partout viennent en tête les diverses espèces de grains. Elles sont distinguées des «plantes», c'est-à-dire d'une surface visible et fructueuse composée d'arbres, d'herbes ou de légumes (choux, laitues). Une coupure sépare d'une *extériorité*, qui a valeur d'environnement ou de complément, un *essentiel* caché dans le sol, destiné à y être enfoui ou protégé à sa sortie, les grains. Opposition structurelle entre un dehors et un dedans. À la suite de Quesnay ou de Mirabeau, les réponses ramènent la «classe productive» à ce qui la tient enracinée dans la terre avec les semences, liée à leur sort. Indice d'une époque. «Vers 1750..., la nation... se mit à raisonner sur les blés», disait déjà Voltaire. La production des grains est tenue pour la clé de l'économie ; la conservation de la semence est la grande révolution agronomique due à Duhamel du Monceau[24]. Caractéristique aussi, en pays wallon, le riche lexique de la pomme de terre, entrée d'abord en Angleterre, puis dans le Brabant, avant que Parmentier l'introduise en France à la fin du siècle : *crompire*, *truk*, *canada*, *cartouche* (Bouillon 1, B. N. 63)[25].

Le vocabulaire des instruments aratoires (assez simples) fait peu état de l'importance alors accordée aux progrès technologiques mais, presque exclusivement consacré au labourage (quasi rien sur l'élevage ou les plantations), il renforce la fixation de l'agriculture sur la production des grains. Au centre, obsédante, la charrue. Sept mots lui sont consacrés sur les seize «instruments aratoires qui s'éloignent le plus du français» présentés par les Amis de la Constitution de Carcassonne :

L'*araire*, la charrue.
L'*estebo*, le mancheron de la charrue.
Le *dental*, le sep de la charrue.
La *reillo*, le soc de la charrue.
Le *toucadou*, l'aiguillon du laboureur.
Le *bourboussat*, la curelle de l'aiguillon.
Le *coutel*, le curoir de la charrue (Carcassonne, G. 24-25).

Litanie de la charrue. Est-ce trop tirer de ces nomenclatures sur la semence et le labour que d'y reconnaître, écrit en termes paysans, le type de travail des notables qui extraient du «fond» patois les mots utiles ou qui, soucieux d'éducation, vont proposer de labourer de routes ce sol inculte et d'y planter, grâce à des écoles, le bon grain des Lumières? Ils ont de la culture éclairée une conception agricole qui privilégie son homologue rural. Sur les deux registres, le vocabulaire épelle l'activité virile de traverser, violer et ensemencer la terre mère ou l'espace féminin du patois. Le même imaginaire organise les sujets de l'analyse et leur objet, qui en est un miroir mais aussi une origine déterminante.

Dans ce tableau, les «arts et métiers» introduisent de biais, conformément au schéma de Quesnay, l'activité artisanale de la «classe stérile», c'est-à-dire, Baudeau le précisait, de «la classe qui ne travaille pas immédiatement à multiplier les productions naturelles[26]». Les petits lexiques des correspondants dessinent en mots, telles des ombres chinoises, les silhouettes de l'artisanat campagnard. Ainsi la liste d'Auch (Armagnac):

Peyré	Maçon
Payroulé	Chaudronnier
Pintré	Peintre

Sounaire de biolon[27]	Joueur de violon
Moulié	Meunier
Trouillé	Presseur d'huile
Escloupé	Sabotier
Tichané	Tisserand (Gers, G. 87)

La nomenclature de ces métiers du village devrait être complétée par les indications que donnent les chapitres consacrés au commerce : elles concernent en effet des «marchands» (de blé, de vin, d'eau-de-vie, de cochons, de moutons, etc.). Mais formellement, il s'agit d'autre chose. Par rapport au labourage qui enracine et localise, le commerce voyage et favorise les échanges de biens. Il se situe du côté de la «communication», qui s'oppose à l'«isolement» du paysan. Dans le dictionnaire des campagnes, il figure une transversalité étrangère à la structure immobile de la production. À cet égard, il est notable que les bestiaux, rarement individualisés par les lexiques, apparaissent à un double titre dans les réponses : soit comme un *objet* de commerce (on désigne les marchands de moutons, de bœufs, etc.), soit comme le *modèle* du paysan, semblable aux «bœufs avec lesquels il travaille et passe sa vie» (Gers, G. 88). Interlocuteurs et compagnons, liés ensemble au sol, les campagnards et les bêtes constituent, dans l'espace de ce classement linguistique, une catégorie homogène dont les produits sont la matière des échanges commerciaux.

C'est dans les marges de l'agriculture, «le premier, le plus utile, le plus étendu et peut-être le plus essentiel des arts[28]», que la médecine fait son entrée. Le vocabulaire ici ne désigne plus des personnages (sinon le malade), mais des choses (des maladies et des traitements). Le mal s'y découpe en unités élémentaires qui souvent se répètent (au moins dans la

traduction qui en est donnée) d'un patois à l'autre.
Ainsi la rougeole (*saranpin*, Gers, G. 87 ; *rouvieu*,
Artois, G. 264), la pleurésie (*peurésie*, Artois, G. 264),
la petite vérole (*picoto*, Gers, G. 87), etc. Dans ce
lexique pauvre, faut-il distinguer deux séries entrecroisées, même si les correspondants ne le font pas ?
D'une part, des mots à peine transposés semblent
provenir d'une détermination française de maladies
propres à l'homme, telle *peurésie*. D'autres mots,
typiquement patois, se réfèrent à des maladies communes aux bêtes et aux hommes, ou même propres
aux animaux, tel *rouvieû*, employé pour la gale des
chiens et des chats[29]. Les données sont trop minces
pour permettre autre chose que l'hypothèse d'un
bilinguisme rejetant du côté du patois la grande solidarité des humains et des animaux devant le malheur biologique[30]. Quoi qu'il en soit, la thérapie
n'apparaît dans ces fragments lexicographiques que
sous la forme de la saignée. Le mal est un surcroît
qu'il faut enlever, non un déficit qu'il faut combler.

Outre ces paquets étiquetés comme propres au
patois, les nomenclatures présentent des termes en
désordre. Dans ce reste est particulièrement important ce qui relève de la cuisine et du ménage, du
corps et du vêtement, des jeux, mais aussi de locutions qui muent l'usage des mots, surtout des verbes,
en plaisanteries verbales et en fêtes du pauvre.
Autour de la productivité rurale, un folklore naît,
déjà discrètement inscrit dans une curiosité. Ainsi
Hennebert s'attarde à noter la recette de la *crépette*
(ou *crapette*, ou *pankouque*, « mélange de lait, d'œufs,
de jet de bière, de farine ou de mie de pain, que l'on
frit dans la poêle en forme de grande crête de coq »,
Artois, G. 261). Il détaille l'emploi d'un mot pittoresque : *enfenouillé*, quand on a l'esprit « embarrassé
fortement, rempli de quelque idée » ; *patriquer*, « pati-

ner» (action des mains)… *S'te Manion* [fille débau-
chée] *se laisse toudis patriquer* (Artois, G. 262 et
264); etc. Mais ici, mis à part les nodosités que crée,
dans leurs listes, une attention arrêtée à certains
détails, comment distinguer vraiment, entre les correspondants de Grégoire et nous, le tri qu'opère
l'instauration d'un folklore en 1790 et ce qu'il a
déterminé dans nos intérêts, si critiques soient-ils,
après bientôt deux siècles de développement? La
place où ils construisent leur dictionnaire des campagnes trace l'archéologie de la nôtre.

En tout cas, leur conviction que les mots sont la
peinture des choses et la rapide analyse qu'ils ont
faite de secteurs lexicaux où la distinction jouait restent affectées d'un sentiment plus global, qui polarise leurs réponses. Un lieu, le leur, s'y trahit. Il
s'infiltre dans leurs lettres comme l'affectivité qui les
surdétermine. On pourrait retenir comme indices de
cette place deux expressions du corpus qui visent à
cadrer globalement le statut et l'abondance propres
au patois. Pour les Amis de la Constitution d'Agen,
«le langage d'action supplée presque toujours à la
pénurie de notre idiome» (Agen, G. 112): distingué
de la langue de la voix ou des mots par une longue
tradition linguistique (Warburton, Condillac, Rousseau), le «langage d'action» désigne derrière les peintures verbales l'opaque rumeur des gestes et des
«travaux rustiques». Un bruit: le labeur est *in-fans*.
Il ne s'articule pas dans la culture. Il en est le postulat. Cette histoire est parlée ailleurs que là où elle
produit et par d'autres que ses sujets. D'autre part,
Lorain fils dit de l'idiome jurassien qu'il a en propre
«les noms des plantes et ceux des astres» (Saint-
Claude, G. 201). Ce raccourci de poète (Lorain l'est
un peu) et de citadin localise au même endroit les
deux extrêmes entre lesquels oscillent un occultisme

traditionnel et le romantisme naissant : les herbes et les étoiles. La botanique et l'astronomie ont dans le patois un point de fuite. Un savoir s'y cache, qui « s'éloigne le plus du français ». Tantôt en deçà, tantôt au-delà de la science éclairée, il désigne un environnement qui définira tour à tour une curiosité, une esthétique, une gnose — de toute façon une perte à la fois irréparable et inacceptable.

Le dictionnaire des campagnes atteste une volonté d'objectivité ; il fournit des éléments — esquisses et fragments — à une Encyclopédie qui est l'ambition de chaque réponse « pour servir d'instruction aux citoyens de toutes les classes et des deux sexes[31] ». Il n'en est pas moins déterminé par ce qu'éveillent d'ambivalent et d'inobjectivable deux pôles étrangers à son discours explicite : le silence du travail productif, les prestiges urbains d'une écologie.

VIII

Une France sauvage

LE DÉRAPAGE ETHNOGRAPHIQUE

L'existence des patois comme leurs formes particulières renvoient à une économie globale. Elles mettent en jeu les éléments diversifiés d'une *constitution*, qui figurent tout ensemble la genèse et le fonctionnement de la langue locale : une écologie, une géographie, une anthropologie, une histoire. Dès l'élaboration du questionnaire, la préoccupation proprement linguistique, qui constitue le cœur de l'enquête, s'ouvre donc sur une interrogation plus diverse[1]. On peut être tenté de lire l'ensemble du dossier comme un document ethnographique sur la province française aux dernières années du XVIIIe siècle.

Toutefois, il faut très vite reconnaître que nos textes sont généralement décevants au niveau de l'information positive. Lorsqu'il s'agissait du patois et de son rapport à la langue nationale, les correspondants de Grégoire étaient facilement prolixes, souvent experts. Dès qu'ils parlent des *mœurs*, c'est-à-dire du monde au contact duquel vivent ces petits notables de province, leurs notations précises et originales, leurs références à une situation locale se font rares. Souvent on se contente de jeter une réponse laconique, un oui ou un non en marge du questionnaire ; parfois même, on élude purement et simplement la question. Il est pourtant peu fréquent que la possibilité de l'observation soit mise en cause. À Saint-Omer, certes, le chanoine Hennebert laisse exceptionnellement entrevoir les difficultés pratiques de l'enquête, et les résistances qu'elle a rencontrées sur un terrain où l'appréhension politique est venue raviver une méfiance traditionnelle : « Il serait possible, à force de recherches, d'informations et de temps, de satisfaire mieux à ces questions. J'avais imaginé un bon moyen d'avoir des éclaircissements ; on s'y est refusé, dans l'appréhension de se compromettre[2]. » Quelques autres avouent une ignorance au moins partielle, et parfois se sont fait aider sur place[3]. Mais pour la plupart, les correspondants de l'enquête se réclament plutôt d'une longue familiarité avec les particularismes provinciaux[4]. De toute façon, l'hésitation peut concerner la collecte de l'information : elle ne met jamais en question la possibilité de parler. C'est que l'on se place délibérément sur un autre plan : celui de l'évidence. L'observation laisse alors place à la reconnaissance, la description se transforme en un système d'allusions et de connivences et s'exprime à travers un répertoire de signes, mots et objets, singulièrement fixé. C'est à cette attitude, plus qu'à la contrainte du questionnaire, qu'il faut sans doute attribuer la docilité presque littérale de nombreuses réponses au texte envoyé par Grégoire. On assiste ainsi, face à certaines interrogations, à la formation d'étonnants stéréotypes.

Soit un exemple. La question 38 demande : les gens de la campagne « ont-ils beaucoup de préjugés, et dans quel genre ? ». Sur 32 réponses effectives, 28 s'accordent pour proclamer l'omniprésence et l'énormité des préjugés chez les paysans. À bon droit, dira-t-on, car il s'agit là d'une réalité de fait. Il est plus surprenant de relever la quasi-unanimité des répondants sur le sens même du mot *préjugé*, que l'usage du xviiie siècle comme le pluriel du questionnaire laissaient ouvert: dans presque tous nos textes, il est pris sans hésitation comme un synonyme de *superstition*[5]. Mais la convergence va plus loin encore. Quand il faut détailler la réalité ainsi désignée, les réponses s'accordent sur une sorte de liste type, dont l'énumération paraît, à elle seule, tout dire sur la nature et sur la fonction de la superstition. La croyance en des êtres surnaturels (revenants, loups-garous), le recours à des médiateurs bénéfiques ou maléfiques (guérisseurs, sorciers) et à des rites propitiatoires (agraires ou médicaux), l'existence de dévotions superstitieuses, la recherche d'une connaissance occulte (divination, astrologie): autant de signes imperturbables de l'existence du préjugé dans les campagnes[6]. Ce sont comme les indices d'une reconnaissance: en les recensant, on confirme, sans qu'il soit besoin d'épiloguer plus longuement, la présence locale d'un phénomène qui va de soi. Cette unanimité signale, plus qu'une convergence de l'observation, une certitude préalable des observateurs. Certains des correspondants en sont si conscients qu'ils y renvoient comme à une référence: il y a chez les ruraux des préjugés «comme partout», «beaucoup et de toutes espèces»; «ils sont assez généralement connus, leur énumération serait longue, fastidieuse, et d'ailleurs inutile[7]». Ainsi se comprend le laconisme de beaucoup de réponses sur ce point: une sur cinq, seulement, va au-delà de la pure et simple nomenclature et manifeste l'exigence de donner un contenu précis à cette évidence générale en détaillant des traditions et des pratiques locales[8].

Cet exemple, parmi d'autres, attire l'attention sur une presbytie partout sensible dans le regard de nos ethnographes amateurs : ils détaillent mal ce qu'ils ont sous les yeux. Assurément, on pourrait être tenté de mettre ce défaut d'accommodation en relation avec le caractère second, et somme toute marginal, de la préoccupation ethnographique au regard de l'interrogation proprement linguistique, majoritaire dans le questionnaire et, plus encore, dans le corpus des réponses. On est encore loin ici de la minutie dont témoignera, une quinzaine d'années plus tard, le questionnaire élaboré par les savants folkloristes de l'Académie celtique[9]. Sur les treize questions qui ne concernent pas directement la description et l'analyse des patois, quatre seulement (n⁰ˢ 38 à 41) s'intéressent explicitement aux mœurs. Mais l'explication est insuffisante. Car bien souvent ce sont les correspondants de Grégoire qui introduisent spontanément dans leurs réponses, à la faveur de digressions, une dimension «ethnologique» spécifique. Cette investigation, qui se donnait comme un moyen de mieux saisir la réalité patoise, donne bientôt lieu à des développements autonomes. Une interrogation sur la présence éventuelle de «locutions énergiques», de termes violents ou impudiques sert alors de prétexte à de longues considérations sur l'âme paysanne ; l'évocation des progrès des Lumières dans les provinces depuis une génération, la recherche des effets, plus récents, de la Révolution dans les campagnes font paraître, souvent en négatif, parfois explicitement, dans le discours des observateurs un monde inattendu.

Ce dérapage de l'enquête fait problème. Une illustration en semble particulièrement éclairante : c'est celle qui tend à introduire comme fondamentale par rapport à l'objet de l'investigation l'opposition entre

la ville et la campagne. Toujours admise, et posée
comme allant de soi, cette opposition n'est pourtant
pas pertinente du point de vue strictement linguistique. Interrogés par Grégoire sur la géographie et
l'extension de leur patois (question 17), beaucoup
de correspondants signalent qu'il est parlé à la ville
comme à la campagne, et que les variations qu'il peut
subir en passant de l'une à l'autre sont de même
nature que celles qu'il connaît de village à village.
Par ailleurs, le rapport du patois à la langue pourrait plus logiquement renvoyer à des oppositions
d'un autre type : géographiques (par exemple : mon-
tagne/plaine), administratives (province/nation), ou
encore sociales (masse/élite). Or c'est bien le couple
campagne/ville qui est retenu, et que nos textes tendent parfois à substituer purement et simplement
à patois/langue. D'ailleurs, dès le questionnaire les
« gens de la campagne » sont choisis comme un objet
privilégié d'observation[10], et cette suggestion est
reprise sans hésitation et amplifiée au niveau des
réponses.

Ce glissement n'est jamais justifié. On peut ris-
quer à titre d'hypothèse que, dans l'imaginaire de
ces notables provinciaux qui participent à l'enquête,
l'opposition campagne/ville assure une fonction bien
précise qu'il faut tenter d'élucider. Plusieurs d'entre
eux, on l'a vu, se réclament d'une longue familiarité
avec leur « terrain », et s'associent formellement à
la personnalité de leur province. On voit ainsi l'un
des correspondants du Gers, par ailleurs résolument
philosophe et critique, manifester clairement cette
solidarité : « *Nos* mœurs sont pures et simples ; si
elles ne sont pas douces, c'est que *nous* n'avons pas
d'éducation[11]. » Cette proximité va de soi. C'est elle
qui rend possible l'enquête et valide l'observation.
Encore faut-il, pour que le récit ethnographique

puisse se constituer, qu'une distance soit marquée entre l'observateur et ce dont il parle. Par l'opposition, subrepticement introduite, entre la ville et la campagne, une *autre* société est désignée à l'intérieur de la communauté provinciale. Vision totalisante, préalable à toute observation positive, l'opposition permet de détacher du *nous* un *ils*, et de localiser du côté de celui qui parle, et, éventuellement, fait parler l'autre dans son texte, un savoir, et, on le verra, un pouvoir. L'opération revient à instaurer au niveau d'un exotisme de l'intérieur la distance que le voyage introduisait normalement dans le récit ethnographique traditionnel, et qui, depuis le XVIᵉ siècle au moins, permettait de faire du sauvage l'interlocuteur privilégié des « observateurs de l'homme » qu'étaient devenus, collectivement, les Européens. Que signifie ici cette mise en scène d'un autre ? Quelle place a-t-elle dans l'économie générale d'une entreprise de révolution du langage ? En analysant ces stéréotypes d'une France sauvage, on peut tenter d'en comprendre la fonction et retrouver dans l'imagerie ethnographique le regard même de l'ethnographe et son projet.

UNE MATRICE RURALE

La campagne peut être décrite ou faire seulement l'objet d'allusions : elle est de toute façon donnée comme un monde évident. Tantôt cette évidence est située du côté de l'observateur. Celui-ci se réfère alors à une communauté du regard et du savoir, qui signale le lieu même à partir duquel la constatation est possible, et qui s'exprime le plus souvent dans un sujet collectif. Ce dernier est volontiers indéfini (c'est le *on* du questionnaire), parfois précisé en *nous* (ou encore : les «hommes éclairés», les «amis sincères de la Révolution», etc.). Tantôt, l'évidence est placée du côté de l'objet ; on dit alors qu'*il y a* du préjugé, de l'attachement au nouvel ordre politique, du désordre... Mais dans tous les cas, elle est globale : non seulement la singularité campagnarde n'a pas besoin de définition ni de justification préalables, mais elle se donne, en quelque sorte, à qui s'interroge sur elle. C'est que la campagne est un tout, posé comme tel, un paysage continu et totalement solidaire.

C'est, du même coup, un espace indéfini et sans géographie précise. S'agit-il de détailler les limites de l'aire linguistique, historique ou administrative que l'on présente ? Les réponses à l'enquête se montrent avares des informations les plus élémentaires et ne renseignent que par allusions. On parle indifféremment de région, de province, de département ou de district, mais plus volontiers de «nos villages» ; parfois encore ce sont les hommes qui sont la seule localisation avouée de la campagne. On ne réfère plus cette dernière à la province ou au pays, mais à l'«empire», ou, plus significativement encore, à cette étendue abstraite : la patrie. Bien rares sont les correspondants de Grégoire qui, comme Bernadau à Bordeaux, Fournier de La Charmie en Périgord ou les Amis de la Constitution de Maringues en Limagne, décrivent et mesurent assez exactement leur champ d'observation. Pour la plupart, ils ne fournissent pas même les éléments signalétiques d'une géographie élémentaire, ils oublient de noter s'ils parlent d'une montagne ou d'une plaine, ignorent les formes de l'habitat et le système de communications. Il paraît difficile d'incriminer dans ce cas l'ignorance ou la paresse d'enquêteurs qui s'avèrent par ailleurs si scrupuleux. Leur silence ne fait qu'enregistrer un caractère de l'objet même qu'ils ont devant eux. Car, sous leurs yeux, c'est dans la campagne que l'imprécision se situe. Elle est fondamentalement perçue par eux comme une communauté homogène, qui n'appelle pas la distinction ni la mesure. Après un rapport relativement abondant sur Salins en Jura, Rochejean s'attaque à une évocation de la vallée du Rhône où il a séjourné huit ans. Les faits lui manquent pourtant ? Qu'à cela ne tienne : « Je n'ai point assez vu le peuple de Tournon pour vous donner de grands détails sur son langage et ses mœurs sans m'exposer à faire fléchir la vérité. Pour les observations générales, je vous prie de vous référer à ce que j'ai dit sur la ci-devant Franche-Comté[12]. »

La même indécision se répète du côté de l'histoire. Le monde rural est, en effet, celui d'une chronologie floue et inorganique. Une sorte de Moyen Âge permanent, dont il ne reste d'ailleurs que le nom, continue à y faire obscurément ressentir les effets d'événements généraux immémoriaux : les invasions, et surtout la féodalité, source de morcellement politique et d'asservissement social. Une histoire révolue n'y a laissé que les traces détestables d'un passé que la Révolution veut achever de détruire. Quand on évoque, à l'occasion, un moment de splendeur provinciale encore attesté par des « monuments », il demeure comme un accident isolé, suspendu, séparé par un hiatus sans mesure du temps dans lequel la campagne tout entière est prise, et comme engluée. Car le manque d'une perspective ou d'un devenir historique visibles ne signifient pas, bien au contraire, que l'on soit en présence d'un monde sans histoire : la campagne est plutôt elle-même une sorte de document historique, le domaine du passé pur. De là vient que personne ne ressente le besoin d'en étalonner la durée ou d'en narrer les péripé-

ties ; à travers les réponses des correspondants, c'est
la même histoire qui se répète aux quatre coins de
la campagne française, un peu comme, pour nous,
l'histoire des pays coloniaux a longtemps paru émerger d'une sorte de préhistoire commune et indistincte
avec l'arrivée des conquérants européens. François
Chabot, faisant écho à Rochejean, l'exprime à sa
manière, quand il déclare recourir, en l'absence
d'une histoire du Rouergue, à celle, mieux partagée,
du Languedoc voisin[13]. On voit bien ici qu'il s'agit
d'une histoire continue, massive, à laquelle la localisation n'est pas essentielle. La ruralité se place
si irrésistiblement en deçà de toute chronologie
que les correspondants de Grégoire se montrent
embarrassés lorsque, pour mesurer les progrès des
Lumières à la campagne, il leur faut apprécier le
temps proche : plus des trois quarts des réponses à
la question 39 résolvent le problème en obéissant à
la suggestion du questionnaire, et fixent à une génération (une « vingtaine d'années ») le départ de cette
évolution ; d'autres se réfugient dans l'imprécision
pure et simple ; d'ailleurs, même lorsqu'elle est
admise, la transformation est significativement qua-
lifiée d'« insensible ». L'hésitation à reconnaître une
historicité à la campagne est encore plus patente
lorsqu'on s'interroge, dans le très court terme, sur
les « effets moraux » de la Révolution (question 41).
Acquis au nouveau régime pour la plupart, les
auteurs de réponses veulent bien considérer ceux-ci
comme probables, au moins au niveau des prin-
cipes[14] ; plus souvent, ils les réservent pour l'avenir[15] ;
mais presque tous indiquent qu'il ne s'agit pas
encore d'un phénomène collectivement observable :
les transformations les plus manifestes sont le fait
d'individus, et généralement commandées par l'intérêt matériel des particuliers. Cette interprétation

psychologique tend ainsi à atomiser le phénomène, et à en réduire la réalité historique. Dans l'imaginaire des correspondants, le monde rural reste essentiellement inerte.

L'unité globale, tout ensemble spatiale et temporelle, de la campagne n'en est pourtant que la face visible et dicible. Ce règne homogène et immobile recouvre en effet le domaine du particulier, de la nuance infinie, du divers. Chabot brossait à grands traits un empire patois de la langue d'oc des Alpes aux Pyrénées[16], mais tous nos textes rappellent que, de village à village, de pays à pays, d'une époque à l'autre la campagne change «*insensiblement*». Les caractéristiques y sont «uniques dans chaque paroisse[17]»: «deux villages de la même paroisse, à une demi-heure l'un de l'autre, parlent deux patois différents, et des granges éparses, dépendantes de la même paroisse, ont encore un idiome un peu différent[18]». C'est d'ailleurs l'incessante variation du détail qui rend impossible l'observation au niveau de l'ensemble régional, et qui justifie l'imprécision de la description. Ce qui se donnait tout à l'heure comme fondamentalement un recouvre ce qui est, par excellence, variable. On le rappelle à Grégoire: quand le regard se fait trop insistant et s'approche trop de son objet, il s'englue dans le détail sans signification et se perd. La campagne s'identifie à un pur concret, et elle ne laisse de choix à l'observateur qu'entre l'affirmation la plus générale et la particularité insignifiante parce que unique.

Ce balancement signale clairement le statut de la campagne sous le regard des correspondants de l'enquête. Elle est pour eux un lieu originaire, dans tous les sens du terme: ce qui en fait l'unité, c'est précisément d'être fondamentalement productrice de diversité. Les éléments qui la «constituent»

— pour reprendre un mot de l'époque : le climat, le sol, le vêtement, la nourriture, les liens « naturels » entre les hommes, et d'abord la famille et le travail — y sont plus purs, moins oblitérés par les effets de la civilisation, et ils y déterminent la formation d'une humanité « primitive », encore proche de la nature. Leurs infinies combinaisons y font encore librement jouer les nuances innombrables d'une sorte d'herbier social dont la complexité décourage le classement. Ainsi se comprend que la variété anthropologique réponde à celle des conditions locales, mais qu'elle puisse, dans le même temps, être recouverte par la seule catégorie générique de *paysan*. Ce qui est pointé par ce mot, c'est un rapport particulier de l'homme social à la nature et à l'histoire. Dans l'imaginaire des notables qui répondent à Grégoire, une utopie essaie de prendre corps : celle d'une humanité restée à la lisière de l'histoire et dont la vie serait encore régie par la nature. Renversons les termes : dans ces sauvages du dedans, la nature veut être lue.

C'est ce statut particulier qui fait de la campagne un terrain privilégié pour l'amateur d'ethnographie[19]. Tout s'y avère dans une plus grande simplicité ; tout y est signe, et tout s'y tient ; le détail unique renvoie qui sait le voir à un réseau de particularités homologues. La description qui s'élabore dans ce cadre est donc fondée sur des relations simples d'adéquation ou de ressemblance. Mettre en rapport deux séries hétérogènes, ce n'est que reconnaître qu'une même matrice a produit non seulement les deux termes de la comparaison, mais tout le règne observable. Il ne saurait y avoir aucun arbitraire dans le procédé, puisque l'homme n'est ici qu'une illustration parmi d'autres de la nature, préalablement à tout autre ordre de détermination. Cette attitude a une conséquence pratique d'importance : on peut décrire l'homme de la campagne comme une plante ou une roche. Au projet ethnographique se substitue donc une réduction anthropologique, et l'on se place désormais au niveau des sciences naturelles : la langue, les attitudes sociales, les relations, les croyances peuvent être décrites en termes positifs. On est entré dans le domaine du fait.

Le paysan est tout entier dans ce qu'il subit et dans ce qu'il fait, dans ce qu'il mange et dans ce qu'il parle. Une immédiateté est chaque fois posée entre le fait d'observation et ce qu'il manifeste ; c'est ce qu'indique bien le parallèle filé par un correspondant entre le paysan du Gers et celui du Languedoc : « En Languedoc, le cultivateur se sert de mules et de chevaux ; il a aussi bien des bœufs, mais il est moins identifié avec eux. Leurs terres sont légères ; les nôtres sont argileuses, difficiles à travailler. Notre paysan laboure lentement ; il vit de soupe et de pain ; s'il boit du vin, c'est tout au plus la moitié de l'année. Le Languedocien se nourrit mieux ; il a du bon vin et ne boit jamais d'eau ; il est mieux vêtu, mieux logé. Le pain épaissit le sang, et alors il est difficile de ne pas être indolent et paresseux[20]. » L'identification peut aller plus loin en se précisant ; la personnalité campagnarde se dissout à chaque instant dans ce qui l'exprime. Le paysan colle à son travail, son lexique est tout entier celui du milieu naturel, de l'activité visible et de l'émotion brute, sa définition est enfermée dans les « occupations d'état[21] » qui le caractérisent. Autant que l'*auteur*, il est le *produit* de son effort : il est à la fin une « machine », « il ressemble assez à ses bœufs[22] ».

La même immédiateté transparente se répète du

côté du langage. À travers le patois, c'est une expressivité de nature qui se fait jour. La proximité d'une origine que la rhétorique ou la subtilité n'ont pas encore voilée lui assure une sorte de spontanéité créatrice. Limité dans son extension, il a sur la langue le privilège de pouvoir seul dire les mouvements les plus élémentaires de l'âme. Car ses mots sont déjà émotion : « Notre jargon, écrit-on d'Agen, ne laisse cependant pas d'avoir une certaine fécondité pour peindre les passions douces et vives, telles que la tendresse paternelle et filiale, l'amitié, l'amour, etc. Nous avons des métaphores hardies, et presque toujours fort expressives et fort heureuses[23]. » C'est le langage des relations fondamentales. Il ne faut donc pas s'étonner de ce qu'il puisse, à la limite, passer les mots et trouver son aboutissement dans le geste. Une langue d'action devient alors le patois du patois, un doublet plus proche encore de la nature fondatrice : « Nous sentons vivement, nous nous exprimons toujours de même » ; et encore : « Le désir, le refus, le dégoût, la haine, l'aversion, la colère, etc., sont exprimés par des mouvements rapides des bras, de la tête, et par ceux de tout le corps, suivant que celui qui parle sent plus ou moins vivement[24]. » Déjà, le questionnaire de Grégoire introduisait, avec ses interrogations apparemment ouvertes sur l'abondance du vocabulaire technique ou passionnel dans le patois, le rapport qui fait du paysan un signe parlant de la nature. Les réponses amplifient et articulent le thème. Jure-t-on, a-t-on beaucoup de mots contraires à la pudeur[25] ? Face à ces interrogations, les correspondants se partagent à peu près également entre des réponses contraires. Mais le signe de la réponse importe moins que la relation simple posée d'emblée entre un lexique et l'humanité qu'il mesure et définit. Que l'on proclame la grossièreté native, ou, au contraire, l'innocence naïve de l'âme paysanne, on fait fonctionner le même modèle[26].

Cet état d'immédiateté, ce degré zéro de la société où l'homme, tout ensemble, mime et exprime la nature désigne une origine. Du paysan, on dit joliment que l'«on croirait qu'il vient d'être créé[27]»; souvent encore, on le dit «autochtone». Les connotations sociales du patois manifestent la cohésion d'une communauté primitive, élémentaire et essentielle: «c'est la langue des pères aux enfants», «l'idiome transmis aux enfants par leurs pères, et à ceux-ci par leurs ayeux», celle que les membres du groupe parlent «entre eux»; le patois «rapproche les hommes, les unit, c'est une langue de frères et d'amis[28]». Les règles de la communication entre les hommes, la transmission du savoir et de la croyance ne procèdent pas d'une discursivité raisonneuse, mais du lignage et du voisinage, c'est-à-dire d'abord de la répétition. Fondamentalement, le paysan est pris dans un système d'équilibre dont toutes les pièces sont solidaires. Le même réseau de correspondances qui rend lisible l'opacité campagnarde en sous-tend la résistance. C'est ce qui rend, aux yeux de quelques-uns, si problématique le plan d'anéantissement des patois: «Pour le détruire, il faudrait détruire le soleil, la fraîcheur des nuits, le genre d'aliments, la qualité des eaux, l'homme tout entier.» On dit ailleurs qu'une telle entreprise «empêcherait entièrement le bonheur[29]». Le bonheur: entendons précisément le modèle de vie dont on a fait le propre de la campagne[30].

Ce modèle a un nom: ce sont les *mœurs*, ou, comme on dit parfois, la «vie» même. Le mot est pris à double sens. Selon l'usage du XVIIIe siècle, il exprime d'une part une manière de vivre — une culture au sens anthropologique —, qui peut aussi être

une habitude. Il introduit d'autre part un jugement moral : ce sont les bonnes mœurs. Hésitation
pleine de signification, puisque, à la fois, elle caractérise un état stable (les mœurs sont « naturellement
immuables », souvent « opiniâtres », et s'identifient
parfois à la routine), et laisse paraître une nostalgie.
Le mot s'éclaire encore si l'on esquisse, à partir de
notre dossier, une sémantique de ses contraires. Les
mœurs sont contrastées avec les « opinions[31] », l'« artifice », l'« industrie », en un mot avec tout ce qui
risque d'introduire la distance d'une création ou
d'une réflexion spéculative entre l'homme et la
nature. Ce qui s'oppose globalement aux mœurs,
c'est la civilisation[32]. En posant le système des mœurs
comme une donnée d'évidence, les observateurs
font de la campagne un monde clos et qui ne renvoie qu'à lui-même. Il est du même coup pris dans
sa singularité.

L'opération qui situe à l'intérieur d'un modèle
culturel fermé les manifestations de la personnalité
campagnarde désigne celle-ci comme un produit et
comme un objet. Elle la dénonce comme incapable
d'un développement autonome. La référence natu-
raliste devient ici le moyen d'une disqualification,
l'affirmation d'une minorité, elle justifie et elle
appelle l'intervention extérieure. Dans son langage,
dans son travail, dans son savoir, le paysan est agi
par des forces qui le précèdent et le dépassent. La
spontanéité rurale n'est que l'envers d'une soumission, puisqu'elle renvoie à un ailleurs, puisqu'elle ne
fait que répéter la nature. À aucun moment le paysan n'est susceptible de prendre vis-à-vis du monde
qui l'entoure la distance qui lui donnerait une prise
sur lui en l'individualisant. Au niveau du langage,
on l'a vu, aucune gratuité spéculative ne vient

jamais s'interposer entre le mot et la réalité qu'il manifeste. C'est que le langage des campagnes est par excellence un langage d'usage. Un fonctionnalisme élémentaire en circonscrit le rôle aux domaines immédiats du besoin[33] : besoin matériel, besoin émotif ou sexuel[34] ne font que figurer à travers l'existence paysanne des mécanismes naturels généraux. Il s'agit là d'«une vie... purement physique[35]», et presque toutes les réponses à l'enquête se retrouvent pour affirmer que le patois est étranger aux distinctions et aux subtilités métaphysiques[36]. Au-delà de la reprise pure et simple d'une imagerie traditionnelle, tantôt enthousiaste, tantôt méprisante, les correspondants de Grégoire assignent au paysan une place très particulière dans le procès social : il est l'intermédiaire involontaire entre la nature et la civilisation, ou, comme on le dit une fois, une créature comparable à un animal d'élevage. Il est produit par la première pour le bénéfice de la seconde. Mais dans tous les cas, sa vérité est hors de lui.

À travers les aventures de son corps, la nature manifeste ses lois, ses équilibres et ses mouvements. De la même manière, son travail n'en fait pas un auteur : il en est plutôt l'agent et le produit. Les «forces physiques», qui sont le signalement caractéristique de la campagne, sont à l'œuvre en lui comme malgré lui, de la même manière que le retour des saisons anime un paysage ou que la reproduction émeut les bêtes. Le travail du paysan n'est jamais présenté comme une emprise de l'homme sur un milieu ni comme le procès d'une transformation. Il n'est que le rouage d'un mécanisme général, et c'est l'instinct qui le conduit à s'associer au plan de la nature. Nos notables, pourtant majoritairement éclairés, en viennent ainsi à légitimer une sorte de servage de fait, parce qu'il est dans l'ordre des choses : le paysan est un « colon ». Leurs silences sont tout aussi éloquents ; ils sont en effet fort peu nombreux à mettre en cause, dans la formation de l'individualité campagnarde, des données d'ordre socio-économique (le questionnaire, il est vrai, se gardait bien de les attirer sur ce terrain)[37]. Ce n'est assurément pas le fait de l'ignorance dans un milieu que l'on imagine volontiers intéressé à l'énorme bouleversement agraire inauguré par la Révolution, et attentif au destin de la propriété, au sort de la rente ou des dîmes. Mais pour eux, le travail rural se situe à un niveau infra-économique. C'est au contraire l'un des effets civilisateurs de la Révolution que d'avoir instauré une sorte de pédagogie de l'intérêt en supprimant les charges féodales. Elle a commencé à arracher le paysan à l'évidence de sa condition. Mais cette évolution n'est encore qu'esquissée : « Ils sont moins humiliés, ils sentent un peu plus qu'ils sont des hommes[38]. » Ce n'est que l'aube d'une humanité qui verra l'entrée de la campagne dans l'histoire. Mais cette prospective glorieuse rejette d'autant plus nettement dans le passé le paysan réel.

Enfin le savoir qui circule dans les campagnes se voit disqualifier de la même manière implicite. Il n'est pas justiciable, en effet, de la distinction critique du vrai et du faux. Acquis de nature (c'est, par exemple, le cas du « goût du merveilleux » dont on fait un attribut spécifiquement populaire), transmis par héritage ou par mimétisme, forcé dans des esprits soumis par le dressage ou la terreur (ainsi de l'enseignement de l'Église), entretenu par la routine, il se situe ainsi en deçà de tout jugement, à plus forte raison de toute spéculation intellectuelle. C'est un donné inconsistant[39]. La plupart des correspondants dénoncent en lui le préjugé ou la sottise. Dans son rapport à la Convention, Grégoire

lui-même veut bien y voir percer «à travers l'enveloppe de l'ignorance... le sentiment naïf[40]»; mais
c'est le moyen le plus certain de lui dénier tout rapport à la connaissance. Pour ses informateurs, il
s'agit plutôt d'un système de l'erreur, qui non seulement véhicule d'archaïques enfantillages, des contes
et des rêves, mais rend encore impossible l'acquisition d'aucune vérité: «Les lumières que l'on acquiert
sans principes portent souvent à faux et deviennent
une lueur funeste qui conduit toujours dans le
précipice[41].»

Langage, travail, savoir: à tous les niveaux de son
activité et de son expression l'homme de la campagne se voit ainsi déposséder du sens de ce qu'il
est et de ce qu'il fait. Car ce sens est toujours
ailleurs, en dehors de lui: dans la nature, dont il ne
fait que répéter et mettre en geste les intentions; du
côté de l'entomologiste, qui sait voir et dire à quoi
tout cela sert, pour qui seul l'opacité de la ruralité
devient lisible. On voit mieux, arrivé à ce stade,
comment la «description» ethnographique introduit et justifie à l'avance l'entreprise linguistique et
politique sous-jacente à l'enquête. Un monde-objet,
enfermé dans sa particularité, ne peut attendre de
salut que de l'extérieur.

L'observation cautionne ainsi une intervention.
Pour Grégoire, qui voit les choses de haut, les choses
sont simples dès le début. Pour ses correspondants,
placés en situation de médiateurs entre ce pôle abstrait, Paris, et la réalité oppressante de la campagne,
elles le sont moins; il arrive alors que l'évidence trop
parfaite de leur propre projet se brouille et laisse
entrevoir une inquiétude qui mérite d'être relevée.

Au bout du terme, on l'a vu, les mœurs sont à la
fois un produit et un système. Comme telles, elles
valident un résultat et lui assignent un lieu. Une fois

prise dans sa définition, la campagne paraît soumise
à l'observateur. Car elle est maintenant une chose,
c'est-à-dire aussi *autre chose*. Elle menace donc
d'échapper au regard qui l'a constituée. On le perçoit, par exemple, au malaise que manifestent
presque toutes les réponses faites à la question 27 :
« Quelle est l'influence respective du patois sur les
mœurs, et de celles-ci sur votre dialecte ? » Le sens
que lui donne Grégoire, confirmé par sa place à
l'articulation essentielle du questionnaire, est pourtant évident. Il s'agit de faire répondre que le patois
exprime et entretient les conditions d'un morcellement et d'un enclavement culturel néfaste, et qu'il
s'oppose à l'unification de la nation au sein des
Lumières. Pourtant, cette préoccupation politique
et polémique est, cette fois, mal reçue. Plus du tiers
des réponses ignorent purement et simplement la
question. Quelques-unes la récusent, explicitement
parfois, mais plus volontiers en se plaçant sur un
autre terrain : celui des définitions générales, dans
un système où, inextricablement mêlés, patois et
mœurs renvoient indéfiniment l'un à l'autre. Le jeu
des réciprocités manifeste ici la cohésion et la résistance de l'objet que l'on avait pris si grand soin de
poser comme tel, hors de soi. Le contresens qui est
fait sur l'intention de Grégoire est édifiant, parce
qu'il se situe très exactement au clivage de la volonté
politique et du projet ethnographique. Et si ce monde
sauvage, et donc offert au civilisateur, allait échapper ? Chez ces hommes pressés de faire l'histoire,
on devine un instant de vertige devant leur propre
création. La proximité qui rendrait possible l'intervention politique doit coexister avec la distance ethnographique : l'autre France doit rester un morceau
de la Nation. Cette inquiétude passagère du regard
renvoie au lieu où il se constitue.

TOUS LES HOMMES SONT DES HOMMES

En face de la campagne, cet espace trop concret, la ville n'est jamais évoquée que comme un lieu abstrait. On ne précise presque jamais son nom ; c'est la ville, l'un des lieux d'un réseau discontinu qui couvre l'espace national, et d'où, par définition, l'on peut voir. C'est un regard, selon lequel s'étagent dans une limpidité retrouvée les significations. Selon l'image chère aux utopistes des Lumières, une géométrie rayonnante permet, en partant de la ville, de répartir et de classer l'opacité du naturel et du social, de décrire et de nommer. Passé les faubourgs, souvent désignés comme l'ultime avancée de la campagne autour de l'espace urbain, tout devient visible, tout se donne à voir. Sébastien Mercier le note déjà, la ville (et Paris en est comme l'achèvement) est un miroir du monde : « Un homme à Paris, qui sait réfléchir, n'a pas besoin de sortir de l'enceinte de ses murs... il peut parvenir à la connaissance entière du genre humain en étudiant les individus qui fourmillent dans cette immense capitale » ; et Ledoux a rêvé de matérialiser dans une ville de pierre la toute-puissance du regard urbain [42]. Ainsi se comprend qu'elle n'ait pas besoin d'être située dans l'espace, ni décrite. Dans nos textes, la ville n'apparaît que comme une sorte de référence totalement implicite, qui sous-tend le discours collectivement tenu sur l'autre France. Il importe peu, au fond, qu'elle soit elle-même diverse, particulière, hétérogène. Bien au contraire, son caractère globalement composite garantit la neutralité de principe de ce lieu abstrait où s'est constitué le regard des clercs patriotes, et par là même l'impartialité de leur projet. La ville est par définition membre d'une communauté plus essentielle que la nation, et qui est déjà la patrie.

On retrouve ici l'utopie : de ville en ville se dessine ainsi un lieu *philosophique*. Comme le faisaient l'exotisme dans le récit de voyage, ou la fiction dans le conte, il signale la distance nécessaire à l'observation des hommes, le point de vue à partir duquel les vérités se donnent à lire. Par l'observateur, on l'a montré, l'objet de son étude est d'emblée placé tout entier dans la campagne : ce n'est qu'au-delà de ces marges incertaines, banlieues, foires, faubourgs, où se mêlent les espèces du jardin social, que commence le pays réel. La ville n'est qu'un aveu dans le système d'oppositions autour duquel le document s'organise.

Ville, campagne : comme le dit longuement Dominique Villars, médecin militaire et botaniste, il s'agit là de «deux peuples» que la Révolution doit se préoccuper de «concilier et de rallier[43]». Une série d'antinomies simples figurent dans les textes du dossier cette relation initiale d'opposition. On peut en relever les plus fréquentes : national/local, échange/production, mouvement/équilibre, circulation/isolement, opinion/mœurs, lumière/obscurité, discours/passion, écriture/voix, artifice/simplicité…

Ces oppositions fonctionnent à deux niveaux. De façon littérale, chacune d'elles symbolise, à l'intérieur d'un imaginaire ethnographique, la distance qui sépare un monde de l'immédiateté et de l'état, et un monde où tout est médiatisé par le mot et par la relation discursive à un autre. Mais il y a plus. Car ces couples antagonistes élémentaires ne sont nullement fixés dans un rapport univoque. Au gré de l'observateur, chaque terme de l'opposition peut échanger son signe : la passion peut être franche ou sauvage ; le discours, véridique ou vain ; la simplicité, digne des premiers âges ou bien barbare ; l'artifice, savant ou trompeur. Il n'est pas nécessaire de multiplier de tels exemples. Ce qui importe ici, c'est de relever qu'à chaque fois, l'opposition compte plus pour elle-même, comme système de relation, que les termes qu'elle affronte. Sa fonction apparaît mieux alors : elle est de garantir la cohérence d'un modèle antithétique dont la structure est plus fondamentale que les contenus qu'il rapporte les uns aux autres[44]. L'opposition crée ainsi une solidarité plutôt qu'elle ne sépare. À travers le réseau de différences qu'elle inscrit dans les textes, elle permet de désigner un autre posé hors de soi, mais de feindre, dans le même temps, qu'il se donne.

Il est donc nécessaire que les termes de l'écart soient librement inversables. C'est en effet leur commutabilité qui replace, *in extremis*, l'observateur dans un système anthropologique de la généralité. Tous les hommes sont bien des hommes. Constatation banale, sans doute, mais nullement indifférente : elle suffit à garantir la validité du projet linguistique et politique qui préside à l'enquête (et, plus largement, celle de l'entreprise révolutionnaire tout entière). Que la campagne soit marquée comme une origine (une contre-société idyllique), ou qu'elle soit perçue comme le résidu d'un développement inachevé (une sauvagerie), elle a désormais sa place dans le cours d'une histoire à laquelle, depuis toujours, elle appartenait sans en avoir conscience. Ils étaient des nôtres, mais ils ne le savaient pas : caractéristiquement, le programme patriotique retrouve les accents de la prédication évangélique. Séparer pour mieux unir ; et donc pour mieux réduire : on voit mieux maintenant ce que poursuit l'opération ethnographique. Dans la ville, la patrie se fait tous les jours, mais sa vérité à venir est encore enfouie dans la campagne. Car la communauté par excellence ne pourra s'avérer et prendre fait qu'en récupérant en elle-même toutes les différences de l'histoire.

Conclusion

LE PATOIS AU FÉMININ

L'enquête affirme une unité retrouvée en deçà de
la différence. Il faut maintenant l'organiser. Tâche
d'une pédagogie politique, à laquelle ces réponses
offrent un matériau dispersé, en attente d'une décision hors de leur portée. Au terme de cette étude, il
importe de distinguer nettement l'attitude des correspondants, dont les textes appartiennent aux premières années de la Révolution, et celle de Grégoire
dans son *Rapport* de 1794.

Les premiers restent, devant l'espace qu'ils récu-
pèrent, dans une position de prudence ambiguë.
L'objet de l'analyse leur échappe. Le patois demeure
une proximité altérante, à la fois dangereuse et fasci-
nante. C'est l'autre féminin. Ce qu'il raconte, encore
à l'état de légende, présente aux observateurs et aux
« éducateurs » qu'ils sont une opacité où ils pressen-
tent de la « défiance » (Bretagne, G. 283 et 287 ; Poitou, G. 279, etc.), offerte pourtant aux approches
d'une séduction : « Pour changer (le langage), il n'y a
que la voie de la persuasion et la voie des moyens
indirects » (Haute-Vienne, G. 171). Crainte d'être
repoussé et ruses de la séduction ajoutent un mari-

vaudage pédagogique à la trouble image de l'univers
patoisant telle qu'elle se trace dans le miroir de ce
corpus : retour de la langue mère, variations de la
voix sorcière, économie de la semence et du labour
dans les profondeurs silencieuses de la terre, humanité affirmée en droit mais en fait éclatée parce que
oscillant de l'onirisme (une origine ou un avenir) à
l'animalité (qui se reproduit dans la vie rurale). Malgré les assurances de principe, partout s'avoue une
incertitude sur l'identité du paysan.

Quoi d'étonnant ? À de rares exceptions près[1],
l'existence campagnarde n'entre pas dans le discours
éclairé. Elle ne s'écrivait d'ailleurs pas davantage
dans le discours clérical depuis la Contre-Réforme.
Tout au long du XVIIIe siècle, les curés de l'Ancien
Régime tiennent sur elle un langage de plus en plus
stéréotypé et abstrait[2], qui ne fournit aucune tradition intellectuelle aux nombreux clercs correspondants de Grégoire. Le monde du patois, c'est un
impensé. Or ce vide est affecté de valeur. Il est cou-
vert par une idéologie. Dans les campagnes ne faut-il
pas reconnaître aussi le peuple, que la Révolution
vient de sacrer nouvel acteur de l'histoire ? Valeur
mythique donc, sans contenu articulable. Aussi bien
les correspondants de Grégoire font moins preuve
d'une « insensibilité » à la campagne que d'une impossibilité de la penser dans le discours révolutionnaire.
Avec les fragments d'une érudition et d'une information souvent très réelles, ils « bricolent » la représentation d'un absent. Ils y renvoient comme à un
centre immobile et fantastique autour duquel tour-
nent les silhouettes changeantes mais bien repérées
du théâtre social. Pour Jean-Baptiste de Cherval, les
gens des campagnes,

> fermes comme les cèdres du Mont Liban, résistent aux orages... Les ennemis du bien public les tourmentent et, comme Protée, leur apparaissent sous toutes les formes, en robe, en soutane, en écharpe, en uniforme, chez le riche, chez le bourgeois, chez le marchand (ce dernier est le plus grand ennemi de la Révolution); partout ils trouvent des corrupteurs (Bresse, B. N. 57).

Lieu référentiel, mais inerte, achronique, ambigu, le monde qui se peint dans le patois est titulaire de l'innocence et de la justice, mais il ne cesse d'être dépossédé de son humanité par la «bestialité» que ramènent l'isolement, la passion et l'alliance du labeur avec la terre.

Entre le mythe et l'animalité, ce qui manque et va s'entremettre, c'est une écriture. Une production sociale. Ou, comme le répètent partout les correspondants, une «communication» traversant le grand corps indistinct et fructueux de la campagne. Mais les mesures que ces notables proposent concernent *leur* écriture, qui doit parcourir la page blanche de l'espace rural. Ils avaient à traiter de la langue idiomatique. En constatant son évanouissante prolifération — conformément à ce qu'on leur demandait —, ils suggèrent d'en occuper l'emplacement avec la langue de la capitale pour que la rumeur paysanne s'articule. Quelques années plus tôt, Boissier de Sauvages déclarait dans son *Dictionnaire languedocien-français* (1785) que le languedocien «a été pour nous une terre vacante où, comme en pays de conquête, nous pûmes à notre aise faire des lois[3]». Mais il s'agissait seulement pour lui de découper par des lois écrites la richesse indéfinie de la prononciation. Si les réponses de 1791 reprennent abondamment cette thématique, elles la traduisent en une *opération* organisatrice d'un espace physique. Il ne suffit plus d'écrire sur du papier, propos d'idéologue. Il faut écrire sur le sol, programme économique et politique. Cette planification géographique de la «civilisation» reste pourtant scripturaire. Deux procédures s'imposent à tous les correspondants, soit qu'elles répondent à l'interrogation de Grégoire sur les «moyens» de détruire le patois (question 30), soit qu'elles déterminent la description des voies par lesquelles le progrès ou la corruption s'introduit dans les campagnes. La lettre de Perreau est exemplaire:

> Les moyens consisteraient à ouvrir des chemins vicinaux et de communication de village à village, de bourg à bourg, de ville à ville; de placer dans chaque paroisse un maître d'école instruit, qui fût de bonnes mœurs, qui sût bien le français et ne parlât que cette langue (Bas Poitou, G. 278).

Des routes et des maîtres d'école: la politique de la langue proposée par le corpus grégorien tient en ces deux points. Elle combine à un moyen ambivalent mais nécessaire — le chemin — sa mise au service de ce qui est désigné comme un «germe» — la bonne graine des Lumières. Deux thèmes prolongeant l'extraordinaire développement scolaire et routier de la seconde moitié du xviiie siècle. En une expansion de plus en plus lointaine, multiple et rapide, le réseau routier organise l'espace à partir de Paris. Illustré par la cartographie, popularisé par les éditions successives du *Guide des voyageurs*, il déploie devant la raison éclairée le tableau de son irrésistible marche[4]. Il n'en est pas moins ambivalent. Tantôt la route cultive, tantôt elle débauche: elle rend les paysans «moins sauvages» (Bretagne, G. 288), «un peu plus éclairés» (Bas Poitou, G. 277), plus «heureux»

(Limagne, G. 161), et leur langage plus varié (Gers, G. 90), ou bien elle les «déprave» en apportant le «germe» des vices urbains (Bretagne, G. 284; Ain, B. N. 6). Il en a été de même dans le passé proche («depuis une cinquantaine d'années») ou lointain, les «grandes routes» figurant les passages de militaires ou de commerçants sur cette grande nature endormie. Dans l'imaginaire des correspondants, l'histoire, c'est le viol.

Quand ils formulent un programme, ils révèlent ce qui habite leur analyse de ces patois déclinés au féminin. Ils réclament de faire violence à la nature, agression appelée par l'ascèse des Lumières comme elle l'est par la menace paysanne ou par l'incertitude qui pèse sur le statut de ces clercs. Aussi précisent-ils, dans cette pratique du viol, quel «maître» doit en être désormais le sujet et quel «germe» de vertu et de raison il doit semer. Au fond, ils réitèrent ainsi l'idée qu'ils se font du travail de la terre, relation du labour à la semence. Tout éclairés qu'ils soient, ils proposent encore une culture labourante. Le déficit de la pensée entraîne une reproduction de l'imaginaire. Encore faut-il souligner ce qu'a en propre cette érotique de l'espace quand elle veut tracer des routes. Écrire dans cet espace, cela signifie le posséder, mais aussi y introduire la distinction et la différence, en faire le champ d'opérations réitérables et contrôlables, le muer en un lieu de commerce et de communications, y privilégier l'artefact de la forme sociale au prix d'une perte de l'origine et des choses données dans la transparence du monde «naturel». Le même geste dessine un espace routier et un espace scripturaire. Comme la littérature ethnographique, il noue «l'histoire de l'écriture et l'histoire de la route, de la rupture, de la *via rupta*, de la voie rompue, frayée, *fracta*, de l'espace de réversibilité et de répétition tracé par l'ouverture, l'écart et l'espacement violent de la nature, de la forêt naturelle, sauvage, salvage[5] ».

La position des correspondants ne se comprend finalement que si on la réfère à une indécision sur leur propre identité. Cette incertitude reflue sur ces campagnes d'où ils viennent et où vit leur propre langue maternelle. Ils sont encore dans un bilinguisme. Leur français est, depuis plus ou moins longtemps, le fait de l'adoption et d'une volonté. Même la nature de l'homme reste, dans leurs propos, clivée par cette histoire. Qu'est-ce que l'homme ? Un artifice le façonne, qui s'organise loin d'eux. Comme le vieux Edme Rétif à qui son fils fait déclarer son propre choix, ils disent : finalement, « plutôt Paris que notre village[6] ». Mais Paris est hors de portée. Ils en attendent une décision qui sera prise sans eux et qui pourtant les implique. Du côté des campagnes qu'ils renoncent mentalement, le despotisme des municipalités les inquiète, car il met en danger la raison qui s'instaure dans la capitale et de qui relève leur propre statut de clercs. Pouvoir central et pouvoirs locaux vont s'articuler d'une manière qui échappe à l'information mise au service du premier. Le dossier parle d'une incertitude qui espère du « génie » de Grégoire une assurance. Il adresse à Paris une demande d'identité.

POLITIQUE ET FOLKLORE

Trois ans après, en 1794, le ton du *Rapport* de Grégoire fait bien voir que le temps des clercs est passé[7]. Le projet, certes, reste identique : souder la communauté nationale au sein de la Révolution. Mais les moyens et les raisons ne sont plus les mêmes.

« L'unité de l'idiome est une partie intégrante de la Révolution… Il faut identité de langage » (G. 303). Cette thèse a des antécédents jusque chez Vallange, trois quarts de siècle plus tôt[8]. Une utopie constructrice réveille même, dans le *Rapport*, le symbole millénaire de la tour de Babel (G. 293), fantasme d'une dissémination qui oppose à la raison l'histoire comme faute, comme adversaire et comme champ de son action[9]. Mais désormais, au lieu d'être seulement le projet d'une « philosophie » ou le produit d'une intelligentsia, elle est prise en main par un pouvoir. Elle fait partie d'une *politique* dont elle dépend et qui change son statut. Par là, Grégoire se différencie totalement des clercs qui lui écrivaient en mal d'identité. Il sait de quelle place il parle et pour quelle Raison il se bat. Son *Rapport* est une action au nom du Comité d'Instruction publique « l'an deuxième de la République une et indivisible », et ce qu'il affirme devant la Convention nationale, deux mois avant la chute de Robespierre, c'est un « vouloir » (G. 299) — un *vouloir faire l'État* où s'investit d'ailleurs toute la conviction qui hier commandait la volonté d'établir l'Église[10].

La langue est donc subordonnée à l'intérêt de la Nation. Elle constitue un cas particulier de civisme. Il y a aussi un civisme linguistique. Grégoire suggérerait même à l'État d'exiger de futurs époux que, pour avoir le droit de se marier, ils aient à « prouver qu'ils savent lire, écrire et parler la langue nationale » (G. 309). Mot décisif, signe du décalage : on n'a plus, au centre du débat, la « langue de la capitale », mais la « langue *nationale* » qui se distingue formellement des « idiomes *féodaux* » plutôt que des dialectes ruraux. Le discours de Grégoire a pour axe la disjonction entre la France et l'étranger. La coupure ne sépare plus, comme chez ses correspondants d'hier, Paris et la province, ou la ville et la campagne. Elle se trace aux frontières du pays. L'argumentation ne cesse de jouer sur ce nouveau dedans et ce nouveau dehors. Le scandale d'une langue mieux parlée à l'étranger qu'en France (G. 291), les intelligences avec l'ennemi que favorisent les proximités linguistiques aux frontières (G. 297), les obstacles que la pluralité des idiomes oppose à l'organisation de la défense nationale (G. 297), le défi qu'adressent aux Français les relations «malignes» des voyageurs étrangers (G. 299), la priorité reconnue au français par toute l'Europe (G. 300), la compétition que doivent susciter chez nous les réussites extérieures (G. 307), les «emprunts» et les «heureuses acquisitions» qui importeront dans notre langue les termes étrangers «qui nous manquent» (G. 313), etc.[11] : la problématique de Grégoire s'articule sur cette différence entre la Nation et son extériorité. Toute altération interne ou tout progrès est pensé en référence à *cet autre qu'est le non-français*, liant à une ambition de grandeur le défi que ne quittent jamais, qu'obsèdent même le regard et la menace de l'étranger.

Cette détermination nationale reflue sur l'espace intérieur, dont elle organise la lecture. Toute infraction à l'unité nationale se rend complice, fût-ce à son insu, des féodaux. Qui n'est pas «français» travaille pour l'ennemi. Une raison politique reclasse donc les problèmes linguistiques. Les affirmations les plus massives du *Rapport* fixent à la langue son rôle d'être l'*objet* «révolutionné» par la République (il faut «uniformer le langage d'une grande nation», G. 293), l'*instrument* d'un peuple «qui centralise toutes les branches de l'organisation sociale» (G. 293) et «l'*effet* de la Révolution», créatrice d'un nouveau lexique et productrice d'un «amalgame» qui, en effaçant les différences entre citoyens, mine les patois. Insérée dans une action, cette analyse politique est très lucide sur les hiérarchies sociales qu'entretiennent des différences culturelles (G. 295), ou sur la relation de l'«inégalité des styles» avec l'«inégalité des conditions» (G. 313). Grégoire pense le langage comme une institution politique, qui s'inscrit d'ailleurs dans des mouvements socio-économiques plus vastes : ainsi, lorsque «la population refluera dans les campagnes» — idée chère aux physiocrates —, le changement linguistique résultera automatiquement de cette colonisation des terres intérieures (G. 302). L'école et l'enseignant, pièces maîtresses pour ses correspondants, s'effacent avec eux et font place à un programme d'économie et de défense nationales.

La langue doit le servir et le *rendre lisible* à tous. On ne saurait donc l'abandonner aux fluctuations des patois. Ici, l'unanimité des réponses concernant leurs variations indéfinies a porté. Elle est d'ailleurs confirmée par les lettres provenant des départements où l'on a tenté la traduction de la Constitution. Aussi, le 1er décembre 1792, de Tulle, le directoire et le procureur général syndic du département de la Corrèze envoient au ministre de la Justice quelques «remarques» :

> Premièrement chaque canton, chaque bourg a dans cet idiome des inflexions et un accent différents, de sorte que le traducteur qui s'est trouvé du canton de Juillac n'a point pris l'accent des autres cantons, qui présente des différences plus ou moins sensibles mais qui deviennent considérables à la distance de sept à huit lieues.
>
> Secondement, la langue française étant la langue universelle de la République, ce serait rendre un mauvais service aux citoyens que de les entretenir dans l'usage d'un baragouin barbare et de ne pas les

> encourager par tous les moyens à se servir du langage national[12]...

Thème déjà fréquent au xviiie siècle à propos de la langue des catéchismes. La Chétardie le disait dès 1708 : « Il faudrait presque autant de catéchismes différents qu'il y a de paroisses et d'écoles[13]. » Encore liée à cette tradition missionnaire, la propagande grégorienne ne peut consentir à s'enliser dans les marais du patois ni à laisser perdre la force des idées dans l'amollissement ou l'opacification des mots. Il est évident aussi que le refus des dialectes résulte d'une incapacité *technique* à saisir des *lois stables* dans l'oralité ou dans les parlers régionaux. La priorité donnée depuis longtemps à l'écriture a produit un appareil analytique et conceptuel qui ne peut que rejeter l'oralité hors de son champ et la faire verser dans l'incohérence. La politique de Grégoire entérine un héritage. Elle décide d'après le dossier scientifique et vulgarisé qui est seul à sa disposition, lorsqu'elle refuse la corruption de la vérité républicaine dans des transpositions aléatoires et féodales. Vu les attendus du procès, comment traduire ne serait-ce pas trahir ?

Le langage ne se réduit pas à la fonction de parler une Révolution qui s'effectuerait hors de lui, en disant un « contenu » produit par une politique. Il a aussi pour tâche de définir la réalité et le futur de la Nation. Il doit *faire* la révolution. Il a un rôle prospectif. Dans la perspective de Grégoire, qui évoque la conception « constructiviste » des architectes soviétiques entre 1920 et 1930[14], il doit construire le futur d'une autre société. « Que la langue politique soit à peine créée » comme il le déclarait en 1792[15], c'est depuis des années l'une de ses préoccupations majeures, tout comme l'instauration d'un « idiome

technique» (G. 299). En cela, il relève de l'idéologie
physiocrate, qui fait de la «néologie» la condition
de l'activité technique[16]. Il croit avec Condillac que
la formation d'une langue est identique à l'élaboration d'une science. Il est persuadé qu'un vocabulaire stable et commun permettra la vaste opération
économique et démocrate qui doit réorganiser l'espace français. Aussi les luttes politiques sont-elles
pour lui de «véritables logomachies» (G. 297), des
guerres linguistiques. Mais derrière ces convictions,
se joue un problème plus fondamental. *La production d'un discours doit définir la Nation*. «Les mots
étant les liens de la société et les dépositaires de
toutes nos connaissances» (G. 310), le système des
vérités essentielles à l'identité nationale est lié à la
création d'un langage. «Révolutionner notre langue»
(G. 310), cela signifie créer le système capable de
«tenir» cette identité entre les deux pôles mena-
çants que sont, pour l'Homme républicain, le «sauvage» et le «civilisé», c'est-à-dire l'homme «ébauché»
ou «féodal» et l'homme «dépravé» ou «aristocrate»
(G. 295). Au corps imaginaire du roi qui, sous l'Ancien Régime, avait valeur de mythe susceptible de
faire symboliser entre elles des pratiques sociales,
se substitue sous la Convention un *corps de langage*,
affecté au rôle, mythique et opératoire, d'articuler
la Nation comme système propre. Condition pour
qu'existe une intériorité encore trop déterminée par
son rapport à l'étranger, la représentation de la
Nation requiert la production d'un *corps idiomatique*.
La langue remplit et circonscrit le lieu politique. Là
où l'attachement «féodal» au roi et l'attachement
naturel à la terre sont remplacés par un attachement politique à une collectivité à créer, là où il n'y
a plus ou pas encore de référence avouable au sol, à
la tradition ou à une histoire propre, c'est le langage

qui doit prendre en charge la symbolisation nécessaire du patriotisme. Il a le statut d'être le corps
propre, — non plus reçu, mais produit. Fonder une
nation et lui faire un langage ne constituent qu'une
même tâche politique.

Le décret proposé à la Convention en conclusion
du *Rapport* (exécuter «une nouvelle grammaire et
un vocabulaire nouveau de la langue française»,
G. 314) et les mesures ou «moyens moraux» qui
compenseront la destruction des patois (une campagne d'instruction publique, G. 305-307) sont à cet
égard très cohérents. Il s'agit de construire à la fois
la langue, la science et la nation. Sous la forme du
décret terminal ou des mesures supplémentaires, la
production d'*écrits* est centrale. L'exécution d'un
dictionnaire, la rédaction d'opuscules patriotiques
et techniques, ou de journaux, et leur diffusion, traduisent l'action révolutionnaire en une activité scripturaire. Grégoire suppose d'ailleurs que l'innovation
et la technique sont essentiellement livresques
(G. 298). Alors que ses correspondants imaginaient
routes et bonnes semences, c'est-à-dire une relation agraire à une terre inculte, il pense fabrication
technique et placement de produits. Sa politique du
livre a un caractère industriel et commercial. Le
livre renvoie à un pouvoir de faire des signifiants
qui sont des choses, et à sa gestion. La propagande,
missionnaire à bien des titres, a une *forme* plus déci-
sive encore que son *contenu* (la langue même, la
politique, les «arts» techniques, etc.). Le pouvoir
accordé au livre ne tient pas d'abord à ce qui est
raconté par le texte, même si ce contenu vise les
points stratégiques de la superstition, en substituant
une météorologie à l'astrologie, ou une physique
élémentaire aux préjugés sur la configuration de la
terre (G. 305), et en casant ainsi un savoir dans les

vides les plus importants du non-savoir populaire. L'action du livre repose sur trois formes de pouvoir investies dans le produit *écrit* : d'une part, une autorité ou, comme le dit Grégoire à propos des journalistes, une «magistrature d'opinion» (G. 306) attachée au lettré, c'est-à-dire *un pouvoir de faire croire* dont le savoir est doté par le fait de «montrer le bien» (G. 294) et donc de se faire aimer ; d'autre part, le pouvoir qu'ont les mots écrits d'établir des *contrats stables* avec les choses qu'ils désignent et entre citoyens (cf. G. 298 et 310), et donc de fonder l'équivalent *social* d'une terre ; enfin, et peut-être surtout, le pouvoir qu'a une société de se créer, d'être le principe de sa genèse, en affirmant, sous la forme de l'écrit, le droit d'une Raison sur le donné de l'histoire. Autrement dit, l'histoire qui arrive est muée en historiographie, discours produit et productif, transformation de la réalité reçue en organisation du progrès. La vraie «traduction» consiste à faire du langage incohérent d'une terre le langage effectif d'une politique. Le livre est la métonymie d'un système qui *se produit* comme système. De ce point de vue, l'écriture est figure de la Révolution ; l'écrit, figure de la Nation.

Le peuple qui s'écrit se détermine par ce qu'il exclut. «Toutes les erreurs se tiennent comme toutes les vérités», Grégoire le répète (G. 297 et 306). Elles sont constituées en totalité par le projet révolutionnaire qui s'en distingue. Un *toujours-là* du «fanatisme» oppose une perpétuelle résistance au progrès de l'esprit humain. Il n'a plus ici l'ambivalence d'un onirisme de la primitivité ; c'est la continuité millénaire de la superstition. Depuis l'Antiquité, prolifèrent les «contes puérils», obsessions nées de «cauchemars» (G. 298), pouvoir de la Nuit. Ils ont pour caractéristique d'être portés par les voies incontrôlables de l'oralité et de sortir du fond des âges. Qui les raconte? Le « vieillard qui assure avoir ouï, vu et touché » (G. 306), personnage du passé incertain, autorité fabulatrice et fondée sur la croyance en une expérience inaccessible — tout le contraire de ce que peuvent aujourd'hui produire et vérifier des opérations analytiques et synthétiques. Telle est, définie par une politique « scripturaire », l'oralité.

Les patois, noyés dans les mouvances de l'oral et incapables de se fixer hors d'elles, comportent certes des « expressions sentimentales pour peindre les douces effusions du cœur » (G. 295). Bons pour l'affectivité, mais bannis de la raison. Du coup, exclus de la politique, ils sont offerts en objet à la « philosophie ». Ils ont leur place dans les musées, trésors de famille, où leur étude, combinée à celle des monuments du Moyen Âge, permettra une « histoire des progrès de l'histoire humaine » comme le voulait Sulzer (G. 300).

> Ainsi la philosophie... ne croira pas indigne d'elle de descendre à l'examen des patois et, dans ce moment favorable pour révolutionner notre langue, elle leur dérobera peut-être des expressions enflammées, des tours naïfs qui nous manquent (G. 301).

Ce geste obéit encore à la recommandation de Diderot, qui souhaitait qu'un académicien « descende dans les ateliers » pour en extraire les « termes d'arts » qui font défaut au français [17]. Mais le patois devient une « Antiquité », objet de collection, matériau pour une histoire :

> Presque tous ces idiomes ont des ouvrages qui jouissent d'une certaine réputation. Déjà la Commission des Arts, dans son instruction, a recom-

mandé de recueillir ces monuments imprimés ou manuscrits ; il faut chercher des perles jusque dans le fumier d'Ennius (G. 301).

La folklorisation de la différence est le corollaire d'une politique d'unité nationale. La place d'un pouvoir centralisé et celle des Archives où il case les patois appartiennent à une même combinaison. Certes, l'assimilation des citoyens laisse un *reste* : des mots et des monuments disséminés. Mais il est géré lui aussi par l'Administration. Il a une double fonction qui se résume en la production d'un langage, soit qu'il fournisse de quoi enrichir *un dictionnaire* en comblant par ses mots les trous du français, soit qu'il offre des documents à la construction d'une *histoire*, discours fait pour représenter à la nation, dans un récit des distances parcourues, les progrès et la place dont elle peut se prévaloir.

L'action de Grégoire se fonde sur une conviction, la quasi-identité entre l'esprit évangélique, la raison éclairée, et la centralisation politique. À cet égard, il pense comme ses correspondants. Il compte parmi les prêtres, « puissamment travaillés par l'idéal de fraternité réinterprété par eux à travers une vision utopique de l'évangélisme concret de l'Église primitive », qui furent d'« irremplaçables artisans de la genèse de la nation » et qui pouvaient se sentir proches de ces jacobins déclarant le 27 floréal an II (presque à la date du *Rapport*) que le peuple français « a voulu que la moralité fût l'essence du patriotisme » et « a proclamé que tout ce qui était corrompu est contre-révolutionnaire [18] ». Cette idéologie va s'effondrer, mais non pas l'appareil créé en son nom. L'Administration sert bientôt la politique napoléonienne. L'alliance du patriotisme national et de l'évangélisme sécularisé qui l'habite se brise ; la minorité qui l'a défendue se marginalise. Bien loin de se dire en « principes » d'une foi investie dans une raison politique, la religion fait retour du côté où l'on avait rangé les superstitions. Chateaubriand est l'anti-Grégoire. Huit ans après le *Rapport* de 1794, le « génie du christianisme » parle dans la voix des forêts et dans le silence des ruines. Dieu passe dans le camp du folklore et valorise une esthétique.

C'est l'échec d'une idéologie, non la destruction d'une structure. Le clivage entre la centralisation politique et les musées ethnographiques persiste, alors même que la rationalité assurée par l'État se dégage de ses postulats chrétiens ou moraux et que la religion tout comme le folklore refluent vers des secteurs particuliers relevant de l'instance nationale ou impériale. Le travail de l'administration napoléonienne s'étend à une ethnologie de la province. Les grandes enquêtes préfectorales sur les mœurs et les patois — par Giraud dans le Morbihan, par Borie en Ille-et-Vilaine, etc. — donnent lieu, en 1803-1804, à des *Annuaires statistiques* qui préparent et circonscrivent à l'avance la place des institutions savantes consacrées au folklore. Le patois, désormais indissociable des « coutumes », est constitué en objet de calcul et de gestion par un appareil d'État assez solide pour substituer lentement une technique scientifique à une campagne idéologique. Née de cet appareil, l'*Académie celtique* prend le relais des enquêtes statistiques gouvernementales lorsque, « par l'organe des préfets et des savants de leurs départements », elle diffuse son *Questionnaire* (1808), parallèle à celui de Grégoire mais centré sur les « superstitions » et les « documents » propres à des « peuplades » plus « étrangères » que dangereuses. « Il faut se hâter », dit le programme de l'Académie. Il s'agit d'un mort en sursis. En effet, «le Code et les autres institutions qui régissent actuellement la France amènera nécessairement la chute d'un grand nombre d'usages curieux[19]». Une politique a défini l'espace épistémologique où la différence de l'intérieur peut être «traitée», une fois transformée en matériau quantifiable et curieux. Sa réussite est de n'avoir plus à se déclarer, puisqu'elle structure l'entreprise scientifique.

À Grégoire qui lui avait écrit pour critiquer l'Inquisition et l'inviter à y renoncer — demande analogue à celle qu'il adressait à «nos frères du Midi» d'«abjurer» le fédéralisme des idiomes (G. 300) —, Blanco, archevêque de Burgos et Grand Inquisiteur, avait réagi assez aigrement, dans sa *Réponse pacifique* (1798), en critiquant la charité qui amenait l'abbé «à dissiper de vos lumières les ténèbres qui, selon vous, offusquent la vue des Espagnols» et, «nous supposant dans l'ignorance, les préjugés et le fanatisme», à «nous traiter comme les Indiens de Malabar[20]». Vieux reproche, où se développe la logique de la colonisation: *Nos tratan como Indios*. Du moins était-elle visible dans l'assurance de Grégoire et dans la susceptibilité de l'Espagnol. Elle cesse de l'être lorsque l'affirmation idéologique, partout explicite dans la croisade de 1794, est relayée par une institution technique. Inscrite dans les procédures qui fabriquent l'objet folklorique, elle peut se taire. Alors les produits, définis par une entreprise muette sur ses principes, offrent un champ où prospèrent les exotismes qui répètent, sans le savoir, la politique organisatrice du théâtre où elle loge ses morts. Esthétique ou scientifique, la littérature folklorisante travaille à «conserver», avec des collections, un ordre établi. il faut une autre politique pour que la culture assujettie joue un rôle constructif dans l'histoire[21].

DOCUMENTS

« Pour le détruire, il faudrait détruire le soleil, la fraîcheur des nuits, le genre d'aliments, la qualité des eaux, l'homme tout entier. »

Réponse de la Société des Amis
de la Constitution de Perpignan.

I

L'enquête Grégoire

À l'exception de la réponse envoyée par Bernadau pour la Guyenne, nous avons pris le parti de ne pas donner ici les réponses déjà publiées par A. Gazier (d'ailleurs récemment rééditées), et de privilégier ceux des documents inédits qui nous ont paru les plus représentatifs des divers aspects de l'enquête.

I, 1. LES RÉPONSES À L'ENQUÊTE (1790-1792)

N°	CORRESPONDANT	RÉGION COUVERTE PAR LA RÉPONSE	DATE	RÉFÉRENCE
1	Pierre Bernadau	district de Bordeaux	4 IX 1790-21 I 1791	G., pp. 127-146
2	Amis de la Constitution du Club de Périgueux	annonce de l'envoi d'une réponse	28 XI 1790	G., pp. 156-157
3	Fournier de La Charmie	Périgord	sans date	G., pp. 154-156 P. R., pp. 251-254
4	Abbé Fonvielhe	province du Périgord	20 I 1791	B. N., ff^os 42-47
5	Amis de la Constitution de Mont-de-Marsan	Gascogne (triangle Bordeaux-Toulouse-Bayonne : 60 lieues en tous sens)	sans date	G., pp. 147-153
6	Amis de la Constitution d'Auch 1	département du Gers tout l'Armagnac	sans date	G., pp. 83-104
7	Amis de la Constitution d'Auch 2	département du Gers	sans date	G., pp. 104-106
8	Abbé Barère	département des Hautes-Pyrénées	sans date	B. N., ff^os 67-68
9	Amis de la Constitution d'Agen	département du Lot-et-Garonne	27 II 1791	B. N., f° 7
10	Anonyme	district de Nérac	22 IX 1790	G., pp. 107-123
11	Abbé Grégoire	pays de Valence d'Agen	27 II 1791	B.N., f° 65
12	François Chabot	département de l'Aveyron	4-8 IX 1790	G., pp. 122-123 G., pp. 51-79
13	Amis de la Constitution de Perpignan	district de Perpignan	sans date mais antérieure au 29 I 1791	G., pp. 80-82

N°	CORRESPONDANT	RÉGION COUVERTE PAR LA RÉPONSE	DATE	RÉFÉRENCE
14	Amis de la Constitution de Carcassonne	district de Carcassonne	sans date	G., pp. 13-21
15	Augustin Rigaud	Montpellier	28 I 1791	G., pp. 10-13
16	Abbé Rolland	Provence	sans date	B. N., f° 99
				P. R., p. 13
17	Colaud de la Salcette	département de la Drôme	12 I 1792	G., pp. 175-178
18	Morel aîné	province de Lyon	2 XI 1790	B. N., ff°s 27 à 36
19	Amis de la Constitution d'Ambérieu	département de l'Ain	16 XII 1790	B. N., ff°s 5-6
20	Anonyme	Mâconnais-Dombes-Bresse	sans date	G., pp. 220-224
				B. N., f° 69
21	Abbé Bouillotte	Bourgogne	sans date	G., pp. 224-227
22	Abbé Bernardet	paroisse de Mazille (diocèse de Mâcon)	28 XII 1790	G., pp. 227-228
23	Jean-Baptiste de Cherval	Bresse	22 IX 1790	B. N., ff°s 50-59
				P. R., p. 579
24	Lorain fils	district de Saint-Claude	14 IX 1790	G., pp. 200-206
25	Joly	bailliage de Saint-Claude	7 IX 1790	G., pp. 207-212
26	Abbé Rochejean	Franche-Comté (principalement ville de Salins)	15 III 1791	G., pp. 212-217
27	Jérémie-Jacques Oberlin	Alsace (?)	28 VIII-13 XI 90	G., pp. 228-231
28	Frédéric-Ignace de Mirbeck	province de Lorraine	17 VIII 1790	B. N., f° 37
29	Amis de la Constitution de Commercy	Lorraine	sans date	B. N., f° 41 r°-v°
30	Frédéric Grünwald et frère Léon Lefebvre	duché de Bouillon 1	1 IX 1790	B. N., ff°s 60-64

Nº	CORRESPONDANT	RÉGION COUVERTE PAR LA RÉPONSE	DATE	RÉFÉRENCE
31	Abbé Aubry	duché de Bouillon 2	6 II 1791-26 II 92	B. N., ff⁰ˢ 48-49 G., pp. 232-254
32	Abbé Andriés	ci-devant Flandre Maritime (les 2 districts de Bergues et d'Hazebrouck)	2 XI 1790	B. N., ff⁰ˢ 11-24
33	Virchaux	département du Nord	5 XII 1790	P. R., pp. 161-164
34	Chanoine Hennebert	toute l'étendue de l'Artois et même du département excepté l'Artois flamand	26 XI 1790	G., p. 254
35	Abbé Asselin	districts de Château-Thierry et Soissons	sans date	B. N., fᵒ 41 rᵒ-vᵒ
36	Pierre Riou	ci-devant évéchés de Léon et Tréguier	17 X 1790	G., pp. 280-285
37	Lequinio	Morbihan, Finistère, Côtes-du-Nord	sans date	G., pp. 286-289
38	Société patriotique de Saint-Calais	15 lieues autour de Saint-Calais	15 XI 1790	B. N., ff⁰ˢ 9-10
39	Abbé Pressac	ci-devant Poitou 1	sans date	G., pp. 271-273
40	Abbé Perreau	tout le ci-devant Bas Poitou 2 (c'est-à-dire 30 ou 40 lieues de longueur sur 20 de largeur)	11 XI 1790	P. R., pp. 586-587 G., pp. 273-280
41	Société des Amis de la Constitution de Limoges	département de la Haute-Vienne	6 XI 1790	G., pp. 165-175
42	Amis de la Constitution de Maringues	Limagne	sans date	G., pp. 161-165

N°	CORRESPONDANT	RÉGION COUVERTE PAR LA RÉPONSE	DATE	RÉFÉRENCE
43	Abbé Poupard	ancienne province de Berri	9 IX 1790	G., pp. 269-271

à quoi il faut ajouter les précisions annexes données :

26 *bis*	Abbé Rochejean	Tournon et ses environs	15 III 1791	G., pp. 217-218
26 *ter*	Abbé Rochejean	environs de Beaumarchais dans la ci-devant Brie française	15 III 1791	G., pp. 218-219
26 *quater*	Abbé Rochejean	Sully et environs	15 III 1791	G., pp. 219-220

et les réponses d'accompagnement, les refus de répondre, ou les fragments suivants :

44	Senard	de Toulouse : refus de répondre	1 IX 1790	G., p. 82
45	Abbé Chambon	de Perpignan. envoi d'une chanson en patois	29 I 1791	P. R., pp. 303-304
46	Abbé Verdier	de Tauves, Puy-de-Dôme : lettre d'accompagnement	31 VIII 1790	P. R., pp. 33
47	Anonyme	environs de Château-Salins : fragment	date inconnue	P. R., pp. 479-480
48	Mme de Valincourt	envoi de deux chefs-d'œuvre de la Picardie	8 XI 1790	B. N., ffᵃ 9 et 100-102
49	Anonyme	Pas-de-Calais : fragment	date inconnue	G., p. 268

I, 2. GUYENNE

Pierre Bernadau, né à Bordeaux en 1762, fils d'un artisan,
songe d'abord à la carrière ecclésiastique puisqu'il est tonsuré
en 1783. Puis il entreprend des études de droit et est nommé avo-
cat au Parlement en 1787. Ce personnage étrange, qui ne figure,
sous l'Ancien Régime, ni sur les listes de l'Académie ni sur
celles du Musée de Bordeaux — peut-être à cause de ses origines
plébéiennes — semble vouloir surmonter son isolement par une
sorte de revanche de l'écriture ; polygraphe abondant, à sa mort,
le 24 avril 1852, il laisse 106 volumes de manuscrits et pièces
rares légués à la bibliothèque municipale de sa ville natale,
l'œuvre imprimée n'étant que la partie émergée de cet iceberg.
Son adhésion aux principes de 1789 est enthousiaste, mais son
caractère difficile lui vaut bien des inimitiés, d'autant plus qu'il
profite de ses fonctions aussi bien dans la Garde nationale qu'à
la Société des Surveillants de la Constitution pour régler des
comptes moins politiques que personnels. Arrêté le 18 octobre
1793, à la demande des membres de sa section, il est relâché le
4 mars 1794 sur les instances de son père, et retourne désormais
aux travaux d'érudition qu'il n'a d'ailleurs jamais abandonnés*.

---

* G., pp. 128-147. Les notes en italique sont les éclaircissements ajoutés au
dossier par Gazier et ses collaborateurs dans leur publication de 1880. Nous
n'avons retenu que celles qui nous ont paru indispensables à l'intelligence du
document.

1°

Monsieur,

N'ayant saisi qu'imparfaitement le sens des questions que vous proposez aux patriotes, relativement à l'état actuel de l'instruction des campagnes, mais jaloux de vous témoigner mon estime en concourant autant qu'il sera en mon pouvoir à l'ouvrage que vous préparez, je me hâte de vous annoncer qu'une résidence de quinze années dans les divers lieux de ce district m'a mis à portée d'observer assez heureusement les mœurs, les usages, l'idiome et les habitudes territoriales de leurs habitants. J'ai recueilli à diverses époques plusieurs observations historiques et philosophiques, dont je me ferai un devoir de vous donner communication, Monsieur, lorsque j'aurai pu me procurer un exemplaire de la chronique qui contient l'universalité de vos questions aux indigènes. En attendant qu'il me soit loisible d'en saisir l'ensemble, je peux, Monsieur, vous faire connaître : 1° le peu d'écrits qui nous restent en gascon de Bordeaux ; 2° un dictionnaire ms. de ce dialecte, trouvé dans la bibliothèque du feu abbé Beaurein, l'homme qui possédait le mieux nos antiquités ; 3° des renseignements sur l'état des écoles ; 4° la manière avec laquelle les habitudes de certaines paroisses voisines tranchent entre elles.

La connaissance que j'ai des campagnes qui m'avoisinent m'a fait imaginer de traduire, dans la langue mitoyenne entre tous les jargons de leurs habitants, la sainte *Déclaration des droits de l'homme* et les *Lois municipales*, tant du 14 décembre dernier que celles décrétées depuis. Le tout est accompagné de quelques notes très-précises, mais très-utiles aux paysans. J'espère que l'administration de la Gironde favorisera mon projet. J'aurais l'honneur de vous en adresser copie, si vous croyiez que l'Assemblée nationale, ou même le club des Jacobins, voulût accueillir mon hommage.

En attendant, Monsieur, pour vous donner un moyen de comparaison entre nos mœurs et coutumes anciennes avec celles nouvelles, et les dialectes du xiii⁰ siècle et celui d'à présent, agréez le fragment suivant ; j'en ai la copie, qui semble être du xvi⁰ siècle[1] :

Dimars après la festa S. Lucia[2], anno D. 1289, un home que era aperat Bosquet fo jutgeat[3], que corros la bila ab una Angleza ab laquau, la nuit dabant passada, era estat trobat et ave molher. E fo assi[4] probat que un jurat et un autre home am lo jurat, viren per un forat lo deyt[5] et la Angleza nut et nut, entramps jadens en leyt; et lo deyt jurat, regardan continuademen[6] las[7] per lo deyt forat, los autres que eran vinguts ab lo deyt jurat, ubriren la porte, laquau quam[8] lo deyt Bosquet sinten sin nud in leyt, se ba leba et no pogo troba[9] sen[10] braguas. Et foren prets et menats nus à S. Elegy et lo medis jours[11] furen[12] jugeats[13] per la costuma de Bordalès.

Costuma es à Bourdeou[14] que lou permey filh dau[15] Barau[16] reten la Baronia et lou permey filh dau Chibalier, la meysoun noble[17].

Il ne faut pas grande connaissance du jargon qu'on parle dans les provinces méridionales pour comprendre ces deux morceaux, et surtout pour apercevoir les racines des mots. Virgile tirait des perles du fumier d'Ennius. D'ailleurs, je crains qu'une plus forte lettre ne vous ravisse à vos importants travaux. Lorsque je connaîtrai, Monsieur, la série et l'enchaînement de vos questions, je pourrai y répondre sans excursions, et vous prouver les sentiments avec lesquels j'ai l'honneur d'être, etc.

P. Bernadau, *homme de loi.*

Bordeaux, 4 septembre 1790.

2°

LES DROITS DE L'HOMME ET DU CITOYEN

Mis en patois le plus généralement approprié aux diverses nuances du *gascon* que l'on parle dans le district de Bordeaux, avec la traduction interlinéaire mot par mot, afin d'aprétier la fidélité de cette version sur l'original français, par Pierre Bernadau, avocat-citoyen au département de la Gironde.

In omnem terram exeat sonus eorum. (Act. Apost.)

Bordeaux, le 10 septembre, l'an second de la Révolution de France (1790)

Les Droits de l'Homme
Lous Dreyts de l'Ome

Les députés de tous les Français pour les représenter, et qui
Lous députats de tous lous Francès per lous représenta, et que
forment l'Assemblée nationale, envisageant que les abus qui
formen l'Assemblade nationale, embisatgean que lous abeous que
sont dans le Royaume et tous les malheurs publics arrivés
soun dens lou Rouïaumy, et tous lous malhurs puplics arribats
viennent de ce que tant les petits particuliers que les riches et
benen de ce que tan lous petits particuliers que lous riches et
les gens en charge ont oublié ou méprisé les francs droits de
les gens en cargue an oblidat ou mesprisat lous frans dreyts de
l'homme, ont résolu de rappeler les droits naturels, véritables,
l'ome, an résolut de rapela lous dreyts naturels, béritables,
et qu'on ne peut pas faire perdre aux hommes. Cette déclara-
et que ne poden pas fa perde aux omes. Aquere desclara-
tion a donc été publiée pour apprendre à tout le monde ses
tioun a doun estat publidade per aprene à tout lou mounde lur
droits et ses devoirs, afin que ceux qui gouvernent les affaires
dreyt et lur débé; perlamo qu'aquets que goubernen lous afas
de la France n'abusent pas de leur pouvoir, afin que chaque
de la France n'abusen pas de lur poudé, per que cade
citoyen puisse voir quand il doit se plaindre si [on] attaque ses
citoien posque beyre quan diou se plagne s'ataquen sous
droits, et afin que [nous] aimions tous une constitution faite
dreyts, et per qu'aymen tous une coustitutioun feyte
pour l'avantage de tous, et qui assure la liberté à chacun.
per l'abantatge de tous, et qu'asségure la libertat a cadun.

C'est pour cela que les dits députés reconnaissent et décla-
Acos praco que lous dits deputats recounèchent et descla-
rent les droits suivants de l'homme et du citoyen devant Dieu
ren lous dreyts suibans de l'ome et dau citoien daban Dious
et avec sa sainte aide.
et abeque sa sainte ayde.

Premièrement. — Les hommes naissent et demeurent libres
Prumeyremen. — Lous omes nèchen et damoren libres
et égaux en droits, et il n'y a que l'avantage du public qui
et egaux en dreyts, et g'nia que l'abantatge dau puplic que
puisse faire établir des distinctions entre les citoyens.
pot fa establi de les distinctious entre lous citoiens.

Secondement. — Les hommes n'ont formé des sociétés que
Ségoundemen. — Lous omes n'an fourmat de les sociétats que

pour mieux conserver leurs droits, qui sont la liberté, la pro-
per millou conserba lurs dreyts, que soun la libertat, la propriété, la tranquillité et le pouvoir de repousser ceux qui leur
priétat, la tranquilitat et lou poudé de repoussa aquets que lur
voudraient causer dommage dans leur honneur, leur corps ou
boudren   causa   doumatge den   lur haunou, lur corps ou
leur bien.
lur   bien.

Troisièmement. — La nation est la maîtresse de toute auto-
Troiziememen. — La natioun es la mestresse de toute autorité, et [elle] charge de l'exercer qui lui plaît. Toutes les com-
ritat, et cargue de l'etzersa qui ly plaît. Toutes les com-
pagnies, tous les particuliers qui ont quelque pouvoir, le tien-
panies, tous les particuliers qu'an cauque poudé lou te-
nent de la nation, qui est seule souveraine.
nen de la natioun, qu'es soule souberaine.

Quatrièmement. — La liberté consiste à pouvoir faire tout ce
Quatriememen. — La libertat counsiste à poudé fa tout ce
qui ne fait pas de tort à personne. Les bornes de cette liberté
que ne fey pas de tort à digun. Les bornes d'aquere libertat
sont posées par la loi, et qui les passe doit craindre qu'un
soun pausades per la loi, et qui les passe diou craigne qu'un
autre n'en fasse autant pour lui faire tort.
aute n'en fède autan per ly fa tort.

Cinquièmement. — Les lois ne doivent défendre que ce qui
Cinquièmemen. — Les lois ne diben défende que ce que
trouble le bon ordre. Tout ce qui n'est pas défendu par la loi ne
trouble lou boun orde. Tout ce que n'es pas défendut per la loi ne
peut être empêché, et personne ne peut être forcé de faire ce
pot esta empachat, et digun ne pot esta forsat de fa de
qu'elle ne commande pas.
quere ne coumande pas.

Sixièmement. — La loi est l'expression de la volonté géné-
Cheyzièmemen. — La loi es l'espressioun de la bolontat générale. Tous les citoyens ont [le] droit de concourir à sa forma-
rale. Tous lous citoyens an dreyt de concourre à sa formation, par eux-mêmes ou par ceux qu'ils nomment à leur place
tion, per els mêmes ou p'ra'quels que noumen à lur place
pour les Assemblées. [Il] faut se servir de la même loi, tant
p'raux Assemblades. Faou se serbi de la même loi, tan
pour punir les méchants que pour protéger les pauvres. Tous
per puni lous méchans que per protegea lous praûbes. Tous
les citoyens, comme [ils] sont égaux par elle, peuvent pré-
lous citoiens, coume soun égaus per elle, poden prè-

tendre à toutes les charges publiques, suivant leur capacité, et
tende à toutes les cargues pupliques, siban lur capacitat, et
sans autre recommandation que leur mérite.
sens aute recoumandatioun que lur mérite.

Septièmement. — Nul homme ne peut être accusé, arrêté ni
Sètiémemen. — Nat ome ne pot esta acusat, arrestat ni
emprisonné, que dans les cas expliqués par les lois, et suivant
empreysounat, que dens lous cas espliquats per les lois, et siban
la forme qu'[elles] ont prescrite. Qui sollicite, donne, exécute
la forme qu'an prescribut. Que solicite, baille, etzécute
ou fait exécuter des ordres arbitraires, doit être puni sévère-
ou fey etzécuta daus ordres arbitraires diou esta punit sébéré-
ment. Mais tout citoyen appelé ou saisi au nom de la loi doit
men. Mes tout citoien mandat ou sésit au noun de la loi diou
obéir de suite ; [il] devient coupable en résistant.
obéi de suite ; deben coupable en resistan.

Huitièmement. — [Il] ne doit prononcé que des puni-
Huytiémemen. — Ne diou esta pronounsat que de les puni-
tions précisément bien nécessaires ; et nul ne peut être puni
cions précisémen bien nécessaires ; et nat ne pot esta punit
qu'en vertu d'une loi établie et connue avant la faute commise
qu'en bertut d'une loi establide et counéchude aban la faoute coumise
et qui soit appliquée comme [il] convient.
et que sie aplicade coume coumben.

Neuvièmement. — Tout homme doit être regardé innocent
Naubiémemen. — Tout ome diou esta regardat inoucen
jusqu'à ce qu'[il] soit été déclaré coupable. S'il faut l'arrêter,
jucqu'â ce que sie estat déclarat coupable. Sé faou l'arresta,
[on] doit prendre garde de ne lui faire aucun mal ni outrage.
deben préne garde de ne ly fa nat maou ni outratge.
Ceux qui lui font souffrir quelque chose doivent être sévère-
Aquels qui ly féden soufri cauqu'are diben esta sébére-
ment corrigés.
men corrigeats.

Dixièmement. — Nul ne peut être inquiété à cause de ses
Detziememen. — Nat ne pot esta inquiétat à cause de ses
opinions, même concernant la religion, pourvu que ses propos
opinions, memes concernan la religion, perbu que sous prépaus
ne troublent pas l'ordre public établi par la loi.
ne troublen pas l'orde puplic establit per la loi.

Onzièmement. — La communication libre des pensées est le
Ontziémemen. — La communicatioun libre de les pensades es ou
plus beau droit de l'homme. Tout citoyen peut donc parler,
pus bet dreyt de l'ome. Tout citoien pot doun parla,

écrire, imprimer librement, pourvu qu'[il] réponde des suites
escrioure, imprima librémen, perbu que respounde daus suites
que pourrait avoir cette liberté dans les cas déterminés par les
que pouyré augé aquere libertat den lous cas déterminats per les
lois.
lois.

Douzièmement. — Pour faire observer les droits de l'homme
Doutzièmemen. — Per fa obserba lous dreyts de l'ome
et du citoyen, [il] faut des officiers publics. Qu'ils soient prêtre,
et dau citoien, faou daus officiers puplics. Que sien presté,
juge, soldat, cela s'appelle force publique. Cette force est éta-
jutge, sourdat, aco s'apere force puplique. Aquere force es esta-
blie pour l'avantage de tous, et non pas pour l'intérêt particu-
blide per l'abantage de tous, et noun pas per l'intret particulier de ceux à qui [on] l'a confiée.
lier d'aquels a qui l'an confiade.

Treizièmement. — Pour fournir à l'entretien de la force
Treitzièmemen. — Per fourni à l'entretien de la force
publique, [il] faut mettre des impositions sur tous, et chacun
puplique, faou mete de les impositions su tous, et cadun
en doit payer sa portion suivant ses facultés.
n'en diou pagua sa portioun siban ses facultats.

Quatorzièmement. — Les citoyens ont le droit de vérifier
Quatortzièmemen. — Lous citoiens an lou dreyt de bérifia
eux-mêmes ou par le moyen des députés qu'ils ont nommés, la
els meme, ou prau moyen de lus députats qu'an noumat, la
nécessité des impositions, et les accorder librement au besoin
nécessitat de les impositiouns, et les acourda libremen prau besouin
de l'État, de marquer combien, comment et durant quel temps
de l'Estat, de marqua combien, coumen et duran qu'au tems
[on] lèvera de ces impositions, et de voir même comment le
léberan d'aqueres impositiouns, et de beyre mêmes coumen lou
produit en est employé.
prébingut en es emplégat.

Quinzièmement. — La société a le droit de demander
Quintzièmemen. — La sociétat a lou dreyt de demanda
compte à tous les agents publics de tout ce qu'ils ont fait dans
conte à tous lous agens publics de tout so qu'an feyt dens
leur place.
lur place.

Seizièmement. — Il n'y a pas de bonne constitution dans
Setzièmemen. — Gnia pas de boune constitutioun dens
toute société où les droits de l'homme ne sont pas connus et
toute sociétat oun lous dreyts de l'home ne soun pas counèchuts et

assurés, et où la séparation de chaque pouvoir n'est pas bien
asségurats, et oun la séparation de cade pouboir n'es pas bien
établie.
establide.

   Dernier article. — Les propriétés sont une chose sacrée et où
   Darney article. — Les propríetats soun une cause sacrada et oun
personne ne peut toucher sans vol. Nul ne peut en être
dígun   ne   pot   touqua   sen   bol.   Nat   ne   pot   en   esta
dépouillé, excepté quand le bien public l'exige. Alors [il] faut
despouillat,   exceptat   quan   lou   bien   puplic   l'etsige.   Alors   fau
qu'[il] paraisse clair qu'[on] a besoin pour l'avantage commun
que   pareche   cla   qu'an   besouin   per   l'abantatge   commun
de ce qui appartient à quelque citoyen, et [on] lui doit donner
de   ce   que   aparten   à   cauque   citoyen,   et   ly   diben   bailla
de suite la valeur de ce qu'il cède.
de suite la balou de ce que cede.

3°

Monsieur,

   Dans la lettre que j'ai eu l'honneur de vous écrire dernièrement, je me souviens que, pressé par les circonstances, je ne
donnai pas à mes offres toute la déduction que je voulais. Je ne
les fis, pour ainsi dire, que pour vous témoigner l'empressement que j'ai de concourir à votre patriotique projet. Je n'en
connais pas bien les détails, comme je crois vous l'avoir marqué, et cela parce que je n'ai pu prendre une communication
réfléchie des propositions qui ont été imprimées. Maintenant,
Monsieur, je vais, si l'on peut ainsi parler, prendre date dans
votre entreprise, en vous offrant de faire les recherches relativement à deux ouvrages gascons dont le contenu m'est connu
et qui sont imprimés. Je vous offre le texte de nos anciennes
Coutumes, ouvrage authentique, quoique incomplet, et dont la
composition peut se placer entre le xiiie et le xvie siècle, y ayant
des articles faits dans ces deux époques.

   Quant aux renseignements à désirer sur l'esprit des idiomes
qu'on parle dans ces districts de Gironde, et plus particulièrement dans celui de Bordeaux, il m'est assez facile de vous
satisfaire, en ayant visité et observé les différents cantons.
Mœurs, habillement, dialectes, préjugés, antiquités, institutions, j'ai vu de près tout ce qu'il fallait voir pour en parler

congrûment ; et telle était mon intention d'en donner l'histoire morale, littéraire et philosophique, si la révolution dans la politique n'en avait opéré une en France dans les opinions.

J'ai formé le dessein de faire agréer par l'administration une version gasconne de nos plus importants décrets à l'usage de la multitude. J'ai l'honneur de vous en adresser une esquisse dans la traduction de la Déclaration des droits. Chaque mot porte sa traduction précise dans l'entreligne, pour l'intelligence du dialecte et de ses tournures. Le paquet ci-joint, à l'adresse de l'Assemblée nationale, contient également copie gasconne de la Déclaration, avec des notes et la traduction littérale à côté. J'oserai vous prier, Monsieur, de vouloir bien en faire agréer l'hommage à nos représentants, J'ai été encouragé dans cette offrande par l'accueil qu'ils font aux productions utiles des bons citoyens. J'ai l'orgueil d'ambitionner à ce titre, ainsi que celui de pouvoir me dire avec une estime respectueuse, votre, etc.

P. BERNADAU, *homme de loi.*

Bordeaux, 11 septembre 1790.

4º

OBSERVATIONS SUR LES QUESTIONS PATRIOTIQUES

De M. le curé Grégoire, député à l'Assemblée nationale, par Pierre BERNADAU, citoyen actif de France, homme de loi à Bordeaux, correspondant de plusieurs Sociétés littéraires et patriotiques.

Un autre aurait mieux fait ; moi, je n'ai pu mieux faire.

LAFONTAINE.

1. — Dans le district de Bordeaux, dont j'entends parler toutes les fois que je ne ferai aucune exception particulière, l'usage de la langue française n'est point absolument universel. Dans Bordeaux, le bas peuple y parle habituellement gascon, et les cris des marchands (excepté ceux qui sont étrangers) sont encore tous en patois. On le parle au marché, mais sans exception du français. Les harengères essaient surtout de le parler avec les acheteurs étrangers, et leur jargon devient alors plaisant. Il y a cinquante ans que les négociants parlaient volontiers gascon. Plusieurs anciens richards aiment encore à

le parler. Maintenant il n'est dans la bouche que [des] harengères, des portefaix et des chambrières.

Le petit artisan affecte surtout de parler français. Ainsi dans
Bordeaux, peut-être sept neuvièmes; dans les campagnes
environnantes, il est à celui du gascon : 4 + 7/12 : 5.

Quant au nombre de notre patois, on n'en distingue émi-
nemment que deux espèces, celui de Bordeaux et celui de...
On parle celui-ci dans la partie occidentale de ce district;
l'autre est familier à Bordeaux et aux habitants de la rive
droite de la Garonne et lieux adjacents renfermés dans le pays
ci-devant d'Entre-deux-Mers, dont partie appartient au district
de Libourne et partie à celui de Cadillac.

2. — On ne saurait assigner l'origine de notre gascon. Nos
plus anciens titres et monuments connus, et qui remontent au
commencement du xiᵉ siècle, sont en patois, qui est véritablement une dégénération du latin que les Romains ont introduit
dans l'Aquitaine, qu'ils ont gouvernée jusqu'au viᵉ siècle.

3. — Le gascon est un idiome très-étendu et très-varié. Il
présente tous les termes de la langue française, et celle-ci ne
peut pas trouver des termes équivalents, pour l'énergie et la
précision, à ceux que le gascon présente. Il a peu ou point de
diminution. Ne serait-ce pas une suite du caractère du peuple
qui le parle? Pour un Gascon, il n'y a rien de petit, pas même
de mensonger.

4. — Il ne m'est pas donné de décider si le gascon ren-
ferme des dérivés du celtique ou du grec; quant au latin, il
paraît véritablement en dériver. Le gascon est une dégénération de la langue romance, dont [on] découvre insensiblement
les racines en remontant la Garonne et avançant dans ce
qu'on appelait le Languedoc. Nous avons beaucoup d'adjectifs
tirés de l'espagnol, et des substantifs, surtout des terminaisons
nasales, de l'anglais.

La suite par le prochain courrier.

5. — Le patois que l'on parle à Bordeaux a une affinité
marquée avec le français, ou, pour mieux dire, ce n'est que
cette langue dont les terminaisons sont gasconnisées. Il en est
bien autrement de celui qu'on parle dans les campagnes; on
y découvre plus particulièrement les mots latins, beaucoup
d'espagnols et quelques anglais. Dans les départements des
Landes et des Hautes-Pyrénées, le gascon est bien plus mêlé
d'espagnol que partout ailleurs. On retrouve des anglicismes

en abondance dans le district de Lesparre, où les Anglais se sont anciennement établis par prédilection, lorsqu'ils possédaient la Guyenne, vu la qualité spiritueuse des vins du Médoc.

6. — Comme nous l'avons remarqué, le gascon s'éloigne peu, dans ce district, de l'idiome national. Il n'en est pas ainsi dans celui de Bourg et de Bazas; le patois y a un caractère tranchant avec les voisins, soit pour les mots, soit pour la prononciation. Si l'on était à portée de communiquer avec M. Grégoire, on pourrait lui communiquer des vues qu'il est comme impossible de rendre sur le papier dans toute leur énergie. Nous avons un recueil d'antiquités gasconnes auquel nous tenons beaucoup, et dont la transcription est au-dessus de nos forces. Elles lui apprendraient sur les mœurs, les usages, le vocabulaire des anciens et actuels habitants de la Guyenne des choses dont il pourrait tirer un bon parti. Mais ces manuscrits sont un meuble de famille auquel chaque possesseur a ajouté, et dont il sent que nous ne pouvons pas décemment nous défaire. Nous ferons nos efforts pour lui en faire passer un abrégé.

7. — Il n'y a point de mots synonymes, autrement il y aurait deux langues dans une, dit Dumarsais. Cela est vrai à la rigueur pour le gascon. Tous ses mots tranchent plus entre eux que dans la langue française, et cependant il a sur elle l'abondance et l'énergie.

8. — Le patois est abondant pour toutes les choses qui tiennent à la simplicité, à la décence et à la tranquillité.

9. — Pour exprimer les nuances des idées, on se sert presque toujours de diminutifs, et autrement il ne manque jamais de mots, non plus que pour les objets intellectuels. Le Gascon n'est jamais à court, et cette fierté qui a longtemps distingué son caractère moral, il l'a conservée dans son patois.

10. — Nos paysannes nomment volontiers les choses par leur nom, en commun, sans rougir. Elles ont même des expressions qui, traduites en français, présentent des images obscènes qui n'effarouchent point la pudeur dans nos campagnes. Les mœurs y sont simples, en raison de l'éloignement de la ville.

11. — Point de jurements, très-peu d'expressions particulières aux grands mouvements de l'âme.

12. — Oui [on trouve des mots énergiques qui manquent au français]; voyez Montaigne et Goudouly.

14 décembre 1790. — La suite par le courrier prochain.

13. — Dans les mots du gascon de Bordeaux, les finales sont plus communément consonnes que voyelles ; et cela est remarquable dans un amalgame de langue française, romane et espagnole. Il est à présumer que cette particularité a sa source dans l'origine anglaise de cette province, qui a été pendant trois siècles soumise à la domination de ce peuple.

14. — La prononciation est gutturale, mais peu accentuée. Les è ouverts sont étouffés.

15. — Il n'est point d'écriture particulière au patois. Il n'a ni grammaire, ni vocabulaire connus.

16. — Le gascon varie beaucoup de village en village, mais dans ses terminaisons. Cette variation ne tranche cependant pas aussi sensiblement entre les cantons des districts de Bordeaux, de Cadillac, de la Réole et de Lesparre, qu'entre les cantons du district de Bourg ou de Bazas. On a souvent de la peine à se comprendre de paroisse à paroisse, surtout dans les départements de la Vienne et des Landes. La prononciation est, dans ces contrées, infiniment pénible et change singulièrement l'idiome.

17, 18, 19. — J'ai déjà répondu à ces questions.

20, 27. — On ne se rappelle pas avoir jamais entendu prêcher en patois dans ce district, mais les instructions du catéchisme s'y font dans cet idiome, dans presque toutes les paroisses de campagne. Je puis assurer, d'après la connaissance oculaire et écrite que j'ai du district, qu'il n'y a pas aucune inscription patoise dans aucun lieu public. Elles sont toutes en latin ou en vieux français ; j'en citerai d'étranges, si l'on en demande. Tous nos écrits patois consistent dans les vieilles *Coutumes de Bordeaux*, où il y a des articles faits au XIIe siècle et au XIVe, publiées il y a quelques années par deux hommes de loi, et dont copie sur papier vélin, en caractères gothiques, existe à la Bibliothèque de l'Académie des sciences de Bordeaux ; les *Statuts de la confrérie de Moutiezet* dans cette ville, paroisse Saint-Michel, fondée par Louis XI ; des *Titres* rapportés dans les *Variétés bordelaises* ; trois *Cantiques* qui se trouvent dans un petit recueil de noëls fort fameux dans ce pays, et dont mon père m'a dit avoir connu l'auteur, maître d'école à Blaye ; un *Mémoire* fait par les pêcheurs de la Teste pour réclamer la diminution des droits seigneuriaux dans le pays de Born, et que je me rappelle avoir lu dans ma jeunesse ; enfin une critique agréable du régime des jésuites, faite en

1762 par un curé de Saint-Macaire, sous le titre de *Requeste de Recardeyres de Senmacary à Messius dau Parlemen*. J'ai voulu donner cinq livres d'un exemplaire unique chez un de nos libraires; il n'a que 17 pages in-12. Je vais m'occuper de mettre au net quelques petits opuscules patois, dont je possède l'original, et je vous l'enverrai. Comme je tiens beaucoup aux ouvrages gascons que je possède, je ne peux m'en dessaisir, même pour M. Grégoire; mais je les lui confierai pour un mois, si cela lui suffit.

Nos proverbes patois, presque aussi étendus que ceux des Espagnols, ont presque tous l'agriculture pour objet. Je ferai incessamment l'extrait des plus curieux et qui caractérisent davantage nos mœurs. La question de l'influence respective du patois sur les mœurs serait la matière d'un livre, et je n'ai ni les talents, ni ne crois puissamment utile de l'entreprendre. Il se réduirait d'ailleurs à ceci: leurs diverses nuances idiomatiques confondues, les paysans de ce district parlent un patois sourd, simple et traînant, qui est l'enseigne de leur caractère sournois, de leur lenteur dans le travail et de la simplicité de leurs habitudes.

Il n'y aurait aucun inconvénient à détruire le patois, supposé que par quelque institution on pût lui substituer une autre langue. Nos paysans n'y tiennent pas autant que les Basques et les Bretons. Serait-ce parce qu'il n'est pas si difficile de l'apprendre? Mais, après tout, il leur faut des signes; et, supposé qu'on leur apprît ceux du français, ils les auraient bientôt altérés; c'est pourquoi je doute qu'on puisse trouver le moyen de détruire le patois. On sait à quoi aboutit le projet de langue universelle de Leibnitz. Le gascon, dans l'état actuel des choses, se rapprochera insensiblement du français par la révulsion des citadins dans leur bien et l'accroissement des gros lieux où on transportera les établissements politiques. Mais toujours le bas peuple, surtout celui des campagnes, aura un jargon particulier.

La suite le courrier prochain

28-30. — On s'aperçoit tous les jours que notre idiome gascon se rapproche insensiblement de la langue française, et que les mots les plus caractéristiques disparaissent. Cette altération se remarque depuis un demi-siècle que la rénovation du commerce, attirant dans cette contrée des étrangers, a contribué à répandre dans nos campagnes et parmi les ouvriers la langue française, que tous voudraient jargonner.

Il n'y aurait, je pense, aucune importance à détruire le gascon dans nos cantons ; mais les moyens m'en paraissent introuvables et, d'ailleurs, peu utiles. Le bas peuple des villes, les habitants des campagnes, corrompront toujours la langue et en feront un jargon, comme cela se [voit] en Angleterre, en Allemagne et à Paris. Varron et tous nos antiquaires attestent que les Grecs et les Romains des colonies avaient un accent et une langue différente de celle que parlait la métropole. L'aventure de Théophraste, à Athènes, en est une preuve non équivoque.

31-35. — L'enseignement des campagnes est assez nul dans ce district. *Quod vidi testor*. Après le *Syllabaire*, les enfants passent à la lecture de l'*Office de la Vierge* en latin, afin de pouvoir aider à chanter vêpres aux curés. Il n'y a que les gros bourgs qui soient pourvus de maîtres d'école ; encore y paiet-on depuis 15 jusqu'à 40 sous pour apprendre à nos élèves du latin et le catéchisme du diocèse. On ne trouve des maîtres d'écriture que dans nos petites villes ; là l'éducation est mieux soignée, mais plus dispendieuse. Généralement parlant, les ecclésiastiques se mêlent peu ou point du tout des écoles. Ils se bornent à l'autoriser par une permission, et trouvent toujours l'instituteur assez capable quand il sait servir la messe et jouer au piquet. Si les curés surveillaient les petites écoles, il n'en résulterait pas les abus qu'entraîne la confusion des deux sexes dans une même chambre, rassemblés aux mêmes heures, subissant en commun les corrections, faisant des routes pénibles et nocturnes pour se rendre à l'école. Ces circonstances indiquent des inconvénients funestes à l'honnêteté publique. J'en ai vu des suites assez singulières, et qui m'ont retracé l'aventure d'Annette et de Lubin.

La majeure partie des pasteurs, loin de surveiller les écoles des campagnes pour la partie de la décence, ne songent pas à l'influence des lectures utiles qu'on pourrait y faire. J'ai eu toutes les peines du monde à faire adopter dans l'école du village où j'ai quelque possession la lecture de la *Science du bonhomme Richard*, et d'obtenir qu'il serait distribué tous les ans un *Avis au peuple sur sa santé*, le *Manuel du cultivateur*, aux trois garçons les plus studieux de l'école, et aux trois filles plus sages filles, une traduction du *Nouveau Testament* et l'*Avis aux bonnes ménagères*. Le curé prétendait qu'inspirer aux enfants le goût de la lecture, c'était chercher à leur donner sur leurs compatriotes une supériorité contraire à la modestie chrétienne, et que les filles liseuses étaient de méchantes femmes. On doit juger si, avec de pareils préjugés, les curés songent beaucoup à prêter à leurs paroissiens d'autre livre que l'*Ordinaire* de la messe et le *Petit Paroissien*, c'est-à-dire absolument inutiles au gouvernement des familles : *Quisque suos patimur Manes*.

COMPARAISON DE L'ANCIEN ET DU MODERNE PATOIS

Un calonge fo sepelit cum un capau, et era calonge de S. Andriu ; et los massous qui lo aveven sepelit lo désepeliren et osteren los sous vestimens ; per que foren penduts et traginats ; quar ed eran be ettats paguats de lor tribalh. *(Coutume de Bordeaux sous l'année 1291.)*

VERSION EN PATOIS GASCON D'À PRÉSENT

Un chanoine fut enséb ilitéabec un capot, et ere chanoine de Sent André. Lous massous qui l'abében entarrat lou desentarreren et ly priren sous habits, perqué furen penduts e traynats, car eren be estats paguats de lur trabail.

EN FRANÇAIS

Un chanoine fut inhumé avec son camail, et il l'était de St-André. Les maçons qui l'avaient enseveli l'exhumèrent et lui enlevèrent ses habits. En conséquence, ils furent pendus et traînés sur la claie, ayant d'ailleurs été bien payés de leur travail.

37-43. — Parmi les paysans de ce département, j'ai assez communément trouvé le Paroissien romain, les Comptes faits de Barême, les Noëls nouveaux, des Livrets de mission, les Sept Tempêtes, ouvrage ascétique d'un pitoyable genre, une traduction gauloise de la Bible, la Vie des Saints, l'Almanach des Dieux, le Catéchisme du diocèse, quelques ouvrages de la Bibliothèque bleue ; point d'ouvrages d'agronomie ni de chirurgie domestique. Les livres des paysans sont toujours en mauvais état, quoique exactement serrés. Ils se les transmettent en héritage. Dans les longues soirées d'hiver, on lira pendant une demi-heure, à toute la maison assemblée, quelque vie des saints ou un chapitre de la Bible. Depuis la Révolution, les paysans ont substitué à ces lectures celles des papiers du temps, qu'ils achètent lorsque leur ancienneté les fait donner à bon compte. La jeunesse a aussi substitué aux cantiques des chansons patriotiques, principalement une relation de la prise de la Bastille, représentée en *taille rude*, et que j'ai trouvée, l'été dernier même, dans les Landes qui séparent Bordeaux de Bayonne.

Les paysans et le menu peuple de nos villes croient fermement aux revenants, aux loups-garous, à la mule ferrée et à ce qu'on appelle dans notre patois la *chaouce-bieille*, qui n'est autre chose que le cauchemar. Ils disent que ce sont les âmes des ennemis d'une famille qui s'introduisent par le trou de la serrure et viennent comprimer à leur gré l'estomac des braves gens. Le malheur est qu'on berce l'enfant de ces contes, que la raison a peine à combattre dans la jeunesse éclairée.

On croit aussi que les curés peuvent détourner l'orage à leur gré, arrêter les chiens enragés avec l'étole et faire descendre le diable, comme Virgile dit que les sorcières de Thessalie obscurcissaient le soleil et jetaient la lune dans un puits.

Il est trop ordinaire de voir recourir au devin préférablement au chirurgien, pour guérir du mal donné par un sorcier. Les détails que je pourrai fournir sur ce chapitre sont immenses. La meilleure espèce de devins se trouve dans notre Médoc. Ils ont même imaginé des saints auxquels il faut adresser des prières pour tel ou tel mal. La misère de certains curés leur a fait imaginer, à cet égard, des superstitions condamnables à tous égards.

Malgré que l'on dise que les paysans se sont raffinés depuis quelques années, j'ai observé qu'ils ne sont devenus que plus fripons et moins décents. Les préjugés de magie noire subsistent toujours dans toute leur énergie ; ils n'ont que plus de dépravation dans les mœurs et moins de piété. Tel est le sort des ignorants ; la religion est pour eux un farrago de préjugés. Ôtez ceux-ci, ils ne croient plus à celle-là, qu'ils confondent ensemble.

L'indécence de leurs curés, la fréquentation des villes, le séjour que les citadins font dans les campagnes, la domesticité, sont les seules causes de la dépravation de nos paysans.

C'est principalement chez eux que le libertinage en tout genre et de tout sexe est bien hideux. Rendez-leur cher le sol natal, et vous leur rendrez leur simplesse originelle.

La Révolution, dans les villes comme dans les campagnes, a servi à développer la bonté comme la perversité du caractère français. Les paysans sont devenus ingouvernables. Leur patriotisme n'est rien que l'intérêt bien prononcé et la vengeance personnelle.

Franchement, en voyant les abus qui résultent de l'établissement des municipalités dans les campagnes, on est tenté de détester cette institution, que l'habitude de la liberté et quelques lumières doivent rendre si salutaire. Comme ce sont presque partout d'anciens domestiques qui occupent les places dans les campagnes, et assez généralement les plus intrigants audacieux de l'endroit, il s'ensuit que les prêtres et les ci-devant nobles en sont vexés outre mesure.

Il serait possible de donner plus de développement à ces observations, si l'on pouvait se former une idée précise du système et des vues particulières de l'auteur qui en veut faire usage.

On le peut, je l'essaye ; un plus savant le fasse !

(P. BERNADAU, *homme de loi en Gironde*.)

5º

Monsieur,

Il serait possible que le dernier paquet que je vous adressai ne vous soit pas parvenu, car il était de l'époque des premiers jours de l'année, où l'on reçut à l'Assemblée un si gros ballot de papier à l'adresse du président qu'on arrêta, disent les journaux, qu'il serait renvoyé à la poste. Je vous envoyais alors quelques observations sur vos questions proposées aux Amis de la Constitution. Je vais en continuer la série en l'autre part. Je vous priais en même temps de vouloir bien me faire connaître le rapporteur qui présente à l'Assemblée ma traduction des *Droits de l'homme*, dont vous m'avez envoyé la mention honorable. Je prends la liberté de vous réitérer la même demande, attendu que le ministre a chargé l'administration du département de la Gironde de prendre connaissance et de lui rendre compte de mon travail sur notre trois fois sublime

Déclaration. Agréez, etc. (P. Bernadau, *homme de loi en Gironde.*)

Bordeaux, 21 janvier 1791.

OBSERVATIONS SUR LES LECTURES DES VILLAGEOIS

Généralement parlant, les ecclésiastiques des campagnes ne prêtent point de livres à leurs paroissiens ; ceux qui font exception à la règle ne leur en fournissent que d'ascétiques, ne croyant pas que des paysans puissent perdre leur temps à lire des livres qui ne parlent pas de la religion, ou qu'ils aient assez d'intelligence pour se servir utilement d'ouvrages importants. Cependant la lecture des livres d'économie rurale, de vétérinaire, d'hygiène, leur conviendrait infiniment ; mais peu de curés en ont d'aussi véritablement utiles. Je connais assez l'état du diocèse pour assurer que la bibliothèque de nos curés de campagne se borne aux quatre tomes du Bréviaire, au Parfait Cuisinier, aux Ordonnances synodales, à la Théologie de Collet ou Habert, au Concile de Trente, à des méditations et sermons jésuitiques, au Code des curés sur les dîmes, etc. ; aux Cas de Pontas, au Mercure et aux Actes des Apôtres.

C'est à vous d'en parler, qui, sortis d'Israël...

Ceux des gens de la campagne de ce district qui savent lire aiment volontiers la lecture, et, faute d'autre chose, lisent l'Almanach des Dieux, la Bibliothèque bleue et autres billevesées que des colporteurs voiturent annuellement dans les campagnes. Ils ont la fureur de revenir vingt fois sur ces misères, et, quand ils en parlent (ce qu'ils font très-volontiers), ils vous récitent pour ainsi dire mot à mot leurs livrets. J'ai remarqué que, quand un paysan a un livre à sa disposition un jour de fête, il en préfère la lecture au cabaret, quoique l'usage lui en soit fort familier les jours de repos. Il serait donc facile, avec ce goût, d'éclairer, jusqu'à un certain point, l'intelligence du paysan, de lui faire perdre l'habitude de la débauche et des querelles qu'enfante l'ivrognerie. *Hic labor, hoc opus.*

Les livres que j'ai le plus familièrement trouvés chez les paysans sont des Heures, un Cantique, une Vie des Saints, chez les gros fermiers, qui en lisent après souper quelques pages à leurs travailleurs. Je me rappelle à cet égard quelques vers d'un ouvrage sur la vie champêtre qui concourut, il y a sept ans, avec l'églogue de *Ruth*, de M. Florian. Les lectures du soir chez les paysans y étaient bien décrites ; elles ne le sont pas avec moins d'énergie dans la *Vie de mon père*, de M. Rétif.

I, 3. *DORDOGNE*

L'abbé Fonvielhe, curé de Saint-Amand-de-Boisse, membre de la Société des Amis de la Constitution de Bergerac, a déjà été présenté (cf. p. 34-35). Sa réponse, répartie entre les deux recueils, est l'une des plus détaillées. La lettre du questionnaire lui sert souvent de prétexte à d'amples digressions personnelles*.

Monsieur,

Je vous envoie selon vos désirs toutes les observations que j'ai faites relativement aux questions que vous m'avez proposées. Je serais flatté de savoir si elles ont rempli vos vues et si toutes ont mérité votre approbation. Dans tous les cas vous pourrez vous adresser à moi et je me ferai un devoir de vous obliger, parce que je sais qu'en vous obligeant je servirai la patrie.

Je puis placer ici de nouvelles réflexions que j'ai faites et que le defaut de papier m'empêche de mettre à la suite. Pardonnez si je vous envoie seulement un brouillon. C'est pour ne pas vous retarder ; d'ailleurs mon écriture est assez lisible et pour faire tant d'écriture il faut avoir la main exercée.

Par rapport à la 39e question, je dis que les vices du peuple sont beaucoup moins grossiers qu'autrefois ; on ne trouve plus ou presque plus de ces hommes infâmes qui se livraient à la bestialité ; la sodomie est beaucoup plus rare ; l'amour se fait toujours, parce qu'il est naturel mais il est moins brutal ; il y a par conséquent beaucoup moins de scandales.

Si l'on voulait faire disparaître tous les vices à la fois il faudrait commencer par régler les successions de manière qu'un fils de même père ne fût pas très riche pendant que tous les autres sont très pauvres et se trouvent réduits à passer leur vie

* P. R., manuscrit REV 222, pp. 251-254 ; B. N., ffos 42 ro-47 vo.

entière dans un célibat désespérant. Il faudrait ensuite qu'on favorisât les mariages ; que la jeunesse s'unît de bonne heure et avant que d'avoir épuisé, ou par des masturbations ou par des travaux rigoureux, toutes les forces de son corps. Il faudrait en troisième lieu établir une dotation nationale pour toutes les filles pauvres, laquelle dotation, avec leur petit patrimoine s'élevât au moins à la somme de 300 ᴸᵗ une fois payées. Il faudrait en quatrième lieu soulager dans leurs impôts les pères d'une nombreuse famille. Au moyen de ces précautions l'on ne verrait plus les pauvres user du mariage sans faire d'enfants : s'il n'en fait point c'est par industrie et parce qu'il sait qu'il n'aura que des larmes à donner pour nourriture et à la mère et à son fruit.

Nous avons vu jusque-ici la haute noblesse et même la basse qui voulait devenir haute outrager la nature d'une manière bien plus infâme : on a beau dire, jamais on ne me persuadera que ce fut la continence qui privât de jeunes époux du bonheur d'avoir de nouveaux enfants, quand déjà ils en avaient deux, c'était le libertinage et l'ambition de faire un aîné puissant qui portât au plus haut faîte de la gloire un nom souvent très vil et digne d'un profond mépris.

L'humanité dont mon âme fut toujours pénétrée, me fait encore un devoir de vous presser Monsieur, de faire établir dans chaque district des écoles publiques pour tous les genres d'instruction dont les hommes ont besoin, mais principalement pour celles qui touchent de près à la vie de nos semblables.

Les procès n'intéressent que la fortune, cependant vous avez voulu qu'il y eût des juges à notre portée. Tous les genres d'instructions intéressent les mœurs, vous voudrez donc qu'il y ait des instructions près de nous, et à plus forte raison vous voudrez qu'il y ait une école d'apothicairerie, de chirurgie et de médecine. Pourquoi forcer notre jeunesse d'aller apprendre ces arts conservateurs à Paris, à Montpellier à Bordˣ où souvent elle ne fait que perdre ses mœurs et dépenser sa fortune ?

Comme j'ai dit que je voudrais un maître d'école par paroisse qui fût approuvé par le collège du District et surveillé par les municipalités, je voudrais aussi qu'il y eût un chirurgien par arrondissement honorablement gagé par la nation et obligé d'exercer gratuitement les fonctions de son art envers toutes les personnes qui les réclameraient et qu'il n'y eût absolument que des Chirurgiens ainsi approuvés qui pussent exercer des fonctions aussi importantes. On empoisonne le peuple par de mauvaises drogues. Il faudrait que dans chaque district l'école d'apothicairerie les fournît à tous les chirurgiens aux dépens de la nation, et qu'ils eussent toujours des drogues fraîches. Il n'est pas de communauté où d'imbéciles religieuses ne s'avisent de faire des médicaments et même de traiter des malades ; peut-on se jouer ainsi de la vie des hommes !

J'ai vu mourir cette année dans la paroisse la plus voisine de la mienne, sept femmes des plus robustes dans l'opération des couches ou par les suites des douleurs d'un enfantement laborieux. Les mauvais chirurgiens les tuent, ou de mauvaises femmes-sages les laissent mourir sans secours. Que la nation prenne des moyens efficaces pour éviter de si grands malheurs. Je frémis, quand je pense à tant d'enfants orphelins et à tant de citoyens plongés dans le désespoir.

Voilà, Monsieur, tout ce que j'avais à vous dire. Il ne me reste plus qu'à vous offrir l'hommage d'admiration, de reconnaissance et de respect dont tous nos concitoyens sont pénétrés pour vous. Chacun d'eux vous a dressé comme un trône dans son cœur, et sans doute qu'Embermenil vous élèvera plus d'une statue. Que je m'estimerais heureux d'avoir partagé vos travaux et mérité de participer à votre gloire.

C'est dans les sentiments qu'inspirent de concert la religion sainte dont nous sommes les ministres, et la patrie dont nous sommes les enfants, que je vous salue sans autre cérémonie Monsieur

Votre très zélé concitoyen
Fonvielhe curé de St Amand de Boisse,
canton d'Essigeac, District de Bergerac
département de la Dordogne

à Bergerac ce
20 Janvier 1791

À MONSIEUR GRÉGOIRE CURÉ D'EMBERMENIL,
DÉPUTÉ À L'ASSEMBLÉE NATIONALE,
PAR L'ABBÉ FONVIELHE CURÉ AU DISTRICT
DE BERGERAC.

La lettre et la commission dont vous m'avez honoré ne m'est parvenue qu'après les fêtes de Noël. Ne trouvez donc pas mauvais que je n'aye pas rempli plus promptement vos vues.

Vous vous êtes mépris si vous m'avez cru capable de vous donner avec exactitude les renseignements que vous me demandez et pour lesquels il faudrait un temps plus considérable ; mais enfin j'ai fait ce que j'ai pu et peut-être aurai-je réussi moins mal que je ne pensais.

Si vous ne m'eussiez demandé ma manière de voir sur vos observations relatives à la nouvelle circonscription des paroisses[18], j'aurais bien osé vous dire que la matière est parfaitement bien traitée ; qu'à quelques phrases près l'opuscule est bien écrit, que les raisonnements sont saillants et bien présentés ; mais je n'aurais pas osé vous dire qu'il y a de l'exagération et un sentiment de crainte que les décrets de l'Assemblée Nationale auraient dû faire évanouir : car il n'est point vrai qu'on doive mettre impitoyablement les pasteurs hors de leur demeure et les réduire à une pension de retraite insuffisante. Les décrets additionnels que j'attribue à votre ouvrage, les garantissent de ces horreurs. Ils peuvent toute leur vie demeurer dans leur maison, jouir de leur traitement entier et il n'y aura de changement pour eux que le nom, et peu leur importe pourvu qu'ils ayent la chose. Pour moi, je crois ces dispositions d'autant plus sages que plusieurs vieillards soupirent après le moment de battre en retraite ; et comme ils ont quelques réserves, que d'ailleurs le poids du ministère leur pèse depuis bien des années, ils ne seront pas plus à plaindre avec les deux tiers de leur traitement qu'ils l'eussent été en cas de résignation.

Au reste, je ne crois pas qu'il soit venu dans la pensée de MM. les administrateurs de faire nulle part des paroisses si prodigieusement étendues que vous semblez le craindre. Le peuple ne le souffrirait pas. Mais je crois qu'on peut, sans la moindre difficulté et sans que les citoyens aient à s'en plaindre, supprimer au moins le *quart* de celles du département de la *Dordogne*. J'ignore si c'est la piété, si ce sont des adresses monacales, ou les volontés arbitraires des anciens seigneurs qui ont ainsi multiplié les clochers, mais dans nos cantons ils se touchent tous. Il y avait autrefois des moines, depuis devenus chanoines, qui desservaient toutes ces paroisses, qui en conservent encore les revenus en qualité de collégiales ou sous l'ombre du chapitre épiscopal auquel ils se sont réunis.

Ce qu'il y a de certain, Monsieur, c'est que dans les cantons d'Issigeac, Beaumont, Villereal etc. on compte jusqu'à huit paroisses qui n'ont pas plus de cent habitants : la mienne n'en a que 54 et deux autres n'en ont qu'une trentaine. Je n'ai pas besoin de vous faire sentir l'odieux de ce partage, les maux qui en résultent pour la religion, pour les mœurs, pour la société, et en particulier pour le curé qui est voué à une existence si inutile.

Daignez me croire, Monsieur, les grands chantiers valent mieux que les petits; ces petites paroisses sont toujours des républiques. Le peuple y est sans frein, parce qu'il est sans modèle, sans bons exemples, sans instructions et le curé sans vertus parce qu'il ne peut en exercer aucune. Je voudrais que chaque paroisse de campagne fût assez grande pour occuper au moins un curé et un vicaire. Le peuple en serait toujours mieux servi et les offices divins infiniment mieux célébrés. Un prêtre n'est jamais surchargé lorsqu'il n'a pas au delà de cinq à six cents personnes, si d'ailleurs les localités ne mettent pas de grands obstacles à son zèle. Et qui empêcherait que dans tous les lieux où il n'y a habituellement qu'une messe le curé n'en dît une seconde pour la commodité de son peuple? Je suis outré quand je vois, dans le diocèse de Bord^x, des curés n'ayant que deux cents personnes mais ayant beaucoup d'argent, obtenir un et même deux vicaires, sous prétexte qu'il est d'usage de donner deux messes dans leur église tandis que la cure voisine est sans vicaire, qu'il y a 1 500 habitants et que le curé est à portion congrue. Tel est, entre tous les autres, le curé de *Bassens*, auprès de celui d'Embarès et de St Louis de Montferron.

Voici ce que m'a dit très souvent le curé d'*Embarès* lui-même: la foi s'est perdue dans le pays depuis qu'on a démembré ma paroisse et que d'une l'on en a fait cinq. Ces cinq paroisses en effet, lorsqu'elles n'en faisaient qu'une offraient un spectacle ravissant de piété. C'était les chrétiens les plus éloignés qui étaient les plus assidus et les premiers arrivés aux Saints Mystères; ils partaient avant le jour et assistaient au premier sacrifice. Lors, il y avait sept vicaires qui gouvernaient avec le pasteur ce petit diocèse, et il y avait tant de concert que jamais ou presque jamais, l'on ne vit un seul fidèle passer de cette vie dans l'autre sans avoir reçu son Viatique. Mais, oh douleur! je le répète, depuis la division fatale qui a été faite de cette cure, il y a vingt cinq ans, les pasteurs n'y moissonnent plus que de l'ivraie et c'est par la raison que lorsqu'un corps est divisé toutes ses portions membres languissent et finissent par mourir.

Vous avez raison de vous lamenter sur la bizarrerie des

démarcations actuelles : j'ai un hameau dans ma paroisse dont les quatre curés voisins peuvent se disputer les morts.

Je sais que ce n'est point le prisme de la finance qui doit diviser les curés, comme les prismes ordinaires divisent les rayons du soleil, mais pourquoi ne pas économiser dès aujourd'hui deux ou trois millions au peuple, si l'on peut le faire sans nuire au bien de la chose ? Et puis n'est-il pas évident qu'il ne faut que le nombre suffisant et nécessaire de fonctionnaires publics ; que ce nombre doit être une bonne fois déterminé pour qu'il n'y ait plus tant de branches parasites auxquelles nous pouvons attribuer les maux de l'église et une grande partie de ceux qu'éprouve la société. Mais, dites vous, Monsieur, ne faudra-t-il pas toujours quelque congrégation de prêtres pour donner des secours au besoin, un camp volant en un mot. Non sans doute il n'en faudra pas, parce qu'en supposant que les cures ne soient ni trop, ni trop peu étendue, un voisin pourra dans tous les cas assister son voisin ; et que cela vaudra mieux que ces secours errans, ces missions infructueuses où les Lazaristes, les Capuçins et les autres gâtent tant de besogne, inspirent tant de préjugés avilissent tant la religion par des pratiques superstitieuses et bizarres, parce que tout cela aide à faire jouer la barbe et la cuisine.

Mais pourquoi ne rétablirait-on pas dans son entier l'ancienne discipline, les beaux siècles de l'Église ; je veux dire pourquoi ne donnerait-on plus les ordres à des pères de famille qui auraient le témoignage du peuple, qui seraient pasteurs, vicaires des pasteurs, substituts des pasteurs ; alors dans la pénurie des prêtres (pénurie qui n'est sûrement pas prochaine) on trouverait sur le champ des milliers d'hommes vertueux auxquels on pourrait confier le St Ministère avec bien plus d'assurance qu'à ce tas d'étourdis qui sortent d'un séminaire où ils n'ont rien appris, où ils ne pouvaient rien apprendre si ce n'est à tout brouiller, à tout confondre : car que signifie la théologie que signifie l'éducation séminaristique, quel rapport a-t-elle avec une solide instruction, avec le commerce de la vie civile, avec le gouvernement d'une paroisse ? O phro pudor ! À la bonne heure qu'on établisse un séminaire dans chaque département où les *Élus* se retireraient quelque temps pour recevoir l'imposition des mains ; mais y passer plusieurs années, je soutiens qu'on s'y gâte tout à la fois et le cœur et l'esprit, j'en ai vu tant d'exemples !

Quand les citoyens honnêtes scauront qu'en restant au sein

de leur famille, ils peuvent devenir pasteurs de leurs paroisses, ils soigneront leur éducation et celle de leurs enfants; ils tâcheront de mériter par une vertu soutenue et des lumières non équivoques les suffrages de tout un district ils sauront à la fois et les dogmes de la religion et les règles des mœurs, et la manière de gouverner. Tout cela n'est pas difficile à apprendre puisque ce n'est que le catéchisme des Théologiens d'aujourd'hui et ceux d'autrefois savaient-ils quelque chose de plus? Et faut-il pour l'apprendre perdre dix années de suite une langue qu'on doit s'empresser de bannir de nos collèges et même du sanctuaire de la religion?... ah! Monsieur, aplanissez les difficultés; faites enfin travailler une théologie raisonnable; anéantissez pour toujours cet absurde bréviaire qu'on a inventé autrefois pour occuper notre désœuvrement; qu'il ne soit plus question de ce vœu de célibat, que j'ose appeler *atroce* et qu'on n'a pu exiger sans crime de ceux que la nature a doués des précieuses facultés de se reproduire par une sainte union; ce vœu qui est à tout le moins *nul* et incapable de lier devant Dieu; faites, dis-je, tout cela et bientôt vous aurez pour pontifes des hommes selon le cœur de Dieu choisis à volonté parmi les sages du peuple, et dignes d'offrir des dons et des sacrifices pour le salut de tous.

N'en doutez pas, Monsieur, le grand coup que l'Assemblée a frappé lorsqu'elle a détruit les moines, les chapitres, *les trois ordres* est vraiment un coup du ciel. Jamais on n'aurait dû voir, dans un état policé, des corporations et des *ordres*, mais seulement des individus dont les loix soient communes, les espérances communes, les intérêts communs, des citoyens en un mot, attachés à la chose publique, dévoués à la patrie et prêts à périr pour sa gloire. Mais... non, ce n'est pas à tort qu'on nous a toujours suspectés d'ingratitude envers cette patrie chérie, ce n'est pas sans raison qu'on nous a reproché l'exploiation des peuples; ce n'est pas sans de puissants motifs que la Nation a repris des biens que nous avions si adroitement volés au nom de Dieu, du moins pour la majeure partie: puissent être anéantis pour notre gloire les nombreux volumes *in folio des Mémoires du Clergé*. Hélas ils seront à jamais le monument de notre honte et toujours nos ennemis y trouveront des traits de mort à lancer contre nous... Toutefois l'Assemblée Nationale n'a encore rien fait, et c'est à tort qu'elle se flatte de nous intéresser aux événements divers. Je la défie de rendre le clergé patriote s'il ne le rend citoyen. Or pour être

citoyen il faut nécessairement être ou du moins pouvoir devenir, père de famille. C'est là une de ces vérités démontrables,
et que je me flatte d'avoir démontrée sous tous ses rapports
dans une lettre écrite il y a longtemps à un de vos collègues. Il
me semble que je lui développais d'une manière sensible, et les
droits de la nature qu'on a outragés, et les droits de la société
qu'on a méconnus, et les droits de la religion qu'on a trahis
lorsqu'on a forcément introduit la tyrannique loi du célibat
des prêtres. Je voudrais que le tems me permît de développer
les nouvelles pensées que j'ai conçues à cet égard, peut-être
conviendrez-vous que le prêtre toujours isolé, toujours privé
des sentiments qu'inspirent de concert et l'amour conjugal et
la tendresse paternelle, est incapable d'aimer autre chose que
Lui ; de tenir d'autre langage que ce langage horrible, *après
moi le déluge* ; de s'attacher à quelqu'autre objet qu'à une ser-
vante coupable, pour laquelle il épargne, par laquelle il est
toujours gouverné, avec laquelle il est impossible qu'il ne com-
mette pas de ténébreuses horreurs : car malgré ces infâmes
manèges, que de scandales sans cesse renaissants ! que de biens
l'on verrait éclore du décret qui nous restituerait notre liberté !
Pauvre clergé, que tu changerais de face ! que tu mériterais
d'estime ! que tu goûterais de bonheur ! Tu serais l'exemple des
pères de famille, tes enfants seraient des enfants de bénédictions et de promesses... et qu'on ne dise pas que le traitement
des ecclésiastiques serait insuffisant dans ce cas, comme si un
prêtre était forcé de renoncer à son patrimoine ? Comme s'il
y avait plusieurs citoyens qui eussent 1 200 ^{lt} de revenus ?
Comme s'il était obligé de se marier avec une personne sans
fortune ? Comme si enfin il était essentiel qu'on fût plus riche
dans le sacerdoce que dans tous les autres états ? Nous avons
soigneusement oublié que nous devons donner l'exemple de
toutes les vertus et c'est je crois parce que la première des vertus civiles et chrétiennes est le détachement des richesses, la
modération dans les jouissances. Qu'est devenu cet oracle
Habentes quibus vivamus etc. *his contenti simus*.

Quand aux vicaires je crois tout comme vous qu'il leur faut
1 200 ^{lt} s'ils sont obligés de tenir maison. Mais presque tous
pourront s'en exempter et dans la plupart des pays, ils pourront vivre avec le traitement qu'on leur a fixé. Il est vrai que
souvent les vicaires ont épuisé leurs familles dans leurs études
etc., mais la société ne peut avoir égard à ces considérations
puisqu'elle ne les y a pas forcés, que d'ailleurs leurs motifs

n'étaient pas toujours parfaits. Au reste ils aiment infiniment
mieux ce traitement, bien payé qu'il soit, que celui qu'ils
avaient par le passé : car dans le diocèse de Bazas la plupart
n'avaient que 200 ^{lt} pour vivre, se loger etc., et dans le Sarla-
dais il en est bon nombre auquel leur curé ne donne que la
table, d'autres auxquels on donne cincante francs, vingt écus,
j'ai honte de penser à ces horreurs.

Quelques uns de mes confrères se proposent d'opposer une
résistance vigoureuse au décret qui ordonne une nouvelle
prestation de serment sur la Constitution Civile du Clergé. Le
martyre, disent-ils, les couronnera et effacera les fautes de
leur vie passée ; pour moi, je sais bien que je ne leur ferai pas
l'honneur de les martiriser et j'espère bien qu'on me dispen-
sera de les solanniser ; je les traiterai au contraire, ou comme
des ignorants ou comme des séditieux et des [*illisible*] ; mais
tous le feront ce serment, que leur conscience ou plutôt
leur intérêt particulier réprouve, et ils achèveront ainsi de se
déshonorer eux mêmes et d'humilier la religion : car c'est toujours par nous que l'église a souffert. Il ne tiendra pas à moi
qu'on évite ces malheurs ; déjà j'ai tâché de les prévenir en faisant de bonne grâce ce serment infiniment sage et qu'a le droit
incontestable de prescrire la nation. Elle a encore, à mon avis,
le droit imprescriptible de réformer tout ce qui est de la discipline ecclésiastique et qui touche par quelque point à l'autorité civile : elle peut admettre ou refuser, même les décisions
des conciles œcuméniques, et par la même raison, rejeter les
points de discipline qu'elle aurait déjà admis : car ce qu'elle a
admis elle ne l'a pas admis par nécessité, mais parce qu'elle
l'a voulu et pour le temps qu'elle l'a voulu. Jamais une nation,
supposé même qu'elle se fût liée également, ne peut se lier vis
à vis de l'église d'une manière irrévocable, puisqu'alors elle se
lierait contre elle-même, qui n'est point séparée de l'église, qui
au contraire compose l'église : or comment supposer qu'on
puisse se lier vis à vis de soi-même contre ses propres intérêts.
Ce qui trompe les prêtres, c'est la *manie* qu'ils ont de croire
qu'ils font seuls l'Église de J. C., qu'ils composent privative-
ment une monarchie dont les fidèles ne sont pas citoyens.
Aveugles qui ne voient pas que l'église est l'assemblée des
fidèles unis à leurs pasteurs, lesquels ne sont que des membres
du tout ; qu'ainsi les fidèles ont droit de consentir les Lois de
discipline par lesquelles on prétend les lier, ou de les rejeter
s'ils les trouvent grevantes. Quand aux règles des mœurs elles

ne lient que parce qu'elles sont supposées justes et non pas parce que l'Église l'a décidé ; et quant aux dogmes les décrets ne lient les consciences que parce qu'un concile œcuménique ne fait que déclarer que tel ou tel point a toujours été regardé comme de foi par la majeure partie des fidèles qu'ils représentent. Car là chaque évêque est censé envoyé par son diocèse et sa province pour y rapporter la tradition de son Église et c'est de ces combinaisons de croyance que résultent les décrets sur la foi, lesquels sont purement explicatifs et déclaratoires.

Il est naturel que les peuples, occupés de tant d'autres choses, aient laissé à leurs pasteurs le soin de régler ce qui regarde la religion, et en cela je crois qu'ils ont mal fait. Car au lieu qu'autrefois il ne se fesait rien dans l'église sans consulter les fidèles, peu à peu les évêques ont persuadé qu'ils étaient les seuls qui dussent s'en mêler et bientôt l'on a vu les pasteurs eux mêmes devenir étrangers à la religion. Les richesses firent toujours ce qu'elles voulurent : quand les diacres devinrent les dépositaires des trésors de l'église le commun des prêtres fut outragé par eux, obligé de vivre dans l'obscurité, que sais je ? les évêques ayant conservé de grands revenus furent toujours par ce seul motif de grands princes dans l'église et tandis que les abbés à tonsure, les chanoines assistaient aux délibérations les plus importantes de l'église, les pasteurs qui seuls pouvaient représenter leurs peuples en étaient exclus ! Mais croyez m'en, la masse des fidèles, y compris les prêtres, sont les législateurs de l'église comme les citoyens ceux de l'État ; et ce n'est qu'en qualité de délégués du peuple chrétien que le concile peut prononcer sur le dogme au nom des chrétiens qu'il représente.

Que l'Assemblée Nationale prenne bien garde à ces grands principes lorsqu'elle fixera la ligne de démarcation et la juridiction spirituelle. Elle ne saurait trop se prémunir contre les entreprises de ce petit nombre d'hommes orgueilleux qui se croient et se disent si audacieusement l'église. L'église c'est l'état c'est la nation et s'il était possible que la religion s'opposât au bien de l'état au bonheur de la nation, elle serait nécessairement fausse, il faudrait se hâter de la proscrire : ainsi quand l'Assemblée Nationale a délibéré sur le sort de son clergé, elle a délibéré comme Église et je crois ses loix aussi sages et aussi obligatoires que si l'Église entière les eût rendues par l'organe des Évêques.

Au reste il faut se désabuser de l'idée d'une autorité essentiellement infaillible sur la terre. Il n'en est point d'infaillible en elle-même mais seulement par rapport à nous : c'est à dire que toutes les fois qu'une autorité légitime a prononcé, qu'elle ait erré ou non nous devons nous soumettre et que les actions que nous ferons en conséquence de la loi, ne saurait être blâmée de Dieu, d'où vient toute autorité. Cela est évident par l'obligation rigoureuse que nous impose l'écriture d'obéir aux puissances séculières. Leurs lois nous pressent autant et même plus que celles de l'Église. Cependant qui dira qu'une autorité faillible peut m'obliger sous peine de damnation, si, quoique faillible en elle-même, elle n'est pas infaillible par rapport à moi. Donc tous les décrets de l'Assemblée Nationale, parce qu'ils sont nécessairement la volonté du grand nombre sont infaillibles comme ceux d'un Concile et au même titre ; donc l'on ne peut sans crime refuser l'obéissance à aucun.

Je suis entré dans ce détail étranger à vos vues mais peut être qu'il vous sera de quelque utilité. Je m'expliquerai plus nettement dans un ouvrage que je veux hasarder sur cette matière. Je me fais gloire d'avoir marché sur vos traces et d'avoir été le premier de mon district à prêter le serment civique. Plusieurs de nos confrères sont dans l'intention de faire incessamment comme moi. S'il en est qui refusent absolument et qui soient destitués, je me ferai un devoir de voler au secours des fidèles qu'ils auront abandonnés. Je viens de le marquer à MM. les administrateurs du Département. Je sais que j'ai été ordonné pour l'église entière, que la mission que je tiens de J[ésus]-C[hrist] seul s'étend même chez l'infidèle, que par conséquent je suis redevable à tous, et que tous ont un droit absolu et imprescriptible sur les fonctions de mon sacerdoce ; qu'ils peuvent donc le requérir et que je ne puis le leur refuser sans crime. Ah s'il n'en était ainsi leur salut pourrait donc dépendre du caprice de l'évêque ou du curé. La demande d'un troupeau fait ma juridiction, sa confiance fait mon droit. On ne peut être intrus dans ces cas extraordinaires ; d'ailleurs le pasteur rebelle à la loi est coupable d'un crime par lequel il meurt civilement et perd son bénéfice.

RENSEIGNEMENTS SUR LES QUESTIONS PROPOSÉES
PAR M. GRÉGOIRE CURÉ D'EMBERMENIL,
ET DÉPUTÉ DE L'ASSEMBLÉE NATIONALE.

1ʳᵉ question. — L'usage de la langue française est-il universel dans votre contrée. Y parle-t-on un ou plusieurs patois?

Réponse. — La langue française n'est pas la langue du peuple en Périgord où il y a trois patois bien distincts du moins quant à la prononciation. Dans le haut vers Sarlat on termine presque tous les mots par o del po pour du pain, un bio pour un bœuf; dans le bas vers Périgueux, on le termine en a fortement prononcé, une maisona pour une maison, une crucha da, une castagna ou satagna; entre deux vers Bergerac et le Drot, la prononciation est moins rude, parce que cette partie du Périgord touche à la gavacherie (la gavacherie occupe de quinze à vingt lieues en carré entre Duras, Bazas, et Agen, les paroisses de la gavacherie étaient partie au diocèse de Bazas, et partie à celui d'Agen. On les appelle gavaches ou gaves d'où ils sont venus et il est vraisemblable que grande partie des Saintongais sont venus du même point) où l'on parle français à peu près comme en Saintonge; mais tout le monde s'entend assez bien quoiqu'on sache d'abord d'où est celui qui parle. Dans tous ces patois presque point d'*e* muet et le peuple qui lit ou parle français prononce toujours célui, démain, rétiré etc. Les trois patois partagent presque le département de la Dordogne en parties égales.

2ᵉ question. — Ce patois a-t-il une origine ancienne et connue?

Il est difficile d'assigner l'origine et l'époque de tous ces patois. Il paraît que les longues guerres des anglais ayant dégarni d'habitans les frontières du Périgord, ce furent des gens du Quercy qui vinrent arrenter les terres du haut périgord et les Limousins celles du Bas. Les baux à rentes sont presque tous en effet de cet âge.

Les patois étant des langues parlées et vivantes, ils changent perpétuellement, ce qui se prouve par les statuts de la plupart des villes et par les anciens actes des notaires passés en patois. Il y a trois ou quatre cents ans: car je ne connais point de livre de dévotion ou autre écrit en patois; il existe seulement quelques cantiques que j'ai recueillis de mon mieux et que je vous envoie. Le peuple de ce pays ci chante beaucoup de chansons patoises qui ne sont point imprimées et qui ne méritent pas de l'être parce qu'elles ne signifient rien. Il serait à désirer qu'on leur en fournît en français qui fussent gaies et honnêtes.

Ces patois ne sont à proprement parler que la langue latine, sans inversion, sans déclinaison et presque sans conjugaison comme le français : aussi l'on pourrait croire que sous la première et seconde race la langue était à peu près la même dans tout le royaume. Mais la féodalité ayant morcelé toute la nation et isolé chaqu'une de ses parties, toutes ont dû, par le laps du tems, le peu de communication intérieure, et le commerce avec les étrangers se trouver à la fin avec un langage différent l'une de l'autre. Ce qui montre évidamment l'identité du patois et du français c'est que celui qui parle aisément le patois lit en patois un livre français aussi vite et aussi facilement que si le livre était écrit en patois. J'en ai souvent répété l'épreuve...

[Suit un passage sur l'origine de différents mots du patois.]

... On se figure ordinairement que le latin s'est changé en patois par l'invasion des barbares et je crois qu'en cela l'on a tort. La langue latine avait commencé comme toutes les autres par un patois sans presque aucune syntaxe. On le voit par les vieilles formules des augures, des fecieux rapportées par Tite-Live trois ou quatre cents ans après. Le latin était presque aussi barbare, comme on le voit par les fragments des Lois des *Douze Tables* cités par Cicéron et ce qui est plus, c'est que du temps de Cicéron, la plupart des romains et même les premiers de l'état, parlaient un latin qui n'est qu'un vrai patois. On le voit par les lettres d'Antoine que Cicéron rapporte dans ses Philippiques. Il est donc tout simple que le latin après s'être allongé par la suppression des articles, des déclinaisons et des conjugaisons, s'être prêté par là à toutes les inversions ait perdu ensuite cet échafaudage et que les hommes aimant naturellement à s'exprimer aux moins de frais possible soient revenus naturellement au patois. Il n'y a pas plus loin du patois latin de nos scolastiques en langage harmonieux de Virgile et de Cicéron, que du patois de nos campagnes, de nos villes et même de Paris au langage de Racine de Buffon et de Bossuet. Et si l'on veut savoir à quelle langue on reviendra à la fin, il semble que ce sera à celle du peuple, parce qu'elle ne demande ni combinaison, ni effort ni travail. Tandis que le patois français demande une étude particulière et une certaine contention d'esprit. Il sera donc bien difficile de faire disparaître le patois gascon, quercinois, languedocien (ce dernier est très joli et très agréable) pour y substituer le beau français de Racine, de Fénelon etc. Cependant je ne désespère pas de voir le français prévaloir partout et j'en indiquerai les moyens.

La réponse que je viens de donner s'étend jusqu'à la sixième question exclusivement.

6ᵉ question. — En quoi s'éloigne-t-il le plus de l'idiome national ?

[Passage sur les noms des plantes, arbres et céréales en patois, non reproduit.]

... Le peuple ne connaît point ici le nom d'arpent mais seulement celui de journal, de sexterée, de pognerée, demi pognerée, et d'escat. Dans d'autres contrées de la Guyenne le journal se divise en huit hommes, et pour dire qu'on a un quart de journal de vigne on dit deux hommes de vigne, ce qui veut dire autant de vignes que deux hommes peuvent en travailler : ainsi l'arpent et le journal sont la même chose mais l'un exprime le temps et l'autre le travail fait dans le temps.

C'est ici un pays de droit écrit. On n'y connaitrait que le droit féodal, qui s'étendait de jour en jour par l'avidité des fermiers et l'industrie des féodistes, la connivence des juges seigneuriaux et autres, mais le peuple s'en est arraché et paraît très décidé à ne plus payer de rentes, tant il en a payé d'injustes.

Il y a peu de synonymes en patois comme en français et le peuple ne s'occupe guère des distinctions métaphysiques. Il serait peut être difficile de rendre en patois certaines conceptions déliées, certaines nuances spirituelles, cependant il est des gens vraiment éloquents en patois. C'est que le génie l'est toujours.

10ᵉ question. — A-t-il beaucoup de termes contraires à la pudeur ? etc.

Oui il y en a mais peu : ce n'est que le désœuvrement qui enrichit la langue du libertinage. Le peuple des campagnes est trop occupé de ses travaux pour n'avoir pas de mœurs. Il jure en colère et par habitude, mais sans blasphème.

Les proverbes sont généralement les mêmes en patois et en français, ce qui est une preuve que le langage était autrefois le même. Les proverbes sont anciens ; on trouve dans Sᵗ Bernard ce proverbe si connu *Il a le cul entre deux selles*. Dans le patois on dit *tout pial caneye* ce qui signifie que tout vieillit, que frisés ou non frisés tous les cheveux blanchissent.

La plupart des proverbes se tirent de la vie champêtre. *Fal pas fissa qui mai tire* qui signifie qu'on ne doit pas employer l'aiguillon contre le bœuf qui fait tous ses efforts. Un *Tal a bis lou loup* c'est à dire qu'il est transi de peur, qu'il est enroué...

13ᵉ question. [Passage sur la prononciation, ressemblance du gascon et de l'espagnol. Non reproduit.]

... Le peuple de la campagne parle toujours le patois et même les gens qui parlent bien français parlent souvent le patois en famille et avec leurs amis; c'est que le patois a une naïveté qui plaît beaucoup. Cette naïveté fait le charme de nos vieux français tels que Froissard, Amiot, qui semblent en effet ne parler que le patois. Dans les villes tout ce qu'on appelait le bas peuple parle patois excepté quand il a bu. Les artistes parlent presque tous français et c'est parce qu'ils ont voyagé longtemps, cependant ils perdent beaucoup de l'usage français et s'abâtardissent en peu d'années. J'ai vu des personnes qui parlaient très bien il y a dix ans et qui aujourd'hui parlent moitié patois moitié français et d'une manière presque inintelligible. En général, presque partout le peuple français comprend aisément les mots français qui ressemblent au patois et qui ont une signification commune, mais on ne doit pas se dissimuler qu'il ne fallût bien du travail et bien des années pour faire disparaître entièrement le patois et mettre le peuple à portée d'un discours tant soit peu métaphysique ou élevé. Il est pourtant certain que depuis une cinquantaine d'années le français est devenu beaucoup plus familier et plus commun.

Les curés prêchent en français quand ils parlent mal le patois et quand ils ne parlent que des objets les plus connus. Mais s'il s'agit d'idées nouvelles, de raisonnements un peu longs le peuple ne les comprend pas. Il est même incapable dans les endroits un peu reculés de soutenir la lecture d'un sermonnaire ou d'un proniste. Ce que je viens de dire répond à la 28ᵉ question. Car si le français devient chaque jour plus familier et plus commun, il est nécessaire qu'on abandonne les mots qui n'ont pas beaucoup de rapport avec le français; les mots malhonnêtes qui ont disparu de la langue française ne sont guère plus d'usage chez le peuple.

Le patois rapproche les hommes, les unit, c'est une langue

de frères et d'amis. Le peuple néanmoins entend parler français sans défiance l'homme qu'il sait avoir été élevé dans ce langage ou avoir beaucoup voyagé, mais il se méfie de celui qui lui parle toujours français quand il s'agit de ses affaires. Il suspecte un peu de charlatanisme et regarde comme des glorieux tous ceux qui sont nés pour vivre dans un état de médiocrité et qui sont destinés à rester dans leur patrie. Ainsi la destruction du patois sera longtemps impossible et ne peut s'opérer que graduellement, en rendant le français plus commun, plus populaire ce qui est très possible, ce qui serait même d'une haute importance et religieuse et politique. L'importance religieuse s'y trouve en ce que dans l'état actuel les solides instructions sont presque impossibles : car nombre de prêtres sont envoyés curés et vicaires dans des endroits où ils n'entendent rien et où ils ne sont pas entendus. L'enseignement religieux ne se fait pas d'une manière uniforme. Il faut un nombre presqu'infini de catéchismes, qui paraissent tous étrangers les uns aux autres, en sorte qu'un chrétien, bien instruit si vous voulez à la mode de son endroit se trouve ne savoir plus rien au sortir de sa paroisse. Le peuple prend à contre sens les paraboles et les comparaisons qu'on lui fait dans sa langue, souvent même il s'en scandalise. Il est vrai que pour se faire mieux comprendre on est fréquemment obligé de dégrader l'objet qu'on traite en se servant de termes bas, d'expressions triviales etc. Dans la plupart des campagnes on ne chante pas les offices divins parce que le peuple ne sait pas lire le latin. Il est à l'église comme autant de statues ; quand est-ce qu'on voudra lui rendre la religion utile en la mettant en langue vulgaire ? Les heures de la dévotion populaire doivent elles donc se passer dans un langage nul et barbare pour lui comme pour Nous ! Les psaumes seraient capables de le ravir s'ils étaient bien traduits en français etc.

L'importance politique est manifeste comme la religieuse. Tandis qu'on ne prendra pas les moyens les plus efficaces pour substituer la langue française à l'idiome patois, celui-ci sera le dominant et jamais le français ne pénétrera dans l'intérieur des campagnes. Or c'est principalement le peuple qui a besoin d'instructions politiques soit pour connaître ses droits, soit pour ne pas violer ceux des autres, soit pour ne plus se laisser fouler comme on l'avait foulé jusques ici sans qu'il ose faire entendre ses gémissements et ses sanglots.

Trop longtemps on a cru qu'il fallait laisser croupir le

peuple dans l'ignorance comme si ce vice n'était pas le seul destructeur de la religion et de la société. C'est quand on connaît la vérité qu'on aime l'ordre, et qu'on pratique les devoirs qu'elle prescrit avec fidélité. Il est vrai qu'alors les princes des tyrans, et les tyrans subalternes ne gouvernent plus selon leurs caprices et ne conduisent plus à la boucherie ce peuple de citoyens ; mais n'est-ce pas par les Lois que le peuple doit être conduit, et ne scait-il pas que c'est dans l'accomplissement des Lois que consiste sa liberté et son bonheur. Oui, il le sait. La difficulté c'est de lui faire connaître les Lois telles qu'elles sont, les motifs qui les ont déterminées, les bases de justice sur lesquelles elles reposent. Or tout cela est impossible dans l'idiome patois. Quelque bien que la loi soit expliquée au peuple, il l'interprétera mal, il soupçonnera d'infidélité l'explication qu'on lui en donne, ou si quelqu'un en qui il a de la confiance la lui explique, il s'en rapportera d'abord à lui, mais ensuite perdant de vue cette explication, il se voit obligé de s'en tenir à ses propres idées, s'interpréter lui même selon ses intérêts personnels et il ne pourra jamais croire que la loi ne doive pas être selon qu'il la conçoit.

Si le peuple avait connu la langue française, s'il avait su lire, on n'aurait pas eu à lui reprocher les torts qu'on lui reproche à juste titre dans divers endroits de l'empire. S'il a commis des désordres, ce n'est pas qu'il soit injuste c'est que des méchants l'ont trompé. On lui a persuadé qu'il fallait se venger des vexations qu'il avait souffertes et que le moment était venu de rendre mal pour mal injustice pour injustice. Combien de fois ne l'ai je pas entendu supposer des décrets et annoncer de faux ordres de l'Assemblée etc. Ce sont ce qu'on appelle coq de village c'est à dire un artisan riche qui sait lire et qui fait l'avocat parmi le peuple qui lui fait faire toutes ces folies.

Mais les moyens ? Parlons d'abord des vices de l'instruction actuelle.

Dans les campagnes et même dans presque toutes les petites villes, il n'y a pour tous maîtres que quelques abécédaires qui apprennent à lire aux enfants avec toute la prononciation patoise, encore n'y en a-t-il pas dans beaucoup de parroisses. L'instruction se fait en français, c'est à dire qu'on lit un livre français. On apprend à écrire et à chiffrer. Mais comme il n'y a aucune fondation pour cela, que les seigneurs et le clergé en ont très soigneusement évité la dépense, il faut que chaque écolier paye les maîtres assez cher : aussi peu de gens du peuple savent-ils et mal lire et mal écrire. On lit dans ces Écoles le Nouveau Testament non pas parce que ce livre est le meilleur mais parce qu'il est à meilleur marché, tout contre-fait et rempli de fautes. Le catéchisme s'y enseigne mal et ce qui est bien terrible c'est que les maîtres donnent aux enfants l'exemple de tous les vices, car ils sont tous ou presque tous des coureurs, des ivrognes des vagabonds des voleurs etc. etc. etc. Le peuple lit donc très peu et les curés (excepté qu'ils lisent maintenant les nouvelles) lisent en général aussi peu que lui. Le peuple aurait sans doute le goût de la lecture et s'il avait des livres il y consacrerait beaucoup de moments qu'il ne peut consacrer à ses travaux précieux, mais des heures, un livret, quelqu'un de ces mauvais almanachs, c'est là toute sa bibliothèque. Celle du curé consiste ordinairement dans son bréviaire et le Dictionnaire des Cas de Conscience de Pontas ou bien le guide des pécheurs. Ceux des curés qui ci-devant étaient fort riches n'en lisaient pas davantage. Le jeu était leur principale occupation, et comme plusieurs étaient sans travail, ils engendraient beaucoup d'autres vices. Aussi à peine trouve-t-on un curé sur mille qui ait du savoir vivre et de l'érudition. Les rapsodies de Colet font tout l'ornement de leur esprit. Ils ne connaissent aucun sens des textes, de l'écriture ; ils font une confusion horrible du droit divin, civil et ecclésiastique etc.

Il faut maintenant confier à l'administration le soin de sur-veiller les écoles. Les curés s'exposeraient, s'ils voulaient y prétendre, à moins que cela ne se fît de concert avec les muni-cipalités, et je crois que cela doit être, mais beaucoup de muni-cipalités sont encore très peu stilées à leurs droits et à leurs devoirs ; beaucoup sont d'ailleurs sans consistance parce qu'elles sont trop petites.

Quand aux moyens de faire disparaître le patois et d'y sub-stituer le français, il en est un dont tous les autres sont des dépendances nécessaires. C'est celui de mettre dans chaque gros lieu et dans chaque paroisse lorsqu'elles seront arrondies ou qu'il y aura une population suffisante, un maître honora-blement payé par la nation avec l'assurance d'une retraite après un certain temps de service ; car l'enseignement est un rude métier : or de pareils maîtres on en trouvera bientôt si dans chaque chef-lieu de district l'on établit un collège pour élever la jeunesse de son arrondissement ; dans lequel collège toutefois on n'enseignera plus le latin (car il faut mettre tout en français) mais seulement les principes de la langue française, la lecture, l'écriture, la morale, les lois, l'agriculture, le commerce, la médecine, la chirurgie, l'apothicairerie, la géographie, la navigation etc., etc. Les maîtres de ce collège de concert avec l'administration pourvoiraient aux places des régents de campagne, les examineraient, veilleraient sur eux etc.

Il faudrait que l'Assemblée Nationale manifestât, dans une adresse à tous les français, le vœu qu'elle fait et le devoir qui la presse de répandre partout la langue qu'elle parle ; qu'elle en fît connaître les avantages, qu'elle en développât les intérêts, et elle pourrait le faire avec d'autant plus de fruit que le peuple est maintenant dans l'enthousiasme ; qu'il brûle partout d'émulation et de zèle ; qu'il a la noble ambition de se rendre aussi digne des charges de la société et de l'honneur de représenter sa patrie. Il faudrait encore flatter leur vanité ; leur assurer des récompenses et mettre entre les mains de tous les maîtres des prix, des couronnes comme aussi des privations pour tous les enfants qui ne s'exerceraient pas.

Je sais que par ces moyens on parviendrait bientôt à introduire le français dans toutes les familles. Le plus humble villageois espérant que son fils pourra devenir quelque chose l'encouragerait à l'idiome français, le punirait même s'il ne le parlait pas. Quant aux filles il faudrait aussi leur procurer des maîtresses et l'on le pourrait facilement : il est tant de bourgeois et de bourgeoises de campagne qui prendraient ce parti si l'on y attachait de l'honneur et du revenu.

Ci devant beaucoup de paysans même riches ne faisaient pas étudier leurs enfants parce qu'il en coûtait trop, d'autres parce qu'une funeste expérience leur apprenait que ces enfants voulaient sortir de leur condition dès qu'ils savaient lire, écrire etc. qu'alors ils ne se croyaient plus faits pour le travail mais pour faire les fainéants et les bourgs. J'ai vu en effet beaucoup de ces exemples : mais c'est l'ancienne distinction des *ordres* et l'avilissement où était le cultivateur qui occasionnaient un travers d'orgueil si dangereux. Aujourd'hui qu'un homme sait qu'il vaut un homme, qu'aucun état ne déshonore, qu'il n'y a que celui qui travaille qui mérite de manger, cette folie n'est plus à craindre. D'ailleurs c'est parce que très peu apprenaient qu'ils méprisaient ceux qui n'apprenaient point et tâchaient de s'élever au dessus d'eux. Le peuple croit qu'un paysan est savant lorsqu'il sait un peu lire et écrire, et tous ont une très grande envie d'apprendre. Des hommes déjà vieux m'ont souvent prié de leur donner des leçons et j'en ai appris quelques uns à lire.

Le peuple a beaucoup de préjugés. Dans sa tête se trouvent toutes les sottises qu'on trouve dans Aristote, dans Pline, dans Élien. La physique lui est totalement inconnue; il ne creuse pas un puits sans faire tourner la baguette; il ne plante pas un chou sans observer la lune; il va encore consulter les devins s'il a été volé. Et quoi qu'on puisse dire aux enfants, l'exemple domestique les frappe plus que l'instruction pastorale. Cependant il semble avoir fait quelques progrès de ce côté là et il a profité à la fois de quelques découvertes utiles à l'agriculture. Mais la routine conserve toujours un grand empire chez lui.

Il ne faut pas s'étonner des innombrables superstitions du peuple; ce sont les rituels et les prêtres qui les ont faites naître, ce sont les prêtres qui les entretiennent et sans les lumières que les philosophes modernes (qu'on a tant et si souvent condamnés et que j'ai sans cesse approuvés) ont répandues sur l'horizon de la religion comme sur celui de l'État, bientôt nous fussions retombés dans la profonde ignorance des 11e, 12e et 13e siècles.

Les habitants des villes sont moins superstitieux que ceux des campagnes; cependant on y trouve une troupe de dévotions ridicules inventées par les moines toujours féconds en expédient. (On voit à Sarlat à Toulouse et ailleurs des mascarades de pénitents blancs, pénitents bleus, pénitents noirs, pénitents gris. Ils font des processions tumultueuses et le devoir le plus sacré de chacune de ces confrairies c'est de détester toutes les autres. Il arrive de fréquents scandales.) Ici c'est la chimérique dévotion du scapulaire avec des indulgences sans fin. Là c'est la dévotion des femmes grosses, ailleurs de celles qui voudraient le devenir et qui quelquefois le deviennent dans leurs pèlerinages. Il y a des chapelles fameuses pour le mal des yeux, pour celui des dents, pour les descentes, que sais je. Dans le district de Belvès, chez les moines de Cadouin, ordre de Saint Bernard, est un espèce de torchon dont nous faisons très dévotement l'office sous le nom du *St Suaire de J. C.* On le montre deux fois l'an en grande cérémonie. Le sang de bœuf ou de poulet dont on l'a industrieusement parsemé est adoré comme le sang de notre Divin Sauveur. Les moines, qui n'y ont aucune foi, se gardent bien de le dire, mais ils reçoivent pour cent louis de messes qu'ils ne célèbrent point, et tandis qu'on donne dix sols aux autres prêtres, ils vendent

leur intention 24 sols. Ils ont une chapelle qui s'appelle
St Remédi. Le peuple croit que sa dévotion y vaudra des
remèdes et on le laisse dans cette croyance.

Tout récemment encore un petit grand vicaire de Sarlat
vient de faire courir une liste de miracles, opérés par son
intercession auprès d'un morceau de la vraie croix qu'il prétend avoir faite apporter de Rome et qu'il a traînée plusieurs
fois en procession : il est vrai que les faits ne sont constatés par
aucun procès verbal ; qu'il n'a pas osé signer sa liste ni me
l'adresser mais il l'a envoyée à divers curés avec une lettre circulaire pour les engager à exciter la dévotion du peuple envers
cette croix... tous les miracles qu'il rapporte sont des faits
purement naturels et tous relatifs à des femmes grosses ou
malades... Dieu sait comment j'ai étrillé ce gaillard là et combien j'ai fait sentir le danger de ses irréligions dans le temps
où nous sommes.

Dans le Bordelais, il est plusieurs paroisses fameuses par de
petits trous où l'on fait passer les enfants nouveaux nés pour
les préserver de maladie ou leur donner la santé s'ils sont
malades. Les femmes, plus crédules que les hommes et éprouvant d'ailleurs une plus grande tendresse pour leurs enfants
les apportent quelques fois de dix lieues pour les faire passer
par ce trou qu'on appelle *veirine* de Venus ; vous sentez que le
curé les reçoit en grande cérémonie. Vêtu dans l'instant des ses
habits sacerdotaux, il dit la messe comme il sait, marmotte
l'évangile sur la tête de l'enfant, les fait baiser l'étole, et s'ar-
mant ensuite de son goupillon il s'en va à la piscine salutaire
et de là au trou *vénérien* où il fait passer l'enfant jusqu'à neuf
fois moyennant un écu de six francs ou de trois livres. Monsieur l'Archevêque de Bord^x actuel a voulu dans quelques circonstances mettre fin à quelques uns de ces désordres. Mais
les curés intéressés l'eussent fait passer pour un impie, aussi
les choses ont resté dans le même état. Il est un de ces hono-
rables confrères à qui sa Vénus vaut au moins 2 000 ^{lt}.

M. l'archevêque voulant l'obliger à fermer ce trou profane,
le curé lui répondit, en mettant un doigt sur sa bouche, Mon-
seigneur, si vous voulez fermer ce trou là, commencez par fermer celui-ci : Le discours fut sans réplique l'archevêque se
retira... Y ayant maintenant moins de curés dans la misère,
supposé du moins que tous soient bien payés de leur traitement, et ils le seront certainement, on pourrait faire disparaître beaucoup de ces superstitions. Il est vrai qu'il faudrait

encore que la police empêchât efficacement qu'un tas d'ivrognes qui courent de ville en ville, de village à village, portant des *Ecce homo*, des rosaires, des tableaux de passions etc. ne continuassent de jouer la religion, de vendre des chansons où se trouvent toute espèce d'horreurs et de bêtises, des chapelets des bagues, des reliques qui guérissent de tout mal, et ne débitassent des maximes auxquelles le peuple dont ils volent l'argent a plus de foi qu'aux dogmes de la religion. Ce que je vous dis là est essentiel. Il faut mettre toutes les personnes qui vivent de ce métier au nombre des vagabonds les arrêter et leur faire gagner leur vie dans les ateliers de charité.

La révolution actuelle a beaucoup étonné le peuple et sans comprendre d'abord ce qu'on voulait faire il a pensé à son profit. Les redevances seigneuriales étaient le poids qui le fatiguait le plus, il a tourné toutes ses vues de ce côté là. L'affranchissement de la dîme lui paraît un don suspect pour lequel il n'aurait pas fait un pas. Il est cependant bien aise de l'avanture pour ne plus éprouver de tracasseries de la part des curés et surtout pour conserver sa paille : car d'ailleurs il pense qu'il y aura peu de profit et que l'argent qu'on lui demandera équivaudra à la dîme. Au reste le peuple ne veut pas se passer de prêtres comme il se passe de seigneur. Il a de la foi et il aime les consolations de la religion. Mais il sépare parfaitement aujourd'hui les intérêts des prêtres de ceux de la foi et c'est en vain qu'on tenterait par ici d'allumer la torche du fanatisme. Les protestants et les catholiques s'affectionnent mutuellement au grand dépit quelque fois de leurs pasteurs. Il ne tiendrait pas aux prêtres de B[ergerac] qu'ils n'eussent de grandes querelles, mille fois ils répètent aux catholiques que les patriotes de l'Assemblée Nationale sont tous des impies ; qu'ils veulent détruire la religion romaine pour les plonger dans l'impiété ou le protestantisme, que sais je ? Tout cela n'a pas encore fait fortune ni n'en fera je l'espère.

J'ai déjà dit que le peuple était beaucoup plus éclairé que par le passé, et depuis deux ans il a fait des progrès rapides. C'est qu'il a d'autres espérances ; qu'il n'est plus si isolé si vexé si avili. La révolution actuelle n'a point affaibli ses principes religieux. On observe même qu'il a corrigé ses mœurs. Ce qui le prouve, c'est que jamais la population n'a été si considérable. Presque toutes les femmes capables de concevoir ont enfanté cette année. Si le clergé avait fait volontiers les grands sacrifices qu'il a été forcé de faire, s'il avait paru prendre parti pour la révolution, si en un mot il eût été vraiment patriote, il se serait acquis chez le peuple un amour et une reconnaissance éternelle; on l'aurait adoré partout. Mais comme on a vu qu'il tenait encore à ses injustes privilèges, qu'il s'accrochait à la noblesse, qu'il ne voulait pas en un mot éprouver la réforme dont il avait tant besoin, le peuple s'est partout méfié de lui, l'a continuellement surveillé, et lui a même quelquefois donné des corrections fraternelles. Mais il ne s'est porté à aucune violence envers les pasteurs estimables. Ceux qui étaient aimés avant la Révolution et qui n'ont pas voulu faire les aristocrates n'ont pas cessé d'être aimés dans la révolution et plusieurs ont été choisis pour maires. Mais ceux qui étaient d'un caractère bizarre, violent, minutieux ont éprouvé de terribles avanies. Il s'en est trouvé deux dans le district de Bergerac qui ont été obligés d'abandonner leur cure. L'un d'eux y étant revenu a été conduit au district par la municipalité et y ayant reparu une seconde fois, on lui a tiré un coup de fusil dont il n'a pas été touché, mais un homme qui était à son côté est tombé raide mort. Je ne vois pas que les municipalités exercent aucun despotisme sur les personnes discrètes et honnêtes. Il en est cependant de mal composées, mais peu à peu elles se réformeront. La prévention, malheureusement trop fondée où était le peuple contre le clergé et la noblesse en général est cause que le peuple en a outragé certains qui ne le méritaient pas. Mais il est revenu de ces premiers mouvements de crise, et les nobles ne courent aucun risque s'ils n'exigent plus de rentes... Au reste, le peuple a vu détruire avec plaisir les justices seigneuriales parce qu'elles le vexaient. On dit qu'il est chicaneur, mais c'est peut être parce qu'il y avait un nombre infini de suppôts de justice qui l'excitait à l'être. Il a une grande confiance dans le nouvel ordre judiciaire et dans ses juges de paix qu'il a très bien choisis.

Les gens un peu éclairés parlent beaucoup de patriotisme, plusieurs en ressentent. Mais personne ne se sépare de ses intérêts personnels et ce n'est pas possible: l'intérêt particulier se trouve partout et chez les gens de toute espèce.

I, 4. *LYON*

Morel l'aîné, procureur à Lyon, se présente longuement lui-même dans la lettre qui accompagne sa réponse. Encore qu'on puisse s'interroger — comme il le fait lui-même — sur les raisons précises qui ont poussé Grégoire à lui adresser son questionnaire, ce magistrat de médiocre envergure correspond bien au profil sociologique des correspondants de l'enquête. En outre, sa longue réponse présente deux intérêts non négligeables : elle est l'une des plus riches du point de vue de l'imaginaire linguistique ; et elle est, politiquement, dissonante : réticent devant le nouveau cours, Morel était pour le moins inquiet des progrès de la licence révolutionnaire. La cohérence de sa contribution avec l'ensemble du dossier n'en prend que plus de sens*.

Lyon le 2 novembre 1790

Monsieur

N'ayant pas l'honneur d'être connu de vous, j'ai eu lieu d'être surpris de la lettre circulaire que vous m'avez adressée, avec une série de questions relatives au langage et aux mœurs des habitants de nos campagnes. Je suis fâché de ne pouvoir pas vous donner tous les éclaircissements que vous demandez sur ces objets. Je ne suis pas le *Beatus* d'Horace, *qui procul negociis paterna rura bobus exercet suis*. Né d'un père chargé de huit enfants, & qui n'avoit d'autres secours pour soutenir sa famille, que ceux que lui procuroit l'exercice d'un office de Procureur en Province, il n'a pas été en son pouvoir de nous laisser pour héritage des biens à la campagne. Élevé moi-même pour suivre la même carrière, j'ai eu peu d'occasions de connoître le langage et les mœurs des villageois ; aussi ai-je été fort longtemps incertain si j'entreprendrois de répondre à vos questions : je m'y suis cependant enfin déterminé. J'ai cherché à me procurer des renseignements qui pussent m'aider à répondre à vos vues pour le bien public, ou tout au moins à

* B. N., ff^{os} 27 r°-35 v°.

vous prouver mon zèle et le désir que j'aurois de pouvoir y contribuer pour quelquechose.

Le patois a moins de conjugaisons irrégulières que le françois, parce que l'habitant de la campagne cherche moins à raffiner sur le langage & à l'adoucir. Il a suivi tout uniment les règles générales des conjugaisons que l'usage avoit introduites chez lui, sans s'amuser à y faire des exceptions, qui lui auroient coûté de la peine. Le génie des langues se développe plus dans les verbes que dans les autres mots, parce que les modes, les temps, les personnes et les nombres, qui en sont les accidents, offrent plus de variétés et plus d'observations à faire. Ces accidents dans le patois sont les mêmes que dans le françois : il a les mêmes temps simples et les mêmes composés, et les auxiliaires y sont les mêmes. Je joindrai à la fin de ma réponse à vos questions un exemple de chacune des quatre conjugaisons dans les temps simples seulement.

J'ai cité dans la liste des mots patois que j'ai ajoutée, beaucoup de langues différentes pour remonter jusqu'à leur origine. Vous ne devez pas en conclure que je suis ~~initié~~ dans toutes ces langues. Vous savez que M. Guillaume avoit inventé une belle couleur de marrons pour ses draps, mais il l'avoit inventée avec son teinturier, j'ai fait comme lui : Callepin, M. de Gébelin, et quelques autres ont été mes teinturiers.

On m'avoit promis du secours ; on me remet de huitaine en huitaine : mais, craignant d'abuser de votre patience, j'ai cru devoir ne pas différer plus longtemps à vous faire parvenir les remarques que j'ai faites moi-même, sauf à vous faire passer, lorsque je les aurai reçues, les observations que j'attends, si elles me paroissent contenir des choses intéressantes et nouvelles.

Permettez moi, Monsieur, de vous faire à mon tour une question.

Il y a à Lyon soixante offices de Procureurs, qui avoient droit de postuler à la Sénéchaussée, au Présidial, à la Conservation, & aux autres jurisdictions soit royales, soit seigneuriales. Il y en a en outre quatorze dont la postulation se bornoit aux jurisdictions de l'Élection, des Traites & des Gabelles. Treize de ces offices sont possédés par des procureurs de la Sénéchaussée ; je suis pourvu du quatorzième, dont les émoluments suffisoient à peine pour me procurer le strict nécessaire, & dont la finance, qui n'est que de 3 000 livres me sera remboursée en assignats qui perdent de 9 à 10 pour cent. L'Assemblée nationale a supprimé ces trois tribunaux : mon office se trouve compromis dans la suppression ; et je me vois réduit à l'âge de 67 ans avec un capital de 1 000 écus pour vivre. Dois-je croire que les travaux de l'Assemblée nationale, qui ne tendent qu'à assurer le bonheur du public et des particuliers, ne seront ruineux que pour moi ? ne s'occupera-t-elle pas des moyens de réparer le mal qu'elle me fait ? C'est ce que je ne puis me persuader, & sur quoi je vous prie de me rassurer.

J'ai l'honneur d'être avec une véritable considération, Monsieur,

Votre très humble et très obéissant serviteur
Morel l'aîné, ci-devant Procureur à l'Élection.

Première question. — L'usage de la langue françoise est-il universel dans votre contrée (Lyon) ? Y parle-t-on un ou plusieurs patois ?

La langue françoise est entendue dans tous les villages de cette province et des environs. Les habitants de ces villages parlent tous entre eux un patois, qui, au fond, est le même ; mais il diffère plus du françois à mesure qu'on s'éloigne plus des grandes villes.

2ᵉ question. — Ce patois a-t-il une origine ancienne et connue ?

On pourroit assigner l'origine de ce patois s'il la tiroit de la langue françoise ; mais il semble au contraire qu'il est plus ancien que le françois, ou tout au moins que leur origine leur est commune.

Tout le monde sait que la langue celtique fut la langue primitive de l'Europe, ou du moins celle au delà de laquelle on n'en connoît point d'autre ; que cette langue s'étant divisée en plusieurs branches, se conserva dans toute sa pureté dans la partie occidentale de la Gaule, qui fut appelée du nom de Celtie par les habitants du pays, et que les Romains connoissoient sous le nom de Gaule proprement dite. Polibe, Diodore, Ptolémée, Strabon, au rapport de M. de Gébelin, semblent regarder le nom de Celte et celui de Gaulois, comme synonymes ; et cette synonymie paroit d'autant mieux fondée, que Jules-César, ayant obtenu le gouvernement des Gaules, et ayant subjugué le pays, nous dit au commencement de ses Commentaires que toute la Gaule étoit divisée en trois parties, 1º la Belgique, 2º l'Aquitaine, 3º la partie que les habitants appeloient Celtie dans leur langue, et les Romains la Gaule dans la leur, laquelle étoit séparée de l'Aquitaine par la Garonne et de la Belgie par la Seine et la Marne. «*Gallia est omnis divisa in partes tres, quarum unam incolunt Belgae, aliam Aquitani, tertiam qui ipsorum lingua Celtae, nostra Galli appellantur. Hi omnes lingua, institutis, legibus, inter se differunt. Gallos ab Aquitanis Garumna flumen, a Belgis Matrona et Sequana dividit.*»

Tant que la Gaule fut gouvernée par ses druides, elle conserva sa langue dans toute sa pureté. Cette langue ne fut altérée que par le mélange des différents peuples qui envahirent successivement le pays, et principalement par les Romains, sous la domination desquels il resta pendant plusieurs siècles, et qui y introduirent la langue latine. Mais les autres révolutions qu'ont éprouvées les Gaules par l'invasion des Wisigots, des Bourguignons, des Francs, des Germains, des Alains & autres, achevèrent, par le mélange des différents idiomes de ces peuples, d'y dénaturer la langue celtique, au point qu'elle n'étoit presque plus reconnoissable.

Il est résulté de ces mélanges différents idiomes qui paroissent avoir une origine commune. Mais ces différents idiomes, si l'on excepte le Provençal, le Languedocien, le Bourguignon et le Bas-Breton, n'ont aucun principe, aucune règle.

La langue latine, sous les Romains, fut celle des habitants des villes, mais ceux qui habitoient la campagne, surtout dans les provinces septentrionales, continuèrent de parler la langue celtique. On conçoit aisément que la communication nécessaire des gens de la campagne avec les habitants des villes dut beaucoup altérer l'une et l'autre langue.

Après l'invasion des Francs, il se forma, des débris de la langue latine et de la celtique, deux langues. L'une se parloit depuis la rive gauche de la Loire jusque dans la Catalogne ; on la désignoit sous le nom de langue d'oc ou langue catalane. L'autre étoit celle des habitants de la rive droite de la Loire jusqu'à l'extrémité de la France. On la parla même en Angleterre jusqu'à l'année 1361 qu'elle fut exclue des tribunaux par arrêt du Parlement. Elle étoit connue sous le nome de langue picarde, langue d'oïl ou langue d'oui. Ces deux langues paroissent s'être formées de la romane ou romance, qui fut intermédiaire entre la celtique, la latine & la françoise.

Les Francs conservèrent leur langue jusqu'au temps où l'autorité du Prince françois fut bornée aux Gaules. Alors nos Rois parlèrent uniquement la langue romane, devenue enfin la langue de tous ; et cette langue, déjà mêlée de mots francs, fut appelée langue françoise. «La Romance, ou Romane vulgaire, dit M. de Gébelin, fut bientôt perfectionnée dans les provinces méridionales. La poésie, d'accord avec la galanterie chevaleresque du peuple du Midi, produisit cet effet.» Ce qui contribua le plus aux progrès de cette langue, ce fut l'établissement de ces académies connues sous le nom de Puys d'amour. C'étoit dans ces assemblées, formées sous les auspices des comtes de Provence et de ceux de Toulouse, que les Troubadours et Trouvères alloient lire leurs ouvrages et disputer le prix de la poésie.

Ces poètes, s'étant fait connoître à la cour des rois de France, en firent les délices, et chacun voulut les imiter. Les François, à l'exemple des Provençaux, firent des vers dans leur propre langue. Les encouragements qu'ils reçurent, et la protection que leur accordèrent la cour, les grands et les ministres, excitèrent l'émulation; et bientôt la langue françoise l'emporta sur la provençale, qui ne recevoit plus d'encouragements de la part des grands vassaux du Midi, dont les familles s'éteignirent. Cependant le peuple des villes et ceux des campagnes parloient toujours la langue romane. Cette langue s'altéra par le mélange du françois, surtout dans le voisinage des grandes villes.

Voila à peu près ce qu'on peut recueillir sur cette matière, du savant discours de M. de Gébelin qui se trouve à la tête de son Dictionnaire Étymologique de la Langue françoise. L'érudition et les connoissances de l'auteur en ce genre sont avouées par tous les savants.

Il résulte de toutes ces recherches que les différents patois qu'on parle dans le Royaume n'ont point été formés par corruption de la langue françoise; qu'ils ont une origine au moins aussi ancienne que le françois; que lorsque cette dernière langue se formoit des mélanges de la romane et de la langue des Francs, les différents patois se formoient également par le mélange de ces mêmes langues. M. Beauzée, dans ses Synonymes, confirme cette opinion. «Les expressions propres du patois, dit-il, sont des restes de l'ancien langage national, qui, bien examinés, peuvent servir à en retrouver les origines.»

J'ai pensé que ces détails sur l'origine des patois ne vous sont point étrangers; mais, comme vos questions portent sur l'origine du patois, j'ai cru devoir entrer dans l'explication que je donne ici, pour ne laisser, autant qu'il me sera possible, aucune de vos questions sans réponse.

3e question. — A-t-il beaucoup de termes radicaux, beaucoup de composés?

Je ne connois pas assez le patois pour juger s'il a beaucoup de radicaux. J'ai vu en général qu'il n'a pas plus de monosyllabes que le françois, par conséquent qu'il ne peut pas avoir beaucoup de radicaux. Quant aux mots composés, il en est fourni comme le françois et les autres langues connues; et cela ne sauroit être autrement: mais je n'ai pas trop aperçu qu'il eût d'autres mots composés que ceux que l'on trouve dans le françois; et l'on n'y voit d'autre différence que celle qui provient de la prononciation des paysans, de la substitution des voyelles les unes aux autres, et des finales de leurs mots.

4e question. — Y trouve-t-on des mots dérivés du celtique, du grec, du latin, et en général des langues anciennes ou modernes?

Il n'est pas douteux qu'il n'y ait dans les différents patois beaucoup de mots dérivés du celtique, du grec, du latin, et de plusieurs langues; puisque ces patois viennent de la langue romane, qui, elle-même avoit été formée du celte et du latin, comme on l'a dit plus haut, et de la langue grecque que les Phocéens apportèrent dans les Gaules lorsqu'ils vinrent s'établir à Marseille. Je donnerai à la suite de cette réponse une liste des mots radicaux, des dérivés, et des composés que j'aurai pu recueillir.

5e question. — A-t-il une affinité marquée avec le françois, avec les dialectes des contrées voisines, avec celui de certains lieux éloignés où des émigrants, des colons de votre contrée sont allés anciennement s'établir?

Le françois est la langue avec laquelle le patois de nos provinces a le plus d'affinité. La communication nécessaire des habitants de la campagne avec ceux des villes leur fait adopter beaucoup de mots françois, sans néanmoins que cette adoption change le génie de l'idiome patois. On y trouve aussi plusieurs mots communs avec l'italien et l'espagnol, et principalement avec le latin, ou qui paroissent dériver de la même source, comme on pourra le voir dans la liste que j'ai promise.

Je ne me rappelle pas avoir lu ni avoir ouï dire que des colons ou émigrants de nos contrées se soient allés établir dans des pays éloignés. Le fait n'est cependant pas impossible; mais s'il y eut de semblables émigrations, nos émigrants auroient pu parler leur patois dans les lieux qu'ils allèrent habiter, mais la langue de ces lieux éloignés n'auroit pas, par ce moyen, pénétré dans nos contrées.

6e question. — En quoi s'éloigne-t-il le plus de l'idiome national? N'est-ce pas spécialement pour les noms des plantes, des maladies, les termes des arts & métiers, des instruments aratoires, des diverses espèces de grains, du commerce & du droit coutumier? On désireroit avoir cette nomenclature.

Pour pouvoir répondre d'une manière satisfaisante à cette question, il faut connoître mieux le patois que je ne le connois; avoir vécu, traité, et conversé longtemps avec les habitants de la campagne. La nomenclature qu'on demande ne peut être donnée que par des personnes également instruites et des patois et du françois, et qui aient fait une longue résidence à la campagne, comme MM. les curés, les gens d'affaires, les notaires, les chirurgiens, et surtout par les rénovateurs des terriers.

7e question. — Y trouve-t-on fréquemment plusieurs mots pour désigner la même chose?

On trouve en effet plusieurs mots pour exprimer la même chose; mais ces mots, quoique représentant la même idée, ne doivent pas être regardés comme synonymes dans une même langue. Cette diversité de mots provient des relations que le commerce a établies de village à village. Comme le patois diffère plus entre les villages éloignés, le commerce, qui a rapproché les habitants des différents lieux pour l'échange de leurs denrées, les a obligés de prendre des termes des villages où ils commerçoient pour se faire entendre: mais ils n'ont pas abandonné ceux qui sont en usage chez eux; et l'on ne doit pas plus regarder les mots qu'ils ont empruntés de leurs voisins comme synonymes de ceux dont ils se servent chez eux, que ne le sont en françois *chérir* et *diligere*, qui représentent également la même idée, mais en deux langues différentes.

8e question. — Pour quels genres de choses, d'occupations, de passions, ce genre de patois est-il plus abondant?

Le patois des environs de Lyon est grossier et pesant. Il suffit aux gens de la campagne pour communiquer leurs idées et faire leurs affaires.

9e question. — A-t-il beaucoup de mots pour exprimer les nuances des idées et des objets intellectuels?

Les habitants de nos campagnes ne sont guère frappés que d'objets physiques et matériels : ils s'occupent peu d'objets intellectuels, qui sont hors de la portée de leur intelligence. Ainsi ils ne peuvent pas avoir beaucoup de termes pour les peindre.

10e question. — A-t-il beaucoup de termes contraires à la pudeur ? Ce qu'on doit en inférer relativement à la pureté ou à la corruption des mœurs ?

Les mœurs des gens de la campagne n'étant pas aussi dépravées que celles du peuple des villes, ils n'ont pas une nomenclature aussi abondante sur cet article que ces derniers ; mais chaque jour la corruption y fait des progrès.

11e question. — A-t-il beaucoup de jurements et d'expressions particulières aux grands mouvements de colère ?

Comme ce peuple a peu de raison, il se met facilement en colère quand on lui résiste, mais il n'a pas à beaucoup près autant d'expressions en ce genre que le peuple des villes.

12e question. — Trouve-t-on dans ce patois des termes, des locutions très énergiques et même qui manquent à l'idiome françois ?

Chaque patois, comme chaque langue cultivée, a des expressions particulières qu'on ne trouve pas ailleurs. On m'a assuré que celui des environs n'en manque pas, mais on n'a pu m'en citer aucun.

13e question. — Les finales sont elles plus communément voyelles que consonnes ?

Elles sont plus communément voyelles que consonnes. Ils en ont de nasales autant que nous. L'*e* muet final se change le plus souvent en *a*, et quelque fois en *o*, qu'ils ne prononcent **pas plus** fortement ; en conséquence ils appuient d'avantage sur la pénultième syllabe : en sorte qu'il semble qu'ils ont un *a* et un *o* muets. Ils prononcent *fŏĩblŏ* pour le masculin, et *fŏĩblă* pour le féminin, et non *foible*. J'emploie le signe de brièveté (˘) pour marquer les finales sur lesquelles ils n'appuient pas plus que sur l'*e* muet, et celui de longueur (‑) pour indiquer les syllabes sur lesquelles ils appuient davantage.

Ils substituent aussi très souvent l'*a* à l'*é* fermé, mais alors ils le prononcent plus fortement. *Donner, donné, donnée,* se rendent également par *donnā* ou *dounā*.

Dans les infinitifs de la seconde conjugaison, terminées en *ir*, ils retranchent le *r* final, et disent *seinti, meinti, veni* pour sentir, mentir, venir.

La finale varie davantage dans les infinitifs de la troisième. Ils substituent *ai*, diphtongue auriculaire, qu'ils prononcent comme les Italiens, à *oir*; quelquefois *āīrŏ* et *āīră*, en n'appuyant pas plus fortement sur l'*o* et sur l'*a* que sur l'*e* muet. *Voir* se prononce chez eux *vai, vāīrŏ, vāīră*, *pouvoir* se prononce *pouvai*.

Dans ceux de la quatrième conjugaison, les uns changent l'*e* muet en *ŏ*, d'autres en *ă*. Ils prononcent *jōīndrŏ* ou *jōīndră*, *parōĪtrŏ* ou *parōĪtră*, *rīrŏ* ou *rīră* pour joindre, paroître, rire. Quelquefois aussi ils changent l'*e* muet en *é* fermé bref: *rīré*.

Ces différentes manières de prononcer les finales dans le même canton proviennent vraisemblablement du mélange des différents patois, et de la même cause qui a donné plusieurs synonymes en apparence dans le même village.

Leurs syllabes nasales sont à peu près les mêmes qu'en françois, mais ils ne les prononcent pas toutes comme nous.

Nous avons en françois quatre voix ou voyelles nasales, savoir *an, ein, eun, on*. Nous avons encore *en, in, ain, un*; mais ces voyelles ne sont qu'orthographiques: *en* se prononce *an*, *ain* et *in* comme *ein*, et *un* comme *eun*. Au lieu de *en* et *an* comme nous, ils prononcent *ein* dans bien des circonstances: *le temps, prendre, entendre*, se prononcent chez eux *lou tein, preindre, einteindre*.

Souvent aussi ils changent *an* en *ein*; et au lieu de prononcer comme nous *cependant, attendant, méchant*, ils prononcent *cepeindein, atteindein, méchein*.

J'ai cru apercevoir que le gérondif et le participe actif de la première conjugaison se terminent chez eux en *ant*, et les autres en *eint*; en quoi ils paroissent se conformer plus à la prononciation latine et à l'italienne qu'à la françoise. Cette remarque pourroit être poussée plus loin par quelqu'un plus familiarisé avec le patois; et elle ne contribueroit pas peu à faire connoître l'affinité du patois avec les autres langues connues, et ses différentes dérivations.

14ᵉ question. — Quel est le caractère de la prononciation? Est-elle gutturale, sifflante, douce, peu ou fortement prononcée?

La prononciation des gens de la campagne dans nos cantons est assez approchante de celle du françois de nos provinces:

ils l'adoucissent même davantage par la suppression de plusieurs consonnes. Ils ne disent pas *substitution, subsidiaire, soupçon, obstruction, recteur, successeur*; ils prononcent *sustitution, sussidiaire, souçon, ostruction, reteur, sucesseur*. Cependant la prononciation est lourde et traînante, plus encore que celle des habitants des villes de la province, auxquels on reproche avec raison ce dernier défaut.

15ᵉ question. — L'écriture de ce patois a-t-elle des traits, des caractères autres que le françois?

Ceux qui savent écrire savent aussi parler françois tant bien que mal. Ils croiroient faire tort à leurs connoissances s'ils écrivoient en patois; et si quelquefois il leur échappe des mots patois en écrivant, ils emploient pour les peindre les mêmes caractères dont on fait usage pour le françois.

16ᵉ question. — Ce patois varie-t-il beaucoup de village à village?

Le fond du patois est le même dans les campagnes des environs de Lyon; mais on aperçoit des différences de village à village, et ces différences sont plus considérables à raison du plus grand éloignement où les villages se trouvent des grandes villes.

17ᵉ question. — Le parle-t-on dans les villes?

Les gens du peuple qui habitent les villes parlent le patois entre eux; mais à Lyon, on distingue plusieurs patois, ou plutôt plusieurs jargons. Les gens de rivière, les bouchers, les ouvriers en soie, les poissardes, les marchands d'herbes, ont chacun un langage qui leur est propre. Le patois qu'on parle dans un faubourg diffère beaucoup de celui qu'on parle dans un faubourg opposé.

18ᵉ question. — Quelle est l'étendue territoriale où il est usité?

Il est impossible de déterminer cette étendue pour la raison qu'on a donnée dans la réponse à la 16ᵉ question.

19ᵉ question. — Les campagnards savent-ils également s'énoncer en françois?

Les habitants aisés qui, pour la vente de leurs denrées, ont un commerce avec ceux des villes, qui ont appris à lire & à écrire, savent s'exprimer en françois. Un curé de campagne, à peu de distance de la ville, m'a assuré que tous ses paroissiens se confessent en françois.

20ᵉ question. — Prêchoit-on jadis en patois ? Cet usage a-t-il cessé ?

Il n'est pas douteux qu'on n'ait autrefois prêché en patois. Le 17ᵉ canon du Concile de Tours, tenu en 813, ordonna qu'à l'avenir les évêques choisiroient certaines homélies des Pères, pour les réciter dans l'Église, et qu'ils les feroient traduire en langue romane rustique et en langue théotisque, afin que le peuple pût les entendre. Ces traductions ne seroient vraisemblablement pas entendues aujourd'hui, à cause des différentes révolutions arrivées dans les Gaules et dans la langue. On n'a aucune tradition qui puisse instruire de l'époque à laquelle on a cessé de prêcher en langue romane. On prêche à présent en françois dans tous les villages de notre province. On assure cependant que dans le Limousin, la haute Auvergne, le haut Dauphiné et la haute Provence, on prêche encore en patois, sans quoi les prédicateurs ne seroient pas entendus.

21ᵉ question. — A-t-on des grammaires, des dictionnaires de ce dialecte ?

On ne peut former un dictionnaire d'une langue que lorsqu'elle est fixée à un certain point ; lorsqu'on est généralement d'accord, dans le pays qui la parle, des mots qu'on emploie pour exprimer ses idées ; et lorsque ces mots sont consacrés par les bons écrivains. Les dictionnaires sont les recueils des mots de cette langue. Les grammaires exposent l'analogie de ces mots, et contiennent les principes et les règles de la langue pour laquelle elles sont faites. Mais notre patois n'a aucun principe déterminé ; il varie de proche en proche ; il s'altère tous les jours par le mélange du françois ; aucun auteur, par ses écrits, n'en a fixé les mots ni la syntaxe : aussi n'avons nous ni dictionnaire, ni grammaire, ni même aucun ouvrage, soit imprimé, soit manuscrit, qu'on puisse consulter.

22ᵉ question. — Trouve-t-on des inscriptions patoises dans les églises, les cimetières, les places publiques, etc. ?

Je ne connois aucune inscription patoise dans les églises, ni dans aucun lieu public ; et toutes les personnes que j'ai consultées là-dessus m'ont assuré n'en avoir vu aucune.

23ᵉ question. — Avez-vous des ouvrages en patois imprimés ou manuscrits, anciens ou modernes, comme droit coutumier, actes publics, chroniques, prières, sermons, livres ascétiques, cantiques, chansons, almanachs, poésies, traductions, etc.?

24ᵉ question. — Quel est le mérite de ces différents ouvrages?

On a déjà dit qu'il ne se trouve aucun ouvrage, soit en vers, soit en prose, soit imprimé, soit manuscrit, dans l'idiome patois. Nous sommes régis par le droit écrit, en conséquence on n'y a rien écrit sur le droit coutumier. Tout le monde sait qu'autrefois tous les actes publics & les jugements étoient rendus en latin. Ce fut François Premier qui abolit l'usage de la langue latine dans les actes publics & dans les tribunaux. Depuis ce temps tous les actes et les jugements ont été écrits en françois.

Nous avons vu de temps en temps quelques chansons & noels en patois; mais c'étoient de simples plaisanteries composées par des gens de la ville, des ramassis de mots des différents dialectes des provinces voisines, et principalement des jargons du peuple de la ville, et de plusieurs mots françois auxquels on a donné une physionomie patoise. Et ces petits ouvrages éphémères, presque aussitôt oubliés que produits, peuvent être regardés comme des morts nés. Il ne s'en est conservé aucun. On m'a cependant assuré qu'il se trouve quelques actes en patois dans le chartrier du chapitre de notre cathédrale, et dans ceux de nos collégiales; mais les scellés sont sur toutes ces archives.

25ᵉ question. — Seroit-il possible de se les procurer facilement?

J'ai entendu parler de quelques ouvrages dans le langage patois de Grenoble, et entre autres, d'un poème intitulé la Liāūdă, en françois la Claudine, que j'ai beaucoup entendu vanter, mais que je ne connois pas. J'ai aussi entendu réciter quelques morceaux de poésie patoise de M. de Mantes, de Vienne en Dauphiné. M. Barnave, député à l'Assemblée nationale, pourra facilement vous les procurer.

26ᵉ question. — Avez-vous beaucoup de proverbes patois particuliers à votre dialecte?

Ils sont à peu près les mêmes que les nôtres: toute la différence consiste dans l'idiome ou la prononciation.

27ᵉ question. — Quelle est l'influence respective du patois sur les mœurs et de celles-ci sur votre dialecte?

L'influence du patois sur les mœurs est, je crois, absolument nulle : ce sont les mœurs qui influent sur le langage. Du Tremblay, dans son traité des langues, dit : « Il en est des peuples entiers comme d'un homme particulier. Leur langage est la vive expression de leurs mœurs, de leur génie, de leurs inclinations ; et il ne faudroit que bien examiner ce langage pour pénétrer toute la pensée de leur âme, et tous les mouvements de leur cœur. Chaque langue doit donc nécessairement tenir aux perfections et des défauts du peuple qui la parle. »

M. de Voltaire pensait de même. Dans l'article qu'on lit de lui au mot hémistiche, dans l'Encyclopédie, après avoir dit que les Allemands ont un hémistiche dans leurs vers, et que les Espagnols n'en ont point, il ajoute : « Tel est le génie différent des langues, dépendant en grande partie de celui des nations. » Le génie des langues n'est autre chose que leurs mœurs, qui influent sur leurs langues. Celles des paysans de nos montagnes sont grossières, lourdes ; aussi leur langage est-il grossier, et leur prononciation traînante.

28ᵉ question. — Remarque-t-on qu'il se rapproche insensiblement de l'idiome françois, que certains mots disparoissent, et depuis quand?

On a déjà fait observer que le patois se rapproche plus du françois dans les villages voisins des grandes villes. On ajoute ici que les grandes routes ouvertes depuis une cinquantaine d'années, ayant facilité le transport des denrées des campagnes éloignées dans les villes, ont familiarisé les habitants des montagnes avec la langue françoise ; mais les changements que les communications ont opérés se sont faits si lentement, qu'on ne sauroit en fixer aucune époque.

29ᵉ question. — Quelle seroit l'importance religieuse et politique de détruire entièrement ce patois?

Je ne crois pas qu'il soit important pour la Religion ni pour la politique de détruire le patois dans les villages. On remarque que les paysans qui savent parler françois sont, il est vrai, moins grossier en général dans la conversation, mais aussi ils sont plus libertins et plus vicieux. Le voisinage des villes les gâte, et ils corrompent à leur tour la jeunesse de leur village.

Les filles y sont plus coquettes & plus faciles à séduire que dans les villages éloignés.

30ᵉ question. — Quels en seroient les moyens ?

Les instructions des curés, quoique faites en françois, sont entendues de tous leurs paroissiens. Ainsi je ne vois pas que la Religion ni l'État gagnassent rien à détruire le patois, qu'on ne parviendra jamais à faire oublier totalement. Si pourtant, ce que je ne crois pas, on apercevoit quelque espèce d'avantage dans cette réforme, comment parviendroit-on à procurer l'instruction de la jeunesse ? Les maîtres qu'on établiroit dans les villages se donneroient des soins inutiles : au sortir de l'école, les enfants, de retour chez leurs parents, n'y entendroient que le patois. Il leur sera plus commode de parler la langue qu'ils ont apprise d'eux en naissant que de se donner la torture pour trouver les mots d'une langue qu'ils ne connoissent pas assez : l'habitude l'emportera toujours sur l'instruction.

31ᵉ question. — Dans les écoles de la campagne l'enseignement se fait-il en françois ? Les livres y sont-ils uniformes ?

L'instruction se fait en françois ; mais, comme on l'a déjà dit, l'obligation où sont les enfants de parler toujours avec des gens qui ne parlent que le patois rend cette instruction inutile pour la langue.

32ᵉ question. — Chaque village est-il pourvu de maîtres et de maîtresses d'école ?

Quelques villages ont des écoles fondées ; d'autres sont autorisés à mettre une imposition sur la paroisse pour payer le maître : mais cette imposition est bien modique, et l'instruction s'en ressent.

33ᵉ question. — Outre l'art de lire, d'écrire, et de chiffrer, et le catéchisme, enseigne-t-on autre chose dans ces écoles ?

On n'y enseigne rien de plus ; encore l'enseignement des deux premières règles de l'arithmétique y est-il fort rare. Plusieurs paroisses n'ont point de maître payé ; aussi la plupart des collecteurs, ne sachant ni lire ni écrire, sont-ils obligés de confier leurs recettes à des tiers, ou de se faire assister dans leurs tournées par des gens qui sachent lire, et de leur donner une rétribution souvent plus forte que celle qui leur est accordée.

34ᵉ question. — Sont-elles assidûment surveillées par MM. les Curés et Vicaires ?

MM. les Curés et Vicaires n'ont aucune inspection sur les écoles qui sont établies dans des maisons religieuses. À l'égard de celles qui sont fondées ou payées par la paroisse, leur surveillance sur des maîtres ignorants et mal payés ne produit pas grand effet. Quelques-uns se plaignent de ce qu'ils ne peuvent parvenir à engager les parents à envoyer leurs enfants mâles chez les maîtres et les filles chez les maîtresses, et de ce que chaque école est mêlée de filles et de garçons.

35ᵉ, 36ᵉ et 37ᵉ questions. — Ont-ils un assortiment de livres pour prêter à leurs paroissiens ? Les gens de la campagne ont-ils le goût de la lecture ? Quelles espèces de livres trouve-t-on plus communément chez eux ?

Comment seroit-il possible à des Curés à simple portion congrue de se procurer un assortiment de livres pour les prêter à leurs paroissiens ? D'ailleurs les gens de la campagne qui savent lire ne lisent que dans leurs heures. Occupés toute la journée dans les champs à des travaux pénibles, ils sont trop fatigués le soir quand ils rentrent chez eux pour s'occuper de lecture : ils sont pressés de prendre leur repas et d'aller goûter le plaisir du repos dans leur lit. Les livres qu'on trouve le plus communément chez eux se réduisent à des heures et quelques livres de dévotion.

38ᵉ question. — Ont-ils beaucoup de préjugés, et dans quel genre ?

En général le paysan est superstitieux et a des préjugés de toute espèce. Il croit aux sorciers, aux diables, aux revenants, aux loups-garoux, et à tous les contes qu'on lui fait, pourvu qu'ils soient mêlés de merveilleux. Sa religion se borne aux actes extérieurs du culte, auxquels il est fort attaché. Il ne mangera pas de la viande les jours d'abstinence, ni des œufs en Carême. Il porte, dit-on, la superstition dans le Limousin jusqu'à croire qu'il obtiendra de la pluie en baignant dans la rivière la statue du Saint qu'il invoque, et qu'elle cessera s'il couvre cette statue de sable.

Quant à ses mœurs civiles et politiques, elles ne sont pas des plus pures. Il ne volera pas les meubles de son voisin : il craint la corde ; mais il ne fera pas de difficulté de lui voler son fruit. Il est persuadé que les fruits du fonds qu'il cultive pour son maître sont autant à lui qu'au propriétaire du fonds qu'il cultive. Voici un trait qui achèvera de faire connoître sa façon de penser sur les propriétés territoriales.

Un paysan coupoit des fagots dans les bois d'une dame de ma connoissance. Elle en fut avertie et s'y transporta : Pourquoi, lui dit-elle, coupes-tu ce bois ? — Maffîon, Madãmă, je n'en avions point cheux nous. — Mais, malheureux, ce bois n'est pas à toi ; tu sais bien qu'il m'appartient. — Ah ! quand le bon dieu est mort, il n'a gin fat' de testamein ; y est tot à partager. La dame, qui ne s'attendoit pas à cette réponse, comprit qu'une réplique de sa part ne convertiroit pas le voleur ; elle lui tourna le dos et le laissa faire.

39ᵉ question. — Depuis une vingtaine d'années sont-ils plus éclairés ? Leurs mœurs sont-elles plus dépravées ? Leurs principes religieux ne sont-ils pas affoiblis ?

Depuis vingt ou trente ans leurs mœurs se corrompent étonnamment. La Religion n'est plus pour eux qu'un frein très léger ; encore n'est-ce que chez ceux en qui l'âge a modéré le feu des passions.

On trouve dans quelques villages voisins de la ville des lieux de débauche, et des retraites où les paysans vont jouer et perdre des sommes considérables.

Autrefois les paysans étoient vêtus de bure, et d'autres gros draps qui se fabriquoient dans les villages ; depuis une trentaine d'années la vanité s'est tellement introduite chez eux, qu'on ne voit que les mendians habillés de ces étoffes grossières dans les villages voisins de la ville. On se persuade aisément que, sur cet article, les femmes et les filles ne le cèdent en rien aux hommes.

40ᵉ question. — Quelles sont les causes et quels seroient les remèdes à ces maux ?

On a assez développé dans les réponses aux précédentes questions la cause de la corruption des mœurs des villageois. Le mal s'accroit chaque jour par la licence et le mépris pour les ministres de la Religion. Car, quoique le peuple de la campagne soit fanatique, qu'il ne voulût pas qu'on changeât rien au culte, si ce n'est pour en augmenter la pompe, il n'est pourtant pas au fond plus religieux que celui de la ville ; et les ministres des autels sont très peu respectés depuis qu'on leur prodigue les qualifications de calottins et d'aristocrates. Le

remède à ces maux est au pouvoir de l'Assemblée nationale.
On pourroit indiquer tels moyens qui ne s'accorderoient point
avec ses vues et les projets qu'elle a conçus dans sa sagesse
pour la régénération de la France et le bonheur du peuple.
Mais quels que soient les moyens qu'elle emploie, la difficulté
du succès est devenue plus grande depuis le décret qui a fixé
les droits de l'homme. Le peuple n'a pas interprété ce décret
dans le sens dans lequel l'Assemblée nationale l'a rendu. Par le
mot *liberté*, il a entendue une liberté indéfinie, ou plutôt la
licence, tandis que l'Assemblée nationale n'a entendu rétablir
que la liberté civile, qui, en droit, est définie *naturalis facultas
ejus quodcuique facere libet, nisi si quid vi aut jure prohibetur*.
Le peuple n'a fait attention qu'à la définition de la liberté en
général, et a fermé les yeux sur l'exception *(nisi si quid vi aut
jure prohibetur)* sans laquelle il n'y a plus de liberté ; puisque
ceux qui font ce que la loi défend privent les autres de cette
liberté, dont ils peuvent eux-mêmes être privés par droit de
représailles.

On a porté la licence depuis un mois à Lyon jusqu'à imprimer et débiter dans toutes les rues cinq lettres qu'on dit rem-
plies d'obscénités et d'horreurs. On les crie sous les titres de
Lettres bougrement patriotiques du véritable père du Chêne, *Trou
du cul du père du Chêne*, *Mouchoir des aristocrates*, etc. ; et la
municipalité est témoin de toutes ces indécences et de toutes
ces scènes scandaleuses sans les réprimer. Les paysans qui
viennent dans nos marchés achètent toutes ces horreurs et les
emportent dans leurs villages, où elles sont lues avidement.

Avant que la licence fût parvenue au point où nous la voyons
aujourd'hui, les habitants de la campagne avoient quelques
égards pour leurs curés : ils les consultoient et les écoutoient.
Mais aujourd'hui ils ne sauroient se déterminer à avoir les
mêmes égards et la même déférence pour des gens à qui ils
voient prodiguer dans les journaux les qualifications insul-
tantes et ridicules d'aristocrates et de calottins.

Ils prescrivent eux-mêmes à leurs pasteurs les cérémonies
de l'Église, et les forcent à faire des processions à deux ou
trois lieues de leurs paroisses, sous le spécieux prétexte d'attirer les bénédictions du Ciel sur les biens de la terre. Mais
les officiers municipaux et les conseils de la Commune ne
seroient pas aussi empressés qu'ils le sont à demander ces processions si elles ne fournissoient l'occasion de s'y montrer en
corps, décorés, les municipaux de leurs écharpes aux couleurs

de la Nation, et les notables d'une écharpe noire, qu'ils ont adoptée sans y être autorisés par un décret de l'Assemblée nationale, pour avoir une marque qui les distingue du commun du peuple; et s'ils n'étoient escortés de tout le village sous les armes, avec tambours et fifres.

On travaillera inutilement à la réformation de ces mœurs si l'on ne commence par réprimer la licence qui s'accroît tous les jours par l'impunité, suite naturelle de la foiblesse où se trouve le pouvoir exécutif; et si l'on ne s'occupe sérieusement des moyens de rendre la considération dont doivent jouir les ministres de la Religion, et de les faire respecter par leurs paroissiens.

41e question. — Quels effets moraux produit sur eux la révolution actuelle?

Les paysans ont à présent une licence sans borne. Ils n'ont plus absolument aucun respect pour les personnes constituées en dignité, auxquelles ils se croient égaux; en sorte qu'ils se croient libres et indépendants de l'autorité de leurs supérieurs: il n'y a plus aucune subordination. Voilà jusqu'à présent les seuls effets moraux qu'a produit sur eux la révolution actuelle.

42e question. — Trouve-t-on chez eux du patriotisme, ou seulement les affections qu'inspirent l'intérêt personnel?

L'intérêt personnel est la seule mesure des actions du peuple et des habitants de la campagne. Ils ne tiennent à la nouvelle constitution que par les avantages qu'ils en ont reçus et par ceux qu'ils s'en promettent encore. J'ai ouï dire autrefois que la Patrie n'étoit qu'un mot, qu'on ne le trouvoit plus que dans le dictionnaire; aujourd'hui on peut dire avec vérité que le patriotisme se trouve dans la bouche du peuple, et nullement dans son cœur: la preuve en est dans la conduite qu'il a tenue depuis les troubles qui agitent notre ville. Nous avons vu les ouvriers de nos manufactures et la classe la moins aisée du peuple se porter avec fureur à nos barrières, s'aider à les abattre, et favoriser la fraude aux droits de la ville et de la Nation en général qui se percevoient aux entrées sur le vin, le bois, le bétail et les autres denrées & marchandises; et cela uniquement dans l'espérance de les acheter à meilleur marché. Mais ayant vu que les cabaretiers et autres débitants ne diminuoient pas les prix de la vente en détail, ils ont été les premiers à les dénoncer à la justice lorsqu'elle a fait des informations et des perquisitions chez les cabaretiers qui avoient fait entrer du vin pendant que les barrières n'étoient plus gardées ; ce n'étoit sûrement pas un esprit de patriotisme qui faisoit agir les délateurs.

Les ouvriers de nos manufactures traitoient d'aristocrates ceux qui se montroient vêtus d'étoffes de soie et d'habits en broderie. Et comme cette qualification est, aux yeux du peuple, la plus insultante, la classe la plus aisée, soit pour se soustraire aux injures du peuple, soit par économie, ayant pris le parti de se vêtir en laine, nos ouvriers en soie et en broderie n'ont pas tardé à sentir qu'ils alloient contre leurs intérêts en insultant les gens aisés par le reproche d'un luxe qu'ils les ont forcés de supprimer, et dont le retranchement leur ôte les moyens de travailler et de vivre. Ils soupirent après le retour des aristocrates que leurs insurrections ont obligés de sortir du Royaume. Ils désireroient qu'un décret de l'Assemblée nationale forçât les émigrants à rentrer en France, sous peine de confiscation de leurs revenus et de leurs biens : et privés des secours qu'ils recevoient des maisons religieuses, ils sont tout disposés à se vendre une quatrième fois, aux premiers qui se présenteront pour opérer une contre-révolution.

C'est aussi là l'esprit et le patriotisme du paysan ; et ce qui nous le prouve, c'est la fureur avec laquelle ils se sont portés à dévaster, brûler, et démolir les châteaux de leurs seigneurs. Ceux qui y ont mis le plus d'acharnement sont ceux qui en avoient reçu le plus de bienfaits.

43ᵉ question. — Les ecclésiastiques, les ci-devant nobles, ne sont-ils pas en butte aux injures grossières des paysans et au despotisme des maires et des municipalités ?

Dans la multitude de journaux de toute espèce qui inondent le public depuis la nouvelle révolution, il s'en trouve un nombre considérable de très incendiaires. Le but de leurs auteurs, sous le prétexte spécieux de donner au public l'histoire de la révolution, est visiblement d'exciter le peuple contre les ecclésiastiques et les ci-devant nobles. Ils inventent des contes, supposent des lettres, et donnent aux prêtres et aux nobles des qualifications odieuses ou devenues ridicules dans les circonstances actuelles.

Un de ces journalistes a forgé le mot de *nobilocratie* : il parle de l'*ire nobilocratique*. La colère des nobles eût été une expression trop ordinaire, et n'auroit pas excité contre eux celle du peuple.

Autrefois on entendoit, suivant l'étymologie du mot, par *aristocrate* celui qui est à la tête d'un gouvernement aristocratique, comme par monarque on entend celui qui est à la tête d'un État monarchique. Aujourd'hui tout homme qui est riche, noble, ou prêtre, ou qu'on soupçonne de n'être pas porté pour la nouvelle constitution, est un aristocrate; et dans toutes les émeutes populaires ainsi que dans les assemblées de la Commune, qui se font en présence du peuple, on n'a jamais taxé quelqu'un d'être un aristocrate sans entendre cent voix crier: à la lanterne!

Dans le temps où l'on expédioit des brevets pour le régiment de la Calotte, ceux aux noms de qui ils étoient expédiés étoient qualifiés de calottins; aujourd'hui cette qualification ridicule est accordée par le peuple à tous les ecclésiastiques, d'après les journalistes; et pendant longtemps aucun n'a pu sortir de chez lui sans être insulté et poursuivi par la populace, et sans être obligé de fuir et de se cacher.

Depuis l'insurrection du 26 juillet dernier, où les troupes de ligne sont parvenues à faire échouer les complots des ennemis de l'État et à dissiper la canaille qui avoit commencé à mettre à exécution le projet de nous piller, brûler et saccager, la populace est un peu moins insolente, parce qu'elle craint les troupes, dont elle s'acharne à demander le renvoi de la ville. Le service qu'elles nous ont rendu en a imposé aux habitants de la campagne: les ecclésiastiques y sont moins en butte aux outrages du peuple et des paysans. Ce n'est pas que la haine qu'on leur inspire soit tout à fait étouffée dans leurs cœurs: ils n'attendent qu'une occasion favorable pour la faire éclater.

À l'égard des ci-devant nobles, toute la France sait avec quelle indignité ils ont été traités: on connoit toutes les horreurs qu'ont exercées contre eux leurs propres emphythéotes, et particulièrement ceux à qui ils avoient tendu le plus de secours. Depuis que la jeunesse de Lyon, qui étoit allée pour dissiper ces brigands, a arrêté leurs déprédations et a conduit plusieurs centaines de ces coquins dans les prisons, les brigandages et les incendies ont cessé: mais la haine n'est pas morte. Cependant il est certain que c'est au courage de la noblesse que nous devons en partie la conservation de notre arsenal, que la populace attaqua le 26 juillet. L'anecdote suivante donnera une idée des dispositions des villageois à l'égard des ci-devant nobles.

L'archevêque de Lyon étoit seigneur d'Oulins. La mense sei-

gneuriale est détruite depuis de longues années. M. de Roche-
bonne, ancien archevêque, y avoit acheté une maison, qui a
passé par acquisition au Cardinal de Tencin et à M. de Montazet. Les habitants avoient planté un mai à la porte et y avoient
attaché un écusson aux armes de M. de Montazet. L'église
paroissiale étant trop petite pour contenir tous les paroissiens,
il en fut reconstruit une autre il y a 8 ou 10 ans ; les habitants
firent eux-mêmes sculpter les armes du prélat dans le chœur.

L'Assemblée nationale, par son décret qui abolit tous les
titres de noblesse et de dignité, ainsi que les livrées et les armoiries, a accordé trois mois aux nobles en province pour l'exécuter. Mais à peine ce délai fut-il connu dans la paroisse, que
la Municipalité, au mépris de la disposition de ce décret qui
accorde trois mois de délai, enleva les armoiries de l'église,
abattit le mai, le coupa et brisa l'écusson qui y étoit attaché.
Elle a fait plus : un perruquier établi dans la paroisse avoit sur
sa porte une enseigne aux armes de M. de Montazet, les officiers municipaux l'ont encore abattu. Ils ont aussi délibéré
s'ils ne détruiroient pas un monument en marbre, érigé dans
leur église par ce prélat à la mémoire de M. Thomas, de l'Académie françoise, mort chez lui à Oulins, et enterré dans la
paroisse. Mais c'est le seul monument qui décore leur église ;
et cette considération l'a empêché de subir le sort des armoiries, du mai, et de l'enseigne du perruquier.

Nous sommes tous les jours ici dans la crainte d'une nouvelle insurrection ; depuis un an nous en avons déjà éprouvé
trois, qui nous donnent beaucoup d'inquiétude pour l'avenir.
Les têtes sont fort échauffées chez le peuple. Les ennemis de la
révolution tentent tous les moyens de rompre les mesures de
l'Assemblée nationale. Ils sèment le bruit d'une contre-révolution prête à éclater et flattent sourdement le peuple de l'espoir
d'un pillage qu'il attend avec impatience. Tant que la constitution nouvelle ne sera pas achevée, la populace conservera l'espoir du pillage, & continuera à faire des assemblées secrètes.
Il s'en fait beaucoup ici, et la municipalité n'a pas la force de
les empêcher. Ces conciliabules lui ont déjà fait demander plusieurs fois le renvoi des troupes de ligne qui nous gardent, et à
qui nous sommes déjà redevables d'avoir été garantis du
pillage & d'un incendie général : elles les gênent étonnamment
dans l'exécution de leurs projets.

L'Assemblée est sans doute déjà instruite d'un incendie qui
a consumé ici une maison toute entière, la nuit du 24 au

25 octobre. Un café, établi dans cette maison, étoit de tous temps le rendez-vous de l'élite des négocians, qui alloient y traiter de leurs affaires. Leur richesse a été un titre pour les faire traiter d'aristocrates par le peuple. Le cafetier avoit reçu plusieurs lettres anonymes par lesquelles on le menaçoit de mettre le feu à son café s'il ne chassoit tous ces aristocrates. L'effet a suivi de près la menace. Le feu a éclaté pendant la nuit ; et non seulement les appartemens du cafetier, mais encore ceux de tous les locataires qui occupoient les étages supérieurs ont été réduits en cendre. On a entendu des specta-teurs de cette scène dire qu'il n'y avoit pas de mal à brûler une maison où s'assembloient les aristocrates.

On voit par ce trait de quoi est capable le peuple soutenu et soldé par les ennemis de la constitution. Tant qu'il restera à ces ennemis de l'État et de la tranquillité publique une lueur d'espérance de voir réaliser une contre-révolution, qui seroit désastreuse pour ceux mêmes qui sont partisans du despo-tisme, et au Peuple l'espoir du pillage, la France sera toujours dans les transes, et ne pourra pas se flatter de voir renaître la paix et la tranquillité publique. Et, par malheur, ces espé-rances subsisteront jusqu'à ce que l'ouvrage des députés soit entièrement consommé.

[La réponse est accompagnée de listes de « mots radicaux et primitifs », de « mots dérivés et composés » et d'exemples des quatre conjugaisons en patois. Cf. B. N., 36-37.]

I, 5. *BERGUES*

Professeur au collège de Bergues depuis 1784, l'abbé Andriès appartient au Comité de la Société des Amis de la Constitution. La circulaire de Grégoire était parvenue à cette dernière le 2 novembre 1790 ; dès la séance du 6, comme ses registres en font foi, elle est lue et discutée publiquement : « il a été résolu d'y répondre aussitôt ». Un supplément d'information, demandé à l'Académie flamande de la ville, ne nous est pas parvenu*.

---

* B. N., ff^os 11 r°-24 v°. Le registre des délibérations de la Société des Amis de la Constitution est conservé aux Archives communales de Bergues.

Projet de réponse (au mois de décembre 1790) aux questions proposées aux Clubs patriotiques par Mr l'Abbé Grégoire, député à l'Assemblée Nationale (la lettre datée du 13 août 1790, reçue à Bergues le 2 novembre 1790).

L'Abbé Andriès, professeur de poésie à Bergues, membre de la Société des Amis de la Constitution, établie audit Bergues, affilié à la Société des Amis de la Constitution établie à Paris tâche de répondre aux 43 questions proposées par Mr l'Abbé Grégoire article par article.

Article Premier

Quoique la langue française soit pour ainsi dire universellement connue dans notre ville, son usage néanmoins n'y est pas universel : il y a même un grand nombre de citoyens qui ne le savent point parler : peu de gens cependant se dispensent de l'apprendre. La langue naturelle dans notre contrée est la flamande. Le peuple en général ne parle que deux langues, savoir la française, mais plus communément la flamande.

Article 2ᵉ

Avant de répondre à la deuxième question, je vous observerai, Monsieur, que je suppose, que vous n'ignoriez pas, que dans la ci-devant Flandre maritime, le flamand est la langue naturelle. Si donc vous entendez par le mot *patois* (dont vous vous servez uniquement) tout langage différent du français, il me semble que vous désirez un précis abrégé de la nature de notre langue flamande ; c'est de quoi je tâcherai avec empressement vous satisfaire : si au contraire par le mot *patois* vous n'entendez qu'un dialecte du français pur, mes réponses seront peut-être à pure perte, parce qu'elles n'auront pas été de votre intention ; cependant j'espère qu'elles pourront avoir un bon effet et opérer une heureuse révolution des idées qu'on avait jadis sur le compte des Flamands. Car le mépris qu'on avait de leur langue (faute de la connaître) rejaillissait sur les individus qui en font usage. Je tâcherai de vous persuader que le flamand n'est pas un jargon absurde, qui écorche les oreilles ; il n'est dur que dans la bouche de ceux qui ne le connaissent pas. Le flamand est une langue raisonnée, qui a ses règles fixes, elle est d'une richesse inépuisable et par là même doublement vivante. Je le répète, Monsieur, qu'en faisant l'éloge de la langue flamande, je n'ai d'autre dessein, que de faire voir le mérite des citoyens[a] français-flamands, et de leur acquérir la juste estime et le même amour, qu'ils portent envers tous leurs confrères de l'Empire français. Animé de cette confiance, j'entame mon sujet.

Et je dis d'abord que la langue flamande est un dialecte de la langue teutonique, de même que toutes celles qu'on parle dans le Nord de l'Europe, savoir la norvégienne, la suédoise, la danoise, la prussienne et l'allemande ; pour vous en donner une preuve aisée et convaincante pour toute sorte de personnes, quelque langue qu'elles parlent d'ailleurs, il me suffit d'appeler seulement à la foi de la géographie, n'est-il pas certain que les noms des provinces, des villes, des rivières, etc. d'un pays se ressentent toujours du langage qu'on y parle ? Eh bien, Monsieur, en parcourant ainsi depuis le Nord de la France tous les pays qui avoisinent les côtes de la mer du Nord et de la Baltique, ce caractère d'identité ne vous permettra pas de reconnaître les limites des divers États qui s'y trouvent. Cela est si vrai, qu'il m'est arrivé plus d'une fois qu'en expliquant la géographie à mes élèves, ils me demandèrent, fondés sur ce caractère des noms des villes, etc., si l'on parlait aussi le flamand dans ces pays du Nord. Cette demande était bien naturelle à des enfants, qui, n'étant prévenus d'aucun préjugé, trouvèrent souvent des terminaisons, qu'ils crurent exclusivement flamandes : ils en tirèrent donc des conséquences, qui différèrent insensiblement de la vérité du fait ; l'histoire leur eût fait voir que les langues de ce pays tirèrent leur existence de la même souche, savoir de la langue des anciens Teutons.

Qu'il me soit permis de faire une réflexion, qui, quoique peut-être hors d'œuvre, est cependant très juste. Des personnes qui avaient appris l'allemand par goût, se plaignent de la rudesse de la langue flamande : mais qui ne sent pas que ce soit ici un mépris réfléchi du flamand, dans lequel le concours des consonnes est moins fréquent, dans lequel on se sert ordinairement des consonnes douces, au lieu des rudes, pour lesquelles les Allemands semblent avoir une prédilection. Un Allemand a beau se travestir en Français ; dès qu'il parle, le premier b, d ou v le trahit. Je ne prétends pas élever le flamand au-dessus de l'allemand : un connaisseur juste leur accorderait la même

---

a. *Dans nos villes les fanatiques sont en raison directe du nombre des religieux : aux campagnes bien peu de fanatisme.*

estime; d'autant plus que si l'ancienneté pouvait encore faire titre de noblesse, ces deux langues avec leurs sœurs seraient toutes nobles : car elles existent d'un temps immémorial : et cela est un fait surtout à l'égard de la langue flamande. L'historien le plus ancien peut-être (Jules César) qui en a parlé, la supposait déjà en vogue et assure qu'elle était différente de la langue des Celtes (*Hi omnes lingua, institutis, legibus inter se differunt*, Bell. gall., 1, 1). Des Celtes, dis-je, qui étaient les voisins des Belges dont ceux qui habitèrent la partie boréale furent appelés *flamands*. La langue que parlèrent les anciens flamands du temps de Jules César, était encore la même lors de Suétone qui vivait au deuxième âge. Suétone, Pline, Feste, Ammien et Pausanias en rapportent quelques mots tels que *calf* (veau), *plonchraden* (roues de la charrue), *pale* (limite), *plance* (ou *planke*, planche), *marce* (ou *maar*, cheval), *becca* (bec), *ganza* (oie), *marga* (moëlle). Ces mots sont encore d'usage quoiqu'un peu autrement écrits que chez ces auteurs, qui, ignorant la langue belgique, écrivirent ces mots avec les lettres de leur alphabet et avec une orthographe adaptée au génie latin. Maintenant, on écrit *kalf, plongraden, pale, planke, bek, gans, marq*; l'un d'eux cite encore le mot *maar* qui a vieilli, dont avec le mot *schalk* (qui anciennement signifiait encore *valet* ou *garçon*) est venu le prétendu mot français *maréchal*.

Article 3^e

Si nous avions des dictionnaires rédigés à la façon du Lexicon grec de Schrevelius imprimé à Leiden dans lequel les racines sont marquées en majuscules, le dénombrement des mots radicaux de la langue flamande ne coûterait qu'un peu du temps. Si nous avions le même avantage qu'a rendu à la langue grecque le Port-Royal, ce serait un ouvrage fait, nous pourrions vous dire au juste le nombre de nos racines : cependant, Monsieur, ayant parcouru attentivement les deux premières lettres de l'alphabet, j'y ai rencontré environ 350 termes radicaux et, à ce que je puis m'imaginer selon la connaissance que j'ai de notre langue (car je m'y suis longtemps particulièrement attaché), j'augure que la langue flamande a des termes radicaux entre trois et quatre mille, dont pour le moins deux mille sont des monosyllabes.

Deuxièmement, Monsieur, si vous aviez demandé le nombre de nos mots *dérivés*, on aurait pu vous faire connaître les milliers qu'ils embrassent : mais à l'égard des mots composés, leur nombre est incalculable car notre langue, outre qu'elle est vivante, elle est encore végétante : on en fait des mots composés tant que l'on veut, par le moyen des racines et des dérivés.

Article 4e

Je ne crois pas qu'il y ait dans notre langue des mots dérivés du celtique : je pourrais vous en citer quelques-uns qui nous semblent venir du grec et du latin, mais en général le nombre est bien petit [19]...

... Si vous accordez aux grammairiens ce principe, « que les langues diffèrent entre elles par les consonnes et les dialectes ou les patois par les voyelles », vous conviendrez de l'origine de ces mots, comme je l'ai marquée, en y observant toutefois que la consonne dure est changée en douce, comme t en d, f en v, etc. Enfin un mot dérivé d'une autre langue n'est point reconnu pour *bon flamand* si l'époque de son adoption ou plutôt de son usage est connu. C'est une loi fondamentale chez les Flamands de n'admettre d'autres radicaux, que ceux dont l'usage est d'un temps immémorial.

Article 6e

La différence du français au flamand est plus grande que leur affinité [20]...

Je terminerai cet article par la louange que je dois à un citoyen français. La facilité que j'ai acquise dans l'analyse de notre langue, je la dois presque tout entière à Monsieur Beauzée, dont l'excellente grammaire générale n'est inconnue à personne. Pour prouver la bonté de cet ouvrage, je n'ai qu'à faire observer, que c'est Mr Beauzée lui-même, qui, sans connaître la langue flamande, m'a appris à y dénouer des difficultés dont je désespérai quasi la réussite, avant que j'eus le bonheur de connaître son ouvrage, que j'estime digne de l'immortalité.

À l'égard des objets des mots flamands, il est de notre langue comme des langues anciennes : puisque d'un temps immémorial, on n'y compte plus pour bon flamand des mots d'une origine ou extraction récente, il n'y a que les instruments anciens de la navigation, de la guerre et de l'agriculture, et en général les choses qui furent jadis connues, qui y sont dénommées par un nom qui soit reconnu pour flamand. Je crois même pouvoir prouver que depuis [le succès] que le christianisme a obtenu dans notre contrée, la langue n'ait plus voulu faire de nouvelles acquisitions en fait de mots. Car en matière de religion, les choses sacrées qui n'ont aucun rapport avec les usages des temps du paganisme, n'ont pas de dénominations purement flamandes. Tels sont les mots *misse* (messe), *communie* (communion), *stole* (étole), *casubel* (chasuble), *evangelie* (Évangile), *sacrament* (sacrement), etc., etc., qui, avec un léger changement à la terminaison sont pris du grec ou du latin, duquel dernier les Flamands ont toujours fait grand usage, ou plutôt auquel ils recouraient toujours, quoiqu'ils puissent de leur propre langue, par le moyen de la *composition*, en faire autant qu'il leur en fallait. Depuis plus d'un siècle, on se sert (surtout en cette contrée) des mots français pour exprimer les idées des choses nouvelles.

Article 7ᵉ

Pour les choses qui ont eu toujours leur dénomination en flamand, il n'y a peut-être pas de langue qui abonde tellement en synonymes.

Article 8ᵉ

Les choses de la première nécessité y abondent en expressions.

Article 9ᵉ

Les beaux arts et surtout la métaphysique empruntent des termes du grec, du latin et après tout du français sans rien presque à changer à la terminaison. Qui voudrait s'énoncer par les mots *composés*, se rendrait inintelligible à cause de leur nouveauté.

Article 10ᵉ

À l'égard de cet article, la langue flamande n'en manque pas plus qu'aucune autre : et je ne crois pas que les Flamands méritent plus le martyrologe que leurs voisins. À quoi n'est pas exposé un homme, ou une nation, dévoyé du plan de la nature ? Et les législateurs n'y veulent pas prendre garde, peut-être qu'ils sont eux-mêmes corrompus.

Article 11ᵉ

C'est ici qu'il y a quelque détresse dans notre langue, mais malheureusement le peuple n'en souffre pas : il trouve toujours ce qui lui manque dans la langue française : ce qui est admirable, c'est qu'il y a nombre de personnes grands et petits, à la ville comme à la campagne, qui ne savent souvent point d'autre français que des jurements.

Article 12e

Monsieur, je crois que pour le coup la langue flamande puisse balancer en énergie la langue française.

Article 13e

Les consonnes dominent, surtout à la fin de nos mots.

Articles 14e et 15e

... La prononciation[21] du flamand est d'ailleurs très aisée aux naturels ; la bouche est tellement accoutumée à une ouverture moyenne, que les Flamands attrapent aisément l'élocution française à l'égard de l'accentuation. Les mots polysyllabes sont tous graves, à très peu près. Et comme je l'ai déjà fait remarquer, puisque l'accent aigu demeure sur le radical, il arrive souvent qu'un mot finit en 3 ou 4 ou 5 graves de suite. Ce sont nos trois sortes d'aspirations et l'invariabilité de l'accent aigu, qui fait que les Français, qui se trouvent chez nous, ne peuvent jamais aussi bien réussir en flamand, que les Flamands ne réussissent en français. Les Français affectent l'accent aigu à la dernière syllabe ; les Latins et les Grecs à la pénultième ou tout au plus à l'avant-pénultième ; mais le Flamand (qui a des mots composés souvent fort longs) retient toujours l'accent aigu sur la racine, qui pour l'ordinaire est d'une syllabe. Souffrez, Monsieur, que je vous cite un exemple. *Hert* (cœur) est une racine, qui dans le mot dérivé *hertelykheden* (des cordialités) se trouve à la première place : cette syllabe est aiguë, les quatre autres sont graves. Je conclus de là que ceux qui approchent le plus de la vraie prononciation grecque sont les Flamands, ou du moins ceux qui parlent une langue analogue au flamand accentué. Dans notre contrée l'accentuation ne varie point sensiblement, mais il y a des contrées (surtout la Hollande) où la variation est quelquefois de plusieurs tons. Leur vigoureuse accentuation (quoique très agréable à l'oreille) fait que le peuple flamand de notre département ne comprend d'abord qu'avec peine un Hollandais : de là l'erreur qui le fait distinguer entre la langue flamande et la hollandaise.

Articles 16e et 17e

À l'accentuation près la langue flamande ne varie point : il est bien vrai que de contrée à contrée on ne se comprend pas bien au premier abord, mais c'est la richesse de la langue qui en donne occasion. J'ai fait remarquer à l'article 7 que nous abondons en synonymes, dont le peuple en général ne connaît que ceux qui ont vogue dans son habitation ; en outre, on parle le flamand en ville et au village : mais il faut remarquer, que partout où l'on parle le flamand, l'on ne le parle pas à la lettre ; si vous en exceptez les provinces des États-Unis : tantôt c'est de l'augment syllabique qu'on supprime le g, ou l'augment en entier : tantôt c'est une voyelle qu'on abrège ou que l'on substitue ; tantôt ce sont des apostrophes, dont on ne [se] servirait pas en écrivant. Enfin, Monsieur, je ne puis pas mieux comparer l'usage du flamand en ses différents dialectes, qu'à l'usage du grec, qui abondait en ce genre.

Article 18e

La langue flamande est d'usage depuis la rivière l'Aa, dans les deux districts de Bergues et d'Hazebrouk (qui formèrent la ci-devant Flandre Maritime), dans la Flandre Autrichienne, le Brabant et les provinces des États-Unis.

Article 19e

On peut dire en général que la moitié des campagnards et peut-être davantage, ne savent pas de français du tout.

Article 20e

Si vous en exceptez Dunkerque (où l'on parle également flamand et français) les sermons français sont très rares : à la campagne même, on ne saurait prêcher autrement qu'en flamand.

Article 21e

Comme dans la partie gallo-flamande, il n'y a point d'imprimeries flamandes, ni d'académie comme il faudrait, nous ne connaissons point de grammaires de cette espèce, comme nous aurions sans ces inconvénients. Ce n'est point qu'il nous manque des grammaires ; la Hollande, où le flamand est bien cultivé, en fournit d'assez bonnes ; en fait de dictionnaires, nous en avons d'aussi bons que je suis sûr que la langue française n'en a pas de meilleurs. Il est vrai que ces dictionnaires ne sont point pour le flamand seul, mais ils en sont d'autant plus précieux. Ces dictionnaires sont le *Lexicon de Pitiscus*, deux volumes in 4º latin-flamand... Le *Dictionnaire de Vanhoogstraten* flamand-latin, un vol. in 4º, *Le dictionnaire de Halma* français-flamand et flamand-français, deux volumes in 4º. Je ne parle pas de ceux de Richelet, de Des Roches, ni d'une foule d'autres, qui ne sont rien en comparaison des premiers : mais comme ceux de *Pitiscus* et de Vanhoogstraten sont trop grands, trop chers et trop étendus, on ne les confie pas aux enfants ; les dictionnaires, dont les jeunes écoliers se servent sont trop défectueux. Le défaut des livres élémentaires (qui sont encore les guenilles des Jésuites) nous font gémir incessamment.

Article 22ᵉ

Les inscriptions, surtout les anciennes que l'on trouve, ne sont qu'en flamand ou en latin.

Articles 23ᵉ et 24ᵉ

En fait de livres, nous sommes assortis comme aucune nation : mais le flamand est pitoyablement traité dans le droit coutumier, dans les anciens placards et dans la plupart des actes publics... Dans les chroniques, les prières, les sermons, les livres ascétiques, les anciennes traductions, etc., le flamand est un peu moins chiffonné : il n'y a que les Hollandais qui l'ont toujours honoré ; c'est d'eux que nous tenons d'excellentes traductions en tout genre, en prose et en vers. Il n'y a pas un auteur latin ou français, qui ne soit traduit avec tout le succès qu'on pouvait espérer : les tragédies, et autres pièces du théâtre français, même les opéras sont traduits et exécutés avec une harmonie surprenante. Outre ces traductions il ne nous manque pas des ouvrages originaux en prose et en vers. Quant au mérite de ces ouvrages, ils sont généralement estimés par les gens de lettres, amateurs de la langue : car beaucoup de Flamands, faute de connaître la langue qu'ils savent le mieux, méprisent le flamand à l'exemple des Français, sur lesquels ils veulent se modeler. Le flamand, que parlent ces gens-là et qui ordinairement prétendent être de la première volée, est un jargon pitoyable ; il y a autant de mots français mal tronqués dans leur langage, qu'il s'y trouve du mauvais flamand. Si vous attendez que de telles personnes vous étalent au juste le mérite de notre langue et de ses ouvrages, il sera indubitablement réduit à rien. Si par exemple nos voisins les messieurs de Dunkerque, où l'étude du flamand est négligée, vous rendent raison, comme nous faisons, de notre langue, ils ne feront pas de conscience de mépriser souverainement la langue flamande : mais un Hollandais vous en donnerait une peinture tout autre.

Article 25ᵉ

Je crois que vous ne voulez pas vous intéresser pour cet article par rapport au flamand.

Article 26ᵉ

Nous avons un très grand nombre de proverbes très énergiques : ils sont pris pour la plupart de l'agriculture, de la navigation et de la guerre.

Article 27ᵉ

Les Flamands n'ont pas ces saillies, si communes aux Français ; faute de connaître leur langue, ils ne sont point en flamand d'orateurs brillants : ils sont assez paisibles. La preuve qu'ils aiment leur pays natal est qu'on n'en voit guère émigrer. Les Flamands ont toujours préféré le solide au brillant**a** ; ils n'ont point de caractère vindicatif ; ils se contentent de morguer ceux qui se moquent d'eux et de leur langue : ils se prêtent tant qu'ils peuvent à parler celle des étrangers : cette condescendance naturelle leur donne une passion pour apprendre toute sorte de langues, sans cependant vouloir oublier la leur. C'est de quoi ils se félicitent de pouvoir avec moins de peine que d'autres peuples apprendre des langues étrangères.

Article 28ᵉ

Le flamand est la seule langue des enfants : à l'égard des adultes, quoique le français gagne chez eux sentimentalement, le flamand n'en souffre pas : car comme je l'ai dit, chacun fait grand cas chez nous de savoir au moins le flamand et le français.

Articles 29ᵉ et 30ᵉ

Monsieur, il n'y a guère chez nous des personnes aussi enthousiastées pour donner la préférence au flamand : cepen-

---

a. *Les Flamands d'à présent sont peu instruits, et partant égoïstes...*

dant je crois sincèrement que la destruction de la langue flamande soit impossible : chacun, comme je vous l'ai dit, s'empresse d'apprendre autant de langues, que faire se peut. Il
pourrait se faire que l'instruction nationale pût être donnée
sous peu entièrement en français : mais pour le moment la
chose est impraticable. Beaucoup de prêtres et de curés ne
savent pas le français du tout ; les enfants ne savent que le flamand à la ville comme à la campagne. La plus grande part ne
comprendrait rien aux sermons ; l'instruction publique de la
jeunesse exige par là d'être proposée en flamand. En un mot je
suis persuadé que la suppression des instructions flamandes
ne nuirait pas seulement à la chose publique, mais qui plus
est, qu'elle en empêcherait entièrement le bonheur.

Article 31ᵉ

L'enseignement tant en ville qu'à la campagne se fait en flamand : il se trouve cependant quelques écoles françaises même
aux villages les plus considérables : mais parce que les enfants
hors de l'école (où il est impossible de converser) ne parlent
que le flamand, l'expérience prouve que ce n'est point dans
ces sortes d'écoles françaises, qu'ils déterrent la brique d'or.
D'ailleurs les livres élémentaires de ces écoles soit flamandes
soit françaises dépendent de la fantaisie de leurs parents.

Articles 32ᵉ et 33ᵉ

À la campagne, c'est le clerc (ou comme on l'appelle ici, le
coutre) qui est maître d'école *ex officio*. De là l'appelle-t-on
communément *Magister*. Dans quelques villages, il se trouve
aussi des maîtresses d'école pour enseigner les enfants des
pauvres : mais on n'y apprend que lire, écrire, un peu chiffrer
et le catéchisme.

Article 34ᵉ

C'est sous la direction du curé que les maîtresses ensei-
gnent. Il est dans l'idée du peuple de ne pas souffrir que les
curés se mêlent beaucoup de ces petites écoles : nombre de
curés ont par rapport à ce sujet encouru la disgrâce de leurs
paroissiens ; il est vrai que Mrs les curés s'y prenaient d'une
façon un peu despotique ; mais c'était le mal épidémique : ce
qui est cause que leur ardeur en dût refroidir.

Article 35ᵉ

Les paroissiens se procurent à eux-mêmes les livres dont ils ont besoin. Quant aux pauvres, les curés ou la table des pauvres leur en fournit.

Article 36ᵉ ᵃ

Rien de si froid que nos campagnards à l'égard de l'instruction ; quoique les moyens d'apprendre ne leur manquent nulle part, il s'en trouve encore beaucoup, qui ne savent ni lire ni écrire, par pure nonchalance. D'autres, dès qu'ils sont parvenus à connaître un peu l'arithmétique, se croient les premiers financiers et mathématiciens du pays. Il semble avoir que les arts ne sont plus que des jeux indignes de leur attention. Donnez en poche à un de nos paysans un livre docte qu'il n'aura pas même ouvert, il se croira en état d'entrer en lice avec quiconque le voudra. Ceci vous paraîtra peut-être hyperbolique mais chez nous ce sont des vérités expérimentales. Il m'est arrivé plus d'une fois que des paysans me vantèrent leur savoir et prétendirent être des génies rares, pour avoir un frère ou un voisin, qui avait étudié en philosophie. Cela m'a fait tâcher de découvrir la source de cette stupide vanité ; et je crois l'avoir trouvée. Nos campagnards flamands ne trouvent point chez eux des livres assez bien écrits, qui puissent les engager ou faire goûter la lecture : ils n'en ouvrent donc jamais, et dans l'idée qu'il n'y a point de meilleurs livres au monde, que ceux qu'ils ont appris dans leur jeunesse, ils se croient consommés en sagesse dès qu'ils sont en état de quitter l'école de leur *Magister*, qui en est regardé comme le premier original de son siècle, et le phénix des philosophes. Monsieur, je vous l'avoue, rien de si comique que l'histoire de nos campagnards. Cette rareté de bons livres flamands dans notre contrée fait que les habitants des villes, même s'ils ne savent que le flamand, n'ont aucun attrait pour des lectures solides.

Article 37ᵉ

Maintenant, Monsieur, il ne vous est point difficile de vous imaginer quelles charmantes bibliothèques l'on puisse trouver chez nos merveilleux campagnards : quelques chansons, dont

a. *La note suivante, quoique comique, n'était pas moins vraie, il y a six mois : à présent les campagnards sont passionnés pour la lecture, ils connaissent mieux la constitution que nos gens des villes qui méprisent les décrets.*

la musique et la philosophie sont encore au berceau ; quelques almanachs, qui prédisent des beaux jours ; voilà tout le fonds de leur savoir. Je ne parle pas des livres de prières, ils en ont tous, ceux du moins qui savent lire.

Article 38ᵉ

À propos des almanachs flamands (qu'on débite chez nous, mais qui viennent de l'étranger à deux sols la pièce) c'est de quoi avoir pitié : les campagnards en sont avides à l'excès, par rapport à une pronostication du temps, qui ne manque jamais de s'y trouver. Il est impossible de décréditer chez eux l'astrologie judiciaire, et malgré que les pronostications manquent leur coup, les campagnards ne veulent point être détrompés. En outre ils ajoutent beaucoup de foi à la superstition et au sortilège : ils ne perdront pas deux bêtes dans la même année, un enfant ne tombera pas en convulsion sans qu'ils n'en attribuent la cause à quelque *mauvaise main*. Qui voudrait s'amuser à exorciser, n'aurait pas besoin d'autre tâche du matin au soir. S'ils ne trouvent point d'exorcistes, ce n'est point à cause de leur peu de libéralité, sachant d'avance qu'ils ne sont pas là au marché.

Article 39ᵉ

Les paysans qui depuis un certain nombre d'années ont commencé à ne plus tant craindre la dépense, ont en même temps commencé à ne plus tant se méfier des habitants des villes ; les connaissances qu'ils se sont faites, les uns plus que les autres, ont occasionné une certaine révolution dans l'esprit des campagnards. Ceux qui n'ont pas jugé à propos de quitter leur chiche, sont demeurés dans l'engourdissement : à présent dans nos environs on en trouve de toutes espèces. Plus ils demeurent près de la ville plus ils ont une manière de vivre supportable, et généralement parlant, plus en état de profiter des observations. Mais à contrecoup, ceux qui sont devenus moins paysans, ont donné plus d'embarras, comme il arrive en ville. Les mœurs ne souffrent pas beaucoup plus en ville qu'à la campagne : la religion d'ailleurs et la piété sont en raison directe des mœurs.

Article 40ᵉ

Les causes de la dépravation des mœurs, les remèdes à ces maux ! ah Monsieur ! Les croyez-vous tout autres, que ceux

dont il faudrait user pour corriger les habitants des villes?
D'ailleurs ce serait une témérité que de prétendre par nos
réponses vous instruire sur cette matière, vous en avez depuis
longtemps l'expérience. Je crois que par tout le récit précédent vous connaissiez tant soit peu le génie, et les défauts des
Flamands: vous devez avoir vu qu'ils ne sont pas des crânes
de pierre à fusil, intraitables, incorrigibles; les hommes étant
partout les mêmes, j'espère Monsieur que vous me laisserez
passer cet article sous silence... Je crains cependant que par
mon silence je ne vous désoblige dans un point aussi essentiel.
Si donc je consens d'en dire quelque chose, je vous prie de
m'entendre comme un répondant du moins à son maître. Le
patriotisme de notre société lui a mérité la faveur d'affiliation
à la mère société des Amis de la Constitution que nous admi-
rons, que nous chérissons, laquelle nous sommes prêts de
défendre et de soutenir jusqu'au dernier souffle de la vie, malgré les efforts de la cupidité et du fanatisme languissant, qui,
par un fol espoir de revivre veut encore tramer. Cette chère
Constitution naissante, il faut cependant la défendre et soutenir: l'espoir d'être heureux aux dépens de personne flatte
les bons citoyens, c'est le bonheur souverain et le seul qu'un
homme puisse attendre d'une constitution. Le moyen de rendre
la Constitution éternelle est de la faire goûter et chérir. Chacun la chérira dès qu'elle est juste: chacun sentira la justice ou
l'équité des lois, si elles ne dérogent point aux *droits naturels
et imprescriptibles*, dont l'assemblée nationale a fait la solen-
nelle profession; si *tous* les membres de la société jouissent
paisiblement de ces mêmes droits, tous seront contents, et tous
seront *conséquemment heureux car personne ne sera heureux
aux dépens d'autrui*; chacun attribuera son bonheur à la sagesse
et à l'équité des lois, mais qui est celui qui ne soutiendra pas
de toutes ses forces ce qu'il aime? Qui ne défendra pas, même
au péril de sa vie, la source de son bonheur? Si personne n'est
mécontent, tous les membres seront attachés à la chère Constitution et la liberté n'aura rien à craindre. C'est au mécontentement qu'il faut attribuer l'origine de tout désordre; *un
mécontent ne peut rien faire avec courage parce qu'il est malheureux*; s'il observe les lois, il le fera sans goût, et il sera bientôt
réduit à l'état *d'indifférence pour la liberté ou pour l'esclavage*:
or entre les mains de tels défenseurs, grand Dieu! que deviendra la Constitution? que deviendront les Français? Je suis
parfaitement convaincu que *les Lois de l'Évangile* sont extrê-

mement douces, et proportionnées à la faiblesse de la condition humaine; que si elles étaient présentées au peuple chrétien *dans toute leur simplicité*, c'est-à-dire, si l'œuvre de Dieu n'était gâtée par l'œuvre des hommes, ces lois seraient encore reçues avec empressement, exécutées par goût, et elles feraient le bonheur consommé des mortels. Ceux des philosophes qui n'ont point attaqué le fond même de l'Évangile, avouent que la religion chrétienne n'est ou méprisée ou haïe, que par rapport au mépris ou à la haine qu'on porte aux ecclésiastiques. *En remédiant donc à cette haine, à ce mépris pour les ecclésiastiques*, ceux-ci réussiront infailliblement à *réformer* les mœurs ou plutôt chacun se réformera aisément lui-même. Mais enfin il faudrait d'abord connaître les causes de ce mépris et de cette haine... Il me semble, Monsieur, que toutes choses qui regardent le gouvernement soit spirituel soit civil sont tellement liées, qu'elles se soutiennent les unes les autres. Un désordre en politique en produit un en même temps dans la religion, c'est-à-dire dans les mœurs. Si chacun est heureux, il se fera ami de tout le monde, il sera indissolublement attaché et à la constitution et à la religion: l'évangile ne prêche que l'amour et l'égalité; l'observation exacte de ces lois opère infailliblement la perfection civile et chrétienne; *et nos augustes représentants n'ont fait que faciliter l'exécution de ces mêmes lois, en déracinant du fond de l'Évangile les abus des hommes qui en empêchent la pratique* (à présent je ne dirais pas tous ces derniers mots: ils en ont ajouté à l'ancien esclavage des prêtres... et l'on attend la fin du fanatisme tant que les prêtres ne seront pas heureux!!! illusion).

Article 41ᵉ

Les nouvelles lois commencent avoir une heureuse influence: il suffit d'être patriote pour être accueilli ou favorablement reçu. Ce mépris de diverses conditions, fondé ou sur la naissance ou sur la fortune ne se rencontre guère; les citoyens soit de la campagne soit de la ville se regardent comme un peuple de frères. Enfin il semble que les mœurs aient déjà gagné tant il est vrai que le mécontentement[22] des individus est la seule cause de tout désordre: si le contentement influe de même sur l'ordre et sur les mœurs, que sera-ce donc si le juge, si l'administrateur, si le pasteur, si tout fonctionnaire public est content? Manquera-t-il des moyens de faire aimer ces lois qui assurent le bonheur de tous les citoyens?

Article 42ᵉ

Nos campagnards sont en général amis de la Constitution ; l'intérêt seul n'est point ce qui les anime : cependant ils démontrent quelque indifférence pour prendre les armes : cette indifférence est changée totalement : quant au fanatisme ils en sont assez éloignés, les curés mécontents ne réussissent guère à les tromper. Le fanatisme est en général très rare à la campagne.

Article 43ᵉ

Monsieur, on distingue ici comme ailleurs les ecclésiastiques à leur habit de couleur du péché mortel, on en raille, quoique jusqu'à présent on n'en a outragé aucun. Quant aux nobles, si on ne leur connaît point d'aristocratie[23], ils n'ont aucune persécution à endurer.

Article additionnel

Je ne vous demande point de grâce à mon mauvais français ; je ne l'ai point voulu faire corriger, croyant par là vous rendre un service peut-être plus grand, que par tout le contenu de ce mémoire : car comme le génie de la langue naturelle perce toujours en écrivant, j'ai cru que c'était là le plus intéressant dont vous désiriez vous instruire.

I, 6. *SAINT-CALAIS*

La réponse de Saint-Calais (Sarthe) est presque entièrement consacrée aux superstitions de la province. Mousseron-Mellève qui l'a rédigée, en tant que secrétaire de la Société patriotique de la ville, est procureur-syndic de la commune : c'est un homme de la basoche rallié à la Révolution*.

* B. N., ffᵒˢ 9 rᵒ-10 vᵒ.

St Calais
Sarthe   [19 novembre 1790]

Monsieur,

La Société patriotique de St Calais est trop flattée de l'honneur de correspondre avec vous pour n'avoir pas aussi tôt pris en considération les questions que vous lui avez adressées. Elle m'a chargé d'y répondre promptement. C'est une commission qui m'est très agréable; mais je sens malheureusement que pour la remplir avec sérieux, les lumières devroient répondre à mon zèle.

Cette contrée est située à l'intérieur du royaume; la langue françoise est la seule qu'on y parle; il n'y a pas de patois; on ne se rapelle nullement qu'il en ait existé. La corruption dans le langage se fait remarquer tant à la campagne que dans nos villes et bourgs. Ce vice est sûrement général chez tous les gens qui ont été privés d'instruction. Souvent la prononciation est fautive, ce que j'attribue à la même cause; l'on dit ils *aimant* au lieu d'ils *aiment*. L'usage où l'on est d'apprendre à lire en latin, langue où tous les sons sont pleins, a sûrement contribué à ce défaut.

Ce premier article peut s'appliquer à tout le canton qui ne s'éloigne que d'environ quinze lieues de la ville de St Calais; il s'ensuit que je ne dois fournir aucune autre réponse à vos trente premières questions.

Il n'y a malheureusement de maîtresses ou maîtres d'école, ou fondés ou d'habitude, dans presqu'aucun village ou petit bourg; les gros en manquent souvent; quelque fois une sœur de curé ou un vicaire rendent ce service. Les gens des campagnes n'ont pas de goût pour cette instruction. Notre communauté contient quatre cent quatre vingts citoyens actifs; peu de laboureurs y savent lire; deux sont membres de notre municipalité, et tous deux sont plongés dans cette ignorance. Communément le peuple, même le plus pauvre de notre cité, sait lire; la moitié sait écrire.

Quand il y a école, il est rare qu'on y apprenne à chiffrer; souvent il n'est pas question de catéchisme; l'écriture n'est pas toujours enseignée. Même dans nos villes et bourgs l'instruction ne s'étend pas au-delà des quatre parties que vous indiquez, excepté lorsqu'il s'y trouve un collège fondé pour le latin; alors si on s'occupe de mathématique, d'histoire, de physique, de géographie, etc., ces avantages ne sont dûs qu'à une volonté passagère du principal ou du supérieur.

Nulle inspection de la part de MM. les curés ou vicaires dans cette partie.

Un curé sur douze possèdera peut-être une bibliothèque ; il n'en aide pas ses paroissiens ; s'il le fait, ce sera en faveur d'un ami particulier qu'il voudra soumettre à son opinion.

Vous êtes persuadé, Monsieur, d'après ces réponses, que nos gens de campagne ne sont doués d'aucun goût pour la lecture.

Par ces mêmes raisons, généralement on ne trouve aucun livre chez eux ; car je compte pour rien quelques individus qui, sachant mal lire, ont des heures, quelque fois l'ancien testament ; si cette bibliothèque s'accroît, ce sera du nouveau testament, ensuite d'un almanach du plus vil prix, enfin de quelques mauvais contes de près de deux cents ans d'impression.

Les préjugés, Monsieur, sont très nombreux dans les campagnes et même chez le peuple des villes et des bourgs ; nos bourgeois n'en sont pas exempts. Je ne vous donnerai pas la liste de tous ceux que j'ai recueillis, il en est de trop minutieux. Je vais cependant vous faire part de quelques uns de ceux-ci afin que vous en puissiez prendre une idée ; ensuite je rangerai dans une seconde classe ceux qui sont d'une plus grande importance.

Nos gens de campagne ont beaucoup de respect pour tout ce qui est écrit ou imprimé.

La nuit de Noël on met dans le feu un gros morceau de bois appelé tréfous, on en retire les restes pour les placer sous les lits, et l'on est intimement persuadé qu'avec cette précaution la maison sera préservée du tonnerre pendant une année.

On prétend que la bonté ou la médiocrité des récoltes provient du vent qui a régné le jour des rameaux, du temps qu'il a fait le jour des rogations.

Le vendredi saint les enfants et les jeunes bestiaux sont exposés à l'air pour acquérir de la force.

Pour le même effet les enfants sont assis à nu sur la table qui a servi de reposoir les jours de fête.

Quiconque a porté un buis grainé le jour des rameaux s'attend aux plus grands malheurs, et même à la mort, ainsi que ceux qui ont mangé treize à table. La paix ne doit pas régner dans un mariage, si, tandis qu'on le célébroit, la femme s'est levée la première à l'Évangile ; l'empire appartiendra au mari ou à l'épouse suivant que l'anneau aura été plus ou moins avancé sur le doigt de cette dernière.

Suivant que les cierges du côté de chaque contractant ont brûlé vite ou lentement, on augure la bonne ou mauvaise santé, la mort prochaine ou la longue vie de l'un d'eux ou des deux.

Une femme, qui après une couche paroît à l'église pour se faire relever, ne doit pas prendre l'eau bénite elle-même, il faut que quelqu'un ait la charité de lui en mettre au front, sinon sa profanation seroit punie de mort dans l'année.

Ce dernier préjugé est un peu plus considérable que les autres ; il m'aura en quelque sorte servi de transition pour vous entretenir de ceux de la seconde classe.

Je ne fais pas de difficulté d'y ranger la plus grande foi que l'on a dans telles ou telles reliques, dans tels Saints, dans telle chapelle de tel Saint, dans la Vierge, que dans l'Être Suprême. Malheureusement les ecclésiastiques ont fomenté cette superstition, et ils crieroient encore anathème contre celui qui les blâmeroit, s'il était homme à se laisser intimider ou à dépendre du peuple.

Nos gens de campagne peuplent les airs de génies secondaires qu'ils nomment feux-folets. Ils leur attribuent de se livrer des combats et de pousser des cris aigus ; ils les font aussi descendre sur terre pour y jouer des tours aux humains, tantôt par une apparition subite et momentanée dans un bois, dans un chemin, tantôt en tressant les crins aux chevaux dans les prairies de manière à ne pouvoir être démêlés, d'autre fois en brouillant les divers effets qui sont dans les maisons.

Ils croient également aux loups-garous. Celui qui le coure, suivant le plus ou moins grand pacte qu'il a fait avec le Diable, prend des formes plus variées et se diversifie à sa volonté, possède plus de force et plus de puissance. C'est toujours à la même heure qu'un homme prend son travestissement. Il est singulier que les gens soient censés courir le loup-garou pour avoir commis quelque mauvaise action, avoir été excommuniés ou parce qu'ils sont plus instruits que d'autres. Enfin celui qui coure le loup-garou est libéré de sa punition ou privé de sa vertu si l'on répand son sang alors qu'il est ainsi déguisé.

L'imagination des gens de campagne et du peuple est aussi intimidée par les revenants. C'est particulièrement dans les cimetières et dans les églises qu'on les loge ; ils errent un peu dans les chemins qui les avoisinent ; on les redoute dans tous les lieux obscurs ; ils paroissent surtout dans les endroits qu'ils habitoient et fréquentoient, et principalement dans leur dernière demeure ; ils demandent pardon à leurs créanciers, à ceux à qui ils ont manqué ; ils troublent le repos de ceux dont ils ont à se plaindre ; enfin ils exigent des messes de leurs femmes, enfants ou héritiers. Devons-nous d'après cela être surpris qu'un tel préjugé ne soit pas déraciné ?

Les Sorciers ont trop d'identité avec ces chimères pour ne pas être aussi l'objet de la croyance. Cette espèce a son *(sic)* hiérarchie. Un sort jetté peut faire périr ou maigrir l'animal ou l'homme qui en a été atteint. Il faut pour le lever être au moins aussi puissant que celui qui en est l'auteur. On gagne de l'argent à ce métier. Il est inutile de remarquer que l'on peut rendre une pierre immobile, empêcher l'eau de servir à aucune cuisson, etc., etc.

Il y a dix-huit mois un jeune paysan dit confidentiellement à deux amis qu'il croyait que son père et quatre bœufs avoient été ensorcelés par un nommé Camus ; ce dernier présenta requête en réparation d'honneur et dommages intérêts au lieutenant général criminel de St Calais et obtint l'adjudication de ses conclusions malgré les plaidoyers philosophi-comiques de son adversaire. Surpris de ce baroc jugement, j'en demandoi les motifs au président ; il me fut répondu qu'il falloit ménager l'opinion des gens de campagne.

Il y a trois mois les parents d'un garçon qui étoit tombé en démence arrêtèrent dans notre ville de St Calais une jeune fille qu'ils soupçonnoient de sortilège. Tout le quartier s'attroupa. On somma la malheureuse fille de lever le sort. Ce fut bien inutile. Alors elle fut battue, on lui exposa les pieds au feu. Sa mort auroit peut-être été la suite de leurs cruautés, si sa famille ne fut venue la délivrer. Considérez par ces traits la profondeur du préjugé.

Je préfère suivre la série de vos questions à l'enchaînement de mes idées.

Les préjugés n'ont pas diminué depuis vingt ans : nulle lumière n'a pénétré dans les campagnes ; seulement quelques laboureurs ont semé des trèfles et des luisernes. Ils sont fort attachés à leur routine.

Les mœurs se sont insensiblement dépravées dans les campagnes et considérablement dans les villes et bourgs. On accuse nos paysans de manquer de probité. La plupart des fermes sont à colonies partiaires. La corruption de ce qu'on appelle plus précisément les mœurs provient du peu d'instruction, de la grossièreté des conversations, des sens, ou, pour mieux dire, de l'appétit animal. Nos citadins se vantent beaucoup de la facilité et de la gratuité des femmes de campagne.

On ne sauroit dire que les principes religieux des gens de campagne soient affoiblis. C'est avec la même exactitude qu'ils se livrent au culte extérieur. Jamais ils n'ont connu les principes. La superstition est leur unique frein. On croit plus à l'enfer qu'à Dieu ; on craint plus son curé que le diable. Pourvu qu'il ignore les fautes, on se croit innocent, on ne pense pas nécessaire de s'en accuser. Les filles disent hautement qu'il faut qu'elles soient enceintes pour qu'il y ait matière à confession.

Les causes de ces maux proviennent de l'ignorance, de la grossièreté et de la misère. Dans les environs surtout de notre ville la pauvreté est grande. Selon les apparences ils auront longtemps à en souffrir. Toutes les métaieries ou bordages sont presqu'à moitié, ce qu'on nomme autrement colonie partiaire. Cette manière d'affermer est très lucrative pour le propriétaire, mais elle exténue le colon ; elle tue son activité et son industrie, parce que le succès en seroit partagé. La plupart des maîtres interdisent le commerce à leurs fermiers.

Vous demandez, Monsieur, le remède à ces maux. Et n'est-ce pas de votre plume bienfaisante, énergique, et patriote qu'on doit les attendre ? Je vais cependant hazarder quelques idées.

L'instruction en différents genres me paroit nécessaire. Il seroit bon qu'on apprit à lire et à écrire ; mais il faudroit renoncer à la manière de commencer par apprendre à lire en latin. Il y a longtemps que je déclame contre cet usage sans trouver beaucoup d'auditeurs de bonne foi. Il n'est pas rare de rencontrer des gens qui aient fréquenté longtemps une école sans avoir lu dans le françois : on accorde cet avantage comme une grâce à ceux qui, selon la courte vue des maîtres, sont déjà habiles. Il en résulte des inconvénients et nulle utilité. La prononciation devient vicieuse par la différence des deux langues, où le même assemblage de lettres ne produit pas les mêmes sons. Des leçons en un idiôme étranger et inconnu engendrent l'insipidité, et diminuent le succès qui devroit résulter des peines et du temps. C'est dans l'enfance que la mémoire est la plus heureuse ; pourquoi ne pas profiter de ce premier âge pour apprendre par la répétition des leçons les droits, les devoirs de l'homme, ceux du chrétien, les premiers éléments et principes des fonctions auxquelles on sera destiné.

Je pense que la plus part des préjugés et des maux pour-roient se dissiper si l'on expliquoit aux gens de campagne et au peuple de nos cités la morale et quelques parties de la physique.

Je désirerois que nos paysans prissent des biens nationaux à ferme : ce seroit un moyen d'alléger leur misère. Pour cela, il faudroit empêcher que d'autres les affermassent pour y gagner en les leur donnant à moitié. On pourroit parer à cet inconvé-nient en insérant dans les adjudications la clause d'exploiter par soi-même. Avant de prendre ce parti, il seroit indispen-sable de calculer si le défaut de fortune leur permettroit de faire les premières avances.

Il y auroit de grands avantages à sacrifier quelques sommes et quelques terrains pour les employer, à leurs yeux, en expé-riences sur l'agriculture dont les résultats leur prouvassent que leurs usages sont susceptibles de perfection.

La révolution n'a pas produit d'effets moraux sur ces êtres malheureusement trop grossiers, que la stupidité ou l'habitude porte toujours à se regarder inférieurs à certaines personnes, à les croire comme des oracles, à leur déférer sur tout. Qu'ils sont à plaindre de n'avoir été que le jouet des passions d'au-trui et d'avoir suivi tantôt une impression, tantôt une autre !
[...]

Il n'y a pas de patriotisme chez les gens de campagne : c'est à qui ne sera pas dans les places municipales ; ils ne se seroient pas présentés aux assemblées primaires sans la crainte d'une grosse amende, dont on avoit la lâcheté de les menacer. Leur intérêt personnel est leur passion dominante.

Si deux ou trois ecclésiastiques ou nobles ont éprouvé des désagréments, c'est qu'ils étoient détestés depuis quinze ou vingt ans, ou que quelqu'un excitoit les gens contre eux par vengeance. La suppression des armoieries, et partant de ce qu'on appeloit les poteaux, a fomenté quelques rumeurs pen-dant les assemblées primaires. Bientôt le repentir s'est mani-festé. Heureusement notre canton a été le plus tranquille. Notre ville, entre autres, est le paradis terrestre des prêtres. Quoi-qu'on les méprise depuis longtemps, à cause de leurs mœurs et de leur inutilité, et que dans les circonstances ils se soient démasqués en prouvant qu'ils n'avoient ni religion ni principe d'honneur, ils vivent on ne peut plus paisibles : nous les avons maintenus en sûreté. Un d'eux, assez estimé, avoit été chassé par une cabale abominable de gens riches ; au bout de deux jours ils ont été confondus ; il est revenu triomphant. Un autre, haï et méprisé depuis longtemps, a cru nécessaire de se bannir quelques mois : sa présence a rappelé le mécontentement ; un cheveu n'est pas tombé de sa tête. Ce misérable dinoit dernièrement chez ma mère et osa dire qu'il désiroit que le renouvellement de notre municipalité ne donnât que des paysans afin qu'elle fût mal gouvernée.

Le Clergé a cruellement abusé de la paix que nous lui avons conservée. Tous les jours il se livre dans nos sociétés aux prédications de l'aristocratie la plus forcenée, dont notre ville est le repaire le plus infecté. Ce reproche ne doit pas frapper la plus grande partie des prêtres de nos campagnes.

Les maires et les municipalités de ville et de campagne se livrent à leur despotisme sans vouloir sortir de leur ignorance. Leurs volontés, leurs projets sont préférés à l'exécution de la loi. Les prêtres et les nobles n'en sont pas plus victimes que le reste du public.

La municipalité de Cogners se distingue seule par son patriotisme. Tous les dimanches, à l'issue des vêpres, on fait assembler la paroisse, on lui donne lecture des Décrets, et on invite chacun à demander des explications sur les articles qu'il ne comprend pas.

Tels sont, Monsieur, les renseignements que je puis vous procurer. Je voudrais que leur mérite fût aussi étendu que l'estime avec laquelle je suis très fraternellement

Votre très humble et très obéissant serviteur
Mousseron-Mellève
Secrétaire de la Société patriotique

II

*Compléments ethnologiques
et linguistiques*

II, 1. *RÉTIF:*
LE PATOIS À NITRY ET À SACY

D'abord, un témoin spontané — ou presque. Dans La Vie de
mon père *(publié en 1778-1779), Rétif de la Bretonne consacre
une note au statut «physique et moral» de la langue dans son
bourg d'origine Nitry, en Bourgogne. C'est l'occasion de retrouver sous sa plume tout l'imaginaire linguistique des correspondants de l'enquête sur les patois*.*

Ce bourg (Nitri) n'a pas de patois, et l'on y parle presque
aussi purement qu'à la capitale, quoique à une lieue la ronde
chacun des autres villages et hameaux en ait un fort grossier.
En cherchant les raisons de cette espèce de phénomène, j'en ai
trouvé de physiques et de morales. Les causes physiques sont
un air pur, léger, que procure la situation élevée d'une plaine
vaste et bien découverte, où tous les vents ont également la
liberté d'agiter l'air ; les grains y étant bons et bien nourris, ils
donnent une nourriture saine ; le laitage, les œufs, la chair des
animaux y ont une qualité supérieure à celle de ces mêmes
denrées dans les villages circonvoisins, tous situés dans des
fonds relativement à celui-ci. Les causes morales de la pureté
du langage sont le commerce, qui conduit souvent les habi-

---

* Rétif de la Bretonne, *École des Pères*, 1776, p. 271. Cité in *La Vie de mon
père*, éd. G. Rouger, Garnier, 1970, pp. 50-51.

tants hors de chez eux et dans les petites villes, ce qui les oblige de chercher à s'exprimer d'une façon polie; l'abandon des travaux abrutissants par nombre d'entre eux; la grossièreté même de leurs voisins, qu'ils sentent, qu'ils aperçoivent dans toute sa difformité, et qu'ils tremblent d'imiter; les enfants de Nitri sourient dédaigneusement lorsqu'ils entendent parler ceux des environs. Nitri a pourtant un accent, mais délicat, plus délicat, plus agréable que le provençal et le gascon, qui marque et rend sensible la légèreté de ses habitants; il consiste à élever les voyelles nasales, en y donnant un son clair, semblable à celui qu'elles ont en grec, et cela avec tant de vitesse qu'on n'y remarque rien que de flatteur pour l'oreille; on y a une attention marquée à prononcer toujours *cela*, et jamais *ça*, etc. Je conviendrai cependant que, soit faute d'habitude de ma part, ou prévention, il me semblait que cette prononciation avait quelque chose d'affecté dans les hommes; elle est trop délicate pour eux, mais elle a une grâce inexprimable dans le parler des jeunes filles, et ne messied pas aux autres femmes: j'en entendis un jour une de dix-huit ans, dans la bouche de laquelle notre langue avait un charme de prononciation qui l'emportait de beaucoup sur l'harmonie de la langue italienne; je me convainquis même que les voyelles éclatantes de cette dernière n'assortissaient pas avec la douceur de l'organe de la jeune Française. Coquettes des rives de la Seine, prenez cet accent enchanteur! Tout le sexe de ce village a le son de voix doux, sonore, agréable; les hommes sont vifs, légers, et pourraient dire comme Ovide:

Pondere, non nervis corpora nostra carent.

Ils forment un contraste parfait avec les habitants du bourg de Saci, où les deux paysans doivent passer ensuite: ce dernier endroit jouit d'un air trop dévorant, à cause des collines multipliées dont son finage est coupé; leurs gorges donnent à ce fluide une excessive et consumante rapidité; il est ainsi plus agité et moins pur parce qu'un vallon de prairies où les eaux stagnent six à huit mois de l'année, envoie des vapeurs grossières et malfaisantes qui rendent les habitants aussi lourds, pensifs, taciturnes, que ceux de Nitri sont naturellement enjoués et folâtres; ajoutez que la voracité des Saxiates, qu'ils satisfont avec une quantité prodigieuse d'un pain noir peu cuit, où l'on a laissé le gros son, surcharge leurs vaisseaux d'un sang pesant, qui circule avec une lenteur plus sensible dans les femmes. Elles ont la plupart un son de voix hommasse, dur, qui, joint à leur patois désagréable, à la difformité de leur accoutrement, en fait de rebutantes créatures. Remarquons ici que ces deux bourgs ne sont qu'à une lieue commune l'un de l'autre : mais le comte de S. les a choisis tout exprès pour voir beaucoup de pays en peu de chemin et présenter en raccourci le tableau de la vie rustique dans tout le royaume.

II, 2. *UN ETHNOLOGUE DANS LES ALPES*

L'abbé Albert, curé de Seynes (Hautes-Alpes), bachelier en droit canonique et civil, docteur en théologie, est l'auteur d'une Histoire géographique, naturelle, ecclésiastique et civile du diocèse d'Embrun *publiée en 1783, dont nous avons extrait ce texte. Il témoigne, hors de la contrainte du questionnaire de Grégoire, de la cohérence du discours des élites provinciales sur le patois*.*

DU LANGAGE, DES VÊTEMENTS ET DES USAGES
DES PEUPLES DU DIOCÈSE D'EMBRUN

Il serait difficile de trouver plus de variété soit par rapport au langage, soit par rapport aux habillements, soit par rapport aux usages qu'on en trouve parmi les peuples de ce diocèse. Non seulement la différence est sensible depuis une de ses extrémités jusqu'à l'autre ; mais elle l'est souvent dans deux paroisses voisines. Il faut quelquefois faire plusieurs lieues, surtout dans les autres provinces du royaume qui sont en pays de plaine pour observer quelque différence dans le langage et dans les habillements des peuples qui les habitent. Mais ici, on n'a qu'à sortir d'une petite vallée et se transporter dans une autre pour y apercevoir une différence totale. Chaque vallée y a son langage et ses usages différents, ce qui provient sans doute du peu de communication que les habitants d'une vallée

---

* Abbé Albert, *Histoire géographique, naturelle, ecclésiastique et civile du diocèse d'Embrun*, 1783, chapitre VI, pp. 91-93.

ont avec ceux d'une autre, en étant séparés par la hauteur et la difficulté des montagnes.

La langue vulgaire du peuple de ce diocèse n'est, dit-on, qu'un mélange des langues celtique, grecque et latine, et plus de cette dernière que des deux autres. Elle a aussi beaucoup de mots tirés de l'italien et de l'espagnol, ce qui est si vrai que quand des Italiens et des Espagnols passent dans ce pays, ils entendent mieux ceux qui leur parlent patois que ceux qui leur parlent français. Il n'est pas surprenant que le langage de ce pays ne soit qu'un mélange et un composé des idiomes des différents peuples qui l'avaient habité anciennement. Il avait appartenu, comme on l'a déjà fait remarquer, aux anciens Celtes ou Gaulois, puis aux Grecs, puis aux Latins, après aux Goths, puis aux Français, ensuite aux Allemands, ensuite aux Espagnols, puis aux Dauphins et aux comtes de Provence, et enfin aux rois de France.

Le langage du Briançonnais diffère de beaucoup de celui de l'Embrunois. On a déjà fait observer ailleurs que dans le Briançonnais on termine tous les noms féminins en *a*, lorsqu'ils sont au pluriel, ainsi l'on dit : la *vacha, la vigna, la ceriza*, etc., pour les vaches, les vignes, les cerises : au lieu que dans l'Embrunois, on termine ces noms en quelque sorte en *os* et on dit *les vachos, les vignos*, etc. de même que dans les vallées de Queyras, de Barcelonette et de Seyne. Dans ces deux dernières vallées le langage approche beaucoup du provençal, quoiqu'il y soit moins gai et plus languissant. Dans l'Embrunois, il est à peu près semblable à celui du Gapençais et d'une partie du Haut Dauphiné. Dans le Briançonnais, il a du rapport avec le Grenoblois. Enfin dans la vallée de Queyras, il est tout singulier, non pas tant pour la différence des mots que pour la manière pesante dont on les prononce, surtout dans la paroisse d'Arvieu, où l'on semble vouloir se distinguer par une affectation marquée à prononcer différemment de tous les autres.

Indépendamment de la différence de prononciation, chaque vallée du diocèse d'Embrun a plusieurs termes qui lui sont propres, et qu'on a de la peine à entendre hors du pays, il serait trop long d'en donner la liste.

Il faut cependant observer que toutes les personnes de ce diocèse qui ont de l'éducation, ou qui sont élevées au-dessus du vulgaire, par leur naissance ou par leurs emplois, parlent habituellement français. Bien plus il n'y a personne même parmi le bas peuple, qui n'entende le français. Si tous ne sont pas en état de le parler, du moins tous le comprennent. Ce qui n'est pas dans plusieurs autres provinces du royaume ; car voyageant, il y a quelques années, dans la limagne d'Auvergne, je ne pus jamais me faire entendre aux paysans que je rencontrais le long de ma route. Je leur parlais français ; je leur parlais mon patois ; je voulais leur parler latin : mais tout était inutile. Enfin lassé de leur parler, sans pouvoir me faire entendre, ils me parlèrent à leur tour un langage auquel je n'entendais aussi rien. Si dans le diocèse d'Embrun, tous entendent le français, c'est qu'ils y sont formés à bonne heure. On leur fait le catéchisme en français et on ne leur parle jamais patois dans les églises, lorsqu'il s'agit de les instruire de leur religion et de leurs devoirs.

II, 3. *UN PRÉCURSEUR :*
OBERLIN ET LE PATOIS LORRAIN

Jérémie-Jacques Oberlin, professeur, puis directeur du Gymnase protestant de Strasbourg, avait, dès 1775, publié un essai sur le patois lorrain qui avait suscité l'intérêt de Grégoire. Sa réponse à l'enquête, malheureusement, est perdue. On notera la reprise des idées d'Oberlin dans le rapport de Grégoire à la Convention ; mais aussi le refus de son fatalisme (« C'est en vain qu'on nous proposerait de déraciner le jargon populaire… »), lié à la radicalité d'un projet politique*.

S'il était question de donner une description détaillée des différents patois, qui distinguent les provinces du Royaume, il faudrait pour la faire, qu'il y eût une Académie formée par des savants de chaque province et des gens en même temps de la plus basse extraction et du commun. Il faudrait, par un assemblage assez plaisant, que les professeurs et les paysans, les grammairiens et les crocheteurs tinssent des séances bien fréquentes pour fixer les nuances et les principes des nuances, qui font varier le langage d'un village à l'autre, d'une ville à

---

* Jérémie-Jacques Oberlin, *Essai sur le patois lorrain des environs du comté du Ban de la Roche, fief royal d'Alsace*, Strasbourg, 1775.

l'autre, de province en province. Et je ne sais, si les recherches, qu'on ferait, ne mèneraient pas à des découvertes assez intéressantes, et si, comme dit l'Italien, le jeu ne vaudrait pas la chandelle. Mais, sans courir après ce fantôme, il nous suffira pour le présent de faire quelques réflexions sur la nature du patois en général et du lorrain des contrées mentionnées en particulier,

Il n'y a pas de pays, où l'on parle une langue cultivée, qui n'ait aussi son patois. Le même peuple, les paysans, les artisans, les gens réduits à gagner leur pain au manœuvre gardent des siècles entiers le langage grossier de leurs ancêtres, sans se soucier des raffinements dont les gens de lettres et le beau monde s'efforcent toujours d'embellir la langue du pays. C'est ainsi que, pour donner un seul exemple, que ma patrie me fournit, le patois allemand de Strasbourg ne diffère guère du langage qu'on trouve dans des livres et des titres et des actes publics des quatorze et quinzième siècles. Qu'on compare les preuves des témoins dans le fameux procès de Jean Gutenberg, inventeur des caractères mobiles (que Mr Schoepflin a fait imprimer), qu'on en compare, dis-je, le langage avec celui de notre patois d'aujourd'hui, et l'on sera convaincu de la vérité de ce que j'avance.

La culture de la langue, la fréquente lecture des bons écrits, même parmi le même peuple n'a pas été en état d'apporter un changement considérable dans cet objet. Qui plus est, cette même culture, cette même lecture ne rapproche pas même le langage des différents cantons d'une province. L'Alsace nous en fournit une preuve évidente. Nous en sommes ici à Strasbourg à peu près au centre. Plus on remonte vers la Suisse, plus le langage allemand devient gras et grossier, plus on le descend vers le Palatinat, plus le patois même s'épure et s'amollit. Et quand on feuillette les actes publics des siècles passés, l'on voit que ç'a été à peu près de même.

La langue allemande n'a rien de particulier à cet égard; les autres et nommément la française se trouvent dans le même cas. Le patois des différentes provinces de la France, fort différent en lui-même, remonte, quant à son origine, partout aux changements, que la langue latine, introduite autrefois dans les Gaules par les Romains et corrompue ensuite en rustique et romance, eut à essuyer depuis le onze ou douzième siècle environ. Pour nous en tenir aux provinces méridionales, le gascon, le provençal, le bourguignon, le lorrain s'est conservé depuis plusieurs siècles à peu près dans le même état. Le beau français s'est purifié peu à peu par la culture de la cour et des écrivains, sans que les patois aient été beaucoup altérés. C'est en vain, qu'on se proposerait de déraciner le jargon populaire ; les savants l'apprendraient plutôt que les paysans et gens de métier ne sauraient s'en défaire. Ajoutons, que parmi le beau sexe l'on trouve presque partout des zélés partisans du patois de chaque canton.

Ces réflexions générales nous aideront à établir quelques maximes, qui regardent plus particulièrement le patois lorrain et surtout celui du Ban de la Roche. Les voici :

1° Le fond de ce patois est le vieux langage français du douzième siècle environ, que des gens occupés continuellement au labour ne se sont pas avisés de changer contre le français qui s'est purifié par degrés.

2° Il s'est glissé dans ce patois par la succession des temps beaucoup de corruptions, effets de l'ignorance et de la paresse.

Ajoutons une troisième, c'est que le commerce avec les voisins, Suisses et Allemands, et la demeure, que des colonistes de ce voisinage y ont fixée, ont enrichi ce patois de mots, de phrases, de tournures et en a même altéré la prononciation...

... Je ne me mêle point à cette occasion de la fameuse controverse, qui partage les savants sur l'origine des langues qu'on parle dans cette partie occidentale de l'Europe. Sans me soucier, si Mr Bullet[1] a bien fait d'appeler du nom commun de celtique, la langue basque, le bas-breton et le gallois ou si Mr Schloezer[2] distingue avec raison ces trois langues de toutes les autres autant que d'entre elles-mêmes, je me contenterai de montrer l'usage moderne du langage patois fondé sur celui de la langue française des siècles précédents et d'indiquer les rapports, que les mots patois hors d'usage aujourd'hui dans le français ont encore à certains termes, qui se trouvent dans le provençal, le gascon, le bas-breton, le gallois, l'allemand, le suisse, etc. Si je me sers du nom de celtique dans ces étymologies, je fais allusion à l'hypothèse de Mr Bullet sans l'adopter. Car quoi qu'il en soit de la conformité du basque, du bas-breton et du gallois que Mr Schloezer[3] nie tout à fait, il est palpable, que les savants sont trop partagés sur l'idée à attacher au nom des Celtes, pour qu'on puisse espérer jamais de convenir d'une langue celtique. À la vérité on a cherché cette dernière selon différents systèmes dans le gallois, le basque, le breton, l'anglo-saxon, le hollandais, le suédois, etc.[4]

II, 4. *LE POINT DE VUE FÉDÉRALISTE*

À la fin de 1791, la province est encore indécise. Si le projet parisien de construire la patrie par l'éducation est partout approuvé, les positions divergent encore sur les modalités de l'entreprise. La Feuille villageoise de Cerutti, rédigée en français, prétend unifier autour de la langue nationale l'éducation paysanne. Voici, au contraire, la position «fédéraliste» exprimée par un «cultivateur» de Montauban, Gautier-Sauzin, qui, dans une longue lettre adressée au Comité d'Instruction publique de l'Assemblée constituante, dénonce la vanité radicale des entreprises d'unification linguistique. C'est l'occasion pour lui d'imaginer une pédagogie du patois, désormais promu langue régionale à part entière*.

Montauban le 18 décembre 1791

Monsieur le Président,

Pénétré de cette importante vérité que tout bon citoyen doit compte à la patrie des idées qui lui passent par la tête ou par le cœur et qu'il croit de salut public, j'ai l'honneur de soumettre aux lumières de l'auguste Assemblée dont vous êtes le digne organe quelques réflexions que les nouvelles circonstances m'ont fait naître et qui m'ont paru d'un intérêt assez pressant pour fixer un moment son attention. Daignez, Monsieur le Président, en agréer et lui en faire agréer l'hommage.
Je suis avec un très profond respect
Monsieur le Président
Votre très humble et très obéissant serviteur
Antoine Gautier-Sauzin
cultivateur.

---

* Archives nationales, F¹⁷ 1309.

RÉFLEXIONS SUR LE GENRE
D'INSTRUCTION PUBLIQUE QUI CONVIENDRAIT
À NOS CAMPAGNES MÉRIDIONALES

> Lumières et liberté pour tous, et pour toujours.
>
> M. Casaux.

Le plan d'éducation nationale, tel que la saine majorité de nos premiers législateurs l'a conçu et transmis à ses dignes successeurs, est, sans contredit, une des grandes vues politiques qui lui assurent l'immortalité. En effet, après avoir élevé l'immense édifice de la nouvelle Constitution Française à travers les obstacles et l'opposition sans cesse renaissante et l'intérêt personnel, quel plus solide appui pouvait-elle lui donner, que cette précieuse institution à laquelle tient si essentiellement la régénération des mœurs publiques d'où naît l'amour universel du beau, du grand, du juste, cet amour de l'ordre qui, seul, peut assurer efficacement la durée des Empires?

La nation, en se reconstituant, a sagement proscrit de son sein toute distinction d'ordres, de rangs, de privilèges, et n'a conservé de considération personnelle que celle qu'il importe si fort d'attribuer aux talents qui servent ou défendent la patrie et aux arts qui l'embellissent. Mais, dans l'impossibilité physique et morale de niveler ainsi les fortunes des citoyens, elle s'est vu forcée, en dernière analyse, de considérer la société sous ces deux rapports bien prononcés, richesse et pauvreté. C'est aussi pourquoi l'Assemblée Constituante a cru devoir approprier son plan d'éducation nationale à ces deux différentes classes de citoyens. Elle a destiné au peuple riche l'éducation publique proprement dite, et au peuple pauvre l'éducation publique et gratuite.

De la première de ces écoles sortiront la sagesse éclairée de nos Administrateurs, l'intégrité et les lumières de nos magistrats, de nos juges, la droiture de nos ministres, le génie et les vertus de nos législateurs, etc. — L'objet de la seconde sera d'apprendre aux enfants à lire avec fruit, à écrire avec une sorte d'intelligence, à calculer avec précision; et de former leur esprit et leur cœur aux principes invariables et inséparables de la religion et de la Constitution. C'en sera assez sans doute pour cette portion utile, laborieuse et malheureusement trop nombreuse de nos concitoyens, que le défaut de temps et de lumières a privée jusqu'ici de toute instruction; parce qu'ainsi armée, elle ne sera plus accessible à ces fausses et funestes terreurs dont l'hypocrisie, le mensonge, la superstition et le fanatisme ne cessent d'environner son ignorance et sa crédulité : avantage dont l'importance ne se fait que trop sentir dans les circonstances présentes.

Enfin le grand but de cette institution universelle est de créer des hommes et des citoyens à la patrie.

Mais en s'occupant principalement de l'intérêt du peuple des villes, dont la police est toujours plus compliquée en raison de l'énorme population de quelques-unes et de l'entassement des individus dans toutes, il s'en faut bien que l'Assemblée Constituante ait perdu de vue les précieux habitants de nos campagnes, ces pères nourriciers de l'État qui ne sont pas moins nécessaires à l'existence du corps politique, que la mamelle à l'enfant qui vient de naître. Au contraire, elle a voulu que chaque village du royaume, et jusqu'au moindre hameau, eût son pédagogue en titre, chargé d'apprendre également aux enfants à lire, écrire et compter ; et de leur inspirer, de bonne heure, ainsi qu'aux pères et mères et généralement à tous les habitants du lieu, le plus ardent amour pour notre sainte Constitution, en leur en expliquant d'une manière simple, claire et précise les principes et le but : pendant que le curé de la paroisse ne cesserait de leur prêcher qu'un mauvais citoyen ne peut être un bon chrétien.

Certes la tendre sollicitude de ces pères de la patrie doit réveiller dans tous les cœurs les plus vifs sentiments de la reconnaissance. Mais il se présente ici une difficulté de détail qui, par son importance, mérite d'être examinée et discutée avec quelque attention.

J'observe que le français est à peu de nuances près la langue vulgaire des campagnes de la majeure partie du royaume ; tandis que nos paysans méridionaux ont leur idiome naturel et particulier, hors duquel ils n'entendent plus rien. Cette différence est si vraie et si essentielle que l'excellente feuille villageoise de Mr Cerutti, qui fait un si grand bien dans les campagnes où elle est entendue et qui en ferait bien davantage si l'esprit y abondait moins, si les matières en étaient, généralement parlant, moins relevées, est entièrement perdue pour les campagnes du midi. Les habitants de ces contrées sont encore bien loin d'avoir une idée nette, non seulement de notre sublime Constitution, mais même de l'immense révolution qui s'est opérée dans le royaume, et, pour ainsi dire, autour d'eux. Ce n'est pas qu'ils n'aient sans cesse à la bouche ces mots magiques de révolution et de Constitution; je ne doute même pas qu'enflammés comme ils sont, ils ne se fissent tous tuer pour le maintien de cette dernière, à l'instar des patriotes éclairés des villes de leur voisinage; mais qu'on leur demande quelle est la cause qu'ils ont embrassée, ils répondront sans hésiter que c'est la cause du roi : et voilà qui prouve jusqu'à l'évidence, qu'ils n'ont pas encore fait un pas dans la nouvelle carrière de lumières dans laquelle les citadins ont fait de si grands progrès.

Or dans l'indispensable et même urgente nécessité de faire participer cette intéressante partie de citoyens à l'instruction générale, quel parti prendre pour y procéder avec succès? Ira-t-on leur enseigner la langue française, et pour cet effet, mettre dans leurs mains la grammaire raisonnée? Mais, occupés, dès l'âge de raison, aux travaux continuels des champs, d'où dépend leur existence, auront-ils le temps de l'étudier et le degré d'intelligence nécessaire pour l'entendre? Et, en supposant, contre toute vraisemblance, qu'ils parvinssent à vaincre cette première difficulté, en serait-ce assez pour saisir, je ne dirai pas toutes les finesses de notre langue, mais celles dont *la Feuille Villageoise* spécialement destinée pour eux est remplie? Je tiens, pour moi, qu'un cours de belles lettres ne serait pas de trop : et dès lors qui n'aperçoit la nullité ou plutôt l'absurdité d'une telle entreprise?

Quel moyen emploiera-t-on donc pour remplir cet important objet? Il n'en est qu'un à mon avis.

Après avoir démontré l'absolue impossibilité de parvenir dans aucun temps à familiariser avec la langue française nos paysans gascons, languedociens, provençaux, etc., je crois que le seul moyen qui nous reste est de les instruire exclusivement dans leur langue maternelle. Oh qu'on ne croie pas que ces divers idiomes méridionaux ne sont que de purs jargons : ce sont de vraies langues, tout aussi anciennes que la plupart de nos langues modernes; tout aussi riches, tout aussi abondantes en expressions nobles et hardies, en tropes, en métaphores, qu'aucune des langues de l'Europe : les poésies immortelles de Goudelin en sont une preuve sans réplique.

Pour cet effet, il s'agirait d'abord d'imprimer des Alphabets purement gascons, languedociens, provençaux, etc. dans lesquels on assignerait avec soin à chaque lettre sa force et sa

valeur. On pourrait peut-être même en retrancher quelques-
unes telles que notre V qui, se confondant absolument, au moins
dans le gascon, avec le B devient parfaitement inutile. De plus,
je ne voudrais point qu'on fît prononcer dans bien des cas l'U
comme OU mais plutôt qu'on exprimât cette diphtongue partout où elle se fait entendre distinctement, excepté toutefois
dans le latin dont on ne peut raisonnablement changer l'orthographe pour la commodité de nos paysans. Par exemple,
pour exprimer en gascon le mot *Dieu*, que Goudelin écrit *Dius*,
j'écrirais D̈ïous, les deux points sur l'ï servant à indiquer qu'il
faut traîner et doubler en quelque sorte cette voyelle.

On ajouterait à ces divers alphabets quelques leçons préli-
minaires à la portée des enfants et capables de piquer leur
curiosité ; et, du moment que la lecture de ces premières leçons
leur serait devenue familière, on mettrait entre leurs mains un
historique succinct, clair et précis de la révolution et des abus
révoltants qui l'ont si longtemps et si impunément provoquée.
À cela succéderait une traduction fidèle de la Constitution et
des lois rurales. Enfin, moyennant certains honoraires, un particulier instruit serait chargé (dans chaque district ou dans
chaque département selon l'étendue du territoire où le même
idiome serait entendu) de préparer, chaque semaine, et de traduire avec le plus grand soin, pour les campagnes des environs, un extrait des nouvelles publiques et nommément des
décrets qui les intéresseraient d'une manière directe. Du reste,
l'impression de ces traductions diverses et ces traductions
elles-mêmes me semblent devoir être aux frais de la nation
entière, dont la tranquillité universelle tient immédiatement
au repos particulier de chacune de ses parties : repos que les
lumières généralement répandues peuvent seules amener et
assurer.

Enfin on établirait pour chacun de ces idiomes méridionaux
une orthographe uniforme et invariable.

Quel inconvénient y aurait-il ensuite à ce que les collecteurs
pris dans la classe des paysans tinssent leurs registres et fissent leurs quittances dans leur langue naturelle ? Il n'y a personne dans les villes voisines qui ne l'entende aussi bien qu'eux.
Les receveurs généraux, eux-mêmes, n'auraient pas la moindre
peine à faire leurs relevés d'après de tels registres, à moins
qu'ils ne fussent étrangers dans cette partie du royaume comme
il n'est que trop souvent arrivé sous l'Ancien Régime.

Mrs les curés des villages, chargés d'afficher à la porte de leurs églises soit un décret. soit une proclamation, voudraient bien se donner la peine d'en prendre l'esprit, de les traduire et de les publier par extrait et d'une main lisible. Cela leur coûterait d'autant moins qu'ils sont obligés par état de connaître à fond la langue du canton : sans quoi, ils auraient beau s'époumoner dans leurs prônes, ils ne sauraient se faire entendre et manqueraient totalement le but de leur instruction chrétienne.

Mrs les notaires voudraient également bien se prêter à ce nouvel ordre de choses, en n'expédiant jamais à ces bonnes gens le double d'un acte quelconque, qui ne fût traduit dans leur idiome naturel. On ne saurait croire combien cette attention les tranquilliserait, eux qui, n'ayant connu jusqu'aujourd'hui que leur seul et unique intérêt, ont toujours soupçonné quelque infidélité dans les divers contrats qu'ils ont eu à passer, et dont on leur remet le double dans une langue qui leur sera à jamais étrangère.

Enfin, il n'est personne dans leur voisinage qui, recevant d'eux une lettre dans leur idiome particulier, ne se fasse un plaisir d'y répondre de même. C'est d'ailleurs un moyen sûr de s'entendre sans équivoque de part et d'autre.

Tel est, d'après plusieurs expériences souvent répétées sur un grand nombre de paysans de mon voisinage, le moyen qui m'a paru le plus prompt et le plus sûr pour les instruire autant que peut le comporter un genre de vie qui les voue dès le premier âge aux travaux les plus pénibles et les plus continus. Puisse ce plan d'éducation villageoise, s'il n'est point adopté par nos sages législateurs, appeler du moins leur attention sur les dangers de l'ignorance dans laquelle croupissent en général les habitants de nos campagnes méridionales !

II, 5. *LE QUESTIONNAIRE DE L'ACADÉMIE CELTIQUE (1807)*

L'Académie celtique tint sa première séance le 3 ventôse an XIII (22 février 1805) et sa première assemblée générale le 9 germinal de la même année (30 mars). J. H. Lavallée, dans le Discours préliminaire qui ouvre les Mémoires de l'Académie *(1807), explicite les buts que poursuit cette société : « 1° reproduire l'histoire des Celtes, rechercher leurs monuments, les exa-*

miner, *les discuter, les expliquer; 2° étudier et publier les étymologies de toutes les langues de l'Europe, à l'aide du celto-breton, du gallois et de la langue erse que l'on parle encore dans sa pureté primitive dans les montagnes de l'Irlande.* » *Il s'agit donc ici de retrouver un commencement linguistique, condition de possibilité d'une théorie, à travers les idiomes qui en conservent encore* la trace; *mais il s'agit aussi de constituer un musée des* monuments. *La présence d'Alexandre Lenoir, premier conservateur et administrateur du Musée des Monuments français, et second président de l'Académie, n'est pas fortuite: celle-ci, qui siège au Louvre, est une société d'Antiquités nationales. Dans le* Discours *d'ouverture* qu'il prononce *sur l'établissement de l'Académie celtique, les objets de ses recherches et le plan de ses travaux, Éloi Johanneau, secrétaire perpétuel, précise ce travail d'archivage et d'inventaire de* reliques:

> «Notre but doit être
>
> 1° de retrouver la langue celtique dans les auteurs et les monuments anciens; dans les deux dialectes de cette langue qui existent encore, le breton et le gallois et même dans tous les dialectes populaires, les patois et les jargons de l'empire français ainsi que les origines des langues et des noms de lieux, de monuments et d'usages qui en dérivent, de donner des dictionnaires et des grammaires de tous ces dialectes, qu'il faut se hâter d'inventorier avant leur destruction totale;
>
> 2° de recueillir, d'écrire, comparer et expliquer toutes les antiquités, tous les monuments, tous les usages, toutes les traditions; en un mot de faire la statistique antique des Gaules, et d'expliquer les temps anciens par les temps modernes.»

(*Mémoires*, 1807, pp. 63-64.)

À la statistique administrative des préfets de Napoléon, correspond donc la statistique ethno-archéologique de l'Académie qui verse les renseignements recueillis soit au musée lapidaire, soit dans le fichier des «traditions populaires». Le questionnaire ici présenté est significatif de cette taxinomie.

QUESTIONS PROPOSÉES
PAR L'ACADÉMIE CELTIQUE[5]

Pour suppléer au défaut de l'histoire, porter de nouvelles lumières sur les ténèbres qui couvrent le berceau des Gaulois ; pour rassembler des matériaux qui puissent éclaircir enfin les antiquités nationales, et servir à recomposer la langue, l'histoire et la mythologie celtique, l'Académie a résolu d'associer à ses travaux les observateurs, les savants nationaux et étrangers, et de les inviter à répondre aux questions suivantes. Elle leur observe que les pratiques qui y sont spécifiées, ont été ou sont encore en usage dans l'empire français, qui par une suite de victoires éclatantes a repris, et au-delà, toute l'ancienne étendue des Gaules.

§ 1. — *Questions sur les usages qui résultent des diverses époques ou saisons de l'année.*

1. Quelles sont les fêtes, les cérémonies, les pratiques superstitieuses qui ont lieu aux quatre principales époques de l'année, au solstice d'hiver, à l'équinoxe du printemps, au solstice d'été, et à l'équinoxe d'automne ?

2. Au solstice d'hiver, c'est-à-dire vers le temps de Noël, et dans les premiers (*sic* ; il faut : derniers) jours de décembre ou dans les derniers (*sic* ; il faut : premiers) jours de janvier, observe-t-on l'usage du *jeudi des garçons* et du *jeudi des filles* ? Célèbre-t-on quelques fêtes qui ont rapport avec cette ancienne *fête des fous* ou des *calendes* ? Réveille-t-on de bonne heure les paresseux, et leur donne-t-on ce qu'on appelait *les innocents* ? La veillée du 25 décembre, la chandelle qu'on allume, la bûche qu'on brûle pendant cette veillée sont-elles des sujets de superstition ? Quelle est la croyance populaire ? Quelles sont les traditions conservées à cet effet ? quelles pratiques sont en usage ? quelles fables sont racontées à cette époque de l'année ?

3. La veille du premier janvier proclame-t-on le *guy l'an neuf* ? Les enfants vont-ils, en criant ma *guilanée*, demander des étrennes ? Quelles sont les pratiques superstitieuses de la *fête des Rois* ? quelles formules sont prononcées pendant cette fête ?

4. Pendant le carnaval se livre-t-on à quelques superstitions particulières ? Les masques n'offrent-ils que des figures humaines ? ou bien présentent-ils, comme cela se pratiquait

autrefois, des figures d'animaux, telles que celles du bouc ou du taureau?

5. À l'équinoxe de printemps, vers le temps de Pâques, distribue-t-on des *œufs rouges*? Célèbre-t-on la *fête des brandons*? quelles cérémonies accompagnent cette fête? quelles formules y sont prononcées ou chantées? y invoque-t-on la fée *Faramoque*? quels jeux sont en usage à cette époque?

6. Dans les premiers jours du mois de mai, est-on en usage de planter, devant les portes ou les fenêtres des personnes que l'on considère ou que l'on affectionne, des jeunes arbres feuillés, ornés de fleurs et de rubans, qu'on appelle *mai*? y a-t-il quelques cérémonies particulières à cette époque? par exemple, les jeunes gens vont-ils le premier mai et avant le jour, de maisons en maisons faire une quête en chantant une chanson dont le refrain est à peu près celui-ci: *ô mai, ô mai, ô le joli mois de mai*?

7. Des jeunes gens, le même jour et de très grand matin, s'introduisent-ils dans les maisons des particuliers? y enlèvent-ils ceux ou celles qui sont encore dans leur lit? frappent-ils les paresseux, ou les mettent-ils à contribution?

8. Au mois de juin, ou en d'autres temps, promène-t-on par les rues, au son des tambours ou d'autres instruments, des *bœufs gras*, ornés de fleurs et de rubans? Quelle est l'époque précise de cette cérémonie, et la tradition à son sujet? quels sont ceux qui y président?

9. Dans le même mois de juin, à la fête de la *Trinité*, va-t-on de grand matin voir lever *trois soleils* à la fois?

10. Au solstice d'été, vers le temps de la fête appelée de *S. Jean*, va-t-on la veille et pendant la nuit, sur la cime des plus hautes montagnes du pays pour y attendre et contempler le lever du soleil, ou pour voir danser cet astre à son lever? Quel nom est donné à cet usage? quelles idées y attache-t-on? quelles pratiques l'accompagnent?

11. Va-t-on, la veille de la *S. Jean*, à minuit, cueillir des herbes auxquelles on attribue des vertus surnaturelles? Va-t-on, pendant la même nuit, se rouler dans la rosée?

12. Pendant la soirée du jour de la *S. Jean*, fait-on des feux de joie, brûle-t-on des animaux, ou bien des mannequins en paille et en papier représentant des figures d'hommes ou de femmes? Les habitants enlèvent-ils les tisons ardents de ce feu pour les porter dans leurs maisons? Quelles opinions attachent-ils à cette dernière pratique? Quels noms portent les manne-

quins brûlés? Quelles circonstances particulières accompagnent cette cérémonie?

13. Promène-t-on à la même époque, dans les rues, des mannequins gigantesques?

14. Quelle fête et quelle pratique ont lieu à la fin des moissons? Comment célèbre-t-on ce qu'on appelle *faire ses orges*?

15. L'équinoxe de l'automne est-il accompagné de quelques fêtes particulières? de quelques pratiques superstitieuses? Comment célèbre-t-on la fin des vendanges? Y a-t-il quelques restes de la *fête du pressoir* et de celle de Bacchus?

16. Aux approches de l'hiver, les habitants des campagnes s'assemblent-ils pour passer la veillée, appelée *perveile*, *écraignes*, etc.? Quelle est l'époque où ces assemblées commencent? Quelles pratiques y ont lieu? Quelles sont les idées superstitieuses qu'on y attache? Quelles sont les fables merveilleuses qu'on y raconte?

§ 2. — *Questions sur les usages relatifs aux principales époques de la vie humaine.*

17. Quelles pratiques, étrangères à la science médicinale et à la sainte religion, sont en usage lors des naissances? Les préservatifs, les amulètes, ou autres superstitions de cette nature, sont-elles employées? Quelques formules extraordinaires sont-elles récitées pour procurer à la mère un accouchement heureux, et à l'enfant la santé et le bonheur?

18. Pour faire grandir et prospérer les nouveaux-nés, pour éloigner d'eux les maléfices, les maladies, et surtout les regards de l'envie et ceux des vieilles femmes, attache-t-on à leur cou ou à leurs épaules des amulètes ou préservatifs? Quelle est la forme, la matière et la dénomination de ces amulètes?

19. Quelles cérémonies se pratiquent lors des mariages? Comment se fait la demande de la fille qu'on veut épouser? Comment célèbre-t-on les fiançailles? Comment se fait l'entrée de l'épousée dans la maison du mari? Un jeune homme assiste-t-il à la consommation du mariage, tournant le dos au lit nuptial? et tenant d'une main un flambeau allumé?

20. Les épouses stériles invoquent-elles quelques saints, ou se livrent-elles à quelques pratiques particulières pour devenir fécondes? Quels noms et quels attributs portent ces saints? Quelles sont ces pratiques?

21. Quels usages s'observent à l'agonie et après la mort d'un individu? Quelles circonstances particulières accompa-

gnent les obsèques ? Les célèbre-t-on par un banquet où l'éloge du mort est prononcé ?

22. Quelles sont les sépultures ? Où sont placés les cimetières ? Sont-ils ornés de fleurs ou ombragés par des plantations d'arbres ? Met-on plus de prix aux fosses sépulcrales qui avoisinent les murs de l'église qu'à celles qui en sont éloignées ? Quelle est l'opinion vulgaire à cet égard ? A-t-on coutume d'enfermer les têtes de certains morts dans des caisses de bois, carrées, peintes en noir, chargées de quelques inscriptions, et de les placer dans un lieu éminent de l'église ? Quels noms portent ces caisses ? Quelles sont leurs inscriptions ?

§ 3. — *Questions sur les monuments antiques.*

23. Connaît-on des assemblages de tombeaux ? Dans quels lieux se trouvent-ils ? Est-ce sur les bords d'un chemin ancien, sur ceux d'une rivière, sur la cime d'une montagne, sur un terrain autrefois stérile, sur d'anciennes frontières ? Quel est le nom de ce cimetière antique ? Quelle est la tradition populaire qui le concerne ? Est-il à l'ouest ou au sud du lieu [habité près duquel] il se trouve ?

24. Quelle est la forme, la matière de ces tombes ? Quelle est leur disposition générale par rapport aux points cardinaux de l'horizon ? Ont-elles été fouillées ? En a-t-on découvert qui ne l'avaient pas été ? Qu'y a-t-on trouvé ?

25. Ces tombeaux sont-ils accompagnés de quelques constructions antiques ? Quelle est leur forme, à quel degré de perfection l'art s'y montre-t-il ? Ou bien ces constructions ne sont-elles que des amas de pierres informes, des fragments de rochers entassés, élevés et soutenus par d'autres fragments, des rochers isolés et plantés en forme d'obélisque, ou plusieurs de ces rochers plantés sur un plan circulaire ou longitudinal ? En est-il qui présentent la forme d'un siège grossier ?

26. Chacun des monuments bruts qui viennent d'être indiqués existe-t-il ailleurs, se rencontre-t-il placé isolément ? Les pierres qui le composent appartiennent-elles au sol où il se trouve, ou bien ont-elles été extraites d'un autre lieu ? Quelle est leur dénomination et celle du terrain qu'elles occupent ? Quelle opinion en a le peuple ? Quelle tradition a-t-il conservée sur le motif et l'auteur de leur érection ? Quelle fable merveilleuse raconte-t-on à leur sujet ? Le peuple pratique-t-il auprès d'eux quelque superstition ? y répand-on de l'huile ? y dépose-t-on des fleurs ? les passants ajoutent-ils une ou plu-

sieurs pierres aux amas de pierres appelés *bute*, *tombe*, *comble*, *motte*, etc. ? Quelles idées attachent-ils à cette pratique ? Quels sont les monuments ou les restes de construction attribués aux *fées*, à *César* ou au *diable* ?

27. Existe-t-il dans l'intérieur des lieux consacrés au culte ou ailleurs quelques pierres auxquelles le vulgaire attribue la faculté de faire des miracles, quel est le nom et la forme de ces pierres ; quels sont ces miracles ?

§ 4. — *Questions sur d'autres croyances et superstitions.*

28. Quels sont les jeux particuliers de chaque pays, les chansons, leurs airs ; sont-ils tristes ou gais ? Quels sont les danses et les instruments de musique ? Y a-t-il quelques chants qui semblent appartenir à une haute antiquité ? Quels sont les proverbes, les adages, les *rébus* particuliers à chaque pays ?

29. Révère-t-on des arbres, des fontaines, des lacs, des rivières, des grottes ou des cavernes ? Sous quel nom les révère-t-on ? Quelle est l'espèce de culte qu'on leur rend ?

30. Quels sont les contes de fées, de génies ? Quels sont les lieux, les monuments consacrés aux fées, ou qui en portent le nom ? Y a-t-il des fées à qui l'on donne des noms particuliers ?

31. Quels contes fait-on sur les lutins, les génies, le drac, les dragons, les revenants, sur le loup-garou, sur le sabbat, sur des bruits, des chants, des danses, des combats entendus et vus dans les airs ; sur des voyages aériens et nocturnes, sur des apparitions de toute espèce ? Parle-t-on de la jument blanche ou du cheval blanc, de la religieuse ensanglantée, de Grypi, du roi Hugon ou *Huon*, du moine Bourru, etc. ?

32. Quels sont les saints tutélaires de chaque pays ? Les lieux de dévotion et de pèlerinage ?

33. Y a-t-il de prétendus sorciers, des devins ou de vieilles femmes qui en font métier ? Quelle est l'opinion du peuple à leur égard ?

34. Quelle est l'opinion du peuple sur la plupart des phénomènes de la nature, sur les éclipses, les comètes, les aurores boréales, les météores, les feux follets, etc. ? Quels noms leur donnent-ils ?

35. Existait-il ou existe-t-il encore des confréries particulières ? quelles sont leurs constitutions, leurs règlements, les signes et les formules qu'elles employaient ? Comment les ouvriers ou compagnons de chaque profession sont-ils reconnus par les maîtres ?

36. Quelles particularités accompagnent les cérémonies civiles et religieuses, les fêtes publiques, les entrées des hommes en dignité dans les villes, les processions, etc. ? Y porte-t-on des serpents, des dragons, des saintes gargouilles, etc. ?

37. Quels sont les noms remarquables des territoires, des fermes, des hameaux, des villages, des rues, etc. ?

38. Quels sont les noms populaires des constellations, de l'étoile du soir, de celle du matin, de la voie lactée, de l'arc-en-ciel, des vents, des orages ? Quelle est l'opinion du peuple sur ces derniers événements, et quel moyen emploie-t-il pour s'en préserver ?

39. Y a-t-il un *argo (sic)* ou langage des gueux ? Quelles en sont les expressions les plus remarquables ? Dans quel pays a-t-il lieu ?

40. Fait-on des assemblées nocturnes à la pleine lune ?

41. Quelles sont les pratiques superstitieuses employées par les habitants des campagnes pour guérir les malades ? Quelles formules, quels remèdes mettent-ils en usage ?

42. Quels signes servent de pronostics de la guérison ou de la mort prochaine du malade ? Est-il quelques autres pronostics de l'abondance ou de la stérilité de la récolte à venir ?

43. Désigne-t-on dans le mois ou dans la semaine des jours heureux ou malheureux ? quels sont ces jours ?

44. Favorise-t-on certains oiseaux passagers, tels que les hirondelles et les cigognes ? Se fait-on une loi de les protéger, de les nourrir, afin d'attirer la prospérité sur une maison ou sur un village ?

45. Y a-t-il, dans quelques pays, des peuplades absolument étrangères aux autres habitants, par leur costume, leur langage, leurs mœurs ? Quels sont ces costumes, ce langage et ces mœurs ? Quelle opinion en ont les habitants, que raconte-t-on sur leur origine ?

46. Quelles sont les armes des habitants des campagnes ; quelle est leur manière de se battre ; emploient-ils la fronde ? Les vengeances sont-elles héréditaires dans les familles ?

47. Quelles sont les injures particulières que le peuple s'adresse ? Quels sont les sobriquets que se donnent les habitants des différents lieux, les dictons ou proverbes relatifs à ces lieux ?

48. Y a-t-il des foires champêtres ? où sont-elles situées ? Le culte, les danses et autres plaisirs s'y trouvent-ils réunis au commerce ? Les juges du pays y tiennent-ils leurs assises ? Le

terrain sur lequel se tiennent ces foires ne se trouve-t-il pas placé entre deux grands territoires?

49. Qu'ont de particulier les différents costumes des habitants des campagnes; laissent-ils quelques parties du corps découvertes?

50. Quelle forme ont ⸺ ⸺ains pains, certains gâteaux, fabriqués à des époques remarquables ou seulement fabriqués comme objet de friandise? Quels noms leur donne-t-on?

51. Quelle est la direction des anciens chemins appelés l'*estre*, l'*estra* ou l'*estrade*, ou noms semblables? Quels sont les lieux où ils aboutissent?

Plusieurs autres questions pourraient être faites; l'Académie ayant montré par celles qu'on vient d'exposer quelles étaient ses vues, laisse au zèle et à la sagacité des lecteurs le soin de suppléer aux omissions. Elle recevra avec reconnaissance toutes les réponses, lesquelles doivent être adressées à son secrétaire perpétuel, qui les communiquera, pour être ensuite publiées dans ses *Mémoires*, avec le nom de leurs auteurs, et déposées dans ses archives.

II, 6. *UN REPÈRE :*
L'ENQUÊTE DE VICTOR DURUY (1864)

Le 28 mai 1864, Victor Duruy, alors ministre de l'Instruction publique, adresse aux préfets un questionnaire relatif à la statistique de l'instruction primaire. Celui-ci devait être rempli avant le 25 juin par les inspecteurs primaires, les inspecteurs d'académie et les recteurs y ajoutant un rapport d'ensemble concernant leurs circonscriptions respectives. La quatrième partie du questionnaire comporte la rubrique suivante:

«Idiomes et patois en usage: Existe-t-il des écoles où l'enseignement est encore donné en patois exclusivement ou en partie? Nombre des écoles où l'enseignement est donné en totalité en patois? En partie seulement? Combien d'enfants ne savent pas encore parler la langue française? Combien savent le parler sans pouvoir l'écrire? Quelles sont les causes qui s'opposent à une prompte réforme de cet état de choses ? Quels sont les moyens à employer pour le faire cesser. Joindre au rapport un fragment du patois ou de l'idiome avec la traduction littérale. »

Le dépouillement exhaustif des réponses apporterait sans aucun doute des éléments très précieux pour une analyse de la répression exercée vis-à-vis des patois, quelque quatre-vingts ans après l'enquête de Grégoire. Pour l'instant, nous livrons simplement les cartes établies à partir des tableaux globaux tirés des réponses au questionnaire. Elles attestent et la vigueur des résistances, et le rôle destructeur affecté à l'institution scolaire vis-à-vis des dialectes. Elles corroborent bien par ailleurs la géographie des patois que dessinaient à grands traits les réponses reçues par Grégoire*.

  * Sources : Bulletin administratif du ministère de l'Instruction publique, nouvelle série, t. I, Paris, 1864, pp. 395-406. Et Archives nationales F 17* 3160.

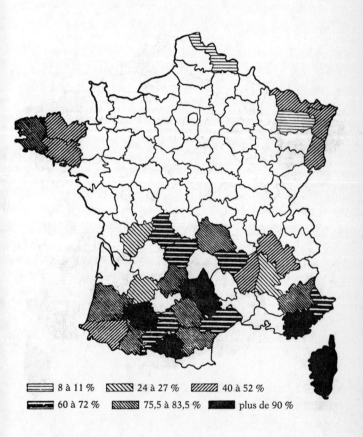

Pourcentage de la population ne parlant pas français (1864).

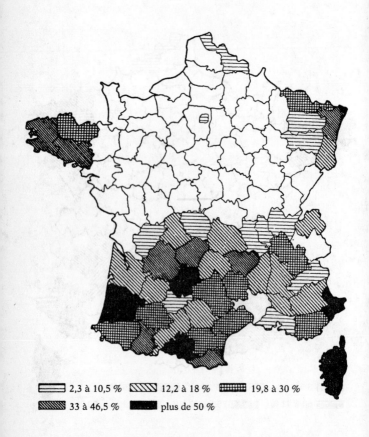

2,3 à 10,5 %   12,2 à 18 %   19,8 à 30 %
33 à 46,5 %   plus de 50 %

*Pourcentage des enfants de 7 à 13 ans
ne sachant ni parler ni écrire le français.*

III

Documents politiques révolutionnaires

III, 1, 2, 3. *UN DOSSIER ALSACIEN*

Le dossier alsacien traduit, par sa netteté, l'échec total de la politique royale au niveau de la langue : le français, seul admis en justice comme dans les actes administratifs, ne s'est implanté que dans une petite élite de notables. D'où la nécessité, au moment où s'instaure un nouvel ordre politique, d'établir le bilinguisme en mettant français et allemand sur un rigoureux pied d'égalité. Le premier texte fut prononcé par André Ulrich, secrétaire-interprète de la municipalité de Strasbourg, particulièrement bien placé pour saisir les différentes implications du problème. Le troisième, découvert dans le recueil de Grégoire au milieu des réponses de l'enquête, est en fait l'adresse de la municipalité de Strasbourg à l'Assemblée nationale en date du 30 septembre 1790. Le journal strasbourgeois Geschichte der gegenwärtigen Zeit *en donne un court compte rendu dans son numéro 1 en date du 1ᵉʳ octobre 1790*.*

  * B.N.U.S., Bibliothèque nationale et universitaire de Strasbourg, M 5941, pièce nº 79.

par André Ulric.

6 juillet 1790

Messieurs !

Je ne saurais mieux célébrer ma réception dans votre Société qu'en présentant à votre sagesse et à vos discussions un objet intimement lié à l'esprit bienfaisant qui préside à vos délibérations en langue allemande et aux vœux ardents de nos Concitoyens du Haut et du Bas-Rhin.

La plus grande partie des habitants des Départements du Haut et du Bas-Rhin ne parle et n'entend que la langue allemande. Jusqu'à ce jour les Administrateurs et les Juges ne s'adressaient à eux que dans une langue qui leur était absolument inconnue. Les contrats étaient passés en langue française ; toutes les réponses, faites à leurs plaintes et demandes, toutes les poursuites, notifications, décisions, arrêtés, jugements et toutes les pièces concernant l'administration et la justice, étaient rédigés dans une langue tout-à-fait étrangère à la majeure partie des Alsaciens. Il n'y a que les Décrets de l'Assemblée Nationale, les Ordonnances et les Arrêtés publics qu'on croyait devoir traduire. Cette manière de procéder, tant des Juges que des Administrateurs et de leurs subordonnés, étant une suite naturelle du despotisme exercé sur la vie, la conscience jusques sur la langue du pays se fondait sur la stupidité du peuple, ce grand appui de l'ancienne constitution et des tirans.

Sous l'ancien régime on allait jusqu'à se persuader, ce semble, que les habitants n'existaient que pour le bon plaisir des employés.

Le seul motif pardonnable de cette domination absolue de la langue française se trouve peut-être dans le système fondé sur la nécessité de l'uniformité du langage aussi bizarre que l'est le système qui croit cette uniformité nécessaire en fait de religion.

Par cette odieuse contrainte l'on espérait de familiariser l'habitant de la campagne avec l'idiome de ses maîtres, par là les Administrateurs et les Juges étaient en même-temps maîtres de langue; mais ces maîtres n'étant pas aimés, la langue française ne devait-elle pas être méprisée par les habitants d'une province, où, malgré un siècle d'apprentissage, de dix Communautés, ils s'en trouvent neuf dans lesquelles on chercherait en vain un seul individu qui sût lire une lettre en langue française.

Mais ces anciens systèmes étant ou réformés ou anéantis par l'esprit sublime qui préside à la régénération de la France, on commence enfin à se persuader que les Magistrats et leurs employés doivent être les organes et les interprètes des vœux de leurs Commettants, que ni religion, ni langue, ni coutumes ne contribuent en quoi que ce soit, ni à l'unité de la Constitution, ni au patriotisme, ni au bonheur des peuples. Il est donc instant de s'occuper enfin des moyens de tempérer cette suprématie et cette espèce d'aristocratie, que la langue française exerçait jusqu'ici dans une province où elle n'était guère entendue. Je dois répondre ici à une objection, à laquelle ne doivent sans doute pas s'attendre ceux qui connaissent l'ignorance des campagnards, les ruses et les intrigues de leurs oppresseurs et l'imperfection de nos élections. On a dit que l'élection des Administrateurs et des juges étant libres, les ci-devant Alsaciens ne choisiront que ceux qui savent les deux langues. Mais comme il est incontestable que quelques intrigants, empressés à mettre en jeu le fanatisme, sont encore armés d'un pouvoir trop dangereux pour la chose publique, qu'une partie des anciens Employés qui parlent la langue allemande, seraient fort embarrassés de coucher par écrit leurs pensées en cette langue; cette objection paraîtra infiniment moins solide que l'objet de ma motion appuyée par les trois quarts de nos Concitoyens du Haut et du Bas-Rhin.

On a fait une seconde objection: on a demandé: Les Districts sont-ils Allemands ou Français? J'y réponds par une autre question: Les filles et les femmes qui portent des Tresses et des Schneppenhaubens, sont-elles moins citoyennes? sont-elles moins attachées à la Constitution que celles qui sont coiffées à la française? Je demanderai: sont-ce les écrivains français ou allemands qui ont appris au peuple Alsacien à aimer la nouvelle Constitution?

Les principes et les motifs qui m'engagent à soumettre ma pensée à votre sagacité, aux connaissances que vous avez des localités et à votre zèle du bien public, les voici: si la volonté de la pluralité est suffisamment éclairée et reconnue généralement utile, elle doit servir de base et de règle à tous les projets, institutions, arrêtés, règlements, etc. Or sur dix de nos Concitoyens, il y en a neuf qui demandent qu'on se serve des deux langues dans l'administration des affaires publiques dans les deux Départements. Or je vous le demande, Messieurs, cette volonté de la majeure partie, n'est-elle pas fondée dans les Droits de l'homme et dans l'esprit de la Constitution ?

2° La Constitution a imposé aux Administrateurs actuels le devoir sacré d'être les pères d'une famille nombreuse ; mais le moyen, Messieurs, qu'une famille soit heureuse ; si les membres qui la composent travaillent ensemble, comme les ouvriers à la tour de Babel de risible mémoire ; le moyen qu'elle aime son chef et qu'elle lui donne sa confiance ; si, privée du plaisir de pouvoir lui adresser la parole sans interprète, la famille et le père sont réduits à recourir réciproquement aux signes et aux miracles ? Ne vous paraissent-ils pas funestes les désordres qui en résultent ? N'est-il pas triste pour un père de famille de se voir contraint de s'entretenir avec ses enfants par l'entremise des interprètes, la plupart incapables de rendre ses vœux et ses décisions conformément à sa pensée ? Les hommes de tous les climats n'ont-ils pas de commun entre eux le désir de comprendre et d'être compris ? Des nations entières ne vous prodiguent-elles pas l'épithète de barbares, si vous êtes assez peu instruits, pour ne pas entendre leurs idiomes ? Est-il une nation qui ne s'efforce à rendre sa langue universelle ?

3° La prédilection que vous portez à la langue mère, n'est-elle pas, par la même raison, aussi forte que celle qui vous attache à la religion de vos pères ?

4° Peut-on nier que les trois quarts des procès et la ruine d'un grand nombre de familles ne proviennent de ce pouvoir suprême que la langue française semble avoir usurpé dans notre province ?

5° Le langage des habitants de la province d'Alsace, l'esprit et le caractère individuels sont liés entre eux par les rapports les plus intimes. Un Administrateur qui leur porte atteinte est un tyran : et dès lors il ne faut plus compter sur le bien qu'il pourrait faire. Un Administrateur qui sait les ménager à propos et les diriger au bien public, acquerra par là une force qui le rendra le bienfaiteur du peuple. Les Hongrois se révoltèrent, parce qu'on eut l'imprudence de leur commander l'usage de la langue allemande ; les Allemands furent seuls et exclusivement employés dans les affaires publiques. À Dieu ne plaise que je croie mes compatriotes capables d'imiter jamais l'exemple des Hongrois! Mais souffrez, Messieurs, que je vous observe que l'indifférence qu'une partie des Alsaciens a pu jusqu'à l'époque de la régénération de l'Empire nourrir contre les Français, doit s'attribuer en grande partie à ce même despotisme de la langue dominante qui leur pesait infiniment plus que les vexations du Gouvernement arbitraire.

6° N'est-ce pas pour cette même raison que les Alsaciens ont toujours préféré de contracter des mariages et autres conventions avec des Allemands et des Suisses plutôt qu'avec des Français?

7° L'amour qu'ils portent de préférence à la langue allemande, tient au caractère des habitants de cette province qui, étant originairement allemand, doit nécessairement sympathiser davantage avec les Allemands qui viennent s'établir parmi eux, et avec lesquels ils sont appelés à soutenir des relations de commerce et d'industrie. Plus vous ferez de ce caractère l'objet d'une manière de penser intolérante, plus vous éloignerez le peuple de la Constitution Française. Ces individus grevés ainsi, se rapprocheront davantage et continueront à former une nation distincte de la nation Française. Voulez-vous donc en former des Français, employez les moyens de douceur et étudiez-vous à diriger cet esprit de province vers le but général, je veux dire, l'harmonie de l'ensemble. Alors, ou tout me trompe, ou cet esprit de province finira par se perdre dans l'esprit universel qui anime tous les Français.

8° Le moyen le plus sûr de rendre les habitants de l'Alsace les meilleurs citoyens de la France, c'est de les familiariser avec les principes humains et la Loi sainte de la Constitution. Faites-les leur connaître pour les leur faire aimer. De l'autre côté, comment espérez-vous en faire de vrais patriotes, si les Administrateurs et les Juges, qui seuls peuvent opérer cette heureuse révolution, dédaignent de parler leur langue? Cette voie de former d'excellents citoyens, est d'autant plus importante que notre constitution actuelle est la meilleure école des mœurs, de l'utilité publique, de la grandeur et de la dignité de l'homme.

9° Ne vous flattez donc jamais d'éteindre en Alsace la langue allemande; mais, je dis plus, dussiez-vous espérer d'y réussir, vous devriez y renoncer par pur patriotisme. Cependant je conviens que dans l'état présent des choses l'esprit public et l'attachement à la Constitution Française doivent s'accroître à proportion qu'elles seront plus connues. Or je ne vois pas comment la langue allemande et l'attachement à la Constitution ne puissent parfaitement aller de pair? Il faut attendre, d'une meilleure et nouvelle organisation des écoles publiques, l'avantage de rendre la langue française plus familière au peuple de cette province. Attendons jusqu'à cette époque, sans rien brusquer à présent. Voulez-vous donc opérer un bien constant, attachez-vous à travailler pour la génération future; mais craignons de détruire les progrès du bien, en portant la faux à la moisson, avant son point de maturité.

11° Jusqu'ici l'Alsacien, et même les Strasbourgeois qui se piquent d'être plus éclairés que le reste de l'Alsace, ont été amenés, par une espèce de charme, à adopter la nouvelle Constitution. Gardons-nous bien d'employer d'autres moyens que ceux de la persuasion. Ne nous fions pas à une impulsion passagère, plus animée qu'éclairée peut-être, à laquelle les ennemis de la Constitution pourraient donner une tournure tout à fait contraire à nos vues.

Du reste je pense que quelques centaines de mille hommes méritent bien qu'on les mène par la persuasion et les lumières à l'amour de la patrie et à la connaissance exacte de la Constitution. Ils n'en seront que meilleurs Français. Mais comment espérer d'y réussir? Comment la Constitution pourra-t-elle devenir chère à leur cœur, tant que le Citoyen n'aura pas la satisfaction de suivre de cœur et d'esprit la marche des affaires publiques et de se persuader, en les étudiant, de leur importance et des grands avantages, qu'il est appelé à en recueillir.

2. LA SOCIÉTÉ DES AMIS DE LA CONSTITUTION ÉTABLIE À STRASBOURG À SES CONCITOYENS[*]

La Société des Amis de la Constitution, contrariée lors de son établissement par les ennemis de la Révolution, et calomniée depuis par tous les mauvais citoyens, n'a jamais ralenti son zèle et ne cessera de chercher tous les moyens d'être utile à ses compatriotes.

C'est sur l'ignorance du peuple que les despotes et les apôtres de la superstition ont fondé leur puissance et leur impunité;

---

[*] B.N.U.S., Bibliothèque nationale et universitaire de Strasbourg, M 5941, pièce n° 106

c'est par l'instruction du peuple que nous devons affermir une Constitution établie sur des principes de liberté et d'égalité. L'Assemblée Nationale doit s'occuper d'un plan d'éducation qui, préparant nos enfants à toutes les vertus civiques, en fera les soutiens des lois et des droits du peuple : mais dans ce moment où toutes les idées doivent changer pour ainsi dire en même temps que les institutions d'un gouvernement arbitraire qui n'existe plus, il est intéressant pour tous les citoyens de se préserver de l'erreur et de connaître tous les décrets de l'Assemblée Nationale. Il n'est pas moins intéressant pour eux d'entendre le récit des événements remarquables et des exemples d'humanité, de courage et de désintéressement qui, grâce à la nouvelle Constitution, ne seront plus aussi rares chez les Français.

La Société, qui par le concours d'un grand nombre de citoyens, trouve la facilité de faire venir plusieurs journaux et papiers publics, désirerait partager cet avantage avec ceux de ses concitoyens qui n'ont pas les mêmes ressources. En conséquence, après en avoir prévenu le corps municipal, la Société des Amis de la Constitution a arrêté :

— Que tous les lundi, mercredi et vendredi de chaque semaine, à deux heures et demie précises, la salle de ses séances serait ouverte à tous ceux qui voudront entendre la lecture des papiers publiés en français, et que tous les dimanches et fêtes à une heure et un quart la lecture serait faite en langue allemande.

La Société a fixé un plus grand nombre de lectures françaises, en faveur des militaires de la garnison. Si dans la suite le public paraissait désirer que le nombre des lectures allemandes fût augmenté, la Société s'empresserait de le satisfaire ; mais pour le moment elle a cru ne devoir choisir que les jours les plus commodes pour les artisans et les ouvriers.

Fait à Strasbourg le 17 juillet 1790.

	Boissière, Président	
Prédicateurs	Salzmann, Vice-Président.	
de la	Joseph Perruquet	
Révolution	François Ehrmann	Secrétaires.
	J.-Phil. Reinbold	
	André Meyer	

Nota. La Salle de la Société des Amis de la Constitution est au poêle des cordonniers, rue de la chaîne. Les lectures allemandes commenceront dimanche 25 juillet à une heure et un quart. Les lectures françaises commenceront lundi 26 — à deux heures et demie.

3. OPINION SUR LA NÉCESSITÉ DES DEUX LANGUES, FRANÇOISE ET ALLEMANDE, DANS LES OFFICIERS DE JUSTICE ET LES GREFFIERS DE LA PROVINCE D'ALSACE[*]

La partie la plus considérable des habitans de la province d'Alsace est composée d'Allemands.

Tout le petit peuple des villes et le plus grand nombre des habitans de la campagne, ignorent parfaitement l'usage de la langue françoise.

La situation topographique de l'Alsace est telle, ses rapports de commerce avec l'Allemagne sont si habituels et si urgents que la langue allemande y est constamment entretenue ; que la province et surtout les grandes villes, sont continuellement recrutées d'Allemands qui viennent s'y fixer de toutes les contrées de l'Empire.

Ces circonstances retarderont même toujours le progrès de la langue françoise, telles mesures que prenne le gouvernement pour en favoriser l'introduction.

Il devient dès lors indispensable que les actes publics du plus grand nombre des citoyens soient couchés dans la langue du pays qui est l'allemande et que les officiers publics chargés de les rédiger soient imbus de cette langue.

Tout citoyen attaqué dans son honneur, dans sa propriété, dans sa vie a le droit de se défendre dans la langue qui lui est familière. Que ce soit la française ou l'allemande, il faut qu'il ait la faculté de s'expliquer dans l'une ou dans l'autre et qu'il ne soit pas réduit à s'adresser à ses juges par interprètes.

Les juges par conséquent de toute espèce qui seront établis en Alsace, en vertu du nouvel ordre judiciaire, devront nécessairement savoir les deux langues, afin qu'ils puissent comprendre et les citoyens qu'ils seront dans le cas de juger et les

---

[*] Bibliothèque de la Société de Port-Royal, manuscrit REV 222, folio 279. Texte imprimé in Bis P. R. REV. 223 pièce n° 16. *Réflexions sur le nouvel ordre judiciaire* adressées à l'Assemblée nationale.

En marge, de la main d'Augustin Gazier : *laissé de côté en raison des événements politiques. Les Prussiens s'en autoriseraient pour dire que l'Alsace est bien à eux. Imprimé d'ailleurs dans le temps.*

jurés qui constateront le fait, et les titres et pièces qui seront présentés aux juges dans ces langues.

Cette qualité requise dans les juges servira à remédier à un bien grand abus. Le citoyen ne sera plus obligé, comme par le passé, de faire traduire, à grands frais, de nombreuses pièces de procédure, et la religion du juge ne sera plus surprise par l'inexactitude et l'infidélité de ces traductions qui souvent ont occasionnés de criantes injustices.

On aurait tort d'alléguer l'usage contraire qui a eu lieu jusqu'à présent au Conseil Supérieur de la Province. Ce qui pouvait très bien se concilier avec les maximes d'un gouvernement purement monarchique et absolu répugnerait ouvertement à l'esprit d'un système libre, puisé dans la loi de la nature, tel que celui qui s'introduit actuellement. Qui craindrait aujourd'hui d'avancer que les Rois sont faits pour les peuples et non les peuples pour les Rois, et l'on oserait encore soutenir que le peuple doit savoir la langue de ses juges, tandis qu'il serait permis à un juge d'ignorer la langue du peuple qu'il est appelé à juger.

M'objectera-t-on peut-être que ce serait blesser les droits d'un citoyen actif que de lui donner l'exclusion des emplois judiciaires sur le motif seul qu'il n'est pas au fait de l'une ou de l'autre langue?

Eh bien Messieurs, serait-ce donc faire tort à un citoyen qui se voue à un état quelconque que d'exiger qu'il soit doué des qualités indispensables pour en remplir les fonctions au plus grand avantage de la société?

Mais le peuple serait-il fondé à se plaindre d'un choix sur lequel il aurait peut-être influé lui-même, et lui interdira-t-on de donner sa confiance à un concitoyen qui ignorerait l'une ou l'autre langue?

Oui MM^rs il est d'une sage législation d'éclairer le choix du peuple; elle doit l'empêcher de se nuire à lui-même en prévenant les funestes effets de l'intrigue et de la cabale qui n'infectent que trop souvent les élections populaires.

Et en admettant même qu'un citoyen eut concouru à l'élection de son juge, ne conservera-t-il pas toujours le droit imprescriptible de récuser ce juge au cas qu'il ignorât sa langue?

Il est impossible, MM^rs je le répète, par la position topographique de l'Alsace que la langue allemande puisse en être proscrite; mais un moyen sûr et légitime d'y répandre la langue française est celui de prescrire la connaissance des deux langues comme une qualité nécessaire à tous ceux qui aspireront aux places de judicature.

Je n'hésiterais pas même d'avancer qu'il importe à la nation que la langue allemande qui est la langue mère, une des plus riches, et j'ose dire, une des plus répandues et des plus ennoblies de l'Europe, soit conservée dans son sein, et que les nationaux puissent continuer à venir puiser en Alsace la littérature germanique et étrangère, plutôt que de l'aller chercher à Göttingue et ailleurs dans l'intérieur de l'Allemagne.

Et comment donc, MM^{rs} pendant que la nouvelle constitution que vous préparez si glorieusement invitera les étrangers de toutes les nations à venir se fixer en France, vous fermeriez aux Allemands la porte de l'Alsace ? Et certes vous la leur fermeriez si vous pouviez jamais concevoir l'idée de leur ôter la faculté de défendre leurs intérêts les plus chers dans la langue qui leur est familière.

Et comment le Peuple Alsacien pourra-t-il se faire à un nouvel ordre des choses qui tendrait à le priver d'un droit aussi sacré, aussi incontestable, et dont il a constamment joui jusqu'à présent dans tous les tribunaux inférieurs de la province. Une constitution qui relève tant la dignité de l'homme et qui doit servir de modèle à toutes les nations de la terre, serait donc pour lui une source de calamités et ne lui offrirait plus que l'affligeante perspective d'un vil et rude esclavage ?

Car enfin l'on ne saurait se dissimuler que juger le citoyen dans une langue qui lui est étrangère n'ait été envisagé de tout temps comme le despotisme le plus outrageant. Il frappe la classe la plus nombreuse, la moins fortunée et la plus faible des citoyens et entraîne des injustices et des oppressions qui révoltent l'humanité. C'est ce même despotisme qui fit égorger Quintilius Varus avec ses trois légions et qui mit fin à la domination des Romains en Allemagne. Il aurait fait perdre de nos jours la Hongrie à l'Empereur Joseph II, si ce Prince n'y avait promtement remédié en révoquant la loi qui introduisait l'usage de la langue allemande dans les tribunaux de ce royaume.

Je conclus donc, MM^{rs}, à ce que la connaissance des deux langues soit une qualité requise dans les officiers de justice et les greffiers qui seront établis dans la province d'Alsace, en vertu du nouvel ordre judiciaire, ou qu'au moins tout citoyen soit autorisé à récuser librement le juge qui, ignorant la langue du justiciable, se présenterait pour le juger.

III, 4. « *LA FEUILLE VILLAGEOISE* »

Parmi les nombreux journaux nés avec la Révolution, La
Feuille villageoise *se distingue par son caractère explicitement
pédagogique. Son directeur, Cerutti, ex-jésuite né à Turin, a
longtemps résidé en Lorraine. Le but qu'il se propose est d'enraciner la constitution dans les campagnes par l'intermédiaire des
notables, lecteurs de son journal, chargés de répandre les
lumières: il faut canaliser l'instinct rustique qui, livré à lui-
même, tombe dans l'illusion et la révolte. Le succès obtenu
(16 500 abonnés) indique l'impact d'une telle position. Le courrier des lecteurs permet d'en mesurer l'éventail social: une majorité de prêtres constitutionnels, mais aussi des fonctionnaires et
des membres des professions libérales; il permet aussi d'en
esquisser une géographie (cf. carte ci-après) qui montre que* La
Feuille villageoise *a été, en fait, peu diffusée dans la France des
patois.*

PROSPECTUS DE « LA FEUILLE VILLAGEOISE » — 1790

... Nous nous proposons encore de donner par forme de dictionnaire des définitions précises de tous les mots peu usités
qui entrent nécessairement dans la langue constitutionnelle;
et sans nous étendre sur la grammaire française nous aiderons
à substituer un idiome plus pur, plus uniforme à tous ces différents patois qui sont un reste grossier de la tyrannie féodale
et une preuve honteuse de la distance et de l'abaissement où
les Grands tenaient la multitude. Chose étonnante! La langue
française parlée dans toute l'Europe est à peine balbutiée dans
plusieurs de nos provinces...
... Il nous semble que les riches propriétaires, les fermiers
aisés, les curés patriotes, les médecins et les chirurgiens, qui
depuis la renaissance de nos lois ont contribué si bien à propager l'esprit public dans les campagnes auront un moyen de
se rendre plus utiles aux paysans, leurs concitoyens, en leur
procurant, en leur faisant eux-mêmes la lecture de ce journal.
Ils pourront les assembler le Dimanche et les autres jours de
fête afin que le travail de l'instruction ne nuise aucunement à

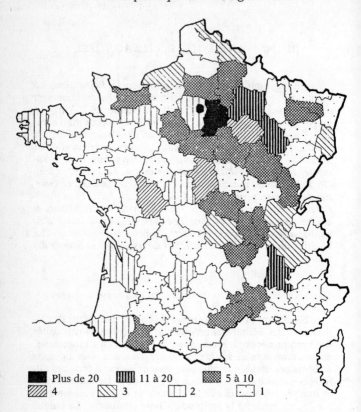

Origine géographique du courrier des lecteurs publié dans
La Feuille villageoise.

«Carte extraite de l'*Histoire générale de la presse française*, tome I, Paris, 1969, p. 494, et établie d'après la thèse de Melvin Allen Edelstein, Princeton, 1965, publiée en France sous le titre *La Feuille villageoise. Communication et modernisation dans les régions rurales pendant la Révolution*, Paris, 1977.»

celui de la culture, et que les jours de repos soient consacrés en même temps aux solennités religieuses et aux discussions intéressantes. Ces lectures publiques formeront une communauté nouvelle et de petits clubs campagnards qui répandront les vérités et les vertus sociales dans ces cantons où les unes et les autres étaient si négligées et où jusqu'ici l'on n'avait vu que l'orgueil seigneurial et l'obstination rustique toujours en procès ou en défiance. L'attrait et le besoin des lumières établissent entre les hommes un accord naturel et une subordination pacifique. Nous avons donc pensé que la classe opulente se prêterait sans peine à l'instruction nécessaire aux moins riches. Et c'est pour faciliter ce bienfait que nous avons réduit la souscription au prix le plus modique à sept livres quatre sols par année franc de port.

AVIS À TOUS LES SOUSCRIPTEURS
DE « LA FEUILLE VILLAGEOISE »
par M. Cerutti.

Jetant un regard sur la marche de la révolution nous reconnûmes que, pour la rendre heureuse, il fallait partout l'accompagner de lumières. Nous reconnûmes que ces lumières étaient bien loin encore du peuple des campagnes. Quelques pasteurs instruits, quelques propriétaires éclairés versaient de loin en loin dans ces cantons obscurs des connaissances trop peu étendues. Il fallait aux campagnes une instruction continuelle afin de lier et d'affermir les idées par leur ensemble. Il fallait une instruction graduée afin d'élever par degrés les esprits des notions simples aux notions compliquées. Il fallait une instruction générale et uniforme, afin que la monarchie s'éclairât et se rétablît dans toutes ses régions à la fois. Il fallait une instruction divisée par semaine afin que le travail de l'étude ne nuisît en aucune manière à celui de la culture. Il fallait enfin une instruction simple et réduite au bon sens, parce que le bon sens est l'esprit du peuple ; parce que le bon sens est le seul préservatif contre les imaginations contagieuses, contre le charlatanisme suborneur, contre les révoltes perturbatrices. Ce plan d'instruction fut celui de notre feuille.

La première pensée d'établir ce journal nous était venue d'une conversation avec cinq ou six bons villageois, au milieu d'une grange où l'orage nous avait forcés de nous réfugier.

Nous fûmes accueillis par eux avec une hospitalité si touchante ; à travers les éclairs et le tonnerre, ils nous demandèrent le détail des nouvelles publiques, d'un ton si affectueux et si ardent ; ils entendirent nos raisonnements et nos explications d'un air si attentif et si judicieux ; malgré leur langage rustique, malgré les préjugés de profession, d'éducation, de religion, nous vîmes éclater en eux un sens si droit, un cœur si chaleureux ; enfin ils nous parurent si dévoués à la Révolution et si disposés à la lumière qu'en les quittant nous conçûmes le plan d'une feuille absolument conforme à notre entretien avec eux. Cet entretien nous avait démontré que les désordres arrivés dans les villages n'avaient guère d'autre origine que l'ignorance. Le paysan avait reçu le mouvement de la liberté avant de recevoir ses principes. Ce mouvement abandonné à lui-même se précipitait dans les excès. Guidé par les principes, il aurait rarement franchi la borne de la justice : il la respecte par sentiment, il la devine par instinct. L'instruction seule lui manque pour distinguer les apparences et dissiper les doutes. Aussi les différents partis essaient-ils d'abuser de sa crédulité. Les uns travaillent infatigablement à le tenir courbé sous le joug des erreurs antiques. Les autres l'attaquent de toutes parts pour l'entraîner dans des illusions nouvelles non moins funestes...

... Nous terminons cet avis par trois idées, qui renferment en elles tout ce que nous avons dit et tout ce que nous avons oublié de dire.

Première idée. Nous écrivons pour enraciner en quelque sorte la constitution dans tous les villages de la France ; ainsi quelque parti qui s'élève, on nous verra toujours rangés vers elle pour l'appuyer et la défendre.

Seconde idée. Nous écrivons pour étouffer s'il est possible la discorde publique. Ainsi nous ne nous lasserons jamais de prêcher ce sentiment fraternel, cette bienveillance réciproque par laquelle tout prospère, et qui est à une bonne législation ce qu'un climat favorable est à un terrain fertile.

Troisième idée. Nous écrivons pour former le jugement du peuple plutôt que son esprit. Ainsi nous jetterons à l'écart les idées brillantes et nous rapprocherons de lui tous les principes solides. Plus un peuple a d'idées, plus il a d'esprit, plus un peuple a de principes, plus il a de jugement.

Notre style, quelquefois, a semblé démentir cette dernière résolution ; on a trouvé souvent notre langage plus oratoire que rural. On aurait dû se rappeler cette vertu si connue que *le peuple est né orateur*. Règle générale, la logique du peuple est celle de l'imagination; il ne supporte guère celle de la métaphysique; il ne remonte aux principes que par les faits. Les vérités n'entrent dans son esprit que revêtues d'images familières. Enfin, exposez devant lui des pensées grandes, touchantes, sensibles, il s'approche aussitôt pour les sentir, il s'en pénètre, il s'en enflamme; mais n'avez-vous à lui offrir que des idées subtiles, savantes et profondes, abstraites : elles lui échappent, ou il vous échappe et il vous laisse tout seul au milieu de votre école inanimée et froide[1].

III, 5. *LA TRADUCTION DES DÉCRETS : L'ENTREPRISE DUGAS*

Dugas, tarnais d'origine et rédacteur au Point du Jour *de Barère, ne fut certes pas le seul traducteur des décrets de l'Assemblée nationale. Mais son officine fut sans doute unique par son caractère industriel. La carte montre, page suivante, l'ampleur du travail réalisé. Dans les départements méridionaux, où Dugas fut presque sans concurrent, l'importance de l'entreprise et la rapidité de son exécution prouvent qu'elle répondait à une demande effective de la province patoisante*.*

---

* Source : Archives nationales AA 32.

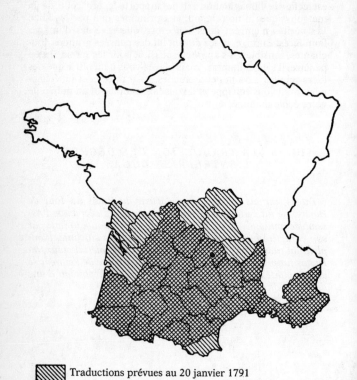

▨ Traductions prévues au 20 janvier 1791

▩ Traductions réalisées au 10 novembre 1792

*Traduction en patois des décrets de l'Assemblée nationale :
l'œuvre de Dugas dans les départements méridionaux.*

IV

Deux rapports révolutionnaires

IV, 1. *LE RAPPORT BARÈRE*

RAPPORT DU COMITÉ DE SALUT PUBLIC
SUR LES IDIOMES*

Barère, au nom du comité de salut public. Citoyens, les tyrans coalisés ont dit : l'ignorance fut toujours notre auxiliaire le plus puissant ; maintenons l'ignorance ; elle fait les fanatiques, elle multiplie les contre-révolutionnaires ; faisons rétrograder les Français vers la barbarie : servons-nous des peuples mal instruits ou de ceux qui parlent un idiome différent de celui de l'instruction publique.

Le comité a entendu ce complot de l'ignorance et du despotisme.

Je viens appeler aujourd'hui votre attention sur la plus belle langue de l'Europe, celle qui la première a consacré franchement les droits de l'homme et du citoyen, celle qui est chargée de transmettre au monde les plus sublimes pensées de la liberté et les plus grandes spéculations de la politique.

Longtemps elle fut esclave, elle flatta les rois, corrompit les cours et asservit les peuples ; longtemps elle fut déshonorée dans les écoles, et mensongère dans les livres de l'éducation publique ; astucieuse dans les tribunaux, fanatique dans les temples, barbare dans les diplômes, amollie par les poètes, cor-

* *Archives parlementaires*, 1ʳᵉ série, t. LXXXIII, séance du 8 pluviôse an II, nᵒ 18, pp. 713-717. Paris, C.N.R.S., 1961.

ruptrice sur les théâtres, elle semblait attendre ou plutôt désirer une plus belle destinée.

Épurée enfin, et adoucie par quelques auteurs dramatiques, ennoblie et brillante dans les discours de quelques orateurs, elle venait de reprendre de l'énergie, de la raison et de la liberté sous la plume de quelques philosophes que la persécution avait honorés avant la révolution de 1789.

Mais elle paraissait encore n'appartenir qu'à certaines classes de la société ; elle avait pris la teinte des distinctions nobiliaires ; et le courtisan, non content d'être distingué par ses vices et ses dépravations, cherchait encore à se distinguer dans le même pays par un autre langage. On eût dit qu'il y avait plusieurs nations dans une seule.

Cela devait exister dans un gouvernement monarchique, où l'on faisait ses preuves pour entrer dans une maison d'éducation, dans un pays où il fallait un certain ramage pour être de ce qu'on appelait *la bonne compagnie*, et où il fallait siffler la langue d'une manière particulière pour être un homme *comme il faut*.

Ces puériles distinctions ont disparu avec les grimaces des courtisans ridicules et les hochets d'une cour perverse. L'orgueil même de l'accent plus ou moins pur ou sonore n'existe plus, depuis que des citoyens rassemblés de toutes les parties de la République ont exprimé dans les assemblées nationales leurs vœux pour la liberté et leurs pensées pour la législation commune. Auparavant c'étaient des esclaves brillants de diverses nuances ; ils se disputaient la primauté de mode et de langage. Les hommes libres se ressemblent tous ; et l'accent vigoureux de la liberté et de l'égalité est le même, soit qu'il sorte de la bouche d'un habitant des Alpes ou des Vosges, des Pyrénées ou du Cantal, du Mont-Blanc ou du Mont-Terrible, soit qu'il devienne l'expression des hommes dans des contrées centrales, dans des contrées maritimes ou sur les frontières.

Quatre points du territoire de la République méritent seuls de fixer l'attention du législateur révolutionnaire sous le rapport des idiomes qui paraissent les plus contraires à la propagation de l'esprit public et présentent des obstacles à la connaissance des lois de la République et à leur exécution.

Parmi les idiomes anciens, welches, gascons, celtiques, visigoths, phocéens ou orientaux, qui forment quelques nuances dans les communications des divers citoyens et des pays formant le territoire de la République, nous avons observé (et les rapports des représentants se réunissent sur ce point avec ceux des divers agents envoyés dans les départements) que l'idiome appelé bas-breton, l'idiome basque, les langues allemande et italienne ont perpétué le règne du fanatisme et de la superstition, assuré la domination des prêtres, des nobles et des praticiens, empêché la révolution de pénétrer dans neuf départements importants, et peuvent favoriser les ennemis de la France.

Je commence par le bas-breton. Il est parlé exclusivement dans la presque totalité des départements du Morbihan, du Finistère, des Côtes-du-Nord, d'Ille-et-Vilaine, et dans une grande partie de la Loire-Inférieure. Là l'ignorance perpétue le joug imposé par les prêtres et les nobles ; là les citoyens naissent et meurent dans l'erreur : ils ignorent s'il existe encore des lois nouvelles.

Les habitants des campagnes n'entendent que le bas-breton ; c'est avec cet instrument barbare de leurs pensées superstitieuses que les prêtres et les intrigants les tiennent sous leur empire, dirigent leurs consciences et empêchent les citoyens de connaître les lois et d'aimer la République. Vos travaux leur sont inconnus, vos efforts pour leur affranchissement sont ignorés.

L'éducation publique ne peut s'y établir, la régénération nationale y est impossible. C'est un fédéralisme indestructible que celui qui est fondé sur le défaut de communication des pensées ; et si les divers départements, seulement dans les campagnes, parlaient divers idiomes, de tels fédéralistes ne pourraient être corrigés qu'avec des instituteurs et des maîtres d'école dans plusieurs années seulement.

Les conséquences de cet idiome, trop longtemps perpétué et trop généralement parlé dans les cinq départements de l'Ouest, sont si sensibles que les paysans (au rapport de gens qui y ont été envoyés) confondent le mot *loi* et celui de *religion*, à un tel point que, lorsque les fonctionnaires publics leur parlent des lois de la République et des décrets de la Convention, ils s'écrient dans leur langage vulgaire : *Est-ce qu'on veut nous faire sans cesse changer de religion ?*

Quel machiavélisme dans les prêtres d'avoir fait confondre la *loi* et la *religion* dans la pensée de ces bons habitants des campagnes ! Jugez, par ce trait particulier, s'il est instant de s'occuper de cet objet. Vous avez ôté à ces fanatiques égarés les saints par le calendrier de la République ; ôtez-leur l'empire des prêtres par l'enseignement de la langue française.

Dans les départements du Haut et du Bas-Rhin, qui a donc appelé, de concert avec les traîtres, le Prussien et l'Autrichien sur nos frontières envahies ? l'habitant des campagnes qui parle la même langue que nos ennemis, et qui se croit ainsi bien plus leur frère et leur concitoyen que le frère et le concitoyen des Français qui lui parlent une autre langue et ont d'autres habitudes.

Le pouvoir de l'identité du langage a été si grand qu'à la retraite des Allemands plus de vingt mille hommes des campagnes du Bas-Rhin sont émigrés. L'empire du langage et l'intelligence qui régnait entre nos ennemis d'Allemagne et nos concitoyens du département du Bas-Rhin est si incontestable qu'ils n'ont pas été arrêtés dans leur émigration par tout ce que les hommes ont de plus cher, le sol qui les a vus naître, les dieux pénates et les terres qu'ils avaient fertilisées. La différence des conditions, l'orgueil, ont produit la première émigration qui a donné à la France des milliards ; la différence du langage, le défaut d'éducation, l'ignorance ont produit la seconde émigration qui laisse presque tout un département sans cultivateurs. C'est ainsi que la contre-révolution s'est établie sur quelques frontières en se réfugiant dans les idiomes celtiques ou barbares que nous aurions dû faire disparaître.

Vers une autre extrémité de la République est un peuple neuf, quoique antique, un peuple pasteur et navigateur, qui ne fut jamais ni esclave ni maître, que César ne put vaincre au milieu de sa course triomphante dans les Gaules, que l'Espagne ne put atteindre au milieu de ses révolutions, et que le despotisme de nos despotes ne put soumettre au joug des intendants : je veux parler du peuple basque. Il occupe l'extrémité des Pyrénées-Occidentales qui se jette dans l'Océan. Une langue sonore et imagée est regardée comme le sceau de leur origine et l'héritage transmis par leurs ancêtres. Mais ils ont des prêtres, et les prêtres se servent de leur idiome pour les fanatiser ; mais ils ignorent la langue française et la langue des lois de la République. Il faut donc qu'ils l'apprennent, car, malgré la différence du langage et malgré leurs prêtres, ils sont dévoués à la République qu'ils ont déjà défendue avec valeur le long de la Bidassoa et sur nos escadres.

Un autre département mérite d'attirer vos regards : c'est le département de Corse. Amis ardents de la liberté, quand un perfide Paoli et des administrateurs fédéralistes ligués avec des prêtres ne les égarent pas, les Corses sont des citoyens français; mais, depuis quatre ans de révolution, ils ignorent nos lois, ils ne connaissent pas les événements et les crises de notre liberté.

Trop voisins de l'Italie, que pouvaient-ils en recevoir? des prêtres, des indulgences, des Adresses séditieuses, des mouvements fanatiques. Pascal Paoli, Anglais par reconnaissance, dissimulé par habitude, faible par son âge, Italien par principe, sacerdotal par besoin, se sert puissamment de la langue italienne pour pervertir l'esprit public, pour égarer le peuple, pour grossir son parti; il se sert surtout de l'ignorance des habitants de Corse, qui ne soupçonnent pas même l'existence des lois françaises, parce qu'elles sont dans une langue qu'ils n'entendent pas.

Il est vrai qu'on traduit depuis quelques mois notre législation en italien; mais ne vaut-il pas mieux y établir des instituteurs de notre langue que des traducteurs d'une langue étrangère?

Citoyens, c'est ainsi que naquit la Vendée; son berceau fut l'ignorance des lois; son accroissement fut dans les moyens employés pour empêcher la révolution d'y pénétrer, et alors les dieux de l'ignorance, les prêtres réfractaires, les nobles conspirateurs, les praticiens avides et les administrateurs faibles ou complices ouvrirent une plaie hideuse dans le sein de la France: écrasons donc l'ignorance, établissons des instituteurs de langue française dans les campagnes!

Depuis trois ans les assemblées nationales parlent et discutent sur l'éducation publique; depuis longtemps le besoin des écoles primaires se fait sentir; ce sont des subsistances morales de première nécessité que les campagnes vous demandent; mais peut-être sommes-nous encore trop académiques et trop loin du peuple pour lui donner les institutions les plus adaptées à ses plus pressants besoins.

Les lois de l'éducation préparent à être artisan, artiste, savant, littérateur, législateur et fonctionnaire public; mais les premières lois de l'éducation doivent préparer à être citoyens; or, pour être citoyen, il faut obéir aux lois, et, pour leur obéir, il faut les connaître. Vous devez donc au peuple l'éducation première qui le met à portée d'entendre la voix du législateur. Quelle contradiction présentent à tous les esprits les départements du Haut et du Bas-Rhin, ceux du Morbihan, du Finistère, d'Ille-et-Vilaine, de la Loire-Inférieure, des Côtes-du-Nord, des Basses-Pyrénées et de la Corse? Le législateur parle une langue que ceux qui doivent exécuter et obéir n'entendent pas. Les anciens ne connurent jamais des contrastes aussi frappants et aussi dangereux.

Il faut populariser la langue, il faut détruire cette aristocratie de langage qui semble établir une nation polie au milieu d'une nation barbare.

Nous avons révolutionné le gouvernement, les lois, les usages, les mœurs, les costumes, le commerce et la pensée même ; révolutionnons donc aussi la langue, qui est leur instrument journalier.

Vous avez décrété l'envoi des lois à toutes les communes de la République ; mais ce bienfait est perdu pour celles des départements que j'ai déjà indiqués. Les lumières portées à grands frais aux extrémités de la France s'éteignent en y arrivant, puisque les lois n'y sont pas entendues.

Le fédéralisme et la superstition parlent bas-breton ; l'émigration et la haine de la République parlent allemand ; la contre-révolution parle l'italien, et le fanatisme parle le basque. Cassons ces instruments de dommage et d'erreur.

Le comité a pensé qu'il devait vous proposer, comme mesure urgente et révolutionnaire, de donner à chaque commune de campagne des départements désignés un instituteur de langue française, chargé d'enseigner aux jeunes personnes des deux sexes, et de lire, chaque décade, à tous les autres citoyens de la commune, les lois, les décrets et les instructions envoyés de la Convention. Ce sera à ces instituteurs de traduire vocalement ces lois pour une intelligence plus facile dans les premiers temps. Rome instruisait la jeunesse en lui apprenant à lire dans la loi des douze tables. La France apprendra à une partie des citoyens la langue française dans le livre de la Déclaration des Droits.

Ce n'est pas qu'il n'existe d'autres idiomes plus ou moins grossiers dans d'autres départements ; mais ils ne sont pas exclusifs, mais ils n'ont pas empêché de connaître la langue nationale. Si elle n'est pas également bien parlée partout, elle est du moins facilement entendue. Les clubs, les Sociétés patriotiques, sont des écoles primaires pour la langue et pour la liberté ; elles suffiront pour la faire connaître dans les départements où il reste encore trop de vestiges de ces patois, de ces jargons maintenus par l'habitude et propagés par une éducation négligée ou nulle. Le législateur doit voir d'en haut, et ne doit ainsi apercevoir que les nuances très prononcées, que les différences énormes; il ne doit des instituteurs de langue qu'au pays, qui, habitué exclusivement à un idiome, est pour ainsi dire isolé et séparé de la grande famille.

Ces instituteurs n'appartiendront à aucune fonction de culte quelconque; point de sacerdoce dans l'enseignement public; de bons patriotes, des hommes éclairés, voilà les premières qualités nécessaires pour se mêler d'éducation.

Les Sociétés populaires indiqueront des candidats: c'est de leur sein, c'est des villes que doivent sortir ces instituteurs; c'est par les représentants du peuple, envoyés pour établir le gouvernement révolutionnaire, qu'ils seront choisis.

Leur traitement sera payé par le trésor public. La République doit l'instruction élémentaire à tous les citoyens; leur traitement n'éveillera pas la cupidité; il doit satisfaire aux besoins d'un homme dans les campagnes; il sera de 100 frs par mois. L'assiduité prouvée par des autorités constituées sera la caution de la République dans le paiement qu'elle fera à ces instituteurs, qui vont remplir une mission plus importante qu'elle ne paraît d'abord. Ils vont créer des hommes à la liberté, attacher des citoyens à la patrie, et préparer l'exécution des lois en les faisant connaître.

Cette proposition du comité aura peut-être une apparence frivole aux yeux des hommes ordinaires, mais je parle à des législateurs populaires, chargés de présider à la plus belle des révolutions que la politique et l'esprit humain aient encore éprouvées.

Si je parlais à un despote, il me blâmerait; dans la monarchie même chaque maison, chaque commune, chaque province, était en quelque sorte un empire séparé de mœurs, d'usages, de lois, de coutumes et de langage. Le despote avait besoin d'isoler les peuples, de séparer les pays, de diviser les intérêts, d'empêcher les communications, d'arrêter la simultanéité des pensées et l'identité des mouvements. Le despotisme maintenait la variété des idiomes: une monarchie doit ressembler à la tour de Babel; il n'y a qu'une langue universelle pour le tyran: celle de la force pour avoir l'obéissance, et celle des impôts pour avoir de l'argent.

Dans la démocratie, au contraire, la surveillance du gouvernement est confiée à chaque citoyen; pour le surveiller il faut le connaître, il faut surtout en connaître la langue.

Les lois d'une République supposent une attention singulière de tous les citoyens les uns sur les autres, et une surveillance constante sur l'observation des lois et sur la conduite des fonctionnaires publics. Peut-on se la promettre dans la confusion des langues, dans la négligence de la première éducation du peuple, dans l'ignorance des citoyens ?

D'ailleurs, combien de dépenses n'avons-nous pas faites pour la traduction des lois des deux premières assemblées nationales dans les divers idiomes parlés en France ! Comme si c'était à nous à maintenir ces jargons barbares et ces idiomes grossiers qui ne peuvent plus servir que les fanatiques et les contre-révolutionnaires !

Laisser les citoyens dans l'ignorance de la langue nationale, c'est trahir la patrie ; c'est laisser le torrent des lumières empoisonné ou obstrué dans son cours ; c'est méconnaître les bienfaits de l'imprimerie, car chaque imprimeur est un instituteur public de langue et de législation.

Laisserez-vous sans fruit sur quelque partie du territoire, cette belle invention qui multiplie les pensées et propage les lumières, qui reproduit les lois et les décrets, et les étend dans huit jours sur toute la surface de la République ; une invention qui rend la Convention nationale présente à toutes les communes, et qui seule peut assurer les lumières, l'éducation, l'esprit public et le gouvernement démocratique d'une grande nation ?

Citoyens, la langue d'un peuple libre doit être une et la même pour tous.

Dès que les hommes pensent, dès qu'ils peuvent coaliser leurs pensées, l'empire des prêtres, des despotes et des intrigants touche à sa ruine.

Donnons donc aux citoyens l'instrument de la pensée publique, l'agent le plus sûr de la révolution, le même langage.

Eh quoi ! tandis que les peuples étrangers apprennent sur tout le globe la langue française ; tandis que nos papiers publics circulent dans toutes les régions ; tandis que le *Journal Universel* et le *Journal des Hommes Libres* sont lus chez toutes les nations d'un pôle à l'autre, on dirait qu'il existe en France six cent mille Français qui ignorent absolument la langue de leur nation et qui ne connaissent ni les lois, ni la révolution qui se font au milieu d'eux !

Ayons l'orgueil que doit donner la prééminence de la langue française depuis qu'elle est républicaine, et remplissons un devoir.

Laissons la langue italienne consacrée aux délices de l'harmonie et aux expressions d'une poésie molle et corruptrice.

Laissons la langue allemande, peu faite pour des peuples libres jusqu'à ce que le gouvernement féodal et militaire, dont elle est le plus digne organe, soit anéanti.

Laissons la langue espagnole pour son inquisition et ses universités jusqu'à ce qu'elle exprime l'expulsion des Bourbons qui ont détrôné les peuples de toutes les Espagnes.

Quant à la langue anglaise, qui fut grande et libre le jour qu'elle s'enrichit de ces mots, *la majesté du peuple*, elle n'est plus que l'idiome d'un gouvernement tyrannique et exécrable, de la banque et des lettres-de-change.

Nos ennemis avaient fait de la langue française la langue des cours; ils l'avaient avilie. C'est à nous d'en faire la langue des peuples, et elle sera honorée.

Il n'appartient qu'à une langue qui a prêté ses accents à la liberté et à l'égalité; à une langue qui a une tribune législative et deux mille tribunes populaires, qui a de grandes enceintes pour agiter de vastes assemblées, et des théâtres pour célébrer le patriotisme; il n'appartient qu'à la langue française qui depuis quatre ans se fait lire par tous les peuples, qui décrit à toute l'Europe la valeur de quatorze armées, qui sert d'instrument à la gloire de la reprise de Toulon, de Landau, du Fort Vauban et à l'anéantissement des armées royales; il n'appartient qu'à elle de devenir la langue universelle.

Mais cette ambition est celle du génie de la liberté; il la remplira. Pour nous, nous devons à nos concitoyens, nous devons à l'affermissement de la République de faire parler sur tout son territoire la langue dans laquelle est écrite la Déclaration des Droits de l'Homme.

Voici le projet [qui est décrété]:

La Convention nationale, après avoir entendu le rapport de son comité de salut public, décrète:

Art. I. Il sera établi dans dix jours, à compter du jour de la publication du présent décret, un instituteur de langue française dans chaque commune de campagne des départements du Morbihan, du Finistère, des Côtes-du-Nord, d'Ille-et-Vilaine, et dans la partie de la Loire-Inférieure dont les habitants parlent l'idiome appelé bas-breton.

II. Il sera procédé à la même nomination d'un instituteur de la langue française dans chaque commune des campagnes des départements du Haut et Bas-Rhin, dans le département de la Corse, dans la partie du département de la Moselle, du département du Nord, du Mont-Terrible, des Alpes maritimes, et dans la partie des Basses-Pyrénées dont les habitants parlent un idiome étranger.

III. Il ne pourra être choisi un instituteur parmi les ministres d'un culte quelconque, ni parmi ceux qui auront appartenu à des castes ci-devant privilégiées ; ils seront nommés par des représentants du peuple, sur l'indication faite par les sociétés populaires.

IV. Les instituteurs seront tenus d'enseigner tous les jours la langue française et la Déclaration des Droits de l'Homme à tous les jeunes citoyens des deux sexes que les pères, mères et tuteurs seront tenus d'envoyer dans les écoles publiques ; les jours de décade, ils donneront lecture au peuple et traduiront vocalement les lois de la République en préférant celles relatives à l'agriculture et aux droits des citoyens.

V. Les instituteurs recevront du trésor public un traitement de 1 500 livres par an, payables à la fin de chaque mois, à la caisse du district, sur le certificat de résidence donné par les municipalités, d'assiduité et de zèle à leurs fonctions donné par l'agent national près chaque commune. Les sociétés populaires sont invitées à propager l'établissement des clubs pour la traduction vocale des décrets et des lois de la République, et à multiplier les moyens de faire connaître la langue française dans les campagnes les plus reculées.

Le comité de salut public est chargé de prendre à ce sujet toutes les mesures qu'il croira nécessaire.

Merlin (de Douai) observe que dans deux districts du département du Nord on ne parle que le flamand. Il demande un article additionnel pour cet objet.

Grégoire fait observer que bien d'autres départements ont besoin d'un pareil bienfait, que plus de six millions d'individus en France ne parlent point la langue française.

Plusieurs membres réclament le renvoi de ce projet au comité d'instruction publique, afin de le généraliser pour toutes les communes qui en ont l'indispensable besoin.

Barère fait observer que le comité, dans la proposition qu'il a faite, a eu l'intention de faire quelque bien. Mais, dit-il, vous voulez faire un si grand bien, que vous n'obtiendrez aucun heureux résultat. La mesure généralisée exige un temps et une masse d'hommes si considérables que nous ne pourrions, aussitôt que nous le désirons, remplir l'objet que nous nous proposons.

Ce dont nous avons essentiellement besoin aujourd'hui, c'est qu'il ne se forme pas une nouvelle Vendée dans la ci-devant Bretagne, où, comme vous le verrez dans les rapports de Richard et Choudieu, les prêtres ont exercé la plus cruelle influence, en ne parlant que le bas-breton. Ce dont nous avons besoin, c'est de repeupler un district du département du Bas-Rhin, que des émigrés ont entraîné, parce qu'ils parlaient aux habitants leur langage, et se servaient de ce moyen pour les égarer. Ce dont nous avons besoin, c'est que Paoli n'opère pas la contre-révolution en Corse par les moyens que lui en offre la langue italienne, qu'on parle uniquement dans cette île. Enfin, ce dont nous avons besoin, c'est de mettre à l'abri du fanatisme le peuple basque, qui est patriote, mais que des ennemis de la liberté pourraient corrompre en lui déguisant les vrais principes. Voilà les quatre objets principaux qu'a saisi le comité, de salut public.

L'assemblée adopte les propositions du comité de salut public.

IV, 2. *LE RAPPORT GRÉGOIRE**

CONVENTION NATIONALE

Instruction publique

RAPPORT

SUR LA NÉCESSITÉ ET LES MOYENS
D'ANÉANTIR LES PATOIS
ET D'UNIVERSALISER L'USAGE
DE LA LANGUE FRANÇAISE

Par GRÉGOIRE

Séance du 16 prairial, l'an deuxième de la République, une et indivisible;
suivi du décret de la Convention nationale, imprimés par ordre de la

* G., pp. 290-314. (Les notes de l'édition Gazier ont été abrégées et modifiées.)

Convention nationale, et envoyés aux autorités constituées, aux sociétés
populaires et à toutes les communes de la République.

La langue française a conquis l'estime de l'Europe, et depuis
un siècle elle y est classique : mon but n'est pas d'assigner les
causes qui lui ont assuré cette prérogative. Il y a dix ans qu'au
fond de l'Allemagne, à Berlin, on discuta savamment cette
question qui, suivant l'expression d'un écrivain, eût flatté l'orgueil de Rome, empressée à la consacrer dans son histoire
comme une de ses belles époques. On connaît les tentatives de
la politique romaine pour universaliser sa langue : elle défen-
dait d'en employer d'autre pour haranguer les ambassadeurs
étrangers, pour négocier avec eux ; et, malgré ses efforts, elle
n'obtint qu'imparfaitement ce qu'un assentiment libre accorde
à la langue française. On sait qu'en 1774, elle servit à rédiger
le traité entre les Turcs et les Russes. Depuis la paix de
Nimègue, elle a été prostituée, pour ainsi dire, aux intrigues
des cabinets de l'Europe. Dans sa marche claire et métho-
dique, la pensée se déroule facilement ; c'est ce qui lui donne
un caractère de raison, de probité, que les fourbes eux-mêmes
trouvent plus propres à les garantir des ruses diplomatiques.
  Si notre idiome a reçu un tel accueil des tyrans et des cours
à qui la France monarchique donnait des théâtres, des pom-
pons, des modes et des manières, quel accueil ne doit-il pas se
promettre de la part des peuples à qui la France républicaine
révèle leurs droits en leur ouvrant la route de la liberté ?
  Mais cet idiome, admis dans les transactions politiques, usité
dans plusieurs villes d'Allemagne, d'Italie, des Pays-Bas, dans
une partie du pays de Liège, du Luxembourg, de la Suisse, même
dans le Canada et sur les bords du Mississipi, par quelle fatalité
est-il encore ignoré d'une très-grande partie des Français ?
  À travers toutes les révolutions, le celtique, qui fut le premier idiome de l'Europe, s'est maintenu dans une contrée de
la France et dans quelques cantons des Iles britanniques. On
sait que les Gallois, les Cornouailliens et les Bas-Bretons s'entendent ; cette langue indigène éprouva des modifications successives. Les Phocéens fondèrent, il y a vingt-quatre siècles, de
brillantes colonies sur les bords de la Méditerranée ; et, dans
une chanson des environs de Marseille, on a trouvé récemment
des fragments grecs d'une ode de Pindare sur les vendanges.
Les Carthaginois franchirent les Pyrénées, et Polybe nous dit

que beaucoup de Gaulois apprirent le punique pour converser avec les soldats d'Annibal.

Du joug des Romains, la Gaule passa sous la domination des Francs. Les Alains, les Goths, les Arabes et les Anglais, après y avoir pénétré tour à tour, en furent chassés ; et notre langue ainsi que les divers dialectes usités en France portent encore les empreintes du passage ou du séjour de ces divers peuples.

La féodalité, qui vint ensuite morceler ce beau pays, y conserva soigneusement cette disparité d'idiomes comme un moyen de reconnaître, de ressaisir les serfs fugitifs et de river leurs chaînes. Actuellement encore, l'étendue territoriale où certains patois sont usités, est déterminée par les limites de l'ancienne domination féodale. C'est ce qui explique la presque identité des patois de Bouillon et de Nancy, qui sont à 40 lieues de distance et qui furent jadis soumis aux mêmes tyrans ; tandis que le dialecte de Metz, situé à quelques lieues de Nancy, en diffère beaucoup, parce que, pendant plusieurs siècles, le pays Messin, organisé dans une forme républicaine, fut en guerre continuelle avec la Lorraine.

Il n'y a qu'environ quinze départements de l'intérieur où la langue française soit exclusivement parlée ; encore y éprouve-t-elle des altérations sensibles, soit dans la prononciation, soit par l'emploi des termes impropres et surannés, surtout vers Sancerre, où l'on retrouve une partie des expressions de Rabelais, Amyot et Montaigne.

Nous n'avons plus de provinces, et nous avons encore environ trente patois qui en rappellent les noms.

Peut-être n'est-il pas inutile d'en faire l'énumération : le bas-breton, le normand, le picard, le rouchi ou wallon, le flamand, le champenois, le messin, le lorrain, le franc-comtois, le bourguignon, le bressan, le lyonnais, le dauphinois, l'auvergnat, le poitevin, le limousin, le picard, le provençal, le languedocien, le velayen, le catalan, le béarnais, le basque, le rouergat et le gascon ; ce dernier seul est parlé sur une surface de 60 lieues en tout sens.

Au nombre des patois, on doit placer encore l'italien de la Corse, des Alpes-Maritimes, et l'allemand des Haut et Bas-Rhin, parce que ces deux idiomes y sont très-dégénérés.

Enfin les nègres de nos colonies, dont vous avez fait des hommes, ont une espèce d'idiome pauvre comme celui des Hottentots, comme la langue franque, qui, dans tous les verbes, ne connaît guère que l'infinitif.

Plusieurs de ces dialectes, à la vérité, sont génériquement les mêmes; ils ont un fonds de physionomie ressemblante, et seulement quelques traits métis tellement nuancés que les divers faubourgs d'une même commune, telle que Salins et Commune-Affranchie, offrent des variantes.

Cette disparité s'est conservée d'une manière plus tranchante dans des villages situés sur les bords opposés d'une rivière, où, à défaut de pont, les communications étaient autrefois plus rares. Le passage de Strasbourg à Brest est actuellement plus facile que ne l'étaient jadis des courses de vingt lieues, et l'on cite encore vers Saint-Claude, dans le département du Jura, des testaments faits (est-il dit) *à la veille d'un grand voyage*; car il s'agissait d'aller à Besançon, qui était la capitale de la province.

On peut assurer sans exagération qu'au moins six millions de Français, surtout dans les campagnes, ignorent la langue nationale; qu'un nombre égal est à peu près incapable de soutenir une conversation suivie; qu'en dernier résultat, le nombre de ceux qui la parlent n'excède pas trois millions, et probablement le nombre de ceux qui l'écrivent correctement encore moindre.

Ainsi, avec trente patois différents, nous sommes encore, pour le langage, à la tour de Babel, tandis que, pour la liberté, nous formons l'avant-garde des nations.

Quoiqu'il y ait possibilité de diminuer le nombre des idiomes reçus en Europe, l'état politique du globe bannit l'espérance de ramener les peuples à une langue commune. Cette conception, formée par quelques écrivains, est également hardie et chimérique. Une langue universelle est, dans son genre, ce que la pierre philosophale est en chimie.

Mais au moins on peut uniformer le langage d'une grande nation, de manière que tous les citoyens qui la composent puissent sans obstacle se communiquer leurs pensées. Cette entreprise, qui ne fut pleinement exécutée chez aucun peuple, est digne du peuple français, qui centralise toutes les branches de l'organisation sociale et qui doit être jaloux de consacrer au plutôt, dans une République une et indivisible, l'usage unique et invariable de la langue de la liberté.

Sur le rapport de son Comité de salut public, la Convention nationale décréta, le 8 pluviôse, qu'il serait établi des instituteurs pour enseigner notre langue dans les départements où elle est le moins connue. Cette mesure, très-salutaire, mais qui ne s'étend pas à tous ceux où l'on parle patois, doit être secondée par le zèle des citoyens. La voix douce de la persuasion peut accélérer l'époque où ces idiomes féodaux auront disparu. Un des moyens les plus efficaces peut-être pour électriser les citoyens, c'est de leur prouver que la connaissance et l'usage de la langue nationale importent à la conservation de la liberté. Aux vrais républicains il suffit de montrer le bien, on est dispensé de le leur commander.

Les deux sciences les plus utiles et les plus négligées sont la culture de l'homme et celle de la terre : personne n'a mieux senti le prix de l'une et de l'autre que nos frères les Américains, chez qui tout le monde sait lire, écrire et parler la langue nationale.

L'homme sauvage n'est, pour ainsi dire, qu'ébauché ; en Europe, l'homme civilisé est pire, il est dégradé.

La résurrection de la France s'est opérée d'une manière imposante ; elle se soutient avec majesté ; mais le retour d'un peuple à la liberté ne peut en consolider l'existence que par les mœurs et les lumières. Avouons qu'il nous reste beaucoup à faire à cet égard.

Tous les membres du souverain sont admissibles à toutes les places ; il est à désirer que tous puissent successivement les remplir, et retourner à leurs professions agricoles ou mécaniques. Cet état de choses nous présente l'alternative suivante : si ces places sont occupées par des hommes incapables de s'énoncer, d'écrire dans la langue nationale, les droits des citoyens seront-ils bien garantis par des actes dont la rédaction présentera l'impropriété des termes, l'imprécision des idées, en un mot tous les symptômes de l'ignorance ? Si au contraire cette ignorance exclut des places, bientôt renaîtra cette aristocratie qui jadis employait le patois pour montrer son affabilité protectrice à ceux qu'on appelait insolemment *les petites gens*. Bientôt la société sera réinfectée de *gens comme il faut* ; la liberté des suffrages sera restreinte, les cabales seront plus faciles à nouer, plus difficiles à rompre, et, par le fait, entre deux classes séparées s'établira une sorte de hiérarchie. Ainsi l'ignorance de la langue compromettrait le bonheur social ou détruirait l'égalité.

Le peuple doit connaître les lois pour les sanctionner et leur obéir ; et telle était l'ignorance de quelques communes dans les premières époques de la Révolution que, confondant toutes les notions, associant des idées incohérentes et absurdes, elles s'étaient persuadé que le mot *décret* signifiait *un décret de prise de corps*; qu'en conséquence devait intervenir un décret pour tuer tous les ci-devant privilégiés; et l'on m'écrivait à ce sujet une anecdote qui serait plaisante, si elle n'était déplorable. Dans une commune les citoyens disaient: « Ce serait pourtant bien dur de tuer M. Geffry; mais au moins il ne faudrait pas le faire souffrir. » Dans cette anecdote, à travers l'enveloppe de l'ignorance, on voit percer le sentiment naïf d'hommes qui d'avance calculent les moyens de concilier l'humanité avec l'obéissance.

Proposerez-vous de suppléer à cette ignorance par des traductions? Alors vous multipliez les dépenses, en compliquant les rouages politiques, vous en ralentissez le mouvement: ajoutons que la majeure partie des dialectes vulgaires résistent à la traduction ou n'en promettent que d'infidèles. Si dans notre langue la partie politique est à peine créée, que peut-elle être dans des idiomes dont les uns abondent, à la vérité, en expressions sentimentales pour peindre les douces effusions du cœur, mais sont absolument dénués de termes relatifs à la politique; les autres sont des jargons lourds et grossiers, sans syntaxe déterminée, parce que la langue est toujours la mesure du génie d'un peuple; les mots ne croissent qu'avec la progression des idées et des besoins. Leibnitz avait raison. Les mots sont les lettres de change de l'entendement; si donc il acquiert de nouvelles idées, il lui faut des termes nouveaux, sans quoi l'équilibre serait rompu. Plutôt que d'abandonner cette fabrication aux caprices de l'ignorance, il vaut mieux certainement lui donner votre langue; d'ailleurs, l'homme des campagnes, peu accoutumé à généraliser ses idées, manquera toujours de termes abstraits; et cette inévitable pauvreté de langage, qui resserre l'esprit, mutilera vos adresses et vos décrets, si même elle ne les rend intraduisibles.

Cette disparité de dialectes a souvent contrarié les opérations de vos commissaires dans les départements. Ceux qui se trouvaient aux Pyrénées-Orientales en octobre 1792 vous écrivirent que, chez les Basques, peuple doux et brave, un grand nombre était accessible au fanatisme, parce que l'idiome est un obstacle à la propagation des lumières. La même chose est arrivée dans d'autres départements, où des scélérats fondaient sur l'ignorance de notre langue le succès de leurs machinations contre-révolutionnaires.

C'est surtout vers nos frontières que les dialectes, communs

aux peuples des limites opposées, établissent avec nos ennemis des relations dangereuses, tandis que, dans l'étendue de la
République, tant de jargons sont autant de barrières qui gênent
les mouvements du commerce et atténuent les relations sociales.
Par l'influence respective des mœurs sur le langage, du langage sur les mœurs, ils empêchent l'amalgame politique, et
d'un seul peuple en font trente. Cette observation acquiert un
grand poids, si l'on considère que, faute de s'entendre, tant
d'hommes se sont égorgés, et que souvent les querelles san-
guinaires des nations, comme les querelles ridicules des scho-
lastiques, n'ont été que de véritables logomachies. Il faut donc
que l'unité de langue entre les enfants de la même famille
éteigne les restes des préventions résultantes des anciennes
divisions provinciales et resserre les liens d'amitié qui doivent
unir des frères.

Des considérations d'un autre genre viennent à l'appui de
nos raisonnements. Toutes les erreurs se tiennent comme toutes
les vérités ; les préjugés les plus absurdes peuvent entraîner les
conséquences les plus funestes. Dans quelques cantons ces
préjugés sont affaiblis, mais dans la plupart des campagnes
ils exercent encore leur empire. Un enfant ne tombe pas en
convulsion, la contagion ne frappe pas une étable, sans faire
naître l'idée qu'on a *jeté un sort*, c'est le terme. Si dans le voisinage il est quelque fripon connu sous le nom de *devin*, la
crédulité va lui porter son argent, et des soupçons personnels
font éclater des vengeances. Il suffirait de remonter à très-peu
d'années pour trouver des assassinats commis sous prétexte
de maléfice.

Les erreurs antiques ne font-elles donc que changer de
formes en parcourant les siècles ? Que du temps de Virgile on
ait supposé aux magiciennes de Thessalie la puissance d'obs-
curcir le soleil et de jeter la lune dans un puits, que dix-huit
siècles après on ait cru pouvoir évoquer le diable, je ne vois là
que des inepties diversement modifiées.

En veut-on un exemple plus frappant ? Le génie noir, chez
les Celtes, *plus noir que la poix*, dit l'Edda ; l'*éphialtès* des
Grecs, les *lémures* des Romains, le *sotre* vers Lunéville, le *drac*
dans le ci-devant Languedoc, le *chaouce-bieille* dans quelques
coins de la ci-devant Gascogne, sont, depuis quarante siècles,
le texte de mille contes puérils, pour expliquer ce que les
médecins nomment le *cochemar*.

Les Romains croyaient qu'il était dangereux de se marier au

mois de mai ; cette idée s'est perpétuée chez les Juifs ; Astruc
l'a retrouvée dans le ci-devant Languedoc.

Actuellement encore les cultivateurs, pour la plupart, sont
infatués de toutes les idées superstitieuses que des auteurs
anciens, estimables d'ailleurs, comme Aristote, Élien, Pline et
Columelle, ont consignées dans leurs écrits : tel est un prétendu secret pour faire périr les insectes, qui des Grecs est
passé aux Romains et que nos faiseurs de maisons rustiques
ont tant répété. C'est surtout l'ignorance de l'idiome national
qui tient tant d'individus à une grande distance de la vérité :
cependant, si vous ne les mettez en communication directe
avec les hommes et les livres, leurs erreurs, accumulées, enra-
cinées depuis des siècles, seront indestructibles.

Pour perfectionner l'agriculture et toutes les branches
de l'économie rurale, si arriérées chez nous, la connaissance
de la langue nationale est également indispensable. Rozier
observe que, d'un village à l'autre, les cultivateurs ne s'entendent pas ; après cela, dit-il, comment les auteurs qui traitent de
la vigne prétendent-ils qu'on les entendra ? Pour fortifier son
observation, j'ajoute que, dans quelques contrées méridionales
de la France, le même cep de vigne a trente noms différents. Il
en est de même de l'art nautique, de l'extraction des minéraux, des instruments ruraux, des maladies, des grains, et spécialement des plantes. Sur ce dernier article, la nomenclature
varie non seulement dans des localités très-voisines, mais
encore dans des époques très-rapprochées. Le botaniste Villars[1], qui en donne plusieurs preuves, cite Sollier, qui, plus
que personne, ayant fait des recherches, dans les villages,
sur les dénominations vulgaires des végétaux, n'en a trouvé
qu'une centaine bien nommés. Il en résulte que les livres les
plus usuels sont souvent inintelligibles pour les citoyens des
campagnes.

Il faut donc, en révolutionnant les arts, uniformer leur
idiome technique ; il faut que les connaissances disséminées
éclairent toute la surface du territoire français, semblables à
ces réverbères qui, sagement distribués dans toutes les parties
d'une cité, y répartissent la lumière. Un poëte a dit :

> *Peut-être qu'un Lycurgue, un Cicéron sauvage,*
> *Est chantre de paroisse ou maire de village.*

Les développements du génie attesteront cette vérité et prouveront que, surtout, parmi les hommes de la nature se trouvent les grands hommes.

Les relations des voyageurs étrangers insistent sur le désagrément qu'ils éprouvaient de ne pouvoir recueillir des renseignements dans les parties de la France où le peuple ne parle pas français. Ils nous comparent malignement aux Islandais, qui, au milieu des frimas d'une région sauvage, connaissent tous l'histoire de leur pays, afin de nous donner le désavantage du parallèle. Un Anglais, dans un écrit qui décèle souvent la jalousie, s'égaie sur le compte d'un marchand qui lui demandait si, en Angleterre, il y avait des arbres et des rivières, et à qui il persuada que, d'ici à la Chine, il y avait environ 200 lieues. Les Français, si redoutables aux Anglais par leurs baïonnettes, doivent leur prouver encore qu'ils ont sur eux la supériorité du génie, comme celle de la loyauté : il leur suffit de vouloir.

Quelques objections m'ont été faites sur l'utilité du plan que je propose. Je vais les discuter.

Penserez-vous, m'a-t-on dit, que les Français méridionaux se résoudront facilement à quitter un langage qu'ils chérissent par habitude et par sentiment ? Leurs dialectes, appropriés au génie d'un peuple qui pense vivement et s'exprime de même, ont une syntaxe où l'on rencontre moins d'anomalie que dans notre langue. Par leurs richesses et leurs prosodies éclatantes, ils rivalisent avec la douceur de l'italien et la gravité de l'espagnol ; et probablement, au lieu de la langue des trouvères, nous parlerions celle des troubadours, si Paris, le centre du Gouvernement, avait été situé sur la rive gauche de la Loire.

Ceux qui nous font cette objection ne prétendent pas sans doute que d'Astros et Goudouli soutiendront le parallèle avec Pascal, Fénelon et Jean-Jacques. L'Europe a prononcé sur cette langue, qui, tour à tour embellie par la main des grâces, insinue dans les cœurs les charmes de la vertu, ou qui, faisant retentir les accents fiers de la liberté, porte l'effroi dans le repaire des tyrans. Ne faisons point à nos frères du Midi l'injure de penser qu'ils repousseront une idée utile à la patrie. Ils ont abjuré et combattu le fédéralisme politique ; ils combattront avec la même énergie celui des idiomes. Notre langue et nos cœurs doivent être à l'unisson.

Cependant la connaissance des dialectes peut jeter du jour sur quelques monuments du moyen âge. L'histoire et les langues se prêtent un secours mutuel pour juger les habitudes ou le génie d'un peuple vertueux ou corrompu, commerçant, navigateur ou agricole. La filiation des termes conduit à celle des idées ; par la comparaison des mots radicaux, des usages, des formules philosophiques ou proverbes, qui sont les fruits de l'expérience, on remonte à l'origine des nations.

L'histoire étymologique des langues, dit le célèbre Sulzer[2] serait la meilleure histoire des progrès de l'esprit humain. Les recherches de Peloutier[3], Bochart[4], Gebelin, Bochat[5], Lebrigand, etc., ont déjà révélé des faits assez étonnants pour éveiller la curiosité et se promettre de grands résultats. Les rapports de l'allemand au persan, du suédois à l'hébreu, de la langue basque à celle du Malabar, de celle-ci à celle des Bohémiens errants, de celle du pays de Vaud à l'irlandais, la presque identité de l'irlandais, qui a l'alphabet de Cadmus, composé de dix-sept lettres, avec le punique ; son analogie avec l'ancien celtique, qui, conservé traditionnellement dans le nord de l'Écosse, nous a transmis les chefs-d'œuvre d'Ossian ; les rapports démontrés entre les langues de l'ancien et du nouveau Monde, en établissant l'affinité des peuples par celle des idiomes, prouveront d'une manière irréfragable l'unité de la famille humaine et de son langage, et, par la réunion d'un petit nombre d'éléments connus, rapprocheront les langues, en faciliteront l'étude et en diminueront le nombre.

Ainsi la philosophie, qui promène son flambeau dans toute la sphère des connaissances humaines, ne croira pas indigne d'elle de descendre à l'examen des patois, et, dans ce moment favorable pour révolutionner notre langue, elle leur dérobera peut-être des expressions enflammées, des tours naïfs qui nous manquent. Elle puisera surtout dans le provençal, qui est encore rempli d'hellénismes, et que les Anglais même, mais surtout les Italiens, ont mis si souvent à contribution.

Presque tous les idiomes ont des ouvrages qui jouissent d'une certaine réputation. Déjà la Commission des arts, dans son instruction, a recommandé de recueillir ces monuments imprimés ou manuscrits ; il faut chercher des perles jusque dans le fumier d'Ennius.

Une objection, plus grave en apparence, contre la destruction des dialectes rustiques, est la crainte de voir les mœurs s'altérer dans les campagnes. On cite spécialement le Haut-Pont, qui, à la porte de Saint-Omer, présente une colonie laborieuse de trois mille individus, distingués par leurs habits courts à la manière des Gaulois, par leurs usages, leur idiome, et surtout par cette probité patriarcale et cette simplicité du premier âge.

Comme rien ne peut compenser la perte des mœurs, il n'y a pas à balancer pour le choix entre le vice éclairé et l'innocence vertueuse. L'objection eût été insoluble sous le règne du despotisme. Dans une monarchie, le scandale des palais insulte à la misère des cabanes, et, comme il y a des gens qui ont trop, nécessairement d'autres ont trop peu. Le luxe et l'orgueil de tyranneaux, prêtres, nobles, financiers et autres, enlevaient une foule d'individus à l'agriculture et aux arts.

De là cette multitude de femmes de chambre, de valets de chambre, de laquais, qui reportaient ensuite dans leurs hameaux des manières moins gauches, un langage moins rustre, mais une dépravation contagieuse qui gangrenait les villages. De tous les individus qui, après avoir habité les villes, retournaient sous le toit paternel, il n'y avait guère de bons que les vieux soldats.

Le régime républicain a opéré la suppression de toutes les castes parasites, le rapprochement des fortunes, le nivellement des conditions. Dans la crainte d'une dégénération morale, des familles nombreuses, d'estimables campagnards, avaient pour maxime de n'épouser que dans leur parenté. Cet isolement n'aura plus lieu, parce qu'il n'y a plus en France qu'une seule famille. Ainsi la forme nouvelle de notre gouvernement et l'austérité de nos principes repoussent toute parité entre l'ancien et le nouvel état de choses. La population refluera dans les campagnes, et les grandes communes ne seront plus des foyers putrides d'où sans cesse la fainéantise et l'opulence exhalaient le crime. C'est là surtout que les ressorts moraux doivent avoir plus d'élasticité. Des mœurs ! sans elles point de République, et sans République point de mœurs.

Tout ce qu'on vient de dire appelle la conclusion, que pour extirper tous les préjugés, développer toutes les vérités, tous les talents, toutes les vertus, fondre tous les citoyens dans la masse nationale, simplifier le méchanisme et faciliter le jeu de la machine politique, il faut identité de langage. Le temps amènera sans doute d'autres réformes nécessaires dans le costume, les manières et les usages. Je ne citerai que celui d'ôter le chapeau pour saluer, qui devrait être remplacé par une forme moins gênante et plus expressive.

En avouant l'utilité d'anéantir les patois, quelques personnes en contestent la possibilité ; elles se fondent sur la ténacité du peuple dans ses usages. On m'allègue les Morlaques, qui ne mangeaient pas de veau il y a quatorze siècles et qui sont restés fidèles à cette abstinence; les Grecs, chez qui, selon Guys[6], se conserve avec éclat la danse décrite, il y a trois mille ans, par Homère dans son bouclier d'Achille.

On cite Tournefort[7], au rapport duquel les Juifs de Pruse en Natolie, descendants de ceux qui depuis longtemps avaient été chassés d'Espagne, parlaient espagnol comme à Madrid. On cite les protestants réfugiés à la révocation de l'édit de Nantes, dont la postérité a tellement conservé l'idiome local, que, dans la Hesse et le Brandebourg, on retrouve les patois gascon et picard.

Je crois avoir établi que l'unité de l'idiome est une partie intégrante de la révolution, et, dès lors plus on m'opposera de difficultés, plus on me prouvera la nécessité d'opposer des moyens pour les combattre. Dût-on n'obtenir qu'un demi-succès, mieux vaudrait encore faire un peu de bien que de n'en point faire. Mais répondre par des faits, c'est répondre péremptoirement, et tous ceux qui ont médité sur la manière dont les langues naissent, vieillissent et meurent, regarderont la réussite comme infaillible.

Il y a un siècle qu'à Dieuse un homme fut exclus d'une place publique parce qu'il ignorait l'allemand, et cette langue est déjà repoussée à grande distance au delà de cette commune. Il y a cinquante ans que, dans sa *Bibliothèque des auteurs de Bourgogne*, Papillon[8] disait, en parlant des noëls de la Monnoie: «Ils conserveront le souvenir d'un idiome qui commence à se perdre comme la plupart des autres patois de la France.» Papon[9] a remarqué la même chose dans la ci-devant Provence. L'usage de prêcher en patois s'était conservé dans quelques contrées. Mais cet usage diminuait sensiblement; il s'était même éteint dans quelques communes, comme à Limoges. Il y a une vingtaine d'années qu'à Périgueux il était encore honteux de *francimander*, c'est-à-dire de parler français. L'opinion a tellement changé, que bientôt, sans doute, il sera honteux de s'énoncer autrement. Partout, ces dialectes se dégrossissent, se rapprochent de la langue nationale; cette vérité résulte des renseignements que m'ont adressés beaucoup de sociétés populaires.

Déjà la révolution a fait passer un certain nombre de mots français dans tous les départements, où ils sont presque universellement connus, et la nouvelle distribution du territoire **a** établi de nouveaux rapports qui contribuent à propager la langue nationale.

La suppression de la dîme, de la féodalité, du droit coutumier, l'établissement du nouveau système des poids et mesures, entraînent l'anéantissement d'une multitude de termes qui n'étaient que d'un usage local.

Le style gothique de la chicane a presque entièrement disparu, et sans doute le Code civil en secouera les derniers lambeaux.

En général, dans nos bataillons on parle français, et cette masse de républicains qui en aura contracté l'usage le répandra dans ses foyers. Par l'effet de la révolution, beaucoup de ci-devant citadins iront cultiver leurs terres. Il y aura plus d'aisance dans les campagnes ; on ouvrira des canaux et des routes ; on prendra, pour la première fois, des mesures efficaces pour améliorer les chemins vicinaux ; les fêtes nationales, en continuant à détruire les tripots, les jeux de hasard, qui ont désolé tant de familles, donneront au peuple des plaisirs dignes de lui : l'action combinée de ces opérations diverses doit tourner au profit de la langue française.

Quelques moyens moraux, et qui ne sont pas l'objet d'une loi, peuvent encore accélérer la destruction des patois.

Le 14 janvier 1790, l'Assemblée constituante ordonna de traduire ses décrets en dialectes vulgaires. Le tyran n'eut garde de faire une chose qu'il croyait utile à la liberté. Au commencement de sa session, la Convention nationale s'occupa du même objet. Cependant j'observerai que, si cette traduction est utile, il est un terme où cette mesure doit cesser, car ce serait prolonger l'existence des dialectes que nous voulons proscrire, et, s'il faut encore en faire usage, que ce soit pour exhorter le peuple à les abandonner.

Associez à vos travaux ce petit nombre d'écrivains qui rehaussent leurs talents par leur républicanisme. Répandez avec profusion, dans les campagnes surtout, non de gros livres (communément ils épouvantent le goût et la raison), mais une foule d'opuscules patriotiques, qui contiendront des notions simples et lumineuses, que puisse saisir l'homme à conception lente et dont les idées sont obtuses ; qu'il y ait de ces opuscules sur tous les objets relatifs à la politique et aux arts, dont j'ai déjà observé qu'il fallait uniformer la nomenclature. C'est la partie la plus négligée de notre langue : car, malgré les réclamations de Leibnitz, la ci-devant Académie française, à l'imitation de celle *della Crusca*, ne jugea pas à propos d'embrasser cet objet dans la confection de son dictionnaire, qui en a toujours fait désirer un autre.

Je voudrais des opuscules sur la météorologie, qui est d'une application immédiate à l'agriculture. Elle est d'autant plus nécessaire, que jusqu'ici le campagnard, gouverné par les sottises astrologiques, n'ose encore faucher son pré sans la permission de l'almanach.

J'en voudrais même sur la physique élémentaire. Ce moyen est propre à flétrir une foule de préjugés ; et, puisque inévitablement l'homme des campagnes se formera une idée sur la configuration de la terre, pourquoi, dit quelqu'un, ne pas lui donner la véritable ? Répétons-le : *toutes les erreurs se donnent la main, comme toutes les vérités.*

De bons journaux sont une mesure d'autant plus efficace, que chacun les lit ; et l'on voit avec intérêt les marchandes à la halle, les ouvriers dans les ateliers, se cotiser pour les acheter, et de concert faire la tâche de celui qui lit.

Les journalistes (qui devraient donner plus à la partie morale) exercent une sorte de magistrature d'opinion propre à seconder nos vues, en les reproduisant sous les yeux des lecteurs : leur zèle à cet égard nous donnera la mesure de leur patriotisme.

Parmi les formes variées des ouvrages que nous proposons, celle du dialogue peut être avantageusement employée. On sait combien elle a contribué au succès des *Magasins des enfants*, *des adolescents*, etc.

Surtout qu'on n'oublie pas d'y mêler de l'historique. Les anecdotes sont le véhicule du principe, et sans cela il s'échappera. L'importance de cette observation sera sentie par tous ceux qui connaissent le régime des campagnes. Outre l'avantage de fixer les idées dans l'esprit d'un homme peu cultivé, par là, vous mettez en jeu son amour-propre en lui donnant un moyen d'alimenter la conversation ; sinon quelque plat orateur s'en empare, pour répéter tous les contes puérils de la bibliothèque bleue, des commères et du sabat, et l'on ose d'autant moins le contredire, que c'est presque toujours un vieillard qui assure avoir ouï, vu et touché.

Le fruit des lectures utiles en donnera le goût, et bientôt seront vouées au mépris ces brochures souillées de lubricité ou d'imprécations convulsives qui exaltent les passions au lieu d'éclairer la raison ; et même ces ouvrages prétendus moraux dont actuellement on nous inonde, qui sont inspirés par l'amour du bien, mais à la rédaction desquels n'ont présidé ni le goût, ni la philosophie.

Au risque d'essuyer des sarcasmes, dont il vaut mieux être l'objet que l'auteur, ne craignons pas de dire que les chansons, les poésies lyriques importent également à la propagation de la langue et du patriotisme : ce moyen est d'autant plus efficace, que la construction symétrique des vers favorise la mémoire ; elle y place le mot et la chose.

Il était bien pénétré de cette vérité ce peuple harmonieux, pour ainsi dire, chez qui la musique était un ressort entre les mains de la politique. Chrysippe ne crut pas se ravaler en faisant des chansons pour les nourrices. Platon leur ordonne d'en enseigner aux enfants. La Grèce en avait pour toutes les grandes époques de la vie et des saisons, pour la naissance, les noces, les funérailles, la moisson, les vendanges ; surtout elle en avait pour célébrer la liberté. La chanson d'Harmodius et d'Aristogiton, qu'Athénée nous a conservée, était chez eux ce qu'est parmi nous l'air des Marseillais ; et pourquoi le Comité d'instruction publique ne ferait-il pas, dans ce genre, un triage avoué par le goût et le patriotisme ?

Des chansons historiques et instructives, qui ont la marche sentimentale de la romance, ont pour les citoyens des campagnes un charme particulier. N'est-ce pas là l'unique mérite de cette strophe mal agencée, qui fait fondre en larmes les nègres de l'île de Saint-Vincent ? C'est une romance qui faisait pleurer les bons Morlaques, quoique le voyageur Fortis[10], avec une âme sensible, n'en fût pas affecté. C'est là ce qui fit le succès de Geneviève de Brabant, et qui assurera celui d'une pièce attendrissante de Berquin. Avez-vous entendu les échos de la Suisse répéter, dans les montagnes, les airs dans lesquels Lavater[11] célèbre les fondateurs de la liberté helvétique ? Voyez si l'enthousiasme qu'inspirent ces chants républicains n'est pas bien supérieur aux tons langoureux des barcaroles de Venise, lorsqu'ils répètent les octaves galantes du Tasse.

Substituons donc des couplets riants et décents à ces stances impures ou ridicules, dont un vrai citoyen doit craindre de souiller sa bouche ; que, sous le chaume et dans les champs, les paisibles agriculteurs adoucissent leurs travaux en faisant retentir les accents de la joie, de la vertu et du patriotisme. La carrière est ouverte aux talents ; espérons que les poëtes nous feront oublier les torts des gens de lettres dans la révolution.

Ceci conduit naturellement à parler des spectacles. La probité, la vertu, sont à l'ordre du jour, et cet ordre du jour doit être éternel. Le théâtre ne s'en doute pas, puisqu'on y voit encore, dit-on, tour à tour préconiser les mœurs et les insulter : il y a peu qu'on a donné *le Cocher supposé*, par Hauteroche[12]. Poursuivons l'immoralité sur la scène, de plus, chassons-en le jargon, par lequel on établit encore entre les citoyens égaux une sorte de démarcation. Sous un despote, Dufresny, Dancourt, etc., pouvaient impunément amener sur le théâtre des acteurs qui, en parlant un demi patois, excitaient le rire ou la pitié : toutes les convenances doivent actuellement proscrire ce ton. Vainement m'objecterez-vous que Plaute introduit dans ses pièces des hommes qui articulaient le latin barbare des campagnes d'Ausonie ; que les Italiens, et récemment encore Goldoni, produisent sur la scène leur marchand vénitien, et le patois bergamasque de Brighella, etc. Ce qu'on nous cite pour un exemple à imiter n'est qu'un abus à réformer.

Je voudrais que toutes les municipalités admissent dans leurs discussions l'usage exclusif de la langue nationale ; je voudrais qu'une police sage fît rectifier cette foule d'enseignes qui outragent la grammaire et fournissent aux étrangers l'occasion d'aiguiser l'épigramme ; je voudrais qu'un plan systématique répudiât les dénominations absurdes des places, rues, quais et autres lieux publics. J'ai présenté des vues à cet égard.

Quelques sociétés populaires du Midi discutent en provençal : la nécessité d'universaliser notre idiome leur fournit une nouvelle occasion de bien mériter de la patrie. Eh ! pourquoi la Convention nationale ne ferait-elle pas aux citoyens l'invitation civique de renoncer à ces dialectes et de s'énoncer constamment en français ?

La plupart des législateurs anciens et modernes ont eu le tort de ne considérer le mariage que sous le point de vue de la reproduction de l'espèce. Après avoir fait la première faute de confondre la nubilité avec la puberté, qui ne sont des époques identiques que chez l'homme de la nature, oublierons-nous que, lorsque les individus veulent s'épouser, ils doivent garantir à la patrie qu'ils ont les qualités morales pour remplir tous les devoirs de citoyens, tous les devoirs de la paternité ? Dans certains cantons de la Suisse, celui qui veut se marier doit préalablement justifier qu'il a son habit militaire, son fusil et son sabre. En consacrant chez nous cet usage, pourquoi les futurs époux ne seraient-ils pas soumis à prouver qu'ils savent lire, écrire et parler la langue nationale? Je conçois qu'il est facile de ridiculiser ces vues: il est moins facile de démontrer qu'elles sont déraisonnables. Pour jouir du droit de cité, les Romains n'étaient-ils pas obligés de faire preuve qu'ils savaient lire et nager?

Encourageons tout ce qui peut être avantageux à la patrie; que dès ce moment l'idiome de la liberté soit à l'ordre du jour, et que le zèle des citoyens proscrive à jamais les jargons, qui sont les derniers vestiges de la féodalité détruite. Celui qui, connaissant à demi notre langue, ne la parlait que quand il était ivre ou en colère, sentira qu'on peut en concilier l'habitude avec celle de la sobriété et de la douceur. Quelques locutions bâtardes, quelques idiotismes, prolongeront encore leur existence dans le canton où ils étaient connus. Malgré les efforts de Desgrouais, les *Gasconismes corrigés* sont encore à corriger. Les citoyens de Saintes iront encore voir leur *borderie*; ceux de Blois, leur *closerie*, et ceux de Paris, leur *métairie*. Vers Bordeaux, on défrichera des *landes*; vers Nimes, des *garrigues*. Mais enfin les vraies dénominations prévaudront même parmi les ci-devant Basques et Bretons, à qui le gouvernement aura prodigué ses moyens, et, sans pouvoir assigner l'époque fixe à laquelle ces idiomes auront entièrement disparu, on peut augurer qu'elle est prochaine.

Les accents feront une plus longue résistance, et probablement les peuples voisins des Pyrénées changeront encore, pendant quelque temps, les *e* muets en *é* fermés, le *b* en *v*, les *f* en *h*. À la Convention nationale, on retrouve les inflexions et les accents de toute la France. Les finales traînantes des uns, les consonnes gutturales ou nasales des autres, ou même des nuances presque imperceptibles, décèlent presque toujours le département de celui qui parle.

L'organisation, nous dit-on, y contribue. Quelques peuples ont une inflexibilité d'organe qui se refuse à l'articulation de certaines lettres; tels sont les Chinois, qui ne peuvent prononcer la dentale *r*; les Hurons qui, au rapport de La Hontan[13], n'ont pas de labiale, etc. Cependant si la prononciation est communément plus douce dans les plaines, plus fortement accentuée dans les montagnes; si la langue est plus paresseuse dans le Nord et plus souple dans le Midi; si, généralement parlant, les Vitriats et les Marseillais grasseyent, quoique situés à des latitudes un peu différentes, c'est plutôt à l'habitude qu'à la nature qu'il faut en demander la raison; ainsi n'exagérons pas l'influence du climat. Telle langue est articulée de la même manière dans des contrées très-distantes, tandis que dans le même pays la même langue est diversement prononcée. L'accent n'est donc pas plus irréformable que les mots.

Je finirai ce discours en présentant l'esquisse d'un projet vaste et dont l'exécution est digne de vous : c'est celui de révolutionner notre langue. J'explique ma pensée :

Les mots étant les liens de la société et les dépositaires de toutes nos connaissances, il s'ensuit que l'imperfection des langues est une grande source d'erreurs. Condillac voulait qu'on ne pût faire un raisonnement faux sans faire un solécisme, et réciproquement : c'est peut-être exiger trop. Il serait impossible de ramener une langue au plan de la nature et de l'affranchir entièrement des caprices de l'usage. Le sort de toutes les langues est d'éprouver des modifications ; il n'est pas jusqu'aux lingères qui n'aient influé sur la nôtre, et supprimé l'aspiration de l'*h* dans les *toiles d'Hollande*. Quand un peuple s'instruit, nécessairement sa langue s'enrichit, parce que l'augmentation des connaissances établit des alliances nouvelles entre les paroles et les pensées et nécessite des termes nouveaux. Vouloir condamner une langue à l'invariabilité sous ce rapport, ce serait condamner le génie national à devenir stationnaire ; et si, comme on l'a remarqué depuis Homère jusqu'à Plutarque, c'est-à-dire pendant mille ans, la langue grecque n'a pas changé, c'est que le peuple qui la parlait a fait très-peu de progrès durant ce laps de siècles.

Mais ne pourrait-on pas au moins donner un caractère plus prononcé, une consistance plus décidée à notre syntaxe, à notre prosodie ; faire à notre idiome les améliorations dont il est susceptible, et, sans en altérer le fonds, l'enrichir, le simplifier, en faciliter l'étude aux nationaux et aux autres peuples. *Perfectionner une langue*, dit Michaelis[14], *c'est augmenter le fonds de sagesse d'une nation*.

Sylvius[15], Duclos[16] et quelques autres, ont fait d'inutiles efforts pour assujettir la langue écrite à la langue parlée ; et ceux qui proposent encore aujourd'hui d'écrire comme on prononce seraient bien embarrassés d'expliquer leur pensée, d'en faire l'application, puisque les rapports de l'écriture à la parole étant purement conventionnels, la connaissance de l'une ne donnera jamais celle de l'autre ; toutefois il est possible d'opérer sur l'orthographe des rectifications utiles.

2° Quiconque a lu Vaugelas, Bouhours, Ménage, Hardouin,

Olivet et quelques autres, a pu se convaincre que notre langue est remplie d'équivoques et d'incertitudes ; il serait également utile et facile de les fixer.

3° La physique et l'art social, en se perfectionnant, perfectionnent la langue ; il est une foule d'expressions qui par là ont acquis récemment une acception accessoire ou même entièrement différente. Le terme *souverain* est enfin fixé à son véritable sens, et je maintiens qu'il serait utile de faire une revue générale des mots pour donner de la justesse aux définitions. Une nouvelle grammaire et un nouveau dictionnaire ne paraissent aux hommes vulgaires qu'un objet de littérature. L'homme qui voit à grande distance placera cette mesure dans ses conceptions politiques. Il faut qu'on ne puisse apprendre notre langue sans pomper nos principes.

4° La richesse d'un idiome n'est pas d'avoir des synonymes ; s'il y en avait dans notre langue, ce seraient sans doute *monarchie* et *crime*, ce seraient *république* et *vertu*. Qu'importe que l'Arabe ait trois cents mots pour exprimer un serpent ou un cheval ! La véritable abondance consiste à exprimer toutes les pensées, tous les sentiments et leurs nuances. Jamais, sans doute le nombre des expressions n'atteindra celui des affections et des idées : c'est un malheur inévitable auquel sont condamnées toutes les langues ; cependant on peut atténuer cette privation.

5° La plupart des idiomes, même ceux du Nord, y compris le russe, qui est le fils de l'esclavon, ont beaucoup d'imitatifs, d'augmentatifs, de diminutifs et de péjoratifs. Notre langue est une des plus indigentes à cet égard ; son génie paraît y répugner. Cependant, sans encourir le ridicule qu'on répandit, avec raison, sur le boursouflage scientifique de Baïf, Ronsard et Jodelet, on peut se promettre quelques heureuses acquisitions ; déjà Pougens[17] a fait une ample moisson de privatifs, dont la majeure partie sera probablement admise.

Dans le dictionnaire de Nicod, imprimé en 1606, sous le Z il n'y avait que six mots ; dans celui de la ci-devant Académie française, édition de 1718, il y en avait douze ; sous la syllabe *Be*, Nicod n'avait que 45 termes ; celui de l'Académie, même édition, en avait 217 : preuve évidente que dans cet intervalle l'esprit humain a fait des progrès, puisque ce sont les inventions nouvelles qui déterminent la création des mots ; et cependant Barbasan[18], La Ravalière[19] et tous ceux qui ont suivi les révolutions de la langue française, déplorent la perte de beaucoup d'expressions énergiques et d'inversions hardies exilées par le caprice, qui n'ont pas été remplacées et qu'il serait important de faire revivre.

Pour compléter nos familles de mots, il est encore d'autres moyens : le premier serait d'emprunter des idiomes étrangers les termes qui nous manquent et de les adapter au nôtre, sans toutefois se livrer aux excès d'un néologisme ridicule. Les Anglais ont usé de la plus grande liberté à cet égard, et de tous les mots qu'ils ont adoptés, il n'en est pas sans doute de mieux naturalisé chez eux que celui de *perfidiousness*.

Le second moyen, c'est de faire disparaître toutes les anomalies résultantes soit des verbes réguliers et défectifs, soit des exceptions aux règles générales. À l'institution des sourds-muets, les enfants qui apprennent la langue française ne peuvent concevoir cette bizarrerie, qui contredit la marche de la nature dont ils sont les élèves ; et c'est sous sa dictée qu'ils donnent à chaque mot décliné, conjugué ou construit, toutes les modifications qui, suivant l'analogie des choses, doivent en dériver.

« Il y a dans notre langue, disait un royaliste, une hiérarchie de style, parce que les mots sont classés comme les sujets dans une monarchie. » Cet aveu est un trait de lumière pour quiconque réfléchit. En appliquant l'inégalité des styles à celle des conditions, on peut tirer des conséquences qui prouvent l'importance de mon projet dans une démocratie.

Celui qui n'aurait pas senti cette vérité, serait-il digne d'être législateur d'un peuple libre ? Oui, la gloire de la nation et le maintien de ses principes commandent une réforme.

On disait de Quinault qu'il avait *désossé* notre langue par tout ce que la galanterie a de plus efféminé et tout ce que l'adulation a de plus abject. J'ai déjà fait observer que la langue française avait la timidité de l'esclavage quand la corruption des courtisans lui imposait des lois : c'était le jargon des coteries et des passions les plus viles. L'exagération du discours plaçait toujours au delà ou en deçà la vérité. Au lieu d'être *peinés* ou *réjouis*, on ne voyait que des gens *désespérés* ou *enchantés* ; bientôt il ne serait plus resté rien de laid ni de beau dans la nature : on n'aurait trouvé que de l'*exécrable* ou du *divin*.

il est temps que le style mensonger, que les formules serviles disparaissent, et que la langue ait partout ce caractère de véracité et de fierté laconique qui est l'apanage des républicains.

Un tyran de Rome voulut autrefois introduire un mot nouveau ; il échoua, parce que la législation des langues fut toujours démocratique. C'est précisément cette vérité qui vous garantit le succès. Prouvez à l'univers qu'au milieu des orages politiques, tenant d'une main sûre le gouvernail de l'État, rien de ce qui intéresse la gloire de la nation ne vous est étranger.

Si la Convention nationale accueille les vues que je lui soumets au nom du Comité d'instruction publique, encouragés par son suffrage, nous ferons une invitation aux citoyens qui ont approfondi la théorie des langues pour concourir à perfectionner la nôtre et une invitation à tous les citoyens pour universaliser son usage. La nation, entièrement rajeunie par vos soins, triomphera de tous les obstacles et rien ne ralentira le cours d'une révolution qui doit améliorer le sort de l'espèce humaine.

DÉCRET

La Convention nationale, après avoir entendu le rapport de son Comité d'instruction publique, décrète :

Le Comité d'instruction publique présentera un rapport sur les moyens d'exécution pour une nouvelle grammaire et un vocabulaire nouveau de la langue française. Il présentera des vues sur les changements qui en faciliteront l'étude et lui donneront le caractère qui convient à la langue de la liberté.

La Convention décrète que le rapport sera envoyé aux autorités constituées, aux Sociétés populaires et à toutes les communes de la République.

ANNEXES

Notes

Introduction

1. Sur ce point, cf. Henri Peyre, *La Royauté et les langues provinciales*, Paris, Les Presses modernes, 1933, pp. 59-91, qui s'appuie sur Pierre Rebuffe, *Commentaria in Constitutiones seu ordinationes regias*, 1599, t. II, p. 574.

2. Pour la Flandre maritime, édit de décembre 1684; pour l'Alsace, édit du 30 janvier 1685; pour le Roussillon, édit de février 1700; pour la Lorraine allemande, édit du 27 septembre 1748; pour la Corse, ordonnance de juin 1768.

3. Arrêt du Conseil souverain d'Alsace du 28 septembre 1691 interdisant aux catholiques d'envoyer leurs enfants aux écoles luthériennes.

4. Un effort fut toutefois tenté en Roussillon. Cf. Philippe Torreilles, *La Diffusion du français à Perpignan (1600-1700)*, 1914, p. 5, qui cite une lettre de l'intendant Carlier de 1672 : «Comme il n'y a rien qui entretienne l'union et l'amitié entre les peuples des différentes nations que la conformité du langage,... Sa Majesté a ordonné l'établissement de petites écoles dans la ville de Perpignan où les enfants de l'un et l'autre sexe puissent être instruits,... tant en langue française qu'en celle du pays et même en l'écriture desdites deux langues.» Maintenu par un arrêt du Conseil souverain du Roussillon en date du 12 janvier 1682, ce programme n'eut qu'une réalisation limitée.

5. Archives parlementaires, Ire série, t. XXX, p. 448.

6. Sur la politique linguistique de la Révolution, on se reportera à Ferdinand Brunot, *Histoire de la langue française des origines à nos jours*, t. IX, Ire partie, Paris, A. Colin, 1967, qui reste fondamental. Sur l'entreprise de Dugas, cf. Archives nationales, AA 32. En 1792, suivant l'inventaire fait par Rondonneau, la collection établie par Dugas et ses collaborateurs avait atteint 96 volumes de décrets et 18 volumes d'actes constitutionnels.

7. Archives parlementaires, Ire série, t. LXXXIII, p. 715, Paris, C.N.R.S., 1961.

8. *Ibid.* : «Ce n'est pas qu'il n'existe d'autres idiomes plus ou moins grossiers dans d'autres départements ; mais ils ne sont pas exclusifs, mais ils n'ont pas empêché de connaître la langue nationale. Si elle n'est pas également bien parlée partout, elle est du moins facilement entendue. Le législateur doit voir d'en haut, et ne doit ainsi apercevoir que les nuances très prononcées, que les différences énormes ; il ne doit des instituteurs de langue qu'au pays qui habitué exclusivement à un idiome, est pour ainsi dire isolé et séparé de la grande famille.» Au cours de la discussion qui suit, le rapport Grégoire s'élève contre cette restriction aux seuls idiomes en faisant observer que «bien d'autres départements ont besoin d'un pareil bienfait» (*ibid.*, p. 717).

9. Une partie de cette enquête a été publiée dans *Lettres à Grégoire sur les patois de France*, documents inédits sur la langue, les mœurs et l'état des esprits dans les diverses régions de la France au début de la Révolution, suivie du rapport de Grégoire à la Convention, avec une introduction et des notes par A. Gazier, Paris, Pedone, 1880 (réimpr. Genève, Slatkine, 1969). Cette publication doit être complétée par les dossiers manuscrits signalés plus loin (notes 1, 2, 3, p. 359) : Bibl. de la Société de Port-Royal, mss REV. 222 et 223 ; Bibl. nat., mss NAF 27 98. Désormais les réponses publiées par Gazier seront désignées sous la lettre G., le recueil manuscrit de la Bibliothèque de Port-Royal sous le sigle P.R., le recueil de la Bibliothèque nationale sous le sigle B.N. L'indication de la source sera suivie du numéro de la page ou du folio.

10. Cf. Louis Maggiolo, *La Vie et les œuvres de l'abbé Grégoire*, Nancy, Berger-Levrault, 1873, 3 t.; A. Gazier, *Études sur l'histoire religieuse de la Révolution française*, Paris, A. Colin, 1887; Paul Grunebaum-Ballin, *Henri Grégoire. L'ami des hommes de toutes les couleurs*, Paris, Coll. de la Société des Amis de l'Abbé Grégoire, n° 1, 1958; Ruth F. Necheles, «The Abbé Grégoire's work in behalf of Jews», in *French Historical Studies*, 1969, p. 172-184; Ruth F. Necheles, *The Abbé Grégoire, 1787-1831. The Odyssey of an Egalitarian*, Westpoint (Conn.), Greenwood Public., 1971.

11. Problématique essentielle chez Grégoire, comme le montrent ses trois «Rapports sur les destructions opérées par le vandalisme...» en 1794 et 1795 (cf. *infra*, p. 78 et n. 63). Sur ce mouvement «ethnologique» ou «folklorique», cf. M. de Certeau, D. Julia et J. Revel, «La beauté du mort», *in* M. de Certeau, *La Culture au pluriel*, nouv. éd., Paris, Seuil, Points, 1993, pp. 45-72.

12. Cf. les réflexions de Jean-Yves Guiomar, *L'Idéologie nationale*, Paris, Champ libre, 1974, pp. 191-194, 227-228, etc.

Chapitre I

1. Bibliothèque de la Société de Port-Royal, mss REV 222 in-4°.

2. Bibliothèque nationale, mss NAF 2798, 121 folios.

3. Bibliothèque de la Société de Port-Royal, mss REV 223, 669 pages.

4. Cf. note 9, p. 358.

5. Ainsi la réponse *in* G. 79-82 est-elle de la Société des Amis de la Constitution de Perpignan, comme le laisse entendre l'abbé Chambon, P. R. 303. Celle de l'abbé Fonvielhe en Dordogne se situe *in* P. R. 251-254, et en B. N. 42-47. Celle des Amis de la Constitution d'Agen *in* B. N. 7, et G. 107-123. Celle de Jean-Baptiste de Cherval, professeur de mathématiques, physique et histoire naturelle au pensionnat de Saint-Amour *in* B. N. 50-59, et P. R. 579. Celle d'Aubry, curé de Bellevaux au duché de Bouillon, *in* G. 232-254, et B. N. 48-49. Celle de l'anonyme de la Dombes Bresse-Mâconnais *in* G. 220-224, et

B. N. 69. Celle de l'abbé Rolland pour la Provence *in* P. R. 13, et B. N. 99.

6. Lettre du lieutenant-colonel Johann Rudolf Frey en date du 18 brumaire an III, P. R. 519. Jean-Jacques Tschudi (1722-1784) pasteur de Glaris est connu comme fondateur d'écoles, et créateur de la bibliothèque cantonale.

7. Cf. le passage dithyrambique que lui consacre Grégoire dans sa *Promenade dans les Vosges* — manuscrit datant vraisemblablement de l'an VIII (Bibliothèque municipale de Nancy, mss 468 (535)) — publiée pour la première fois et annotée par Arthur Benoît, Épinal, 1895, pp. 31-33.

8. H. Grégoire, *Essai sur la régénération physique, morale et politique des Juifs*, Metz, 1789, pp. 188-189.

9. Cf. la notice que consacre Grégoire à l'abbé Marquis, curé de Rechicourt-le-Château, Bibliothèque municipale de Nancy, mss 957 (533), ff^os 373 à 378 : « Le rédacteur de cet article qui dans diverses contrées de la France a été spectateur de fêtes semblables, qui presque toujours y a pris une part active comme ministre des autels déclare n'avoir trouvé nulle part cette cérémonie si touchante qu'à Rechicourt et nulle part elle n'a produit des résultats plus avantageux. Elle y opéra un changement rapide à tel point que les paroisses voisines ont éprouvé l'heureuse influence de l'empire qu'aura toujours le bon exemple » ; cf. Abbé Marquis, *Le prix de la rose de Salency aux yeux de la religion avec le véritable esprit de celle de Rechicourt-le-Château instituée sur le modèle de la première*, Metz, 1780.

10. Grégoire, *Essai...*, *op. cit.*, pp. 160-161.

11. Grégoire se l'appliquera plus tard à lui-même pour sa propre région dans sa *Promenade dans les Vosges* déjà citée où il groupe en six rubriques : *Idiome, Costume, Mœurs, Religion, Agriculture, Industrie* « quelques faits dont les uns étaient ignorés, les autres avaient été trop peu remarqués ou mal présentés ». La rubrique « idiome » suit le plan du schéma de 1790, pp. 23-27.

12. Grégoire, président du Comité des Rapports à la Constituante, rend compte le 9 février 1790 « des troubles qui subsistent dans le Quercy, le Périgord, le Bas Limousin et une partie de la Basse Bretagne » : « Les municipalités des pays où ces troubles ont lieu pensent qu'ils naissent

1º de l'ignorance de la langue. Les paysans entendent par décrets de l'Assemblée nationale des décrets de prise de corps» — Archives parlementaires, 1ʳᵉ série, t. XI, p. 536.

13. 17 réponses ne sont pas datées. Les autres s'étalent ainsi : 3 en août, 9 en septembre, 1 en octobre, 8 en novembre, 3 en décembre 1790, 3 en janvier 1791, 3 en février, 1 en mars, 1 en janvier 1792. Au total, 49 réponses.

14. Définition de l'Académie donnée dans l'*Encyclopédie*, t. I, p. 52.

15. Grégoire fait ici allusion à l'ouvrage de Jérémie-Jacques Oberlin, «Agrégé de l'Université de Strasbourg, Associé de l'Académie de Rouen», *Essai sur le patois lorrain des environs du comté du Ban de la Roche, fief royal d'Alsace*, Strasbourg, chez Jean-Frédéric Stein, 1775. Le texte qui ouvre le livre est symptomatique : «S'il était question de donner une description détaillée des différents patois qui distinguent les provinces du royaume, il faudrait, pour le faire, qu'il y eût une Académie formée par des savants de chaque province et des gens en même temps de la plus basse extraction et du commun. Il faudrait par un assemblage assez plaisant que les professeurs et les paysans, les grammairiens et les crocheteurs tinssent des séances bien fréquentes pour fixer les nuances et les principes des nuances qui font varier le langage d'un village à l'autre, de province en province.»

16. B. N., mss Fonds allemand 195, fº 151, publié par Ch. Pfister, *Lettres de Grégoire à Jérémie-Jacques Oberlin*, s. d., Nancy, Imprimerie Crépin-Leblond.

On peut rattacher à ce réseau personnel de correspondants les réponses suivantes : celle de l'abbé Verdier, curé de Tauves dans le Puy-de-Dôme, qui écrit dès le 31 août 1790 (simple lettre d'accompagnement, le texte de la réponse à l'enquête est perdu); celle de Frédéric-Ignace de Mirbeck (1732-1818) jurisconsulte lorrain, avocat aux conseils et secrétaire du roi en 1789, résidant à Paris depuis 1774 et qui fut envoyé à Saint-Domingue en qualité de commissaire du roi; celle de Grünwald, médecin au duché de Bouillon, rédacteur au *Journal encyclopédique*; celle de l'érudit Jean-Baptiste Hennebert, chanoine de Saint-Omer, auteur d'une monumentale *Histoire générale de l'Artois* en 1786 qui, dans la lettre accompagnant sa réponse, se propose pour être bibliothécaire du Pas-de-Calais.

17. Guy Bouillotte, curé d'Arnay-le-Duc depuis le 15 février 1755 (A. D. Saône-et-Loire, 2 G 331 f° 72), député du bailliage d'Auxois à la Constituante, prête serment dans la séance du 27 décembre 1790 où Grégoire fut le chef de file des curés assermentés et renouvelle son serment devant la municipalité d'Arnay-le-Duc le 30 janvier 1791; cf. J.-P.-C. La Virotte, *Annales de la ville d'Arnay-le-Duc en Bourgogne*, 1837, p. 305.

18. Jacques Bernardin Colaud de La Salcette (1733-1796), député du clergé de la province du Dauphiné aux États généraux, tient à prêter serment dans la même séance: «Je n'ai pas l'honneur d'être fonctionnaire public mais je vous prie de me permettre de prêter serment comme ayant été chanoine de la cathédrale et recevant un traitement» (Archives parlementaires, 1re série, t. XXI, p. 679). Sa lettre, la dernière en date de la série des réponses puisqu'elle est du 12 janvier 1792, commence par ces mots: «Frère et ami, ayant une fort mauvaise santé depuis mon retour de Paris j'espérais toujours pouvoir me livrer au travail que vous exigiez de moi; mais quand j'ai voulu l'entreprendre, j'ai vu qu'il était au-dessus de mes forces» — G. 175. Colaud de La Salcette sera député de la Drôme à la Convention, des Hautes-Alpes au Conseil des Cinq-Cents.

19. Jean-Michel Rolland (1745-1810), curé du Caire dans les Basses-Alpes, fut élu député du clergé de la sénéchaussée de Forcalquier aux États généraux. Il prête serment sur le bureau de l'Assemblée le 3 janvier 1791 (Archives parlementaires, 1re série, t. XXII, p. 1). L'identification de la réponse anonyme conservée dans le recueil de la B. N. a été rendue possible par la confrontation de l'écriture avec celle du billet suivant conservé dans le recueil manuscrit P. R.: «L'abbé Rolland a reçu de Provence la réponse ci-jointe sur diverses questions proposées par M. l'abbé Grégoire. Il a été obligé de la revoir et de la corriger par ses connaissances particulières. Mais il avoue qu'elle n'est pas également satisfaisante sur tous les points» (P. R. 13).

En 1810, il publie un *Dictionnaire des expressions vicieuses et des fautes de prononciation les plus communes dans les Hautes et les Basses Alpes, accompagnées de leurs corrections*, Gap, Allier.

20. Fournier de La Charmie était lieutenant général de la sénéchaussée de Périgueux et député du Tiers à la Constituante.

21. La lettre de Perreau accompagnant sa réponse à la circulaire porte de la main de Grégoire la mention «réuni par M. Lapparen» (P. R. 586). Cochon de Lapparent, conseiller du roi à la sénéchaussée de Fontenay-le-Comte, est élu député suppléant de la sénéchaussée de Poitiers aux États généraux. Il siège à partir de novembre 1789 en remplacement de Dabbaye. Cf. Paul Boucher, *Charles Cochon de Lapparent*, Paris, Picard, 1969.

22. Jean-Baptiste Perreau, prieur des Jacobins du couvent de Fontenay-le-Comte, jure sans restriction en 1791, est élu curé constitutionnel de Notre-Dame, membre de la municipalité le 13 octobre 1792. Cf. Edgar Bourloton, *Le Clergé de Fontenay-le-Comte pendant la Révolution*, Vannes, 1894.

23. Norbert Pressac, «curé, procureur de la commune de Saint-Gaudent», écrit dans sa lettre: «M. Faulcon, mon parent et ami, fils d'imprimeur peut vous procurer plusieurs ouvrages imprimés en patois: noëls, prières, sermons, chroniques, etc., ce député du Poitou le fera avec plaisir», G. 272.

24. Joseph-Marie Lequinio de Kerblay (1755-1813), juge au tribunal de Vannes en 1790, élu député du Morbihan le 2 septembre 1791. L'attribution à Lequinio reste d'ailleurs douteuse puisque le texte porte, de la main de Grégoire: «envoyé probablement par Lequinio». La réponse n'est pas datée.

25. *Le Patriote français*, n° 370 (en fait il s'agit du numéro 380 qu'une coquille typographique a numéroté 370), B. N. 4° Lc² 185.

26. Cl. Perroud, «La société française des Amis des Noirs», in *La Révolution française*, 1916, pp. 122-147. Le numéro 462 du *Patriote français* en date du 13 novembre 1790 rend compte de l'ouvrage de Grégoire, *Lettre aux phi-*

lanthropes sur les malheurs, les droits et les réclamations
des gens de couleur de Saint-Domingue et des autres îles
françaises de l'Amérique*, et publie une lettre de l'auteur
adressée au *Patriote*.

27. Cf. *Histoire générale de la presse française* sous la
direction de Claude Bellanger, Jacques Godechot, Pierre
Guiral et Fernand Terrou, t. I, *Des origines à 1814*, Paris,
P.U.F., 1969, pp. 444-449.

28. *Ibid.*, p. 445, d'après la profession des auteurs de
lettres envoyées au journal entre 1789 et 1791.

29. *Le Nouvelliste national ou Journal de Toulouse politique, libre et impartial contenant les résultats des opérations de l'Assemblée nationale, les anecdotes qui y sont
relatives et toutes les pièces qui peuvent servir à l'histoire de
la Révolution actuelle*, n° 245, 25 août 1790.

30. Bernadau, de Bordeaux; Senard, de Toulouse;
Riou, de Plougonoil; Lorain, de Saint-Claude; et un anonyme qui répond pour le district de Nérac.

31. Le numéro 372 du *Patriote français* du 15 août 1790
publie la première liste connue des Sociétés des Amis de la
Constitution avec la mention: «Je publie la liste suivante
1° pour faire voir combien l'esprit public gagne de tous les
côtés; 2° pour inviter les villes qui n'ont pas de pareilles
Sociétés à en former; 3° pour mettre ces Sociétés en correspondance entre elles; 4° enfin, avec cette liste les journalistes et auteurs patriotes peuvent répandre partout les
bons principes en envoyant leurs ouvrages à ces Sociétés
des Amis de la Constitution, Sociétés affiliées à celle des
Jacobins de Paris.»

32. Archives historiques du Rouergue, III, *Procès-verbaux des séances de la Société populaire de Rodez*, publiés
avec une introduction et des notes par M. Combes de
Patris, Rodez, Imprimerie Carrère, 1912, p. 58.

33. A. D. Haute-Garonne, L 4542, f° 98. Le registre
L 4550 qui contient «Copie des lettres et adresses faites au
nom de la Société des Amis de la Constitution affiliée à la
Société des mêmes amis rue des Jacobins à Paris par le
Comité des Rapports» et qui va du 30 septembre 1790 au
23 mars 1792 ne contient aucune lettre adressée à Grégoire
— ce qui laisse ouvert le problème d'une réponse. Le texte

imprimé d'un dialogue en patois lu en séance publique le 19 juin 1791 «per M. Girard pero granadié de la Daurado, et imprimat à la demando del public et per ordré de la Soucietat des Amies de la Coustitutiou» est conservé dans le recueil de pièces imprimées; cf. le titre exact *in* G. 343.

34. Notamment Hennebert et Pressac, G. 255 et 271. L'observation vaut pour la Société des Amis de la Constitution de Strasbourg, séance du 9 novembre 1790. Cf. F.-C. Heitz, *Les Sociétés politiques de Strasbourg pendant les années 1790 à 1795. Extraits des procès-verbaux*, Strasbourg, Heitz, 1863, p. 64; et pour la Société des Amis de la Constitution de Tulle, séance du 11 novembre 1790, cf. Victor Forot, *Le Club des Jacobins de Tulle — procès-verbaux de toutes les séances depuis l'origine jusqu'à la dissolution de cette société, 1790-1795*, Tulle, 1912, pp. 43-44.

35. Dans sa lettre à Oberlin du 22 août 1790 déjà citée, Grégoire constate: «Je reçois par jour environ 40 ou 60 lettres ou paquets, joint à cela le travail de l'assemblée, celui des comités, etc.»

36. G. 123. Le curé des Palais avait dans sa réponse donné copie de la lettre de la Société des Amis de la Constitution de Tonneins qui l'associait à ses membres: «Vous êtes le premier ecclésiastique fonctionnaire public qui dans le département a donné l'exemple de la soumission à la Loi en prêtant le serment qu'elle commande. Cet élan courageux de civisme est semblable à nos yeux à celui de ce vertueux pasteur qui porte votre nom et qui le premier dans l'Assemblée nationale a la gloire d'avoir prêté le même serment. La même couronne civique doit ceindre vos deux têtes. L'histoire, Monsieur, nous fait connaître deux évêques de Rome qui ont illustré le nom que vous portez; elle donne au premier le nom de grand parce qu'il convertit à la foi les Anglo-Saxons. Le second mérita des Romains une statue pour avoir réformé le calendrier; nos annales, Monsieur, feront connaître deux Grégoire curés, qui, par leur ardent amour pour la Constitution, leur inviolable attachement, leur respectueuse soumission aux lois ont bien mérité de la patrie et cet hommage rendu à leur mémoire sera supérieur à celui que reçurent de Rome les deux pontifes» (P. R. 485).

Aux A. D. de la Haute-Vienne, L 821, une lettre de Grégoire en date du 14 décembre 1790 remercie la Société des Amis de la Constitution de Limoges de son envoi.

37. Grégoire, curé des Palais ; Morel, procureur à Lyon ; Oberlin à Strasbourg ; Grünwald à Bouillon.

38. B. N. 60.

39. B. N. 27, réponse de Morel.

40. B. N. 65.

41. L'abbé Andriès, professeur de poésie au collège de Bergues, répond au nom de la Société des Amis de la Constitution de ladite ville : il est donc classé dans trois catégories à la fois : clergé, professeur et Société des Amis de la Constitution. Inversement, la réponse de la Société des Amis de la Constitution de Limoges est de la main de Juge de Saint-Martin qui est désigné dans le procès-verbal de la séance du 20 septembre 1790 sous le titre de « magistrat et agriculteur ». Cf. A. Fray-Fournier, *Le Club des Jacobins de Limoges, 1790-1795*, Limoges, Charles Lavauzelle, 1903, p. 38.

42. « J'étais encore affublé des livrées de Saint-François et ce costume me mettait dans le cas de me faire écouter d'un peuple qui m'avait vu en chaire avec quelque satisfaction et qui avait fait entendre les expressions de son mécontentement lorsque M. Colbert notre évêque m'honora d'un interdit pour avoir tonné contre le despotisme sur une place publique » (G. 51). Sans doute fait-il allusion au panégyrique de saint Jérôme prononcé le 30 juillet 1788 ; cf. vicomte de Bonald, *François Chabot membre de la Convention*, Émile Paul, 1908. Chabot était le fils d'un cabaretier.

43. Cf. Archives historiques du Rouergue, III, *Procès-verbaux..., op. cit.*, par B. Combes de Patris. Voir sa notice dans A. Kuscinski, *Dictionnaire des Conventionnels*, Société de l'Histoire de la Révolution française, Paris, 1916, pp. 121-124. Chabot, vicaire épiscopal de Grégoire à Blois, prête serment le 24 juillet 1791 mais il est presque aussitôt envoyé par les électeurs du Loir-et-Cher à l'Assemblée législative puis à la Convention. On sait le rôle qu'il y joua, et le sort que lui valurent ses prévarications dans la liquidation de la Compagnie des Indes. Arrêté le 27 brumaire

an II (17 novembre 1793), Chabot alla à la guillotine dans la même charrette que les Indulgents le 16 germinal an II (5 avril 1794).

44. D'après A. N. MM 592, il est facile de suivre le cursus oratorien du confrère Marie-Joseph Philibert Rochejean :

1779-1780	Étudiant en philosophie, Maison d'Étude de Montmorency
1780-1781	Préfet de pension à l'École royale militaire de Tournon
1781-1782	Régent de sixième, 1re division
1782-1783	Régent de cinquième, 1re division à l'École royale M. de Tournon
1783-1784	Suppléant à la pension, 1re division à l'École royale M. de Tournon
1784-1785	Suppléant à la pension, 1re division à l'École royale M. de Tournon
1785-1786	Régent de mathématiques, 1re division à l'École royale M. de Tournon
1786-1787	Régent de mathématiques, 1re division à l'École royale M. de Tournon
1787-1788	Régent de mathématiques, 1re division à l'École royale M. de Tournon
1788-1789	Sous-Directeur au Séminaire Saint-Magloire
1789-1790	— — —

D'après A. D. Loir-et-Cher, L 323, où sont conservées toutes les lettres d'ordres de Rochejean, il est tonsuré à Saint-Nicolas-du-Chardonnet le 25 septembre 1779, ordonné sous-diacre le 10 juin 1786 et prêtre le 22 décembre 1787 dans la chapelle des Pénitents de Valence. Il n'a été définitivement agrégé comme confrère à la Congrégation de l'Oratoire qu'en 1783 à l'âge de vingt et un ans — suivant les règles de l'édit de 1768.

45. Rochejean, après avoir répondu intégralement au questionnaire pour la Franche-Comté dont il est originaire, donne quelques indications relatives aux différents lieux où il a ensuite résidé : Tournon, Beaumarchais dans la Brie (où il fut peut-être l'hôte du duc de Penthièvre auquel il fait allusion) et Sully-sur-Loire (G. 212-224). Il apparaît sur la liste des Jacobins en date du 21 décembre

1790. Cf. Alphonse Aulard, *La Société des Jacobins*, Paris, 1889, t. I, p. LXXI.

Nommé vicaire épiscopal et supérieur du séminaire de Blois, il part le 26 juin 1791 de Notre-Dame-des-Vertus avec son confrère Repécaud (cf. lettre de ce dernier à Grégoire, Bibliothèque municipale de Nancy, mss 469 (532) f° 39 v° en date du 21 juin 1791) et prête serment les 17 juillet et 14 août 1791. À partir d'octobre 1792, le séminaire étant vide, il se lance dans l'action politique. D'abord envoyé comme commissaire par le Directoire du district de Blois puis par le Conseil général du Loir-et-Cher pour hâter les opérations de la levée en masse en mars 1793, il devient à partir d'octobre de la même année l'un des principaux animateurs du Comité de Surveillance de Blois, en compagnie du célèbre Hésine. Cf. A. D. Loir-et-Cher, L 323, *Procès-verbal des séances tenues dans l'Église cathédrale de Blois par le citoyen Guimberteau représentant du peuple investi des pouvoirs illimités dans les départements du Loir-et-Cher et de l'Indre-et-Loire le 9 brumaire an II* (30 octobre 1793). Dès décembre 1792, Grégoire lui avait retiré sa confiance comme en témoigne une lettre d'Alexandre Ysabeau à Rochejean : «La veille de son départ je l'[Grégoire] ai abordé pour lui parler de toi. Ses yeux se sont enflammés de colère. Je lui ai retiré mon estime m'a-t-il dit. Il ne la mérite plus. Il a fait briser les tableaux, les statues de la maison commune et... il a empêché les jeunes gens de se rendre à mon séminaire. Mon homme a répété épiscopalement son premier propos et s'en est tenu là. Je me suis permis de te l'écrire et je te l'écris. Je cherche le moment et je le trouverai ne fût-ce que pour te tirer de cette crasse séminariste» (lettre du 22 décembre 1792, *ibid.*). À noter que le conventionnel Ysabeau était lui aussi oratorien, et vicaire épiscopal de l'évêque de Tours. Le 15 nivôse an II (4 janvier 1794), il écrit de Bordeaux, en compagnie de Tallien, à Rochejean : «Nous avons reçu ta lettre, brave sans-culotte, et nous nous affligeons des persécutions qu'on te fait éprouver... Si tu crois ne plus pouvoir rester à Blois viens nous trouver nous te donnerons ici de l'occupation... Viens ici, mon ami, tu y trouveras deux bons montagnards qui s'empresseront de te faire oublier les amertumes dont

les aristocrates blaisois ne cessent de t'abreuver» (*ibid.*)
Rochejean n'eut guère le temps de répondre à l'invitation:
il était arrêté le 25 pluviôse an II (13 février 1794) sur
l'ordre de Garnier de Saintes, le représentant en mission
qui, dans son rapport au Comité de Salut public du 9 ventôse (27 février 1794), décrit ainsi son arrivée à Blois: «Je
n'y ai trouvé ni vie ni esprit public, tout y était dans un état
de consternation et de mort. Un homme seul, le prêtre
Rochejean, avait tellement comprimé l'énergie du peuple
que tout pliait devant lui. Malgré les menaces de sa puissance, j'ai frappé l'idole sur son trône et le peuple bénis-
sant la Convention est reconquis à la liberté» (*ibid.*).

46. Cf. Daniel Roche, «Milieux académiques provinciaux
et sociétés de lumières», in *Livre et société dans la France
du XVIIIᵉ siècle*, Paris-La Haye, Mouton, 1965, pp. 93-184.

47. Louis-François Dominique Norbert Pressac de La
Chagnaye (1751-1822) est le fils d'un juge aux traites
foraines.

48. «Sans pouvoir rendre compte de tous les avantages
qui en sont résultés, je puis assurer que pendant ces deux
années nos pauvres n'ont point mendié: avec peu d'argent, de l'économie, des potages, des légumes et peu de
pain ils ont été très bien nourris. Les derniers ont été répa-
rés» — lettre du 13 septembre 1789 citée par Étienne Salliard, *Trois petits constitutionnels de province, les frères
Pressac de Civray 1789-1815*, Parthenay, L. Clouzot, 1922.

49. Cité par É. Salliard, *op. cit.* Dans son *Mémoire dédié
aux Botanistes amis de la paix, de l'humanité et de la modération* écrit en l'an VIII, Pressac déclare: «Depuis vingt-
cinq ans j'ai souvent parcouru les déserts, les bois, les
plaines, les rochers escarpés pour admirer dans les plantes
la marche et la production de la nature. Totalement livré à
la botanique, j'amasse tous les ans environ neuf cents
espèces de plantes dont les feuilles, fleurs ou racines me
servent à guérir et offrir à ceux qui en ont besoin.»

50. *Les Remèdes du curé de Saint-Gaudent*, opuscule
publié par Pressac à la fin de sa vie.

51. Nᵒ 145 du 25 mai 1790. Extrait d'une lettre signée
Reynier qui commence ainsi: «Dans ce moment, monsieur, il est intéressant de voir les curés de la campagne

donner l'exemple du civisme. M. Pressac de la Chagnaye, dont j'ai publié différents traits de patriotisme, a fait le jour de la formation de la municipalité une action qui mérite d'être citée.» Cf. *La Gazette Nationale ou le Moniteur Universel*, réimpression de 1840, t. IV, 452.

52. Henri Grégoire, *Histoire patriotique des arbres de la Liberté*, Paris, Desenne, an III, in-18, 68 pages.

53. La Révolution ouvre à ce nouveau vicaire savoyard le champ d'expériences agricoles multiples : défrichements de terres incultes, élevage de races sélectionnées — cf. A. N. F 17 1009 ᴬ, pièce nº 1846, lettre du 12 frimaire an II (2 décembre 1793) adressée au Comité d'instruction publique. Norbert Pressac s'y intitule «cultivateur de Saint-Gaudent-en-Civray, département de la Vienne». Mais le post-scriptum, où il se recommande à Grégoire, trahit son origine cléricale : «Comme je finis ma lettre deux gendarmes me signifient que je suis suspect, je nie, je suis obéissant jusqu'à la mort, *oboediens usque ad mortem.*» Suspect de fédéralisme, il ne sera libéré que le 16 fructidor an II (2 septembre 1794).

54. «Je me fais gloire d'avoir marché sur vos traces et d'avoir été le premier de mon district à prêter le serment civique» (B. N. 43, lettre en date du 20 janvier 1791). Au cours de sa séance du 21 janvier 1791, la Société populaire de Bergerac décide de faire transcrire une lettre du même Fonvielhe sur le registre des procès-verbaux. «Dimanche dernier 16 courant, à l'issue de la messe de paroisse, je prêtai en présence des officiers municipaux et des citoyens assemblés le nouveau serment civique... sur l'organisation de la Constitution civile du Clergé. Comme je l'ai fait en pleine connaissance de cause, dans l'intime persuasion que ma foi n'y est point compromise, que la religion gagnera infiniment à cette sage réforme, je vous garantis que je ne serai pas parjure... J'aurai l'honneur de vous voir la semaine prochaine.» — Cf. Henri Labroue, *La Société populaire de Bergerac pendant la Révolution*, Paris, 1915, p. 78. Né en 1763, Jean-Elie-Clément Fonvielhe réside dans sa paroisse jusqu'à sa suppression en juin 1791. Il demeure ensuite à Libourne, puis à Cadillac où il se marie en mars 1793. Il fut procureur syndic du district de Cadillac sous la

Révolution. Il meurt en 1849. Cf. R. Bouet, *Le clergé du Périgord au temps de la Révolution française. Dictionnaire biographique*, t. I, Piégut-Pluviers, 1993, p. 365-366.

55. B. N. 42, 47.

56. «L'Église est l'assemblée des fidèles unis à leurs pasteurs lesquels ne sont que membres du tout; ce n'est qu'en qualité de délégué du peuple chrétien que le Concile peut prononcer sur le dogme au nom des chrétiens qu'il représente» (*ibid.*, 47).

57. Lors de la séance du 27 janvier 1791, Fonvielhe «prêtre vraiment patriote nous a fait un discours qui a été approuvé avec tant de plaisir que l'assemblée a arrêté que ce discours serait imprimé». Admis le 3 février, Fonvielhe prête serment le 14 février 1791 à la Société (cf. Labroue, *op. cit.*, pp. 81-90).

58. *Las Véndémias dé Pignan*, pouëma compaousat en 1780 par P.-A. Rigaud. À Mounpeïe de l'imprimarïé de J.-G. Tournel, an II de la Republica; 36 p. in-16°. L'aristocratia chassada de Mounpéié. À Mounpéié, aço dé Tournel, imprimur de la Garda Natiounala et das Amis de la Constitutioun, 1790, 4 p. in-12°.

59. A. D. Hérault, 3 E 177²⁶ et 3 E 177³³. Né le 31 mars 1760 sur la paroisse Notre-Dame-des-Tables à Montpellier, Pierre-Augustin est fils de Pierre-Isaac et petit-fils d'Antoine Rigaud, tous deux marchands libraires. Dans le contrat de mariage du père de Pierre-Augustin en date du 27 février 1740 (A. D. Hérault, II E 57/619, Étude Vézian), la dot de l'épousée fille d'un négociant marseillais atteint 7 000 livres tournois.

60. A. D. Hérault, L 5510, s. d. Dans une autre liste — non datée — de membres de la Société des Amis de la Constitution de Montpellier, Auguste Rigaud fils, négociant, est mentionné comme ayant payé sa cotisation à la Société «en papier» (A. D. Hérault, L 5509).

61. *Traité de la culture du chêne contenant les meilleures manières de semer les bois, de les planter, de les entretenir et de rétablir ceux qui sont dégradés et de les exploiter; avec les différents moyens de tirer un parti avantageux de toute sorte de bois*, ouvrage nécessaire à ceux qui veulent avoir une connaissance entière de la culture des arbres champêtres

et de leur produit, par M. Juge de Saint-Martin, correspondant de la Société royale d'Agriculture à Paris, Cuchet, 1788. L'auteur reconnaît ainsi sa dette envers Duhamel du Monceau. « L'honneur qu'il m'a fait de m'admettre à ses entretiens et de me permettre d'aller dans ses terres, où il a réuni tout ce que l'Art combiné avec la nature peut opérer de plus intéressant, n'a pas peu contribué à exciter en moi le goût de la culture des arbres. »

62. Première édition, Limoges, 1808, imprimée à cent exemplaires. Deuxième édition, « augmentée des changements survenus depuis 1808 jusqu'à 1817 où l'on a mentionné les nouveaux établissements et quelques faits historiques inédits. On y a joint des observations sur les préjugés et usages singuliers accrédités dans le département de la Haute-Vienne et une liste des proverbes populaires réputés vrais », Limoges, chez J.-B. Bargeas, 1817.

63. Bibliothèque Méjanes, mss 873, séance publique du 12 décembre 1790.

64. Pour la Société d'Aix, *ibid.*; pour la Société de Toulouse, séance du 28 janvier 1791 — A. D. Haute-Garonne, L 4542. Il convient de noter que l'utilisation du journal a entraîné une réduction de l'activité épistolaire des Sociétés; d'où une certaine démobilisation. Comme le note un membre de la Société d'Aix : « Il est essentiel de prémunir toutes les Sociétés contre ce journal qui n'est pas un moyen unique de correspondance comme elles peuvent l'avoir pensé. Que si nos séances sont moins suivies, c'est la disette de correspondance qui en est la seule cause et conclut à engager les Sociétés affiliées et abonnées au journal à reprendre la correspondance active qui régnait entre elles » (séance du 28 février 1791, Bibliothèque Méjanes, mss 873, p. 146). L'abonnement au journal est désormais interrompu.

65. *Le Moniteur*, 7 mars et 19 juin 1791. Une liste fut publiée par les soins de la Société le 1er mai 1791. Toutes trois ont été reproduites dans F. A. Aulard, *La Société des Jacobins, Recueil de documents pour l'histoire du club des Jacobins de Paris*, Paris, 1889, t. I, p. LXXXI à LXXXIX. Nos cartes sont établies à partir de ces listes et à partir de celles du *Journal*.

66. 253 le 7 mars 1791, 533 le 6 septembre, date du dernier numéro paru du *Journal*.

67. D'après le seul *Journal des Amis de la Constitution* — qui n'est pas complet mais qui indique un mouvement — la courbe est la suivante : novembre 6, décembre 10, janvier 23, février 31, mars 33, avril 64, mai 45, juin 35, juillet 30, août 6.

68. En septembre 1791, 102 Sociétés sur 533 : Lot-et-Garonne 25, Gers 16, Gironde 16, Lot 12, Dordogne 10, Charente-Maritime 8, Charente 8, Haute-Garonne 7.

69. Var 18, Bouches-du-Rhône 17, Gard et Drôme 11 chacun.

70. Nord 19, Pas-de-Calais 9.

71. Maurice Agulhon, *Pénitents et francs-maçons de l'ancienne Provence*, Fayard, 1968.

72. Edmond Leleu in *La Société populaire de Lille, 1789-1756*, Lille, 1919, p. 5, souligne l'influence de la Société des Amis réunis et du Collège des Philalètes dans la formation de la Société lilloise.

73. Henri Labroue, *Les Origines maçonniques du club jacobin de Bergerac*, Paris, Librairie de l'Acacia, 1913.

74. Victor Forot, *op. cit.* ; les francs-maçons sont toujours dénommés sous la qualité de frère.

75. Ph. Torreilles, *Perpignan pendant la Révolution*, Perpignan, 1896.

76. Gilbert Bregail, *La Société populaire d'Auch et les sociétés affiliées*, Paris, Imprimerie nationale, 1913.

77. *Règlement de la Société des Amis de la Constitution établie à Strasbourg, affiliée à celle de Paris*, à Strasbourg de l'Imprimerie de Levrault, 1790 (Bibliothèque nationale et universitaire de Strasbourg, M 5941, pièce n° 60).

78. Règlement en date du 9 mai 1790 du «Club littéraire et patriotique des Cent», A. D. Haute-Garonne, L 4542. Le 20 juin 1790, la Société décide que «le règlement de la Société des Amis de la Constitution de Paris sera scrupuleusement suivi et observé par la Société d'où ressort la présente assemblée, en tout ce qui ne sera pas contraire aux convenances locales ; la Société dérogerait à son précédent règlement en tout ce qui ne s'adapterait pas à l'esprit et aux principes du règlement de Paris». Sur la

franc-maçonnerie toulousaine à la veille de la Révolution, c.f. J. Gros, « Les loges maçonniques de Toulouse de 1740 à 1870 », in *La Révolution française*, t. XL, 1901, pp. 234-270.

79. *Statuts et règlements de la Société des Amis de la Constitution d'Orléans*, Orléans, Jacob, 1790 ; B. N. Lb⁴⁰ 1048.

80. Léon Moreel, *La Société populaire de Bergues, 1789-1795*, Lille, 1926, Règlement du 11 novembre 1790, article 20. Le règlement du 19 juillet 1790, article 15, était plus libéral en spécifiant seulement : « Il suffira d'avoir de bonnes mœurs et une bonne réputation. »

81. Cette règle avait été fixée par le règlement de la Société de Paris, article II ; cf. A. Aulard, *La Société des Jacobins…. op. cit.*, t. I, 1789-1790, p. xxx. Il conviendrait à cet égard de faire une étude systématique de la diffusion du modèle parisien en soulignant les variations locales.

82. A. Fray-Fournier, *op. cit.*, Règlement du 20 septembre 1790, article 12.

83. E. Chardon, *Cahier des procès-verbaux des séances de la Société populaire à Rouen, 1790-1795*, Rouen, 1909. La cotisation de 24 livres tournois en 1790 est portée à 36 livres tournois en janvier 1791.

84. Sources — pour Tulle : Victor Forot, *op. cit.* Étant donné les erreurs de lecture manifestes et fréquentes de l'auteur, nos chiffres sont sujets à caution ; pour Bergerac, Henri Labroue, *Les Membres de la Société populaire de Bergerac pendant la Révolution*, Paris, 1913 ; pour Aurillac, A. D. Cantal, 259 F (3) ; pour Strasbourg, *Namens-verzeichnis sämmtlicher Mitglieder von der den 15 Januar 1790 im ersten Freiheitsjahr zu Strassburg errichteten Gesellschaft der Constitutions freunde…*, Strassburg, Dannbach, im zweiten Freiheitsjahr (la liste s'arrête au 15 mars 1791 ; Bibliothèque nationale et universitaire de Strasbourg, M 5941, pièce n° 52) ; pour Lille, Edmond Leleu, *op. cit.* Dans tous les cas nous avons éliminé les membres correspondants.

85. Il faudrait pourtant reprendre le dossier de Montauban établi par F. Galabert dans *Revue d'Histoire moderne et contemporaine*, t. X, 1908, pp. 5-27 et 273-317, « Le club de Montauban pendant la Constituante », qui souligne une importante participation ouvrière.

86. Justice, administration, clergé, professions libérales, employés. On notera l'extrême variation de la participation cléricale qui va de 3 % à Strasbourg à 27 % à Aurillac.

87. Pour Bergues, cf. Ch. de Croocq, « La Société berguoise des Amis de la Constitution et la Société populaire », in *Bulletin du Comité flamand de France*, 1912-1914, pp. 209-220 ; pour Limoges, A. Fray-Fournier, *op. cit.* ; pour Rodez, B. Combes de Patris, *op. cit.* ; pour Bordeaux, P. Flottes, « Le club des Jacobins de Bordeaux et la monarchie constitutionnelle, 1790-1792 », in *La Révolution française*, t. LXIX, janvier-décembre 1916, pp. 337-362. Avocats et gros négociants qui animaient déjà la société littéraire du Musée fondée en 1783, se retrouvent désormais à la Société des Amis de la Constitution.

88. Cf. Ferdinand Brunot, *Histoire de la langue française des origines à nos jours*, t. IX, 1re partie, pp. 64-70, qui utilise notamment un mémoire manuscrit d'Auguste Brun.

89. *Discours prononcé dans la séance allemande des Amis de la Constitution* par André Ulrich, 6 juillet 1790, Bibliothèque nationale et universitaire de Strasbourg, M 5941, pièce 79, p. 9. André Ulrich est secrétaire interprète de la municipalité de Strasbourg.

90. *Adresse de la Société des Amis de la Constitution de Strasbourg à ses concitoyens*, 17 juillet 1790, *ibid.*, pièce nº 106, reproduite dans *Le Patriote français*, nº 416 du 28 septembre 1790. Les recueils P. R. contiennent deux exemplaires d'un texte envoyé à Grégoire, l'un manuscrit, l'autre imprimé sur *La nécessité des deux langues françoise et allemande dans les officiers de justice et les greffiers de la province d'Alsace*. Il s'agit en fait de l'adresse de la municipalité de Strasbourg à l'Assemblée nationale en date du 30 septembre 1790. Cf. le journal *Geschichte der gegenwärtigen Zeit*, nº 1 du 1er octobre 1790, p. 4. Le texte commençant par l'affirmation « La partie la plus considérable des habitants de la province d'Alsace est composée d'Allemands », Augustin Gazier l'avait, comme il l'écrit dans une note marginale, « laissé de côté en raison des événements politiques. Les Prussiens s'en autoriseraient pour dire que l'Alsace est bien à eux ».

91. Règlement du 19 juillet 1790. La Société crée

d'ailleurs un Comité d'Instruction publique «dont les occupations seront de translater et d'expliquer du français en flamand les décrets que les ennemis de la chose publique pourraient faire servir à leurs coupables desseins». Ce comité «tiendra des séances auxquelles seront invités tous les citoyens de la campagne» le dimanche de dix heures à midi. Cf. L. Moreel, *op. cit.*

92. L'École patriotique se réunit à la Société des Amis de la Constitution de Perpignan le 7 novembre 1790. Le 15 octobre, la seconde envoyait une lettre circulaire pour célébrer les mérites de la première : «Deux prêtres, du nombre de ceux qui placent leur intérêt dans celui de la chose publique, persuadés que faire descendre la vérité dans le cœur du peuple était le moyen le plus sûr de l'attacher aux nouvelles lois, se sont chargés de l'honorable tâche de traduire en idiomes patois et d'expliquer les décrets de l'Assemblée nationale. Pour faire davantage fructifier leur travail ils ont érigé leur école en société patriotique... Ils ont jeté les fleurs de l'égalité au milieu des épines de l'instruction et la précieuse classe des agriculteurs qu'on tâche d'égarer par le mensonge connaîtra dorénavant ses droits et ses devoirs et bénira les ministres d'un Dieu de paix qui leur auront enseigné la Loi et la soumission à la Loi.» — Cf. Ph. Torreilles, *op. cit.*, pp. 210-211. La lettre est reçue par la Société d'Aix-en-Provence le 29 octobre 1790 (Bibliothèque Méjanes, mss 872, p. 280).

93. Bibliothèque Méjanes, mss 872, séances des 31 octobre, 1er, 14 et 26 novembre 1790.

94. Les exemples cités par Brunot, *op. cit.*, t. IX, 1re partie, pp. 64-69, ne sont pas probants. Il faudrait pouvoir mesurer par une chronologie précise à quel moment la discussion s'est instaurée en patois — ce qui pourrait fournir une indication sur le renouvellement de la composition sociale des Sociétés. Le phénomène semble se généraliser surtout en 1792.

95. *Prospectus de la Feuille villageoise*, p. 12. Le premier numéro de *La Feuille villageoise* date du 30 septembre 1790. Cf. aussi le numéro 46 du jeudi 11 août 1791, p. 353, où dans un avis aux souscripteurs Cerutti trace la bilan d'une année d'efforts. Sur *La Feuille villageoise*, voir Mel-

vin Edelstein, «*La Feuille villageoise*, the Revolutionary Press and the Question of the Rural Political Participation», in *French Historical Studies*, 1971, pp. 175-203.

96. Nous reprenons les expressions de Cerutti dans le numéro 46 de *La Feuille villageoise* : « Le paysan avait reçu le mouvement de la liberté avant de recevoir ses principes. Ce mouvement abandonné à lui-même se précipitait dans les excès. Guidé par les principes, il aurait rarement franchi la borne de la justice : il la respecte par sentiment, la devine par instinct. »

Chapitre II

1. L'examen du dossier de 1790 ne permet pas de penser, avec F. Brunot (*Histoire de la langue française*, t. IX, *op. cit.*), que la politique centralisatrice résulterait de l'échec du fédéralisme.

2. Questions 26 et 27.

3. *Encyclopédie, ou Dictionnaire raisonné des sciences, des arts et des métiers*, nouv. éd., Genève, Pellet, t. XXIV, 1778, art. *Patois*, p. 992. Le patois est le «mal» qui corrompt le français. Cf. aussi M. Desgrouais, *Les Gasconismes corrigés*, Toulouse, J. J. Robert, 1766, Préface, p. IV : «Pourquoi tombe-t-on dans les gasconismes ?... Tout gasconisme vient du patois du pays. Les enfants parlent le patois avant de parler français... Dominé par l'habitude on ne sait que le traduire lorsqu'on parle français.» Quand quelqu'un «ouvre les yeux» des Gascons et «leur fait remarquer les fautes qu'ils font, ils les reconnaissent avec surprise : ils sont étonnés d'avoir parlé ridiculement toute leur vie. Ils sont les premiers à reconnaître la source du mal, le patois».

4. Louis Wolfson, *Le Schizo et les langues*, Gallimard, 1970.

5. Gilles Deleuze, *Préface*, in L. Wolfson, *op. cit.*, p. 11

6. Question 29.

7. Question 6. Je souligne.

8. Question 28. Je souligne.

9. Question 26.

10. «Nous ne voyons qu'il y ait le plus petit inconvénient à détruire notre patois... Nous ne tenons pas du tout à notre patois ; on peut, quand on voudra, nous l'enlever :

nous ne sourcillerons pas» (G. 94). Au sacrifice patriotique se combine le sacrifice «agréable à Dieu», la destruction de l'idole sur l'autel du Créateur : «La langue française est plus faite pour prier le Créateur suprême et chanter ses louanges. Nous sentons que notre patois est trop lourd, trop grossier, trop ignoré. il n'est pas digne de Dieu. Il nous paraît trop favoriser la paresse, le monachisme, la superstition et l'inquisition. La destruction de notre patois ne peut être qu'agréable à Dieu, elle le sera beaucoup à nous, et la politique ne saurait y perdre» (G. 94-95).

11. Si l'on ne compte pas les quatre emplois de «dialecte», terme qui semble n'être qu'un substitut stylistique de «patois».

12. «Angevin, Bressan, Bourguignon, Franc-comtois, Haynaut, Lorrain, Maine, Messin, Normand, Nivernois, Périgourdin, Picard, Quercy» : telle est la liste des «idiomes français» donnée par Court de Gébelin, *Monde primitif analysé et comparé avec le monde moderne...*, *Dictionnaire étymologique de la langue française*, 1778, p. CIV.

13. *Ibid.*

14. Dont je ne donne que quelques exemples.

15. Ainsi Bernadau : «Le bas peuple des villes, les habitants des campagnes corrompront toujours la langue et en feront un jargon» (G. 141).

16. À Lyon, on distingue «plusieurs patois, ou plutôt plusieurs jargons. Les gens de rivière, les bouchers, les ouvriers en soie, les poissardes, les marchandes d'herbes ont chacun un langage qui leur est propre» (B. N. 30).

17. Cf. par exemple, A. Martinet, *Éléments de linguistique générale*, A. Colin, 1967, pp. 152-165.

Chapitre III

1. Est mythe en effet le discours racontant un événement qui n'a pas eu lieu, ou qui, plus précisément, n'a pas d'autre lieu que le récit. Cf. par exemple Claude Rabant, «Le mythe à l'avenir (re)commence...», in *Esprit*, avril 1971, pp. 640-641 : «Le mythe, c'est la métaphore à l'infini. La métaphore renvoyée à l'infini... Renvoyant son lieu d'être dans l'ailleurs du discours... Tous les démentis de l'histoire et tous les triomphes d'Éros ne peuvent effa-

cer la trace de cet événement qui n'a pas eu lieu, que raconte le mythe... »

2. En 1780, Beauzée réédite les *Synonymes* de l'abbé G. Girard (cf. n. ci-après) en y ajoutant un volume qui, en grande partie de lui, comporte aussi les *Synonymes* de Duclos, de Diderot et de d'Alembert.

3. Cf. l'abbé Gabriel Girard (*La Justesse de la Langue française ou les différentes Significations des Mots qui passent pour Synonymes*, 1718, devenu en 1736 *Synonymes français...*), Condillac (*Dictionnaire des Synonymes*, écrit entre 1758 et 1767 pour le prince de Parme), Duclos, Diderot, d'Alembert, etc.

4. *Grammaire générale, ou exposition raisonnée des éléments nécessaires du langage. Pour servir de fondement à l'étude de toutes les langues*, Paris, 1767.

5. Simple mention, sans précision.

6. Les Amis de la Constitution d'Agen renvoient seulement au « savant auteur des *Observations sur la poésie, la peinture et la musique* » (G. 114). Malgré la différence de titre, il semble bien s'agir de Dubos.

7. Le document donne le titre au pluriel : *Fragments*. Il s'agit du texte publié ensuite dans les *Œuvres* de Du Marsais, Paris, 1797, t. III, pp. 377-404, et réédité dans *Varia Linguistica* (éd. M. Duchet), Ducros, 1970, pp. 213-298.

8. Lequinio se réfère globalement à Jacques Le Brigant, comme à la source des informations sur le celtique, « père de toutes les autres langues » (G. 286). Utilisateur d'Oberlin, d'Abeille, etc., Le Brigant a déjà publié, entre autres, le *Nouvel avis concernant la langue primitive retrouvée* (1770), les *Éléments de la langue des Celtes Gomérites ou Bretons, Introduction à cette langue et par elle à celles de tous les peuples connus* (Strasbourg, 1779), ses *Observations fondamentales sur les langues anciennes et modernes* (Paris, 1787), et, en 1791, il édite à Avranches les *Notions générales et encyclopédiques*. C'est l'homme du *Celtica negata, negatur orbis*.

9. Sans renvoi à un ouvrage particulier.

10. Les Amis de la Constitution d'Auch se réfèrent longuement au travail exemplaire de « M. de Rochou » qui, en Prusse, commençait par enseigner aux maîtres d'école « la bonne manière d'instruire » les paysans et qui « a écrit

sur cet intéressant sujet un excellent livre élémentaire»
(G. 94). C'est peut-être aussi son *Ami des enfants*.

11. Il y a de nombreuses éditions postérieures, les plus
importantes, au XVIIIe siècle, étant celles de 1710 et de 1781.

12. *Le Monde primitif... Dictionnaire étymologique de la
langue française*, Paris, 1778, *Discours préliminaire*,
pp. LXIX-LXXIII.

13. Court de Gébelin ne donne d'ailleurs que fort peu
d'indications, ou très vagues, sur ces régions, à l'exception
du pays de Vaud (*op. cit.*, p. LXIX).

14. Les indications proviennent soit des réponses à la
question 23, soit des références données au cours de l'analyse des «patois». Parmi les ouvrages qui fournissent des
renseignements sur le vocabulaire, se trouvent compris
des livres d'histoire locale. Je laisse de côté les grammaires,
telle cette «*Grammaire artésienne*», Saint-Omer, 1772,
107 pages, in-12, «24 sous», ouvrage d'ailleurs «dénué de
principes, incomplet, quelquefois incorrect» (G. 266).

15. Publié sans nom d'auteur, le texte identifiait Toulouse à l'antique *Tolosa*. L'ouvrage, écrit Senard, donne
«une série de mots patois toulousains, non seulement dérivés du grec, mais même exactement grecs» (G. 82).

16. Cité seulement comme «Dictionnaire» (G. 169).

17. L'abbé Grégoire se réfère aussi à cet ouvrage, *Promenade dans les Vosges* (an VIII), Épinal, 1895, p. 27.

18. Le texte, présenté comme «dictionnaire de la langue
toulousaine» (G. 169), a été publié à la suite du *Dictionnaire étymologique ou Origines de la langue Françoise* de
Ménage, Paris, Anisson, 1694. Caseneuve avait écrit un
Traité de la langue provençale, resté manuscrit. Cf. E. Sam-
firesco, *Ménage, polémiste, philologue et poète*, Paris, 1902.

19. Cherval parle tour à tour de «mon Encyclopédie des
habitants des campagnes» (B. N. 55) ou de son «Encyclopédie des jeunes habitants de la campagne» (B. N. 56).

20. Davies fournit de précieux et anciens documents
gallois et bas bretons. C'était une mine pour les chercheurs de celtique.

21. Jean Desroches, d'abord maître d'école, devenu secrétaire perpétuel de l'Académie de Bruxelles et inspecteur
général de l'enseignement, a publié aussi, outre des histoires

des Pays-Bas, des *Institutiones grammaticae* (Bruxelles, 1779). Jeune, il avait obtenu ses premiers succès en participant aux concours organisés par l'Académie de Bruxelles, tel son Mémoire *Examen de la question : si la langue des Étrusques a eu du rapport avec celle des peuples belgiques* (texte conservé dans la collection des Mémoires de l'Académie de Bruxelles).

22. Les Amis de la Constitution de Limoges écrivent : « Dom Duclou, notre compatriote, avait fait celui [le dictionnaire] de la langue limousine ; mais la mort de l'auteur ayant prévenu la publication de son ouvrage, ce livre manque à la littérature » (G. 169). Au sujet de son manuscrit (actuellement à la Bibliothèque municipale de Limoges), Gazier renvoie aux notes d'E. Ruben dans son édition de Foucaud, 1866, pp. VI-VIII.

23. Le chanoine Harduin, membre (1738) puis secrétaire perpétuel de l'Académie d'Arras (1745), a écrit aussi, précieux pour l'histoire de la langue, des *Mémoires pour servir à l'histoire d'Artois et principalement de la ville d'Arras*, Arras, 1765.

24. Le « glossaire », qui suit ces *Noëls*, déjà cité par Court de Gébelin, est aussi une autorité pour l'abbé Féraud ; cf. Jean Stefanini, *Un provençaliste marseillais, l'abbé Féraud (1725-1807)*, Aix-en-Provence, 1969, p. 146.

25. Nadaud († 1792), curé de Saint-Léger, puis de Teijac (Angoulême), « faisait des recherches sur l'origine du patois et a laissé des observations très importantes » (G. 169). En effet, il écrivit une série de Mémoires restés manuscrits (*Mémoires pour l'histoire du Limousin, Note sur les littérateurs limousins*, etc.) dont une partie fut envoyée à l'abbé Jean-Joseph d'Expilly († 1793) pour son *Dictionnaire géographique, historique et politique des Gaules et de la France*, Avignon, 1762-1770, 6 vol., resté inachevé.

26. À Limoges, on signale ses recherches sur les « idiomes des provinces de France » (G. 169).

27. « Mon ami le savant Oberlin », écrit Grégoire lui-même, qui ajoute : « Le peu d'intérêt que présentait le sujet traité par Oberlin (dans son *Essai*) est racheté par l'agréable variété d'anecdotes et d'observations dont il l'a parsemé » (*Promenade dans les Vosges*, Épinal, 1895, p. 25). Sur

J.-J. Oberlin, cf. Paul Lévy, *Histoire linguistique d'Alsace et de Lorraine*, Paris, Belles-Lettres, 1929, t. I, pp. 382-383.

28. Dans sa réponse (B. N. 99; P. R. 13), l'abbé Rolland se réfère à ce travail.

29. Voir note 18, page 380.

30. Abbé Pierre-Auguste Boissier de Sauvages, *Dictionnaire languedocien-français*, Nîmes, 1756 (nombreuses rééditions: Nîmes et Paris, 1785; Montpellier, 1820; Allais, 1821). Dans son *Discours préliminaire*, Sauvages partait de la constatation que le français, « langue de la capitale », restait une « langue étrangère » : au Languedoc, « on croit parler français et l'on ne sait que franciser le pur languedocien... Nous pensons en languedocien avant de nous exprimer en français : cette langue-ci n'est qu'une traduction de la nôtre » (*op. cit.*, éd. 1756, *Discours préliminaire*, p. vi).

31. Sauveur André Pellas, *Dictionnaire provençal et français*, Avignon, 1723; Claude-François Achard, *Dictionnaire de la Provence et du Comtat Venaissin*, Marseille, 4 vol., 1785-1787. Cf. aussi Jean Stefanini, « Dictionnaires provençaux inédits du xviiie siècle », in *Actes et Mémoires du IIIe Congrès international de langue et littérature d'oc*, Bordeaux, 1961, pp. 123-126, sur le dictionnaire de Barrigue de Montvallon (il faut ajouter également celui de Germain).

32. Cinq correspondants mentionnent l'abbé d'Astros, de Marsolan (près de Lectoure): Mont-de-Marsan, Auch, Agen, Nérac, Valence d'Agen — Auch comme imprimé. Ce sont « plusieurs pièces de poésie légère, et un poème sur les quatre saisons, plein de beautés, de détails et de descriptions pittoresques » (Agen, G. 116). Cf. *ses Poésies gasconnes* recueillies et publiées par Frix-Tailhade, Paris, Tross, 2 vol., 1867-1869, et Joseph Michelet, *Les poètes gascons du Gers depuis le xvie siècle jusqu'à nos jours*, Auch, Bousquet, 1904.

33. « D'Orée de Prades », dit la réponse d'Agen, qui résume le sujet de la comédie : « un soldat milicien qui revient dans son pays après six mois d'absence... semble avoir oublié la langue de son pays » (G. 116). À ce titre, *Ramounet* fait doublement partie de l'enquête. Sur Cortèle, cf. J.-B. Noulet, *Essai sur l'histoire littéraire des patois du midi de la France aux xvie et xviie siècles*, 1859.

34. Désigné ici comme «chansonnier de Tourcoing» (G. 266), Cotigny est un pur Lillois (1678-1740), auteur de pasquilles et de chansons (*Plaintes amoureuses, Buveuses de café*, etc.). Lorsque l'abbé Aubry dit son livre vendu chez «Vanekere, libraire à Lille», peut-être le confond-il avec son fils Jacques, qui a écrit *Vers naïfs en vray patois de Lille* et *Lille en vers burlesques* (éd. chez Vanekere). Il estime que le livre contient «beaucoup de termes patois communs à l'Artois et à la Flandre» (G. 266). Cf. A. de Saint-Léger, *Histoire de Lille des origines à 1789*, Lille, Raoust, 1942, pp. 369-370. En 1888, un journal en patois s'intitulera *Brule Maison* (cf. G. Lépreux, *Nos journaux*, Douai, Crépin, 1896, t. I, p. 107).

35. Né à Moissac vers 1660 (?) et installé à Villeneuve-sur-Lot, mort vers 1720, A. Daubasse, d'après son premier éditeur (1699), «ne sut ni lire ni écrire». On a de lui *Odos sur le Sant Sacromen e sur la passiu de Nostre Seigne*, s.l.n.d. [1699]; *Œuvres* d'A. Daubasse, peignier en corne, Villeneuve, Currius, 1796; nouv. éd. par A. Claris, Villeneuve-sur-Lot, Chabrié, 1888.

36. D'après Barère, «Mr Des Pourreins a célébré (l'amour) dans des chansons très recherchées» (B. N. 67). De Cyprien Des Pourrins, poète né à Accous en 1698, mort à Argelès en 1755, les *Chansons béarnaises* ont été éditées à Pau en 1828, 1866, etc.

37. Il «est mort il n'y a pas trente» ans, dit-on à Auch. «Ses ouvrages n'ont pas été imprimés, et c'est un meurtre, du moins si l'on en juge par quelques morceaux que les gens qui vivaient de son temps récitent encore avec délices... Il était plein de grâce, mais c'est tout ce qu'il avait» (G. 91).

38. L'auteur le plus fréquemment cité (dans sept réponses) bien que sous les formes les plus diverses (*Goudouli, Goudely, Goudoulin*, etc.). Sur cet avocat au parlement de Toulouse (1580-1649), dont on a «plusieurs odes et plusieurs épîtres pleines de sel et d'agrément» (G. 116), cf. Robert Lafont, *Renaissance toulousaine de 1610*, Avignon, 1960, et *Renaissance du Sud*, Paris, 1970, pp. 49, 225.

39. François Gusteau, prieur-curé de Doix près Maillezais (1699-1761), a publié lui-même ses *Noëls très nouveaux dans tous les stiles, pour tous les goûts*, Fontenay,

J. Poirier, 1738, réédités et augmentés en 1742 et 1756. Publications du xixᵉ siècle : *Poésies patoises* par l'abbé Gusteau, suivies d'un glossaire poitevin par M. Pressac, Poitiers, Oudin, 1855-1861 ; et une *Traduction* en vers bas poitevins de la Première Églogue de Virgile, Fontenay, 1858.

40. « Un certain Loz, avocat, mort il y a quarante ans » est tenu à Carcassonne pour le meilleur « poète moderne » (G. 18). On envoie quelques-unes de ses « chansons » à Grégoire.

41. Bernadau joint Montaigne à Godolin, comme exemples d'auteurs dont le patois est riche d'expressions « énergiques » (Bordeaux, G. 139).

42. Peut-être le comte Antoine François de Nantes, originaire de Beaurepaire près de Vienne, administrateur du département de l'Isère après la Législative. « M. de Nantes, de Vienne », dit Morel (B. N. 31).

43. Jean-Claude Peyrot, prieur de Pradines (1709-1795). Chabot parle de Peyrot comme de « l'ancien prieur de Pradines, habitant de Millau, vieillard de plus de quatre-vingts ans », qui a « fait des *Géorgiques* patoises et d'autres poésies » (G. 59). On avait publié *Poésies diverses, patoises et françoises* P.M.P.***A.P.D.P., E. Rouergue, 1774, où « le recul de pouesios rouergassos » occupe les pages 1-104. L'ouvrage a été réédité en 1781, 1804, 1810, etc. L'édition de 1781 porte le titre : *Les Quatre Saisons ou les Géorgiques patoises*, par M.D.A.D.P. etc.

44. Des extraits en ont été édités à la suite des Poésies de Richard (Limoges, 1824 et 1849), d'après Gazier (G. 170, n. 2).

45. « Député du côté droit à l'Assemblée nationale » : « imagination brillante et féconde, tour d'esprit original, enthousiasme soutenu, hardiesse dans les images et les métaphores, mais on lui reproche avec raison d'avoir ravalé le langage des dieux en l'employant même avec affectation à des sujets sales, bas, capables de choquer le goût le moins délicat. Ses ouvrages sont des égouts magnifiquement construits, où il ne passe que des lacs infects d'ordures et d'immondices » (G. 19). De l'abbé Samary, curé de Saint-Nazaire, a été publié un *Discours prounouçat sur*

l'auta de la Patrio, le 14 juillet, 3ᵉ annado de la Libertat, s.l.n.d. (cf. J. B. Noulet, *Essai sur l'histoire littéraire des patois du Midi de la France au xvIIIᵉ siècle*, Paris, Maisonneuve, 1877, p. 232). Aux archives de l'Aude, il reste de lui un poème satirique contre les prétentions littéraires d'un chanoine de Montréal, Maurel : le *Semen contra dé Mounréal* (Le Vermifuge de Montréal).

46. On a publié sous la Révolution une série de «sermons» du P. Hyacinthe Sermet, carme déchaux de Toulouse : *Abis à las brabos gens, tant de la bilo que de la campagno ; Conferenço, faito en sourtin del Sénéchal, entré le Pero Sermet et Jeannot, moulinié de Pourtet, et Guillaumès, jardinié del couben des Minimos*, s.l.n.d., ni nom d'auteur ; *Dialogo entré le Péro Sermet et Mestre Guillaumes, paisan del bilaige de****, Toulouse, Viallanos (1791) ; *Discours prounounçat dabant la legiou de Saint-Ginest... à l'occasiou de la Federatiou généralo*, Toulouse, Desclassan (1790) ; etc. (cf. J. B. Noulet, *Essai... xvIIIᵉ siècle, op. cit.*, pp. 232-233).

47. Il s'agit de l'œuvre de Girardeau, curé du Pian, près Saint-Macaire : *Les Macariennes, poème en vers gascons*, «À Nankin (Bordeaux), chez Romain Macarony, imprimeur ordinaire du Public, à l'enseigne de la Vérité», 1763, réédité par M. Reinhold-Dezeimeris, Paris, A. Aubry, 1862. Cette composition satirique de 1 660 vers, relative aux affaires des Jésuites, est divisée en deux parties : une requête adressée au Parlement de Bordeaux par les recardeuses de Saint-Macaire (le texte cité ici) ; des félicitations adressées à la cour au nom des bateliers pour l'arrêt qu'elle a rendu (cf. P. G. Brunet, *Notices et extraits de quelques ouvrages écrits en patois du Midi de la France*, Paris, 1880, pp. 114-122).

48. Très probablement les *Mémoires pour servir à l'histoire de la fête des foux qui se faisait autrefois dans plusieurs églises*, par Du Tilliot, Lausanne, 1741, ou Genève, 1745, in-4º. L'édition in-8º de 1751 *(Mémoire sur la fête des fous)* contient, pp. 49, 152 sqq., des poésies bourguignonnes.

49. Cette «description assez poétique d'un puits de la cité de Carcassonne» est «l'ouvrage patois le plus ancien

que nous connaissions». Elle se trouve «dans les *Annales de la Cité*, par M. Besse. L'auteur est inconnu» (G. 17).

50. Poème en vers limousins octosyllabiques, édité depuis dans le *Bulletin de la Société archéologique et historique du Limousin*, t. II (1847).

51. «Représentée dans l'un des faubourgs de Carcassonne en 1720» (B. N. 102 ; «il y a soixante ans», dit-on à Carcassonne, G. 17), la pièce raconte les «amours innocentes de Jammeto et de Ramoun» et critique «les abus criants de l'ancienne justice». «Nous croyons que cet ouvrage est le seul qui puisse faire connaître l'idiome du pays» (G. 18). De longs extraits en sont envoyés à Grégoire, avec un résumé détaillé (B. N. 102-121).

52. Delmasse (*Recherches sur les patois de France…, op. cit.*, p. 223) signale, à propos du patois dauphinois, la «tragi-comédie de Janin», Aventures de la Lhauda (Claudine Mignot), paysanne des environs de Grenoble qui, après avoir été femme du maréchal de l'Hôpital, devint celle de Casimir de Pologne.

53. «Se vend chez», «se trouve chez»: expressions caractéristiques du dossier. Elles renvoient non au *producteur* (l'imprimeur ou l'éditeur), même si le libraire l'est aussi, mais au *possesseur* professionnellement inscrit dans une structure de *commerce* ou d'échanges.

54. Reflux déjà évident au xvᵉ siècle. Cf. par exemple A. Brun, *Recherches historiques sur l'introduction du français dans les provinces du Midi*, Paris, Champion, 1923.

55. *Promenade dans les Vosges, op. cit.*, p. 25.

56. Court de Gébelin, *Monde primitif…, Dictionnaire étymologique…*, 1778, «Discours préliminaire», pp. lxviii-lxix.

57. Même si la réponse rajeunit un auteur (par exemple en plaçant Godolin au début du xviiiᵉ siècle), elle le situe dans un passé indifférencié, séparé du présent par une coupure plus qualitative que chronologique, et connoté globalement par la catégorie d'*ancien*, alors que des événements «français», contemporains de ces œuvres patoises, échappent à ce passé immémorial.

58. Une réflexion entre cent autres analogues: «Ce

n'est qu'en poésie et en style léger qu'on a écrit» en patois (Bourgogne, G. 226).

59. Boissier de Sauvages de La Croix, *Dictionnaire languedocien-français ou choix des mots languedociens les plus difficiles à rendre en français*, Nîmes, 1756, Discours préliminaire, p. VI.

60. *Promenade dans les Vosges, op. cit.* (éd. 1895), p. 26.

61. Sur le «propre» du patois et les «manques» du français, cf. *supra*, p. 127 sq.

62. Ainsi, en ce qui concerne la Bretagne, on passe de l'*Académie celtique* (dans la revue — 1807-1811 —, Cambry, Le Gonidec, Noual de La Houssaye privilégient les parlers et coutumes) à la *Société des Antiquaires* qui en prend la suite sous la Restauration. Le *Lycée armoricain* (Nantes, 1823) est surtout archéologique; et tout autant la *Société polymatique du Morbihan* fondée par le chanoine Mahé, auteur des *Antiquités du Morbihan* (1823). Même orientation dans les travaux du chevalier de Fréminville. C'est après, avec Souvestre (*Le Foyer breton*, Paris, 1845), que le celtisant devient ethnographe.

63. On a de lui trois «Rapports sur les destructions opérées par le vandalisme et sur les moyens de le réprimer» : 14 fructidor an II, 8 brumaire an III, 24 frimaire an III. Cf. *Rapports de Henri Grégoire ancien évêque de Blois...*, Paris-Caen, 1867, pp. 39-91.

64. Cf. *supra*, p. 169 sq.

65. *Promenade dans les Vosges, op. cit.*, p. 25.

Chapitre IV

1. *Éloge de Du Marsais*, cit. *in* Noam Chomsky, *La Linguistique cartésienne*, Seuil, 1969, p. 87. Je souligne.

2. N. Chomsky, *op. cit.*, p. 33, n. 24.

3. Sylvain Auroux, *L'Encyclopédie.* «*Grammaire*» *et langue au XVIIIᵉ siècle*, Mame, 1973, p. 16 sq., citant le président de Brosses, *Traité de la méchanique des langues...*, 1765, t. I, p. I.

4. Gérard Genette, «Avatars du cratylisme», in *Poétique*, nᵒ 11, 1972, p. 371, à propos du président de Brosses.

5. Dans le récit de la *Genèse*, la dispersion des langues

est la condamnation d'une faute : « Ici même, dit Iahvé, confondons leur langage en sorte qu'ils ne comprennent plus le langage les uns des autres » (*Genèse* XI, 1-9). Sur l'importance linguistique de ce mythe, cf. Arno Borst, *Der Turmbau von Babel*, Stuttgart, 5 vol., 1957-1963.

6. *Traité de la formation méchanique des langues*, Paris, Saillant, etc., 1765, t. I, p. xvi. Les difficultés de consultation m'obligent à renvoyer aussi à l'édition de Paris, Terrelongue, an IX (1801), 2 tomes.

7. Cf. par exemple Claude-Gilbert Dubois, *Mythe et langage au seizième siècle*, Ducros, 1970, surtout pp. 31-92.

8. Charles de Bovelles, *Liber de differencia vulgarium linguarum et Gallici sermonis varietate*, Paris, 1533. Cf. la présentation et traduction de Colette Dumont-Demaizière, *La Différence des langues vulgaires et la variété de la langue française*, Amiens, 1972, Société de linguistique picarde, t. XIV, ou Paris, Libr. des Cahiers Pierre Voisin, 1973.

9. La coupure du xviiie siècle par rapport à l'innéisme cartésien est à nuancer. Cf. Jacques Chouillet, « Descartes et le problème de l'origine des langues au xviiie siècle », in *XVIIIe siècle*, no 4, 1972, pp. 39-60.

10. Antoine Court de Gébelin, *Monde primitif analysé et comparé avec le monde moderne, considéré dans l'histoire naturelle de la parole, ou Origine du langage et de l'écriture*, Paris, 1775, « Discours préliminaire », p. viii.

11. Cf. Baldensperger, « Court de Gébelin et l'importance de son *Monde primitif* », in *Mélanges Huguet*, Boivin, 1940.

12. Quelques exemples seulement : P.-L. de Maupertuis, *Réflexions philosophiques sur l'origine des langues* [1748], Dresde, 1752 ; Grandval, *Discours historique sur l'origine de la langue française*, Paris, 1757 ; J.-J. Rousseau, *Essai sur l'origine des langues* [1761], Genève, 1781 ; J.-S. Bergier, *Les Éléments primitifs des langues*, Paris, 1764 ; président de Brosses, *Traité de la formation méchanique des langues*, Paris, 1765 ; J.-G. Herder, *Dissertation sur l'origine du langage (Abhandlung über den Ursprung der Sprache)*, 1772 ; abbé Copineau, *Essai synthétique sur l'origine et la formation des langues*, Paris, 1774 ; J. Le Brigant, *Détachements de la langue primitive*, Paris, 1787 ; etc.

13. Daniel Droixhe, « L'orientation structurale de la linguistique au xviiie siècle », in *Le Français moderne*, janvier 1971, pp. 18-20, à propos de Buffier (1709), de Vallange (1719), de Duclos (1754), etc. « Ainsi, conclut déjà Buffier, la raison n'a rien à faire par rapport à une langue, sinon de l'étudier. »

14. Cf. toute la fin de l'art. « Langue » dans l'*Encyclopédie*, t. XIX, éd. Genève, 1777, pp. 582-588 (Dans l'éd. S. Auroux, *op. cit.*, 1973, pp. 156-172).

15. *Encyclopédie*, art. « Langue », *ibid.*

16. *Ibid.*

17. *Ibid.*

18. Le mot et la définition sont de Roland Barthes (« Proust et les mots », in *To Honor Roman Jakobson*, La Haye, 1967). Sur le « cratylisme » de la fin du xviiie siècle, cf. Gérard Genette, « Avatars du cratylisme », in *Poétique*, no 11, 1972, pp. 367-394, no 13, 1973, pp. 111-133, et no 15, 1973, pp. 265-291, trois études sur De Brosses, Court de Gébelin et Nodier, et, du même, « L'éponymie du nom ou le cratylisme du *Cratyle* », in *Critique*, décembre 1972, pp. 1019-1044.

19. C'est au *Cratyle* de Platon que J.-J. Rousseau renvoie aussi par exemple dans son *Essai sur l'origine des langues*, cf. chap. IV (éd. C. Porset, Ducros, 1968, p. 53).

20. En particulier dans son *Esquisse d'un tableau historique des progrès de l'esprit humain*, 1793. Cf. Bronislaw Baczko, « Lumières et Utopie », in *Annales E.S.C.*, t. XXVI, 1971, pp. 371-374.

21. *Traité de la formation méchanique des langues...* [1765], Paris, Terrelongue, 1801, 2e vol., p. 84. Cf. *ibid.*, 1er vol., pp. 179-180 : « Il n'y a point de langage nouveau qui ne soit l'altération d'un autre plus ancien. »

22. De Brosses, *op. cit.*, éd. 1801, 1er vol., chap. VI, « De la langue primitive et de l'onomatopée », pp. 179-270. L'onomatopée a une place royale dans la linguistique du xviiie siècle. Dans l'article *onomatopée* de l'*Encyclopédie*, B.E.R.M. dit que c'est « l'une des causes de la génération matérielle des mots expressifs des objets sensibles », et que « cette cause est l'imitation plus ou moins exacte de ce qui constitue la nature des êtres nommés ». Court de Gébelin

reprendra la théorie de De Brosses : *Monde primitif... Origine du langage...*, 1775, p. 351 sq.

23. De Brosses, *op. cit.*, éd. 1801, 1er vol., p. 180, à propos de la procédure suivie par l'auteur.

24. De Brosses, *ibid.*, p. 199. C'est moi qui souligne. De Brosses reprend littéralement un texte de Leibniz, mais, en substituant *langue primitive* à *lingua universalis* (Skittivs, cité par Leibniz), il indique à la fois le problème *philosophique* auquel répond la production de la «langue primitive» et le déplacement qui fait passer d'une production synchronique à une production diachronique ou *historique*.

25. Court de Gébelin, *Monde primitif... considéré dans l'Histoire naturelle de la parole ou Origine du langage et de l'écriture*, Paris, 1775, p. 147.

26. *Ibid.*, p. 42.

27. Les mots «composés» ont en effet une définition simple : «On les reconnaît sans peine à leur longueur et l'on peut dire hardiment que tout mot de deux syllabes est un mot composé de deux autres» (*ibid.*, p. 355).

28. Jean Roudaut, *Poètes et grammairiens du XVIIIe siècle*, Gallimard, 1971, p. 33.

29. J. Roudaut, *op. cit.*, p. 35.

30. *Monde primitif... considéré dans son génie allégorique et dans les allégories auxquelles conduisit ce génie*, Paris, 1773.

31. Cf. Brian Juden, *Traditions orphiques et tendances mystiques dans le romantisme français (1800-1855)*, Klincksieck, 1971, pp. 87-98, sur Court de Gébelin.

32. Cf. *supra*, p. 62. En citant les «recherches» de Court de Gébelin, Grégoire se réfère à des manuscrits : «Le citoyen Frossard possède plusieurs manuscrits de Court de Gébelin. Je les ai lus» (*Promenade dans les Vosges*, [an VIII], éd. A. Benoît, Épinal, 1895, p. 26). Près de vingt ans après la publication de l'œuvre, s'agit-il encore de copies ?

33. *Origine du langage et de l'écriture, op. cit.*, p. 281.

34. Si on admet que cette invention est «postérieure aux établissements de ces nations», écrit Court de Gébelin,

«cela anéantit toute comparaison et toute cause néces-saire» (*ibid.*, «Discours préliminaire», p. xi).

35. *Ibid.*, «Discours préliminaire», pp. xiii-xiv.

36. *Ibid.*, pp. 280-282.

37. *Monde primitif... considéré dans les origines fran-çoises... Dictionnaire étymologique*, Paris, 1778, «Discours préliminaire», p. xviii.

38. *Op. cit.*, pp. xiii-xiv.

39. *Origine du langage et de l'écriture, op. cit.*, p. 282 (c'est moi qui souligne). C'était la raison de l'éloge qu'il faisait de l'Académie : elle «ramena tous les écrivains à un centre commun, maintint l'unité dans le langage», etc. (*Dictionnaire étymologique*, «Discours préliminaire», p. lxvii).

40. *Nouveau système* (i.e. le tome second des *Nouveaux systèmes ou Nouveaux plans de méthode qui marquent une route nouvelle pour parvenir en peu de temps et facilement à la connaissance des langues et des sciences, des arts et des exercices du corps*), Paris, 1719, p. 178. Cf. pp. 437-438. L'argumentation de Vallange devance d'ailleurs celle des révolutionnaires : «La diversité des langues est souvent la cause de la diversité des sentiments... Quand il n'y aura plus qu'une langue, il y a lieu d'espérer que les esprits et les cœurs seront unis plus étroitement» (*ibid.*, p. 179). Cf. à ce sujet G. Gougenheim, in *Revue de philologie française*, t. XLV, 1931, pp. 140-141.

41. C'est Vallange qui associe étroitement ces deux aspects.

42. Cf. par exemple l'article *Étymologie*, dû à Turgot, dans l'*Encyclopédie*, nouv. éd., Genève, 1777, t. XIII, p. 340 sq.

43. G. Genette note déjà, comme «un trait caractéris-tique du cratylisme brossésien», «une relative dévalorisa-tion du phénomène proprement sonore — disons : de la voix même — au profit d'éléments plus visibles, ou tan-gibles (dans son vocabulaire : plus *figurables*) de l'acte ver-bal» («Avatars du cratylisme», in *Poétique*, nº 11, 1972, p. 371).

44. C'est-à-dire la consonne.

45. De Brosses, *Traité de la formation méchanique des langues*, 1765, t. II, p. 423.

46. *Traité de la formation méchanique des langues*, *op. cit.*, t. II, p. 44.

47. Cette combinaison renvoie à une rencontre plus extraordinaire et première. La liaison du son et du graphe, de la voix et de la «peinture», est pour De Brosses une «admirable jonction de l'ouïe et de la vue». Étant donné la coupure théorique qu'il a établie entre elles, c'est l'«impossible». Pourtant, l'écriture littérale a réussi, dit-il, «à réunir, autant qu'il était possible, dans un seul art, deux choses tout à fait disparates et dont la nature semblait rendre la jonction impossible, je veux dire le sens de la vue et celui de l'ouïe» (*Traité... op. cit.*, t. I, p. 309).

48. *Traité...*, *op. cit.*, t. II, p. 44. Ce texte a quasi valeur d'axiome. Court de Gébelin s'y réfère (*Origine du langage*, 1775, p. 146 sq et p. 231), et aussi les correspondants de Grégoire. Andriès le cite littéralement, en l'attribuant aux «grammairiens» (Bergues, B. N. 15).

49. Spinoza, *Abrégé de grammaire hébraïque*, trad. Joël Askénazi, Vrin, 1968, pp. 35-36; «les voyelles ne sont pas des lettres, mais leur *"âme"*, et les lettres sans voyelles, ou consonnes, sont des *"corps sans âme"*». Texte capital sur les rapports entre écriture et oralité.

50. Cf. par exemple Jean-Jacques Rousseau, *Prononciation*, fragment publié à la suite de l'*Essai sur l'origine des langues*, éd. Porset, Bordeaux, Ducros, 1968, pp. 216-221.

51. Court de Gébelin, *Origine du langage et de l'écriture*, *op. cit.*, pp. 284-288.

Chapitre V

1. Cf. *supra*, pp. 90-91; et n. 27, p. 390.

2. L'idée de *radical* qualifie aussi des temps, par exemple l'infinitif incomplexe, l'imparfait et le prétérit (cf. Bergues, B. N. 16). La linguistique savante privilégie au contraire les noms.

3. Cf. Carcassonne, G. 16; Bouillon 1, B. N. 63; etc.

4. D'après l'*Encyclopédie*, «rien de plus ordinaire que d'entendre parler de *langue mère*, terme, dit M. l'abbé Girard [*Les Vrais Principes de la langue française*, disc. I,

tome I, Paris 1747, p. 30], "dont le vulgaire se sert, sans être bien instruit de ce qu'il doit entendre par ce mot, et dont les vrais savants ont peine à donner une explication qui débrouille l'idée informe de ceux qui en font usage"». Pour l'*Encyclopédie*, il vaudrait mieux «dire que toutes les langues modernes de l'Europe sont respectivement filles et mères les unes des autres» (art. *Langue*, éd. S. Auroux, *op. cit.*, 1973, pp. 157 et 160). L'usage constant de ce mot par les correspondants de Grégoire se situe d'emblée hors de la terminologie «savante» (qui ne manque pourtant pas dans leurs réponses). Cette «idée informe» renvoie plutôt à un langage de l'imaginaire.

5. Ainsi, le patois d'Auch est le «bâtard» du latin (Auch 2, G. 104): c'est un «dérivé» du latin auquel il ressemble par son énergie, mais né de quelle mère?

6. Cf. M. de Certeau, *L'Absent de l'histoire*, Mame, 1973, pp. 13-39.

7. Ernesto De Martino, dans *La Terre du remords* (Gallimard, 1966), organise son étude sur les Tarentules autour de cette définition du «remords»: le mauvais passé revient et obsède par son retour.

8. Il y a des déclarations plus péremptoires, telle celle de Commercy: «Il est clair que le patois était avant le français le langage général» (Lorraine 2, B. N. 25).

9. Surtout par l'*Histoire des navigations aux Terres australes* du président Charles de Brosses, Paris, 1756. Cf. Jean-Étienne Martin-Allanic, *Bougainville navigateur et les découvertes de son temps*, P.U.F., 1964, pp. 48-69.

10. L.-A. de Bougainville, *Voyage autour du monde*, Paris, 1771. La citation provient du *Journal* de Bougainville, à la fin de ses notes sur Tahiti.

11. *Ibid.*

12. Cf. en particulier Plotin, *Ennéades*, II, liv. IV, chap. V, X et XIII, sur l'«indiscernable matière».

13. Ainsi: «Le patois a une origine très ancienne et on ne saurait fixer son époque» (Drôme, G. 175); «L'on ignore pleinement l'origine de ce patois» (Bourgogne, G. 224) ou elle n'est «presque plus reconnaissable» (Lyon, B. N. 22); «Le patois est si ancien que son origine est inconnue» (Saint-Claude, G. 200); «Ce patois est un mélange de plu-

sieurs langues dont il serait difficile d'assigner l'origine»
(Artois, G. 256). «Origine inconnue» en Ain (B. N. 5) tout
comme en Bretagne : «très ancienne et inconnue» (G. 286),
etc.

14. Le mot se retrouve chez plusieurs, tel J.-B. de Cherval (Bresse, B. N. 50).

15. Charles de Gaulle, *Les Celtes au xıxe siècle*, nouvelle
éd., Paris, Librairie bretonne, 1903, pp. 4-5. La première
édition date de 1865.

Chapitre VI

1. J.-J. Rousseau, «Prononciation», in *Œuvres complètes*,
Pléiade, 1961, t. II, p. 1251. Il ajoute : «Chaque province,
chaque canton prenant une prononciation particulière se
fait de la langue commune écrite un langage propre en
parlant» (*ibid.*). Le texte a été réédité à la suite de l'*Essai
sur l'origine des langues*, éd. Ch. Porset, Bordeaux, Ducros,
1968, pp. 216-221.

2. «L'écriture n'est que la représentation de la parole, il
est bizarre qu'on donne plus de soins à déterminer l'image
que l'objet» (*ibid.*, p. 1252). «Le plus grand usage d'une
langue étant donc dans la parole, le plus grand soin des
Grammairiens devrait être d'en bien déterminer les modifications, mais au contraire ils ne s'occupent presque
uniquement que de l'écriture» (*ibid.*, p. 1249). Pour Jean-
Jacques, la parole est première, et «l'écriture qui semble
devoir fixer la langue est précisément ce qui l'altère»
(*Essai sur l'origine des langues, op. cit.*, chap. V, p. 67).

3. Cf. Jean Starobinski, *J.-J. Rousseau. La transparence
et l'obstacle*, Gallimard, 1971, 2e éd., p. 359.

4. J.-J. Rousseau, «Prononciation», *op. cit.*, p. 1250.

5. J.-J. Rousseau, *Essai sur l'origine des langues, op. cit.*,
chap. V, p. 67.

6. Cf. par exemple Abbé Grégoire, *Promenade dans les
Vosges*, Épinal, 1895, p. 23, etc.

7. Question 13.

8. D'après les réponses, les finales sont «communément
consonnes» dans l'Aveyron (G. 57), le Jura (G. 209), à
Bergues (B. N. 18), en Bretagne (G. 282 et 287). Ce sont
des exceptions. D'ailleurs, à propos des mêmes régions,

d'autres réponses affirment le contraire : à Agen (G. 113), dans le Jura (B. N. 53, G. 202 et 204), etc. En ce qui concerne la finale, une contrainte s'exerce, en faveur de la voyelle.

9. Cf. *supra*, notes 1 et 2, p. 394.

10. Jérémie-Jacques Oberlin, *Essai sur le patois lorrain des environs du comté du Ban de la Roche*, Strasbourg, J.-F. Stein, 1775. Il proposait ce programme à une « Académie » qui serait « formée par des savants de chaque province et des gens en même temps de la plus basse extraction et du commun ». Programme analogue à celui de J.-J. Rousseau, dans son *Essai sur l'origine des langues*, mais ce texte, rédigé entre 1756 et 1761, ne parut qu'en 1781 dans les *Traités sur la musique*.

11. J.-J. Rousseau, « Prononciation », *op. cit.*, p. 1249 ; éd. C. Porset, *op. cit.*, p. 217.

12. Mont-de-Marsan, G. 150 ; Lyon, B. N. 30.

13. Ainsi dans le Mâconnais : « Ce patois varie de village en village quant à l'accent, la prononciation et aux finales » (G. 222). Dans tous les cas, il s'agit de la voyelle. Cf. Aveyron, G. 54 ; Bergues, B. N. 18 ; Berry, G. 269 ; Bouillon 1, B. N. 63 ; Bretagne, G. 287 ; Lorraine, B. N. 37 ; etc.

14. Ainsi à Lyon, entre français et patois, « on ne voit d'autre différence que celle qui provient de la prononciation des paysans, de la substitution des voyelles les unes aux autres, et des finales de leurs mots » (B. N. 29). Cf. Périgord, G. 154 ; etc.

15. Bretagne, G. 287. Cf. Agen, G. 110 ; Auch 1, G. 84 ; Lorraine, B. N. 37, etc. C'est un leitmotiv des réponses.

16. Cf. Agen, G. 110 ; Mâconnais, G. 221 ; etc.

17. Cela ressort déjà, par exemple, des nombreux textes cités par Geoffroy Atkinson, *Le Sentiment de la nature et le retour à la vie simple*, Droz, 1960.

18. Par « sons », Court de Gébelin désigne les voyelles (*Origine du langage, op. cit.*, p. 284). Pour lui, cependant, la voyelle constitue un « langage des sensations » et de « ce qui agite l'âme » (*ibid.*) Cf. *supra*, p. 98. Il fait d'ailleurs un étonnant tableau des correspondances entre les « sons » (*A, E, I, O, U*) et les perceptions sensorielles (*Origine du langage, op. cit.*, pp. 289-290).

19. La question 8 demandait pourtant déjà : «pour quels genres de choses, d'occupations, de passions, ce patois est-il plus abondant?»

20. Partout la forme de la réponse est du genre : «propre à exprimer», «abondant pour exprimer», «fécond pour peindre», etc.

21. Cf. Artois, G. 257 ; Aveyron, G. 56 ; Bouillon 2, G. 232 ; Bretagne, G. 287 ; Carcassonne, G. 16 ; Gers, G. 89 ; Hautes-Pyrénées, B. N. 67 ; Lorraine, B. N. 41 ; Lyon, B. N. 29 ; Mont-de-Marsan, G. 150 ; Perpignan, G. 80 ; Provence, B. N. 99 ; Saint-Claude, G. 208 ; etc.

22. Hautes-Pyrénées, B. N. 67 ; Provence, B. N. 99 ; etc. La «richesse» en ce domaine est souvent très spécialisée. Ainsi Chabot précise : «C'est pour l'agriculture et la fabrique de petites étoffes appelées serges et cadis... que nous sommes passablement riches en ce domaine» (Aveyron, G. 56). À ce sujet, cf. *supra*, p. 134 sq.

23. Ainsi de deux régions voisines, celle de Liège et celle de Bouillon, la première a un patois «propre au comique», la seconde, un patois «propre à exprimer... les actions pathétiques et les scènes tragiques» (G. 232-233). On note aussi l'aptitude à la «gaieté» (Bresse, B. N. 51), l'«abondance en rimes et plaisanteries» (Bretagne, G. 281) ou dans «la satire et la gaieté» (Saint-Claude, G. 208), etc.

24. Quelques années plus tôt, Rétif de La Bretonne n'a pas, de son village natal de Basse Bourgogne, cette image effacée par une distance plus mentale que physique. Cf. Emmanuel Le Roy Ladurie, «Ethnologie rurale du xviiie siècle : Rétif, à la Bretonne», in *Ethnologie française*, t. II, 1972 (1974), pp. 215-252.

25. Question 12.

26. Court de Gébelin, *Origine du langage, op. cit.*, pp. 103 et 277. Cf. *ibid.*, «Discours préliminaire», p. xvi, sur «l'énergie dont la poésie et l'éloquence sont redevables au rapport des mots avec la Nature». Ce qui intéresse Gébelin, ce sont les «causes qui produisent l'énergie des mots», en deçà des diversités de forme (*op. cit.*, p. 281).

27. Il y a quelques exceptions. «Il n'existe presque pas de locutions énergiques. La langue des esclaves ne doit et ne peut pas être énergique», disent les Amis de la Constitu-

tion d'Auch à propos du patois de l'Armagnac (G. 89). Et
Cherval sur le bressan : « Il n'a aucune énergie » (B. N. 51).
En général, on notera plutôt que la perte d'énergie se
mesure à l'avancée du français : « Le patois des Ardennes,
en se rapprochant de la langue française, s'appauvrit visiblement en rejetant une quantité de mots et d'expressions
très énergiques qui ne sont qu'imparfaitement remplacés
par les mots et les termes tirés du français » (Bouillon 2,
G. 234). « L'énergie » est d'ailleurs un qualificatif obligé du
patois. Ainsi, dans la traduction bretonne de l'*Almanach
du Père Gérard* (1792), la Société populaire d'Hennebont
trouve naturellement l'« expression énergique et naïve de
l'idiome celtique » (cit. *in* Ferdinand Brunot, *Histoire de la
langue française*, t. IX, I, A. Colin, 1967, p. 45).

28. Entre d'autres, mieux que d'autres, Nicolas Rétif
raconte comment son père Edme parlait aux chevaux, aux
chiens et aux taureaux. Cf. E. Le Roy Ladurie, *op. cit.*,
p. 218.

29. Condillac, *La Grammaire*, Discours préliminaire,
dans *Œuvres*, Paris, 1798, p. xlii.

Chapitre VII

1. J.-J. Champollion-Figeac, *Nouvelles recherches sur les
patois ou idiomes vulgaires de la France, en particulier de
ceux du département de l'Isère*, Paris, Goujon, 1809, pp. 8-
10. Les habitants des campagnes ont pour malheur et pour
tare d'être « privés le plus souvent de tout moyen de communication » (*ibid.*). L'idée de ce « malheur » commande
l'ambition éducatrice et colonisatrice des correspondants
de Grégoire.

2. Cf. Joseph Vendryes, *Le Langage. Introduction linguistique à l'histoire*, A. Michel, 1968, pp. 272-276.

3. Cf. Henri Bourcelot, « L'Atlas linguistique et ethnographique de la Champagne et de la Brie, et les limites
linguistiques », in *Langue française*, nº 9, février 1971,
pp. 82-92 : des variations *phonétiques* (palatalisation, déna-
salisation, etc.) tracent les frontières *géographiques* d'un
langage et suivent leur « perpétuelle évolution ».

4. Leitmotiv de la littérature sur les patois, on l'a vu.
Dans ses *Mélanges biographiques et bibliographiques rela-*

tifs à l'histoire littéraire du Dauphiné (Valence, 1837), Jules Ollivier Colomb de Batives est le témoin d'une longue tradition : «Impossible de représenter par les combinaisons graphiques la valeur orale des mots du vocabulaire patois, et de peindre par des signes les intonations fugitives de leur prononciation.» Les «innumérables variétés de prononciation», «les capricieuses variantes d'une seule émission vocale» excèdent les «forces du signe figuratif de la vocalisation». On ne peut «reproduire par la valeur bornée des lettres la valeur intraduisible des sons parlés», et «les délicatesses infinies d'intonation échapperont toujours aux calculs les plus ingénieux des opérations graphiques» (*op. cit.*, *Essai sur l'origine et la formation des dialectes vulgaires en Dauphiné*, pp. 175-177).

5. Cf. M. de Certeau, *L'Écriture de l'histoire* (Gallimard, 1975), chap. VII ; «L'oralité, espace de l'autre». Encore aujourd'hui, un «contenu» anthropologique s'ajoute, comme une détermination nécessaire, aux *atlas linguistiques et ethnographiques* d'idiomes régionaux. Cf. ci-dessus, note 3. C'est une tradition des dictionnaires dialectaux, depuis les travaux pionniers de Georg Wenker.

6. Cf. à ce sujet les remarques de F. Furet, «L'ensemble histoire», *in* François Furet (éd.), *Livre et société dans la France du XVIIIe siècle*, t. II, Mouton, 1970, pp. 104-110. Le corpus grégorien représente la conception de l'histoire du *Dictionnaire de Trévoux* (une description raisonnée du monde) que F. Furet oppose à celle de l'*Encyclopédie* (la véracité des faits distingue l'histoire de la «fable»).

7. Cf. F. Brunot, *Histoire de la langue française*, t. VI, *Le XVIIIe siècle*, 1re partie, pp. 191-197.

8. Mirabeau, *Les Économiques*, Amsterdam, 1769-1771. Cf. J.-R. Armogathe, «Métaphysique du langage et science économique : le vocabulaire social du marquis de Mirabeau», *in Wiss. Z. Univ. Halle*, t. XIX, 1970, pp. 105-110.

9. Cf. F. Brunot, *op. cit.*, pp. 199-214.

10. Bouhours, *IIe Entretien d'Ariste et d'Eugène*, Paris, 1671. Cf. les remarques de Jean-Pol Caput, *La Langue française. Histoire d'une institution*, t. I, *842-1715*, Larousse, 1972, pp. 268-279.

11. Ce dictionnaire est du type *Encyclopédie*. Il vise des

signifiés et non des signifiants, à l'inverse des dictionnaires qui classent des signes et non des choses. Cf. les distinctions de Josette Rey-Debove, «Le domaine du dictionnaire», in *Langages*, n° 19, sept. 1970, pp. 3-34.

12. Michel Foucault, *Les mots et les choses*, Gallimard, 1966, p. 157.

13. Émile Benveniste (*Problèmes de linguistique générale*, t. II, Gallimard, 1974, p. 254) ajoute: «Le lexique du juron ou, si l'on préfère, le répertoire des locutions blasphémiques, prend son origine et trouve son unité dans une caractéristique singulière: il procède du besoin de violer l'interdiction biblique de prononcer le nom de Dieu.»

14. *Ibid.*, p. 256.

15. Delamare, *Traité de la police*, Paris, J. et P. Cot, 1705, t. I, pp. 511-519. Il cite en particulier les «Déclarations» du 7 septembre 1651 et du 30 juillet 1666 par lesquelles Louis XIV prévoit les peines châtiant ce «crime si détestable» qui «règne presque par tous les endroits des provinces de notre royaume».

16. Cf. Bourgogne, G. 225; Bretagne, G. 287; Jura, G. 209; etc. Fournier de la Charmie le dit équivalemment de *merde* (qu'il prend comme juron): «ce grand mot si fréquemment prononcé par les matelots et les charretiers, et qui fait monter le sang au visage d'une jeune femme» se termine en périgourdin par «un *e* ouvert avec un accent aigu», mais «du reste il est le même» qu'en français (Périgord, G. 155).

17. Ainsi Aubry: «Il n'y a point dans le duché de Bouillon de termes contraires à la pudeur; ceux qu'il a empruntés de l'italien ou de l'espagnol [les occupants d'hier] ne sont employés que pour exprimer des idées honnêtes» (Bouillon 2, G. 233).

18. Sur l'opposition «ethnologique» entre *simplicité* et *parure*, cf. Saint-Claude, G. 209-210; etc. Dans les récits de voyage au Nouveau Monde, elle est structurelle.

19. Le «comique» est une variante du système qui enlève à l'obscénité des mots son sérieux. Ainsi Joly: «Le patois a des termes [obscènes] qui lui sont propres, mais les expressions sont si ingénieuses que les personnes les plus rigides ne peuvent se défendre d'en rire» (Saint-Claude,

G. 209). Pour Aubry, l'«indécence» est «bouffonne» (Bouillon 2, G. 233). Ce n'est qu'un théâtre. Changés par l'usage qu'en font les locuteurs ou les spectateurs, les mots ne disent pas ce qu'ils signifient.

20. Cf. F. Brunot, *Histoire de la langue française, op. cit.*, t. IX, 1, pp. 155-216 ; et *supra*, p. 12-13.

21. Andriès (Flandre, Bergues) donne des mots parallèles, grecs, latins et flamands, mais sans mentionner de mots français.

22. En huit pages, Chabot ne présente de son «vocabulaire» que le début de la lettre *A*.

23. En suivant l'ordre géographique des réponses qui donnent des renseignements à ce sujet : Gers, Lot-et-Garonne, Carcassonne, Provence, Saint-Claude, Lorraine, Bouillon, Artois, Bretagne, Bas Poitou, Haute-Vienne, Limagne.

24. Cf. A. J. Bourde, *Agronomie et agronomes en France au XVIIIe siècle*, Sevpen, 1967, et P. Chaunu, *La Civilisation de l'Europe des Lumières*, Arthaud, 1971, pp. 324-337.

25. Ces termes semblent indiquer des origines. Ainsi *truk* transpose probablement la *drielze* hollandaise, *cartouche*, la *Kartoffel* du Hanovre, etc. Cf. les «Articles nouveaux sur les truffes communément appelées *Pommes de terre*» ajoutés par l'*Encyclopédie* pour sa «nouvelle édition», Genève, 1778, t. XXXIV, pp. 347-381 (dû à M. Engel, un long appendice à l'article *Truffe*), et A. A. Parmentier, *Examen chimique des pommes de terre*, Paris, 1773.

26. Cf. Eugène Daire, *Physiocrates*, Paris, 1846, p. 868.

27. Les cordes que, selon la belle expression de l'*Encyclopédie*, «on fait parler» avec l'archet sont au nombre de sept pour la *viole* et seulement de six pour le *violon* ou *viole d'amour*. Il semble que la *différence des instruments* utilisés l'emporte déjà sur la référence à l'*unique personnage* qui en joue (*souneux, vielleux, violeux, violouneux*, etc.). Le classement s'effectue d'après les instruments, plus qu'il n'obéit à une distinction des fonctions sociales.

28. *Encyclopédie, op. cit.*, art. «Agriculture», t. I, p. 659.

29. Cf. Jacqueline Picoche, *Un vocabulaire picard d'autrefois*, Arras, 1969, p. 53.

30. Ce clivage serait un cas discret des combinaisons

plurilinguistiques où des antinomies et des hiérarchies socioculturelles s'inscrivent dans un jeu du dialecte et du français. Cf. Daniel Fabre et Jacques Lacroix, « Langue, texte, société. Le plurilinguisme dans la littérature ethnique occitane », in *Ethnologie française*, t. II, 1972 (1973), nos 1-2, pp. 43-66.

31. Jean-Baptiste de Cherval donne des extraits de son *Encyclopédie des jeunes gens de la ville et de la campagne...*, *ou Dictionnaire raisonné de l'Éducation nationale*, Saint-Amour, 1790 (B. N. 80-87). Il est le témoin d'un modèle qui inspire de près ou de loin tous les correspondants de Grégoire.

Chapitre VIII

1. Elle mériterait à ce titre d'être rapportée aux grandes enquêtes médico-administratives et aux nosologies topographiques du dernier tiers du XVIIIe siècle : cf. M. Foucault, *Naissance de la Clinique*, Paris, 1963 ; J. Meyer, « Une enquête de l'Académie de Médecine sur les épidémies (1774-1794) », *Annales E. S. C.*, 4, 1966, pp. 729-749 ; J.-P. Peter, « Une enquête de la Société Royale de Médecine : malades et maladies à la fin du XVIIIe siècle », *Annales E. S. C.*, 4, 1967, pp. 711-751.

2. Saint-Omer, G. 260.

3. Lyon, B. N. 27 : «... j'ai peu d'occasion de connoître le langage et les mœurs des villageois ; aussi ai-je été fort longtemps incertain si j'entreprendrois de répondre à vos questions ». Ces scrupules n'empêchent d'ailleurs pas Morel d'envoyer à Grégoire l'une des réponses les plus abondantes.

4. Ainsi, par exemple, pour Bordeaux, G. 128 ; Saint-Omer, G. 255 ; Poitou 1, G. 272 ; Nérac, B. N. 69.

5. Quelques exceptions : ainsi les réponses de Mont-de-Marsan (G. 52), du Mâconnais (G. 233), de la Bretagne 1 (G. 284), de la Limagne (G. 164), comprennent le *préjugé* comme routine et résistance à la nouveauté.

6. La liste des superstitions est si contraignante qu'elle est même reprise telle quelle dans l'un des rares cas où l'on signale que les « préjugés » ont pratiquement disparu (Bouillon 2, G. 235).

7. Lorraine 1, B. N. 39 ; Commercy, B. N. 26.

8. C'est le cas des correspondants de Bordeaux (G. 144), Périgueux 1 (G. 156), Bergerac (B. N. 46), du Lot-et-Garonne (G. 120), de Saint-Calais (B. N. 9-10), du Poitou 1 (G. 272).

9. Texte dans A. Van Gennep, *Manuel de folklore français*, III, pp. 13-18 ; reproduit ici pp. 289-297.

10. Par exemple dans les questions 19, 36, 37, 38, 41, 42.

11. Gers 1, G. 93. Il faut noter cette fréquence du *nous* collectif, en particulier dans les réponses d'origine méridionale : ainsi, entre autres, Carcassonne, Aveyron, Gers 2 Lot-et-Garonne, Limoges, etc.

12. Tournon, G. 218.

13. Aveyron, G. 53.

14. Ainsi à Limoges, G. 175 ; en Bretagne 2, G. 288.

15. Par exemple Mont-de-Marsan, G. 153 ; Périgord 1, G. 156.

16. Aveyron, G. 56.

17. Mâconnais, G. 220.

18. Saint-Claude 1, G. 202-203. Cf. aussi Lyon, B. N. 30.

19. Grégoire le rappellera à son tour dans la *Promenade dans les Vosges* quelques années plus tard. La ville est prise dans l'histoire («on y est européen») tandis que la campagne est le lieu des évidences maintenues. Cf. *Promenade dans les Vosges*, *op. cit.*, p. 12.

20. Gers 1, G. 84-85.

21. Cf. le long développement de D. Villars, B. N. 71 ; et encore Jura 3, G. 211. Dans le même sens, Lot-et-Garonne, G. 108 : «Nos gens de la campagne, bornés à labourer, à semer et à ce qui a rapport à l'agriculture, ont nécessairement leur idiome circonscrit de leurs idées et de leurs besoins.»

22. Gers 1, G. 103 : «Car, encore une fois, le paysan est un bon animal d'habitude ; il ressemble assez à ses bœufs. Comme eux, il se meut difficilement ; s'il lui arrive de regimber contre l'aiguillon et de tirer quelque ruade, ce n'est que parce qu'on a abusé de la permission de le charger. Mais il ne se sert de ses cornes que quand on l'a cruellement maltraité et qu'il voit son sang couler par terre.»

23. Lot-et-Garonne, G. 112.

24. *Ibid.*, 112-113. Cf. encore Gers 1, G. 89 : «Le paysan exprime ses accès de colère d'une manière plus énergique que toutes les langues. Communément il tombe sans réfléchir et comme un faucon sur son antagoniste, ce qui prouverait qu'il est bien près de la nature.»

25. Questions 10 et 11.

26. Observations homologues sur le *costume* paysan dans Lyon, B. N. 33.

27. Gers 1, G. 85 ; et, dans la même page : «Nous sommes les hommes de la nature.»

28. Aveyron, G. 78 ; Saint-Amour, B. N. 55 ; Gers 1, G. 90 et 102 ; Dordogne, B. N. 45.

29. Perpignan, G. 81 ; Bergues, B. N. 21.

30. C'est pourquoi on souligne que le français ne se diffusera qu'à la condition de fonctionner comme un patois, en devenant une langue communautaire ; ainsi dans Dordogne, B. N. 45 et suivants.

31. Assez souvent celles-ci s'identifient purement et simplement aux lumières, comme à Saint-Omer, G. 259 : «Les lumières ont fait des progrès depuis vingt ans, mais au détriment de leurs mœurs.»

32. Opposition sensible partout, et jusqu'à l'intérieur du domaine patoisant : à Saint-Claude, on signale que l'«on a fait quelques noëls patois pleins de sel et de malice, mais ils ont été faits à la ville. À la campagne on trouve tout au plus quelques chansons. Et si dans ces chansons on trouvait quelques nuances de naïveté, on y trouverait infiniment plus de simplicité et de non-sens» (G. 203).

33. Carcassonne, G. 16 : «Le patois semble plus abondant pour l'expression des objets du premier besoin» ; Périgueux 1, G. 154 : «Le patois suffit à leurs besoins.»

34. Grande discrétion sur ce thème. Cf. cependant Aveyron, G. 56 ; Lorraine 2, B. N. 25 ; Dordogne ; mais ce sont des exceptions.

35. Mâconnais, G. 221.

36. Voir en particulier Dordogne, B. N. 44.

37. Une allusion pourtant dans Gers 1, G. 88 : «Le paysan qui n'a pas de bien à lui, et c'est le plus grand nombre, étant aussi paresseux que les bœufs avec lesquels il tra-

vaille et passe sa vie, ne pense guère qu'à ce qu'il voit [et à] ce qu'il touche. »

38. Saint-Claude 1, G. 206.

39. Le qualificatif revient plusieurs fois dans les réponses à la question 36 sur la persistance des préjugés.

40. Rapport de Grégoire, G. 296.

41. Saint-Amour, B. N. 56-57. Le thème est explicité par Grégoire dans son rapport de 1794, G. 297. La réponse de Lyon note, désabusée, que « l'habitude l'emportera toujours sur l'instruction » (B. N. 35).

42. M. Ozouf, « L'image de la ville chez C. N. Ledoux », dans *Annales E. S. C.*, 6, 1966, pp. 1273-1304.

43. B. N. 70-71. Voir aussi le rapport de Grégoire, G. 295.

44. Cf. M. Duchet, *Anthropologie et Histoire au xviiie siècle*, Paris, 1971, p. 11.

Conclusion

1. Rétif de la Bretonne se plaignait que les Parisiens, instruits des mœurs des Iroquois, des Hurons et des Algonquins, fussent si peu informés des coutumes et des traditions villageoises françaises. Par là, il marquait aussi le passage d'une ethnographie de l'extérieur à une ethnographie de l'intérieur.

2. Cf. Dominique Julia, « La Réforme posttridentine en France d'après les procès-verbaux de visites pastorales », in G. De Rosa (éd.), *La Società religiosa nell'età moderna*, Naples, Guida, 1973, pp. 311-397.

3. Boissier de Sauvages de la Croix, *Dictionnaire languedocien-français*, rééd. 1785, Discours préliminaire, p. xv.

4. Cf. Guy Arbellot, « La grande mutation des routes de France au milieu du xviiie siècle », in *Annales E.S.C.*, t. XXVIII, 1973, pp. 765-791, sur le « démarrage fulgurant » du réseau routier entre 1750 et 1774 et sur la littérature qui lui est consacrée, technique ou populaire (en particulier, depuis 1764, l'édition périodique de l'*Indicateur fidèle ou Guide des voyageurs* de Michel et Desnos). Toute une cartographie se développe, créant dans l'imaginaire public la représentation dynamique (développement des routes et

des vitesses) du mouvement centrifuge qui part de Paris (les cartes ignorent les itinéraires transversaux).

5. Jacques Derrida, *De la grammatologie*, Minuit, 1967, p. 158.

6. Rétif de la Bretonne, *La Vie de mon père*, éd. G. Rouger, Garnier, 1970, p. 154. Le testament du vieil Edmond est un éloge de la vie *sociale* à Paris, lieu de libres échanges et théâtre de la civilisation (*op. cit.*, pp. 153-154). Rétif commente : « Rien de plus vrai que ce sentiment du digne homme : j'ai éprouvé tout ce qu'il dit, et la peinture qu'il fait de la capitale, qu'il regarde comme le refuge de tous les opprimés et la consolation du genre humain, est un de ces traits de génie qu'on conçoit mieux qu'on ne le peut exprimer. Mais les mœurs y courent bien des dangers ! Hélas ! est-ce un vice inhérent à la capitale, et celui qui s'y corrompt n'a-t-il pas apporté dans son cœur le germe de la corruption ? » (*op. cit.*, p. 154). Le déracinement urbain procure la communication, mais détache de l'organisation sociale une éthique désormais renvoyée à la conscience individuelle.

7. *Le Rapport sur la nécessité et les moyens d'anéantir les patois et d'universaliser l'usage de la langue française* a été prononcé à « la séance du 16 prairial, l'an deuxième de la République », devant la Convention nationale. Il est édité dans *Lettres à Grégoire*, éd. A. Gazier, *op. cit.*, pp. 290-314.

8. Cf. les *Nouveaux systèmes* de Vallange (Paris, 1719), cit. *supra*, p. 94 et n. 40, p. 391.

9. Cf. Arno Borst, *Der Turmbau von Babel. Geschichte des Meinungen über Ursprung und Vielfalt der Sprachen und Völker*, Stuttgart, A. Hiersemann, 5 vol., 1955-1963. Sur la période révolutionnaire et sur Grégoire, t. III, 2e partie, pp. 1597-1621.

10. Sur ce « vouloir faire l'État » et son rapport avec le préalable d'une volonté missionnaire d'« établir l'Église », cf. M. de Certeau, *L'Écriture de l'histoire*, Gallimard, 1975, chap. IV : « Du système religieux à l'éthique des Lumières (XVIIe-XVIIIe siècle) ». Chez Grégoire, l'ecclésiologie se mue en politique, dans la mesure même où l'« évangile » se détache d'une positivité religieuse « conformiste » et s'articule directement sur les « principes d'égalité et de liberté ».

Cf. Bernard Plongeron, *Théologie et politique au siècle des Lumières (1770-1820)*, Genève, Droz, 1973, pp. 149-151.

11. Cf. Max Frey, *Les Transformations du vocabulaire français à l'époque de la Révolution (1789-1800)*, Paris, 1925. En 1791, la *Société des amateurs de la langue française*, qui remplace l'Académie française, se donne d'ailleurs pour objectif de «présenter la liste de tous les mots que nous devons à la Révolution» (cf. F. Brunot, *Histoire de la langue française, op. cit.*, t. VI, p. 1148). L'apologie du néologisme est, de Sulzer (un auteur de Grégoire) à Rétif et Mercier, un trait de la linguistique révolutionnaire. Cf. J.-R. Armogathe, «Néologie et idéologie dans la langue française au xviiie siècle», in *XVIIIe siècle*, no 5, 1973, pp. 17-28.

12. Archives nationales, AA 32, no 32706.

13. Cité par J.-R. Armogathe, «Les catéchismes et l'enseignement populaire en France au xviiie siècle», in *Images du peuple au xviiie siècle*, Centre aixois d'études et recherches sur le xviiie siècle, A. Colin, 1973, pp. 103-121.

14. Cf. Anatole Kopp, *Ville et Révolution*, Anthropos, 1967.

15. *Discours sur la fédération du 14 juillet 1792*, Orléans. Dans son Rapport de 1794, Grégoire réitère le constat : «Dans notre langue, la partie politique est à peine créée» (G. 296).

16. Cf. *supra*, n. 18, p. 398 ; et n. 11, ci-dessus.

17. D. Diderot, *Œuvres complètes*, éd. Assezat-Tourneux, t. XIII, p. 370.

18. Jean-Yves Guiomar, *L'Idéologie nationale*, Champ libre, 1974, pp. 33-34.

19. Le *Questionnaire*, publié dans les *Mémoires de l'Académie celtique* (t. I, Paris, Dentu, 1808, pp. 72-86), a été réédité par Arnold Van Gennep, *Manuel de Folklore français*, t. III, pp. 12-18 ; reproduit ici pp. 289-297.

20. Cité par Pierre Vilar, «Patrie et nation dans le vocabulaire de la guerre d'indépendance espagnole», in *Patriotisme et nationalisme en Europe à l'époque de la Révolution française et de Napoléon*, XIIIe Congrès des sciences historiques (Moscou, 1970), Paris, Société des Études robespierristes, 1973, pp. 182-183.

21. Cf. Michel Leiris, «Folklore et culture vivante», in *Tricontinental*, no 3, 1970, p. 79.

DOCUMENTS

Dossier I

1. Ces passages, tronqués et falsifiés, sont pris, non d'une copie du xvie siècle, mais de l'un des ouvrages de jurisprudence coutumière les plus connus, publié plus de vingt ans avant 1790, sous ce titre : *Coutumes du ressort du Parlement de Guienne... par deux avocats au même Parlement* (MM. de Lamotte frères). Bordeaux, 1768, Labottière, in-8o, 2 volumes. Le premier paragraphe se trouve : tome I, page 100, article 171 ; le second : tome I, page 44, article 57 (Delpit).

2. Imp. *Santa Lucia Verges.*

3. *Jutgat.*

4. *Ayssi.*

5. *Lo deyt Bosquet.*

6. *Continuadamens.*

7. *Lor.*

8. *Quant.*

9. *Trobar.*

10. *Las.*

11. *Jorn.*

12. *Fo.*

13. *Jutgat.*

14. *En Bordales.*

15. *Deu.*

16. *Baron.*

17. Au lieu de *dau Chibalier*, etc., l'imprimé porte : *deu Cavoy la Taula* (Delpit).

18. H. Gregoire, *Observations sur le décret de l'Assemblée Nationale qui ordonne une nouvelle circonscription des paroisses*, Paris, Belin, 1790, in 8o, 28 p. *(Note de l'éditeur).*

19. Suit une liste de mots que l'auteur estime venir du latin, du grec et de l'hébreu *(Note de l'éditeur).*

20. L'auteur analyse les différences grammaticales qui séparent les deux langues *(Note de l'éditeur).*

21. L'auteur vient d'exposer avec précision la prononciation des différentes lettres en flamand *(Note de l'éditeur).*

22. Tout le début de l'article 41ᵉ jusqu'à ce mot est rayé sur le manuscrit *(Note de l'éditeur)*.

23. La subordonnée est barrée sur le manuscrit *(Note de l'éditeur)*.

Dossier II

1. Dans ses *Mémoires sur la langue celtique*, fol. III T à Bes. 1754-1760, ouvrage d'une érudition immense, pour l'usage duquel il serait à souhaiter qu'il y eût à la fin un bon index français.

2. Dans son *Allgemeine Nordische Geschichte* (Histoire universelle du Nord) in-4º à Halle, 1771.

3. Je ne puis cacher cependant que le bas-breton et le gallois me paraissent venir de la même source. Les mots se ressemblent pour la plupart et les deux nations se parlent sans interprètes. Voyez la préface du Dictionnaire de la langue bretonne de Dom Pelletier. Peut-être Mrs Pezron, Leibniz, Bullet auraient-ils pu prévenir cette dispute, si au lieu de langue celtique ils l'avaient appelé la gauloise ou autrement.

4. Voir le passage cité de Mr. Schloezer.

5. C'est à M. Dulaure et à M. Mangourit que l'on doit le plus grand nombre des questions qui suivent; c'est à M. Dulaure seul que l'on doit leur mise en ordre, leur classification et leur rédaction.

Dossier III

1. Nous ne devons pas dissimuler au public que notre projet d'école villageoise, lorsqu'il fut annoncé, sembla puéril aux uns et impraticable aux autres. *Comment*, nous disaient les premiers, *vous allez redescendre à l'alphabet des connaissances, balbutier les premiers éléments de la politique, rappetisser votre génie afin d'être intelligible, décolorer votre style afin d'être clair; en un mot d'écrivains distingués devenir maîtres d'école inconnus?* Comment, nous disaient les autres, *vous espérez avec une simple feuille dégrossir tant de préjugés, adoucir tant de barbaries, vous faire entendre dans le fracas des révoltes, vous faire lire par des cultivateurs qui ont à peine le temps de travailler, vous faire interpréter par des curés ennemis de la révolution et de la philosophie.*

Nos villages, il est vrai, par leur patois barbare, par leur misère affreuse, par le mauvais emploi des jours de fête se montrent moins près de l'instruction et de la philosophie. Mais la révolution qui vient de changer leur existence va de même changer leur esprit. De proche en proche les idées les plus rares vont circuler et devenir familières. L'intérêt les propage, l'enthousiasme les accueille, l'attention les rend plus faciles à saisir. Voyez les groupes de la place publique, entendez les orateurs en lambeaux et les dissertateurs en guenilles : ils parlent couramment la langue de la tribune et celle des livres. Les expressions neuves, les termes savants se sont mêlés au langage commun avec la même rapidité que l'eau d'une pluie orageuse se mêle aux eaux des fleuves. Nous comptions sur cette expansion miraculeuse des esprits ; nous comptions sur l'effet de tant de papiers qui précédaient et accompagnaient notre feuille, nous comptions sur le zèle des municipalités et la ferveur des clubs ; enfin nous comptions sur les clartés intermédiaires des habitants les plus instruits de la campagne. Ils n'ont pas trompé notre espérance. Une foule de pasteurs bien inspirés du ciel, un plus grand nombre encore de fermiers et de campagnards bien intentionnés pour la terre ont facilité l'intelligence de notre feuille en rassemblant autour d'eux les villageois qui désiraient l'entendre. Ils nous traduisaient dans leur langage ; ils répondaient aux doutes et aux questions ou bien ils nous les adressaient pour y répondre ; quelquefois même ils y ajoutaient des remarques et des articles dont notre feuille s'est enrichie (*La Feuille villageoise*, n° 46, jeudi 11 août 1791, pp. 353-360).

Dossier IV

1. Dominique Villars, médecin de l'hôpital militaire de Grenoble et professeur de botanique, qui adressera à Grégoire une réponse tardive le 7 messidor an II (25 juin 1794), après donc le rapport à la Convention. (B. N., f° 70 r°-71 r°).

2. Jean-Georges Sulzer (1720-1779) a laissé de nombreux ouvrages sur la physique, la métaphysique, la pédagogie, etc.

3. Peloutier ou, mieux, Pelloutier (1694-1757), célèbre réfugié français qui a publié une remarquable histoire des Celtes, et particulièrement des Gaulois et des Germains (La Haye, 1740-1750).

4. Bochart (1599-1667), savant pasteur protestant, connu par de nombreux ouvrages de théologie, de géographie, de philologie et d'histoire naturelle. Cf. Haag : *la France protestante*.

5. Bochat (1695-1753), historien suisse, dont l'ouvrage capital est intitulé : *Mémoires critiques sur divers points de l'histoire ancienne de la Suisse* (1747-1749, 3 vol.).

6. Littérateur français (1720-1799), auteur d'un *Voyage littéraire de la Grèce* (1771, 2 vol. in-12).

7. Il s'agit ici du célèbre voyageur.

8. Papillon est né à Dijon en 1666 et mort en 1738.

9. 1734-1803, auteur d'une *Histoire de Provence* et de nombreux écrits.

10. Littérateur et voyageur italien (1741-1803). Grégoire fait ici allusion à son *Viaggio in Dalmazia* (Venise, 1774).

11. Lavater avait composé en 1767 des *Hymnes suisses* qui jouissent encore d'une grande réputation.

12. Hauteroche, acteur et auteur français (1617-1707).

13. Voyageur et écrivain français né vers 1666, mort vers 1715.

14. Célèbre orientaliste allemand (1717-1791).

15. Jacques Dubois, en latin Sylvius (1478-vers 1555).

16. Il est ici question du célèbre Duclos, auteur des *Mémoires secrets*, etc. (1704-1772).

17. Le chevalier de Pougens, fils naturel du prince de Conti (1755-1833), préparait un *Dictionnaire de la langue française*, qui sera publié en 1819. Voir deux de ses lettres, contemporaines du *Rapport* (G., pp. 325-327).

18. Barbazan (1696-1770) avait étudié sérieusement le français du moyen âge ; il a laissé, entre autres choses, un Glossaire ms. de la langue française, malheureusement incomplet.

19. Pierre-Alexandre Levesque de La Ravalière (1697-1762), auteur d'une *Histoire des Révolutions de la langue française, depuis Charlemagne jusqu'à saint Louis* (Paris, 1712).

Postface

par Dominique Julia
et Jacques Revel

Que, plus d'un quart de siècle après sa première publication en 1975, *Une politique de la langue* soit aujourd'hui republié en version de poche, nous ne pouvons que nous en réjouir. Nous y trouvons des raisons de penser que ce livre n'a pas perdu toute actualité et nous nous efforcerons plus loin de comprendre ce qu'il en est. Mais il nous paraît utile de revenir, après tant d'années, sur les questions et sur la démarche qui ont été à l'origine de ce travail, et la tâche est moins aisée qu'il n'y paraît. Retracer les enjeux historiographiques qui ont nourri notre dossier sur l'enquête de l'abbé Grégoire consacrée aux patois est en effet un exercice périlleux : parce que la mémoire est infidèle, parce que l'un des auteurs de ce livre, Michel de Certeau, est mort en 1986 et que nous ne pouvons bien évidemment engager que nous-mêmes dans cette relecture. Le risque majeur est surtout celui de vouloir donner à l'expérience de ces années une cohérence renforcée après coup et qui conférerait à notre démarche une évidence qu'elle n'a sans doute pas eue alors à nos propres yeux, tandis que c'est sans doute dans nos tâtonnements que nous avons trouvé les vraies raisons de ce travail commun, dont les enjeux ne se sont dégagés que peu à peu, à mesure que nous avancions.

Deux éléments pourraient bien avoir été essentiels à celui-ci. Le premier est sans nul doute l'expérience contemporaine de 1968 qui, pendant un court moment, avait révélé la fragilité des contrats langagiers, le déficit des réponses de toutes les autorités, politiques, syndicales ou religieuses, culturelles plus largement, face au surgissement inattendu de questions venues d'«en bas», mais non pas des entités sociales bien reconnues avec lesquelles elles avaient l'habitude de traiter ni dans le langage dans lequel elles étaient accoutumées à le faire. La prise de parole de mai 1968 questionnait en réalité nombre de savoirs reçus, de routines éprouvées. Elle contraignait à repenser les instruments de description et d'analyse. Sans doute, à l'automne de cette même année, une déferlante de commentaires est-elle venue proposer des «explications» de la crise de mai pour recouvrir la faille qui avait un instant lézardé le socle de nos certitudes. Il restait, pour les trois auteurs de ce dossier, une conviction qu'exprime justement Michel de Certeau dans *La prise de parole*: «L'histoire présente, celle que nous vivons, nous apprend à comprendre *autrement* l'histoire passée qui s'écrit ou s'enseigne. Le *savoir* peut changer avec l'*expérience*[1].» La réflexion sur l'événement nous avait alors réunis, comme beaucoup d'autres, et nous avons bientôt trouvé des raisons de la lier à notre travail d'historiens.

Le moment incertain et fragile que nous vivions nous a amené — et c'est le deuxième élément que

---

1. M. de Certeau, *La prise de parole et autres écrits politiques*, Éditions du Seuil, 1994, p. 65. La première édition de *La prise de parole* date de 1968.

nous voudrions souligner — à réinterroger l'historiographie de la culture populaire telle qu'elle nous
était alors proposée. Dans un essai sur l'ethnographie européenne, paru à l'automne de 1968, Marcel
Maget débusquait les motivations, le plus souvent
inconscientes, des chercheurs : valorisation des
mœurs rurales jugées pures et authentiques par
rapport à la corruption de la ville, extase devant les
« trésors » de la sagesse populaire. L'ethnologue soulignait en outre « l'impossibilité de définir le "peuple"
et le "populaire" de façon satisfaisante », même après
avoir multiplié les critères classificatoires et leurs
combinaisons[1]. Les historiens étaient-ils mieux armés
dans cette quête ? On peut en douter et le dossier
était mince encore. Depuis 1964, nous disposions
du petit livre de Robert Mandrou, *De la culture
populaire aux XVIIe et XVIIIe siècles*, qui, le premier,
avait rouvert le dossier de la Bibliothèque bleue de
Troyes, c'est-à-dire de l'un des grands fonds de littérature de colportage publié en France du début
du XVIIe au milieu du XIXe siècle... Mais, sur quatre
points au moins, la démonstration proposée par
l'auteur nous posait question. Sur la définition de
l'objet d'abord : « Explorer les thèmes majeurs, les
présences et les absences à l'intérieur du répertoire
de la Bibliothèque bleue, écrivait Mandrou, c'est
bien atteindre, dans une large mesure, les thèmes
mêmes de la culture populaire française sous l'Ancien Régime puisque ces ouvrages ont été écrits
pour les classes populaires, et à l'échelle de deux
siècles sur lesquels s'est constitué le fonds, selon
leurs vœux[2]. » Le « consensus » postulé entre l'offre

    1. M. Maget, « Problèmes d'ethnographie européenne », *in* J. Poi-
rier (dir.), *Ethnographie générale*, Paris, Encyclopédie de la Pléiade,
Gallimard, 1968, p. 1279-1304.
    2. R. Mandrou, *De la culture populaire aux XVIIe et XVIIIe siècles* :

et la demande supposée[1] lui paraissait autoriser ainsi une mise à distance de l'objet et une exploration de ses thématiques qui pointait — c'était la seconde thèse avancée par l'auteur — une double caractéristique de cette littérature populaire : le renvoi à un passé légendaire et mythique de Croisade, «symbolique statique» qui était présentée comme une «négation de l'histoire»[2], et l'aspect parfaitement hétéroclite du matériau[3] : pour Mandrou, «disparate», remplie de «balourdises» et d'«anachronismes»[4], la Bibliothèque bleue présentait, à l'opposé de «l'unité profonde qu'offrent certains aspects de la culture savante à la même époque», une vision du monde dont font partie les «incohérences internes», les contradictions et les ambiguïtés[5]. Intemporelle, immémoriale à force d'être ressassée à longueur de générations et lue à haute voix dans le cadre de la veillée[6], la littérature populaire se trouvait en même temps disqualifiée. À l'inverse de la culture humaniste, elle était «d'abord une évasion» ou, comme l'affirmaient les philosophes du XVIIIe siècle, elle était pleine de contes à «dormir debout»[7]. Deux autres éléments nous ont

---

La Bibliothèque bleue de Troyes, Paris, Stock, 1964, p. 21. Dans l'édition de 1975, Robert Mandrou rectifiait ainsi : «[...] c'est bien atteindre, *dans une certaine mesure, des thèmes acceptés au sein* de la culture populaire française sous l'Ancien Régime, puisque ces ouvrages ont été écrits pour les classes populaires, et à l'échelle des deux siècles sur lesquels s'est constitué le fonds, *pour une part selon leurs vœux.*» Nous soulignons les modifications.

1. *Ibid.*, p. 23.
2. *Ibid.*, p. 147.
3. *Ibid.*, p. 102, 119, 162.
4. *Ibid.*, p. 134.
5. *Ibid.*, p. 150. En 1975, Robert Mandrou devait revenir sur ce point dans la seconde édition de son livre : «ces incohérences internes, qui nous apparaissent irréductibles» (p. 166).
6. *Ibid.*, p. 18.
7. *Ibid.*, p. 163.

alors paru faire question dans le propos de Robert
Mandrou : la production et la réception de ces textes
« populaires ». La rédaction des livrets bleus y était
attribuée à des ouvriers d'imprimerie « qui travaillent
sur commande, puisent dans le fonds ancien de la
maison, recourant aux traditions orales, champe-
noises ou autres qu'ils connaissent personnellement,
tirant à la ligne sans doute à l'occasion[1] ». Quant à
la réception, elle était d'emblée jugée « populaire »
en raison du mode de diffusion caractéristique de
cette littérature par le colportage qui diffusait les
livrets dans les villes et villages : Robert Mandrou
pouvait, à l'appui de sa démonstration, analyser l'inventaire après décès du libraire Jacques Oudot en
1722 et présenter la carte du large réseau de ses
libraires-correspondants[2]. Pourtant, la lecture à la
veillée villageoise était-elle si fréquemment attestée
dans la France d'Ancien Régime ? Et était-on si certain de pouvoir postuler ainsi cet accord harmonieux entre auteurs et lecteurs ?

Toutes ces questions — et quelques autres — nous
ont, dans un premier temps, conduits, à travers une
lecture critique de l'historiographie disponible alors
— Geneviève Bollème, Robert Mandrou, Marc
Soriano —, à tenter de dessiner l'archéologie de ces
discours consacrés à la culture populaire d'autrefois. Un article publié dans une revue non-profes-
sionnelle, *Politique aujourd'hui*, cherchait à rendre
compte de nos interrogations sur la cohérence prê-
tée à cette entité culturelle nommée « culture populaire »[3]. Nous avons fait état de ces réticences dans

1. *Ibid.*, p. 21.
2. *Ibid.*, p. 33-34.
3. M. de Certeau, D. Julia, J. Revel, « La beauté du mort : le
concept de "culture populaire" », *Politique aujourd'hui*, décembre

«La beauté du mort», en 1970. Nous ne méconnais-
sions nullement la qualité des interrogations métho-
dologiques ni l'importance des informations positives
apportées par les travaux récents consacrés à la
culture et la littérature dites «populaires». Geneviève Bollème, tout en soulignant les appellations
fantaisistes dont se parent les auteurs de la Bibliothèque bleue pour se donner les garanties d'une
«compétence» — titres de noblesse, doctorat en
théologie, «ingénieur», «astrologue» —, rappelait
que cette littérature «n'est pas écrite par n'importe
qui [...] ni n'importe comment». Les auteurs, instruits, ont «de l'habileté, du savoir-faire»[1]. Avec
d'autres, les recherches ultérieures de Roger Chartier sont venues confirmer ce point : le *Jargon ou
Langage de l'Argot réformé comme il est présent en
usage parmi les bons pauvres, tiré et recueilly des
plus beaux Argotiers de ce temps* est ainsi l'œuvre
d'un littérateur tourangeau et dévot, habile à manier
plusieurs genres d'écriture depuis les livrets de
dévotion destinés à des confréries jusqu'à l'histoire
ecclésiastique[2]. Quant au caractère «populaire» de
la réception de ces livrets sur laquelle nous émet-
tions un jugement plutôt dubitatif qui déplut à Robert
Mandrou, comme il le fit savoir dans la seconde édi-

1970, p. 3-23. Texte repris *in* M. de Certeau, *La culture au pluriel*,
Paris, U.G.E, collection 10-18, 1974, chapitre 3 ; 3ᵉ édition, Paris,
Éditions du Seuil, 1993, p. 45-72.
    1. Cf. G. Bollème, «Littérature populaire et littérature de colpor-
tage au xviiiᵉ siècle» *in* F. Furet (éd.), *Livre et société* dans la France du
xviiiᵉ siècle, t. 1, Paris-La Haye, Mouton, 1965, p. 67 ; G. Bollème, *Les
almanachs populaires aux xviiᵉ et xviiiᵉ siècles. Essai d'histoire sociale*,
Paris-La Haye, Mouton, 1969, p. 25-26. Le même auteur a publié plus
tard, sur ces mêmes sujets, *La Bibliothèque bleue. La littérature populaire en France du xviiᵉ au xixᵉ siècle*, Paris, Julliard, «Archives», 1971 ;
La Bible bleue. Anthologie d'une littérature «populaire», Paris, Flammarion, 1975 ; *Les Contes bleus*, Paris, Montalba, 1983.
    2. R. Chartier (éd.), *Figures de la gueuserie*, Paris Montalba,
1982, p. 33-34.

tion de son ouvrage[1], nous aurions tendance à penser aujourd'hui que lui comme nous avions à la fois tort et raison, faute de replacer cette diffusion et cette réception «populaire» dans une plus longue durée. Il est bien clair qu'il convient de replacer celle-ci dans une dynamique. Au XVIIᵉ siècle, la clientèle de la Bibliothèque bleue est majoritairement citadine même si les livrets ne sont pas lus exclusivement par le petit peuple urbain : nombreux sont les textes qui attestent d'une lecture de ces textes par des notables, hobereaux ou officiers. À la fin du XVIIIᵉ siècle, comme devaient justement le prouver les réponses à l'enquête de l'abbé Grégoire sur les patois que nous n'avions pas encore entrepris d'étudier alors, la diffusion de la Bibliothèque bleue s'est effectivement généralisée à tout le royaume, y compris les provinces méridionales, et elle n'est plus le seul fait des éditeurs champenois ou rouennais[2]. Ce serait donc seulement dans la seconde moitié du XVIIIᵉ siècle que les livrets se seraient massivement répandus dans les campagnes. Quant à la représentation de la lecture lors des veillées villageoises, elle relève sans doute davantage d'un *topos* littéraire emprunté à *La Vie de mon père* de Rétif de la Bretonne, plutôt qu'elle n'est une réalité généralisable à la France d'Ancien Régime[3].

1. R. Mandrou, *De la culture populaire aux XVIIᵉ et XVIIIᵉ siècles*, *op. cit.*, Paris, Stock, 1975, p. 25.
2. Cf. R. Chartier, *Lectures et lecteurs dans la France d'Ancien Régime*, Paris, Éd. du Seuil, 1987, p. 118, 235, 265. On se reportera particulièrement au chapitre VI «Représentations et pratiques : lectures paysannes au XVIIIᵉ siècle, p. 233-246». L'auteur reste extrêmement sceptique sur le fait que la veillée, pratique de sociabilité villageoise, ait pu «être un lieu ordinaire de la lecture» (p. 246).
3. Cf. l'excellente mise au point de J.-L. Marais, «Littérature et culture «populaires» aux XVIIᵉ et XVIIIᵉ siècles. Réponses et questions», *Annales de Bretagne et des Pays de l'Ouest*, t. 87, 1980, p. 65-105.

Nous étions sensibles, en 1970, à l'ambivalence des schémas proposés pour rendre compte de l'*origine* de cette littérature, puisque le problème était posé en ces termes : tantôt — c'était l'hypothèse de Geneviève Bollème — il s'agissait d'une littérature savante qui par « une sorte de glissement à travers le temps » prenait des caractéristiques « populaires » à la suite d'un brassage qui puisait à des sources variées, tout en prenant progressivement une allure pédagogique, orientée vers l'utile[1]. Tantôt — c'était le schéma proposé par Marc Soriano dans son analyse des *Contes* des frères Perrault — on assistait à l'émergence, au sein de la littérature classique, d'une littérature populaire remontée des profondeurs. Au lieu d'une vulgarisation, il s'agissait ici de rechercher les textes « primitifs » par une approche textuelle et de repérer ainsi l'« authentiquement populaire » dans la littérature des élites, par exemple une sobriété de style qui en aurait été caractéristique[2]. Cette question de l'origine, récurrente et quasi obsessionnelle dans ces études, nous amenait donc à nous demander si elles ne se donnaient « pas pour objet *leur* propre origine » : « Elles poursuivent, écrivions-nous, à la surface des textes, devant elles, ce qui est en réalité leur condition de possibilité : l'élimination d'une menace populaire. Il n'est pas surprenant que cet objet d'intérêt prenne la figure d'une origine perdue : la fiction d'une réalité à trouver garde la trace de l'action politique qui l'a organisée. La littérature scientifique fait fonc-

1. G. Bollème, « Littérature populaire... », article cité, p. 68-69.
2. M. Soriano, *Les contes de Perrault. Culture savante et traditions populaires*, Paris, Gallimard, 1968. Sur le double mouvement descendant et ascendant entre littérature savante et littérature populaire, cf. M. Maget, article cité, p. 1288-1289.

tionner comme une représentation mythique le
geste qui est à sa naissance. Elle ne saurait donc
introduire dans le discours, comme un objet ou un
résultat de procédures rigoureuses, l'acte initial qui
a constitué une curiosité en effaçant une réalité[1].»
De fait, cette hypothèse nous avait été largement
suggérée par la lecture de Charles Nisard, l'auteur
un peu oublié de la première *Histoire des livres
populaires et de la littérature de colportage*, publiée
en 1854. Nisard s'était trouvé être en même temps
le secrétaire de la Commission d'examen des livres
du colportage, créée par le Ministère de la Police
le 30 novembre 1857 pour contrôler, par l'octroi de
l'estampille, le contenu des ouvrages diffusés en
vérifiant qu'il n'était pas contraire «à l'ordre, à la
morale et à la religion». Or, la préface de son *Histoire* était on ne peut plus édifiante dans l'exposé de
ses motifs : «J'estimai que si, dans l'intérêt des personnes faciles à séduire, comme le sont les ouvriers
et les habitants des campagnes, la Commission ne
devait pas manquer d'interdire le colportage aux
trois quarts de ces livres, cette prohibition ne regar-
dait pas les gens à l'épreuve des mauvaises lectures,
c'est-à-dire les érudits, les bibliophiles, les collectionneurs et même de simple curieux de littérature
excentrique. J'ai donc cru faire une chose qui serait
agréable aux uns et aux autres en rassemblant tous
ces livrets sous un seul point de vue et en les sau-
vant en masse du naufrage où ils allaient périr isolément[2].» Le peuple était donc un *enfant* auquel il

---

1. M. de Certeau, D. Julia, J. Revel, «La beauté du mort. Le
concept de "culture populaire"», article cité, *in* M. de Certeau, *La
culture au pluriel, op. cit.*, p. 59.
2. Ch. Nisard, *Histoire des livres populaires ou de la littérature du
colportage depuis le XVIᵉ siècle jusqu'à l'établissement de la Commission d'examen des livres du colportage*, Paris, Amyot, 1854, p. IV.

convenait de garder sa pureté originelle en le préservant des mauvaises lectures. Les esprits «éclairés» pouvaient en revanche consulter sans danger cette littérature et la classer sur le rayon des *curiosa* de leur bibliothèque : une valorisation esthétique transformait ces textes en patrimoine réservé au goût délicat de quelques-uns tandis qu'une vaste politique de censure les retirait de la circulation générale. L'intérêt du collectionneur apparaissait ici corrélatif d'une répression exorcisant le danger révolutionnaire dont les journées de juin 1848 avaient manifesté la proximité.

C'est le désir d'élucider ce type de questions qui nous a conduits à rechercher un dossier d'archives susceptible de répondre à nos interrogations. Comment pouvions-nous repérer, à travers le passé, des gestes d'élimination identiques ? Avouons que nous avons, au départ, tâtonné dans nos recherches. Nous sommes allés, au début du mois de septembre 1970, consulter aux archives départementales de la Gironde les dossiers des «conférences ecclésiastiques» du diocèse de Bordeaux. Il s'agissait des résultats des assemblées des vicaires forains, réunions sacerdotales organisées par district tous les mois et consacrées chaque fois à trois sujets : «explication d'Écriture Sainte», «vertus ecclésiastiques», «théologie pratique ou morale». Au terme de chaque réunion, un procès verbal était adressé aux vicaires généraux du diocèse, chargés de «corriger» les réponses. Nous espérions trouver, au moins dans la troisième partie de ces réponses, une référence à la vie locale des paroissiens et un écho de la confrontation entre la pastorale post-tridentine des curés et les us et coutumes de la vie collective de la paysannerie. Notre déception fut à la mesure de nos attentes, peut-être naïves. L'érudition de ces prêtres en effet «s'étouffe dans la répétition des livres ou des réponses imposées par l'autorité [...]. Ce discours est uniforme, sans contradictions internes, régi par la citation, imperméable à l'expérience personnelle, docile au "neutre" du groupe [...]. Ce qui regarde la sexualité ou la violence dans les campagnes en est refoulé pour être remplacé par des "cas" abstraits qu'exposent les livres reçus»[1]. Telle était la conclusion que Michel de Certeau tirait de cette lecture et que nous partagions. Nous ne pouvions donc attendre grand-chose, pour notre propos, de ces devoirs scolaires même s'ils nous révélaient la prégnance d'un langage administratif au sein du groupe clérical.

C'est seulement dans un second temps que nous nous sommes tournés vers l'enquête de Grégoire sur les patois. À la vérité, celle-ci était connue depuis longtemps puisque Augustin Gazier avait publié dès 1880 une partie des réponses à partir du recueil conservé à la Bibliothèque de Port-Royal[2], et que Ferdinand Brunot s'en était servi dans sa monumentale *Histoire de la langue française des origines à nos jours*[3]. La réimpression du livre de Gazier en 1969 et la découverte, au département des manus-

1. Notre analyse reposait sur la lecture des dossiers G 591 à G 597 des Archives départementales de la Gironde, qui fournissent une série complète des Conférences ecclésiastiques et congrégations foraines du diocèse de Bordeaux. Cf. M. de Certeau, *L'Écriture de l'histoire*, Paris, Gallimard, 1975, p. 208-209.

2. A. Gazier (éd.), *Lettres à Grégoire sur les patois de France 1790-1794. Documents inédits sur la langue, les mœurs et l'état des esprits dans les diverses régions de la France, au début de la Révolution suivis du rapport de Grégoire à la Convention*, Paris, Pedone, 1880; réimpression, Genève, Slatkine, 1969.

3. F. Brunot, *Histoire de la langue française des origines à nos jours*, tome IX, *La Révolution et l'Empire*, Première partie, *Le Français, langue nationale*, Paris, Armand Colin, 1927; réimpression anastatique, Paris, 1967, p. 12-13, 31, 60, 131-132, 204-214.

crits de la Bibliothèque nationale, d'un gisement de réponses à l'enquête de Grégoire qui avait échappé à l'attention du bibliothécaire de la Société de Port-Royal nous ont suggéré de revisiter ce dossier. Au reste, nous retrouvions chez Gazier, sous une forme euphémisée, un propos identique à celui de Charles Nisard : la publication des lettres adressées à Grégoire visait à « piquer la curiosité des connaisseurs ». Se félicitant des « beaux résultats » de l'avancée de la langue française depuis la Révolution et « surtout depuis la création des chemins de fer », Albert Gazier pouvait sereinement affirmer dans une phrase balancée : « les patois n'ont pas disparu, et les nombreux admirateurs de Goudouli et de Mistral s'en félicitent ; mais du moins tous les Français entendent aujourd'hui la langue française » ; les « connaisseurs » pouvaient donc, sans arrière-pensée, « goûter un malin plaisir en songeant que tant d'efforts pour amener » la destruction de ces « beaux dialectes, flétris injustement sous le nom de patois [...] devaient aboutir un jour à les faire mieux connaître »[1]. Une fois l'unification linguistique opérée — nous sommes, rappelons-le, au temps des lois Ferry — et la déqualification des langues périphériques accomplie, il est désormais possible de jouir sans entraves d'un trésor perdu.

L'organisation même de ce livre, tout comme l'avant-propos, témoignent de ce que fut notre ambition : soumettre un corpus de textes homogènes à des interrogations croisées et à une série de procédures d'analyse, tout en permettant au lecteur de contrôler nos propos par la lecture du dossier documentaire qui l'accompagnait : celui-ci n'était pour

---

1. A. Gazier (éd.), *Lettres…, op. cit.*, p. 6.

nous ni une «illustration» ni une pièce ajoutée mais faisait bien partie intégrante de la démonstration, en ce qu'à tout moment il était loisible de vérifier — ou d'infirmer — les hypothèses que nous proposions.

Nous avions pris le goût de travailler ensemble. Nous partagions quelques préoccupations qui nous avaient rapprochés et qui étaient inséparablement historiographiques et politiques. Et nous avions fini par trouver le corpus documentaire sur lequel nous pensions pouvoir faire l'essai de nos hypothèses. Nous avons donc tenté l'expérience avec les moyens du bord, et celle-ci venait s'ajouter à nos occupations ordinaires. Le dossier Grégoire, comme nous l'appelions entre nous, était notre récréation et notre part de liberté. De cette liberté, nous avons probablement abusé, traînant en chemin, nous lançant des défis ou, plus ordinairement, des recommandations de lectures à effectuer de toute urgence: Michel de Certeau fut, de ce point de vue, un incitateur inépuisable et épuisant. Nous étions en partie séparés, puisque l'un d'entre nous vivait alors à l'étranger. Mais nous réussissions à nous retrouver ici ou là, pour quelques heures, pour quelques jours parfois, et nous échangions des idées, des notes, des morceaux de texte. Nous nous étions lancés dans l'aventure sans idée préconçue de ce que devait en être l'aboutissement — sinon que, pendant près de trois ans, nous invoquâmes «un article pour les *Annales*», sans doute pour nous fixer un horizon. Au printemps 1974, nous avions en main: un long texte composé à six mains et un copieux dossier documentaire. À dire vrai, cela ne ressemblait pas à grand-chose, et moins encore à un livre. Cela le devint pourtant, et de manière inespérée. Notre ami Pierre Nora avait eu vent de ce projet. Il demanda à regarder le résultat et décida, avec beaucoup de générosité, de le publier dans la «Bibliothèque des histoires». Notre vilain canard trouva ainsi, en quelques mois, une manière de consécration éditoriale que nous n'aurions jamais osé imaginer.

La partie n'était pas gagnée pour autant, tant s'en faut. Si les *Annales* firent bon accueil à notre recherche, dont elles souhaitèrent accueillir de longs extraits en pré-publication au début de 1975, la réception élargie du livre fut plus mitigée. Dans le dossier de presse relativement abondant qui en témoigne et que nous venons de parcourir pour cette réédition, il y a bien sûr des manifestations d'intérêt, voire d'empathie — sous la plume du linguiste Jean-Claude Chevalier, par exemple, qui s'était pris au jeu et paraissait tenté de le prolonger (nous eûmes un peu plus tard l'occasion de le faire dans un séminaire commun). Mais la dominante n'était pas de ce côté-là. Elle exprimait plutôt une irritation et, peut-être, une incompréhension de notre projet. Irritation devant une manière de faire et d'écrire — généralement attribuée à Certeau — qui en a exaspéré plus d'un, tel le chroniqueur linguistique du *Monde*, Jacques Cellard, qui dénonçait le «style scolastique néo-sorbonnard qui rend fort éprouvante la lecture d'un ouvrage par ailleurs intéressant[1]». Irritation encore devant un exercice qui paraissait gratuit et parfois inutile : soit qu'on jugeât le matériel documentaire trop médiocre pour imaginer en tirer quoi que ce soit, soit que les historiens qui l'avaient traité fussent taxés de l'avoir défiguré par les complications inutiles de leur approche[2].

---

1. J. Cellard, «Le Français national et les langues minoritaires sous la Révolution», *Le Monde*, 18 juillet 1975.
2. Les deux reproches se retrouvent par exemple sous la plume de M. Eude, dans une note du *Bulletin de la Société d'histoire moderne*, no 13, 1975.

On nous reprocha aussi d'avoir travaillé sur une base trop étroite, dans une durée trop courte (ainsi Henri-Irénée Marrou dans *Esprit*, en décembre 1995); d'avoir été infidèles à notre titre — et c'était bien évidemment vrai — en traitant trop peu de la politique linguistique de la Révolution, sur laquelle nous ne pouvions rivaliser avec les analyses de Ferdinand Brunot. Enfin, nous avions abordé le domaine consacré à la Révolution française, dont aucun d'entre nous n'était un spécialiste reconnu, en un temps où il était encore sévèrement gardé. Un article de Claudine Wolikow choisit de voir dans notre livre une pièce supplémentaire versée «au procès jamais clos intenté rétrospectivement à la Révolution française», pire, un «dossier d'accusation porté devant le Tribunal de l'histoire», un brûlot anti-jacobin. Ceux qui auront eu la patience de nous lire se convaincront sans peine que c'était trop d'honneur[1]. Près de trente ans après, nous avons moins de raisons que jamais de nous livrer au jeu stérile de

1. L'un des aspects les plus intéressants de ce dossier critique reste la confrontation tentée par plusieurs de nos recenseurs entre la *Politique de la langue* et le livre de R. Balibar et D. Laborde, *Le Français national. Politique et pratique de la langue nationale sous la Révolution*, publié presque au même moment (Hachette, 1975). Les deux projets avaient été conduits séparément, sans communication entre les auteurs. Ils abordaient, en apparence, un même problème — mais ils le faisaient avec des moyens, des attendus théoriques et une ambition très différents. Le livre de R. Balibar et D. Laborde s'inscrivait dans la mouvance althussérienne — que certains opposèrent alors à celles des *Annales*, la nôtre —, et il était d'ailleurs précédé par deux substantielles introductions d'Étienne Balibar et de Pierre Macherey; il replaçait le moment révolutionnaire dans une histoire beaucoup plus ample, celle de la nationalisation de la langue comme une dimension de la stratégie victorieuse de la bourgeoisie française. Voir, par exemple, Jean-Claude Chevalier, «Naissance d'une langue nationale», *La Quinzaine littéraire*, 16 septembre 1975. En sens contraire, J. Guilhaumou et Cl. Wolikow, «La Révolution française, la Révolution et le Français», *Cahiers de l'Institut Maurice-Thorez*, n° 15, 1er trimestre 1976, p. 194 sq.

critiquer nos critiques. Outre que ce serait dérisoire, nous avons été, et nous restons d'ailleurs, attentifs à certaines des objections qui nous ont alors (ou depuis) été faites. Avec la distance, nous sommes plus sensibles aussi aux tics d'écriture et de pensée qui marquent notre texte. Disons simplement que nous avons eu le sentiment que ce qui avait, sauf exception, le moins retenu la plupart de nos lecteurs, c'était la dimension proprement expérimentale de cette recherche : c'est-à-dire ce à quoi nous tenions le plus, ne serait-ce que parce que nous y avions trouvé ensemble un style de travail au moins provisoire. Avec les moyens du bord, un mixte d'humilité et d'inconscience peut-être, nous avions tenté d'aller aussi loin que possible dans l'exploitation d'un corpus commun à partir d'un questionnaire que nous n'avions pas cessé de réviser — et de compliquer, sur ce point nos critiques l'avaient bien vu — en chemin. De toute évidence, ce n'était pas le point sur lequel nous avons le plus convaincu sur le moment.

Et pourtant, ce livre a fait son chemin. Il a commencé à circuler, parfois bien au-delà du cercle des historiens, mais parmi ces derniers aussi, il est assez rapidement entré dans le débat commun, une fois dissipées les premières réticences qu'il avait suscitées. À son tour, cette reconnaissance nous a surpris, même si nous en comprenons mieux les raisons aujourd'hui. Elles sont multiples. La première renvoie sans nul doute à la place qu'a fini par trouver, non sans mal, la réflexion historiographique du principal auteur de ce livre, Michel de Certeau, en France et hors de notre pays. La réception de *L'écriture de l'histoire* (1975) avait été réticente, pour dire le moins. Cette chronologie peut nous mettre sur la piste d'une explication plus englobante. Ce qui avait choqué, déçu ou impatienté certains de nos premiers lecteurs était, en particulier, ce qu'ils percevaient comme une construction inutilement compliquée, en abymes, où les données objectives de l'enquête — celle de Grégoire, mais aussi la nôtre — étaient toujours reprises et réexaminées dans les contextes discursifs où nous les avions trouvées. Notre travail livrait trop peu d'éléments sûrs, mesurables si possible, face aux attentes qu'il avait suscitées. Notre attention s'était principalement portée sur la difficulté qu'il y avait à tirer de notre dossier des certitudes positives. Nous y repérions plutôt un jeu complexe de positions à partir desquelles des constructions de la réalité sociale étaient élaborées, qui, bien entendu, ne s'ajustaient pas exactement. C'était précisément le décalage inscrit entre elles qui nous avait intéressés au premier chef. Une telle démarche pouvait encore surprendre au milieu des années 1970. Elle paraissait mieux acceptable cinq ou dix ans plus tard, à un moment où les certitudes positives des historiens — et plus généralement celles des praticiens des sciences sociales — étaient moins assurées[1]. Notre entreprise s'en est ainsi trouvée mieux recevable, et d'une certaine manière, banalisée.

Elle a enfin trouvé plus facilement sa place dans un contexte historiographique qui s'est profondément renouvelé dans les thèmes qu'il abordait et dont certains se trouvaient reprendre, prolonger (souvent aussi reformuler) ceux que nous abordions dans notre étude. De façon remarquable, ce n'est

---

1. Sur ce problème trop vaste pour être abordé ici, on prendra quelques éléments de réflexion dans J. Boutier, D. Julia (éds), *Passés recomposés. Champs et chantiers de l'histoire*, Paris, Autrement, 1995 ; J. Revel, L. Hunt, *Histories. French Constructions of the Past*, New York, New Press, 1996, p. 1-63.

pas l'étude de la diversité des pratiques langagières qui a le plus retenu les historiens. Elle était très sensible dans les années d'après 1968, alors que l'expression des revendications régionalistes se faisait plus insistante — même si notre propre intérêt pour ces questions leur restait étranger. Une décennie plus tard, cette revendication s'essoufflait, et c'est peut-être ce qui explique que la piste n'ait pas été plus obstinément suivie, sauf exceptions notables, tels les travaux de Nicole et Yves Castan sur le Languedoc d'Ancien Régime[1]. Sur d'autres points, en revanche, les avancées de la recherche ont significativement enrichi des perspectives et des réflexions que nous avions abordées, tantôt de façon centrale, tantôt de façon plus fugitive. Notre texte y a trouvé de substantiels dépassements et il leur doit, en retour, d'avoir peut-être gardé quelque fraîcheur intellectuelle. C'est donc sur ces reprises que nous souhaitons donc terminer notre exercice de rétrospection.

Là où l'on se contentait parfois d'invoquer la dynamique de la Révolution française, pour la louer ou pour la dénoncer, le dossier Grégoire nous lais-

---

1. Voir une mise au point récente, fort bienvenue, *in* David A. Bell, *The Cult of the Nation in France. Inventing Nationalism 1680-1800*, Cambridge, Ma, Harvard University Press, 2001, ch. 6, «National Language and the Revolutionary Crucible», p. 169-197. On pourra également se reporter à H. Boyer et Ph. Gardy (éds.), *La question linguistique au sud au moment de la Révolution française*, n° 17-18 de la revue *Lengas, Revue de sociolinguistique*, Montpellier, 1985. Sur l'enquête de Grégoire elle-même, on peut consulter D. Droixhe, «Dialectes français dans la Wallonie d'Ancien Régime. Une réponse inédite à l'enquête de Grégoire (1790)», *in* H. Hasquin, *Hommages à la Wallonie. Mélanges d'histoire, de littérature et de philologie wallonnes offerts à Maurice A. Arnoult et Pierre Ruelle*, Bruxelles, Université libre de Bruxelles, 1981, p. 123-145; D. A. Bell, «Tearing Down the Tower of Babel: Gregoire and French Multilingualism», *in* J. D. Popkin, Richard H. Popkin, *The Abbé Grégoire and his World*, Dordrecht-Boston-Londres, Kluwer, 2000, p. 109-128.

sait reconnaître des acteurs et les rapports qui s'étaient noués entre eux. Grégoire, au centre de sa toile, sans doute, mais aussi le réseau de ses correspondants et les appuis institutionnels sur lesquels ils paraissaient fonder la légitimité de leur intervention. Les hypothèses formulées avec prudence, faute d'analyses de première main suffisamment étayées, ont été depuis confortées et, surtout, approfondies. Nous n'avions fait que croiser le rôle, que nous pressentions déterminant, des sociétés populaires dans la mise en œuvre de l'enquête de Grégoire. Depuis, l'enquête nationale dirigée par Jean Boutier et Philippe Boutry a très largement renouvelé nos connaissances sur la sociabilité politique et sur les modalités par lesquelles, pour la première fois de leur histoire, les Français sont massivement entrés en politique selon une dynamique complexe d'acculturation dont l'analyse interdit de reprendre désormais la métaphore paresseuse de la «machine» jacobine[1]. Notre dossier nous avait permis de repérer un certain nombre de sociétés populaires qui avaient répondu au questionnaire lancé par Grégoire ainsi que l'engagement des individus dans l'action militante. L'analyse globale de Boutier et Boutry apporte aujourd'hui à notre analyse deux points majeurs : d'une part, la géographie des sociétés populaires qui ont répondu à Grégoire correspond bien aux régions les plus dynamiques en matière de sociabilité révolutionnaire, comme en témoigne

---

1. Cf. J. Boutier, Ph. Boutry, «La diffusion des sociétés populaires en France 1789-an III. Une enquête nationale», *Annales historiques de la Révolution française*, t. LVIII, 1986, p. 365-398 ; des mêmes auteurs, «Les sociétés politiques en France de 1789 à l'an III : une "machine" ?», *Revue d'histoire moderne et contemporaine*, t. XXXVI, 1989, p. 29-67 ; J. Boutier, Ph. Boutry, S. Bonin, *Atlas de la Révolution française*, fascicule 6, *Les sociétés politiques*, Paris, 1992.

le nombre des sociétés qui sont ouvertes dès 1790 et 1791 ; d'autre part, si l'étude de la morphologie sociale de ces sociétés souligne l'extrême diversité du recrutement dès les origines, le caractère «bourgeois» des sociétés des Amis de la Constitution est avéré en 1791 : les élites, où s'unissent la marchandise, la rente et les talents, contrôlent les sociétés urbaines en 1789-1791 et le poids des «clercs» (administrateurs, juges, professions libérales) est d'autant plus considérable que la ville concernée remplit des fonctions administratives importantes. Ce constat rejoint pleinement la typologie des correspondants de Grégoire, telle que nous avions pu l'établir.

Nous avions par ailleurs travaillé sur un ensemble documentaire très particulier — une enquête — et nous n'avions pas manqué de nous interroger sur les effets induits par cette forme spécifique : un questionnaire émanant d'une autorité politique centrale, un corpus de réponses assez diverses dans leur style comme dans la contribution qu'elles apportaient. Or, dans les années qui ont suivi la publication de notre livre puis dans le flot de publications qui a précédé la célébration du bicentenaire, la réflexion des historiens s'est durablement fixée sur ce point et elle a très largement renouvelé nos connaissances. Sous divers angles, on a commencé à s'intéresser aux origines de la statistique et à s'interroger sur l'obsession de l'enquête que traduit, sous la Révolution, la multiplication des questionnaires élaborés par les bureaux parisiens des commissions ou des ministères, pour être adressés aux autorités des nouvelles circonscriptions administratives[1]. Non que

---

1. Cf. J.-C. Perrot, *L'âge d'or de la statistique régionale française (an IV-1804)*, Paris, 1977.

les deux derniers siècles de la monarchie en aient ignoré le souci. Mais l'urgence apparaît désormais plus grande, et elle change de signification. La collecte d'informations recueillies sur l'ensemble du territoire national ne relève plus seulement alors de l'éducation du prince, auquel il s'agissait de présenter son royaume, ni des secrets de l'administration de l'État. Par delà la fièvre statistique qui saisit les ministères et les commissions exécutives de la Convention en l'An II et les porte à recenser population et productions agricoles ou industrielles pour pouvoir réquisitionner, en fonction des exigences de la guerre et du ravitaillement des villes, hommes et ressources, on identifie un mouvement plus profond qui vise à un enregistrement périodique et sériel des données principalement économiques et démographiques, mais aussi des variations de l'adhésion au nouveau cours politique[1]. Avec François de Neufchâteau, ministre de l'Intérieur de Prairial an VI à Messidor en VII (1798-1799) et surtout Chaptal, qui occupe les mêmes fonctions de 1800 à 1804 et lance en l'an IX (1801) une grande enquête nationale dont le découpage géographique est le département, le recensement des données devient tout à la fois outil de connaissance et instrument de gouvernement : il s'agit de faire progresser, d'un même mouvement, la science et la politique en procédant à un inventaire raisonné de la diversité du territoire, qui ambitionne de dresser, au sortir de la Révolution, un état des lieux selon une description articulée. Elle prétend enregistrer tous les faits qui s'offrent au regard de l'observateur pour en restituer la genèse et la logique[2]. Elle voudrait aussi mesurer les progrès de

---

1. I. Guégan, *Inventaire des enquêtes administratives et statistiques, 1789-1795*, Paris, 1991.
2. Cf. *La statistique en France à l'époque napoléonienne, Journée*

la Révolution dans l'esprit public et dans la société. Par son caractère thématique, par les correspondants auxquels elle s'adresse, l'enquête de l'abbé Grégoire sur les patois reste proche encore des questionnaires académiques de la fin du XVIIIᵉ siècle et des réseaux que les «républicains» des Lumières ont construit autour de leurs activités multiples. Pourtant, elle témoigne en même temps des changements qui sont en train de s'opérer et anticipe, lorsqu'elle affiche la visée politique qui sous-tend l'entreprise de connaissance avec les questions 29 et 30 sur «l'importance religieuse et politique» de détruire entièrement les patois et les moyens qui pourraient être employés pour y parvenir.

À mesure que l'on connaissait mieux et de façon plus fine cet ample mouvement de la statistique descriptive, la conception même de l'enquête se diversifiait. Elle rendait possible des distinctions nécessaires et nous faisait mieux comprendre la spécificité de l'enquête de Grégoire. Pour des raisons thématiques trop évidentes, nous pouvons ainsi être tentés d'établir une manière de filiation directe entre notre corpus et le questionnaire élaboré sous le Premier Empire par Charles-Étienne Coquebert de Montbret[1]. C'eût été une erreur. Car le but poursuivi par cet ancien diplomate d'Ancien Régime, proche, sous la Révolution, des savants liés au Comité de salut

---

d'étude, Paris, 14 février 1980, Bruxelles, 1981; M.-N. Bourguet, *Déchiffrer la France. La statistique départementale à l'époque napoléonienne*, Paris, Éditions des Archives Contemporaines, 1988.

1. Sur ce questionnaire, cf. D. Nordman, «La notion de limite linguistique: l'enquête de Coquebert de Montbret sous le Premier Empire», in *La frontière, nécessité ou artifice. Actes du XIIIᵉ Colloque franco-italien d'études alpines*, Grenoble, 1989, p. 13-34; I. Laboulais-Lesage, *Lectures et pratiques de l'espace. L'itinéraire de Coquebert de Montbret, savant et grand commis de l'État (1755-1831)*, Paris, 1999.

public (Monge, Fourcroy, Berthollet), devenu chef du bureau de statistique au ministère de l'Intérieur en 1806, n'est pas identique. Dans un opuscule, tardif il est vrai, il livre ouvertement son sentiment : «Il ne faut pas croire que l'anéantissement des dialectes ou patois soit aussi prochain qu'on se pourrait l'imaginer. On ne peut l'espérer que de la marche du temps, des progrès de l'instruction primaire, et de l'empire lent, mais assuré de l'imitation, c'est en vain qu'on espérerait hâter cette révolution par des mesures administratives et surtout par la contrainte[1].» Le propos de l'enquête, lancée en 1806, est double : d'une part il s'agit de constituer une collection de documents écrits transcrivant les dialectes parlés pour connaître avec la plus grande précision la réalité linguistique de la France impériale : d'où la demande, faite le plus souvent auprès d'ecclésiastiques, des traductions non seulement de l'oraison dominicale (le *Notre Père*), mais aussi de la parabole de l'Enfant prodigue, tirée de l'Évangile de Luc. Est ainsi constitué un trésor archéologique du savoir dialectal puisque l'enquêteur affirme en 1812 avoir recueilli trois cent cinquante versions différentes provenant de soixante-quatorze départements. Parallèlement, il s'agit d'établir les limites spatiales, non seulement des «langues mères» (comme le français, le flamand, le breton, le basque), mais aussi des dialectes à l'intérieur de ces langues principales : d'où l'établissement, tout à fait novateur, de cartes linguistiques départementales, qui tracent les partages des langues ou des dialectes traversant l'aire considérée sous la forme de lignes de démarcation. Les différences linguistiques ne

1. Ch.-E. Coquebert de Montbret, *Mélanges sur les langues, dialectes et patois*, Paris, 1831, p. 23, texte cité par I. Laboulais-Lesage, *op. cit.*, p. 422-423.

sont donc plus perçues comme des distinctions culturelles ou sociales (la campagne contre la ville),
mais aussi comme des délimitations d'espaces. On
voit tout ce qui sépare cette vision d'un territoire
linguistique de l'objectif poursuivi par Grégoire.

Sur un troisième thème, certains des problèmes
que nous avions rencontrés et tenté de formuler
dans *Une politique de la langue* ont été repris, nos
premières tentatives relayées et amplifiées. En étudiant l'enquête de Grégoire et, en particulier, dans
les réponses de ses correspondants, nous n'avions pas
manqué de remarquer que, souvent, un questionnaire portant sur les pratiques langagières appelait,
presque insensiblement, des considérations que nous
qualifierions aujourd'hui d'ethnographiques, d'ethnologiques, voire d'anthropologiques. Ces termes sont
ambigus; ils forcent le trait et, pris à la lettre, ils ris-
queraient de fausser notre lecture des textes et ce
que nous pouvons comprendre des intentions de leurs
auteurs. Il n'empêche que là où les descriptions
anciennes se contentaient souvent de reprendre à
leur compte des stéréotypes convenus, le corpus de
l'enquête faisait sortir tout un répertoire d'observations et d'interprétations dont nous avions bien
conscience qu'il importait de ne pas les prendre à la
lettre, mais qui suggérait fortement que le projet
politique n'était pas séparable d'un projet de type
anthropologique. Nous avions essayé de faire comprendre comment se glissement s'opérait. Sur ces
premiers moments de la démarche anthropologique,
nous avons beaucoup appris depuis lors. On pense
moins ici aux grandes études d'histoire intellectuelle qui, de Georges Gusdorf à Sergio Moravia et
à Michel Foucault, se sont attachées à caractériser
cet épisode avec des fortunes diverses, qu'à la redé-

couverte de toute une littérature qui, à partir des années 1750-1760, a entrepris d'inventorier le détail de la France profonde : des genres spécifiques, le récit de voyage, la topographie médicale, le mémoire statistique, l'histoire provinciale, le dictionnaire, l'attestent. Mais la Révolution donne à cet intérêt multiforme une dimension politique nouvelle puisque, dans son projet d'«uniformiser le territoire» et de rassembler la Nation, elle ne peut manquer de s'interroger sur les différences qui traversent et séparent le pays réel. C'est très exactement en ce point que se situe l'enquête de Grégoire. Elle n'est pourtant qu'une étape dans une évolution bien plus complexe et que nous connaissons mieux. Non seulement les rythmes et les formes de la découverte de la France sont aujourd'hui davantage précisés, mais ce que nous pouvons comprendre de ce moment anthropologique a été considérablement affiné. On prend une mesure plus exacte du lien entre la floraison de la statistique descriptive, qu'on évoquait à l'instant, et l'émergence d'une gamme inédite de préoccupations tout entières inscrites dans le temps du politique[1]. On connaît mieux aussi les premières formes — très provisoires — d'un projet scientifique inchoatif, de l'organisation de la collecte des données, de celles de la sociabilité savante qui l'a accompagnée, avec la constitution de la *Société des Observateurs de l'Homme* (1799-1805), puis celle de l'Académie Celtique en l'an XIII[2]. Ces premières

1. M.-N. Bourguet, *Déchiffrer la France...*, op. cit. ; R. Chartier, «La ligne Saint-Malo-Genève», in P. Nora (éd.), *Les lieux de mémoire*, III, 1, *Les France. Conflits et partages*, Paris, Gallimard, 1992, p. 739-775 ; J. Revel, «La région», *ibid.*, p. 851-884.
2. J. Copans, J. Jamin, *Aux origines de l'anthropologie française. Les Mémoires de la Société des Observateurs de l'Homme en l'an VIII*, Paris, Le Sycomore, 1978 ; J. Jamin, «Naissance de l'observation anthropologique : la Société des Observateurs de

ébauches n'auront pas de prolongement immédiat, on le sait. L'intérêt qu'elles ont suscité depuis deux décennies parmi les historiens et, parfois, les anthropologues, nous informent moins sur les premières démarches d'une discipline qui reste encore à naître que sur les conditions dans lesquelles une gamme de questions a été posée et a parfois trouvé des éléments de réponse. À cet égard, il ne fait plus de doute que le tournant du xviiie au xixe siècle et, singulièrement, les années révolutionnaires constituent un épisode essentiel.

Venons-en pour finir, à un dernier débat que ce livre a croisé, qu'il a peut-être contribué à nourrir de ses propres questions et qui a été largement renouvelé et reformulé par la suite : c'est celui qui concerne la notion de culture populaire et les usages dont elle a fait l'objet, c'est-à-dire le point même dont était partie notre propre réflexion. Nous avons rappelé en commençant comment, d'une façon qui peut sembler après coup assez surprenante, la discussion des historiens s'était engagée autour d'objets paradoxaux comme la Bibliothèque bleue ou les contes de Perrault : paradoxaux parce que c'était sans nul doute choisir le chemin le plus difficile que d'aborder la culture « populaire » à travers des mixtes dont on identifiait mal la genèse, les modalités de constitution, les formes successives de l'appropriation. On était ainsi conduit à assigner le

l'Homme (1799-1805) », *Cahiers internationaux de sociologie*, 67, 1980, p. 313-335 ; M. Ozouf, « L'invention de l'ethnographie française : le questionnaire de l'Académie Celtique », in *L'École de la France, Essais sur la Révolution, l'utopie et l'enseignement*, Paris, Gallimard, 1984, p. 349-377 ; J.-L. Chappey, *La Société des Observateurs de l'Homme, 1799-1804. Genèse, personnel et activité d'une société savante sous le Consulat*, thèse dactylographiée, 3 vol., Université de Paris I-Panthéon-Sorbonne, 1999.

caractère populaire de telle pratique tantôt aux
acteurs qui étaient supposés la mettre en œuvre,
tantôt à un catalogue d'objets spécifiques. On se
heurtait bientôt à des difficultés insurmontables.
Quel était le «peuple» de la religion populaire dont
on parlait tant alors? S'agissait-il des paysans, des
laïcs, ou encore d'un collectif anonyme dont les
membres auraient eu pour trait commun de ne pas
être des clercs et de ne pas entretenir avec l'exercice de la religion des relations strictement normées
et légitimes? On était ainsi confronté à une définition toujours instable et qui risquait à tout moment
de réactiver les plus vieux stéréotypes sociaux. On
ne trouvait guère plus de raisons de satisfaction du
côté du répertoire des objets «populaires». Sans
doute les sources en suggéraient-elles de façon
répétitive l'existence. Sans surprise, on y retrouvait
pêle-mêle, au fil des études de cas, des rituels dits
archaïques, la sorcellerie, le tout-venant des superstitions, les pratiques guérisseuses, bref tout un
monde de «croyances». Mais ce faisant, l'historien
faisait-il autre chose que de reprendre à son compte
les partages et les exclusions que lui suggéraient,
précisément ses sources, partages qui avaient, en
outre, considérablement varié dans le temps[1]? Dans
l'analyse des réponses à l'enquête de Grégoire, nous
avions rencontré ces problèmes et nous nous étions
convaincus de l'impossibilité de tirer de ce matériel
documentaire un tableau factuel du monde culturel
des campagnes françaises à la fin du xviiie siècle. Ce
que nous rencontrions, au contraire, et ce que nous
avons essayé de comprendre, c'était bien plutôt un

1. J. Revel, «Forms of expertise: Intellectuals and "Popular"
Culture in France (1650-1800)», *in* S. L. Kaplan (éd.), *Understan-
ding Popular Culture: Europe from the Middle Age to the 19th Cen-
tury*, Berlin, Mouton, 1984, p. 255-273.

ensemble mouvant de positions à partir desquelles la caractérisation de populaire servait à des opérations de classement, de délégitimation, parfois aussi de re-légitimation. On nous a parfois adressé le reproche d'une sorte de scepticisme qui n'était certainement pas dans notre intention[1]. Le vaste mouvement de recherche qui a été engagé à partir de ces années-là nous semble être allé au contraire dans la direction que nous esquissions alors : on a progressivement renoncé à définir une improbable essence du «populaire» pour s'attacher plus justement à comprendre comment se construisaient des écarts qu'il n'était plus question de réduire à la trop simple opposition entre le savant et le populaire ; pour tenter de mieux rendre compte aussi des phénomènes de circulation et d'appropriation qui, à travers les effets de qualification dont ils étaient porteurs, rendaient possible une recomposition de l'ordre des pratiques. Nul doute que les analyses de Pierre Bourdieu dans La distinction (1979) n'aient conforté cette lecture renouvelée, puis, quelques années plus tard, la subtile critique qu'en ont à leur tour proposée Claude Grignon et Jean-Claude Passeron[2]. Mais c'est d'abord à partir de leurs sources que les historiens ont entrepris, comme nous l'avions fait pour notre compte et sur un dossier circonscrit, la révision de quelques certitudes acquises. C'est alors qu'on a commencé d'utiliser avec plus de prudence la catégorie de culture populaire, comme on allait bientôt se déprendre de la notion régnante de

1. Ainsi C. Ginzburg, dans l'introduction de son grand livre, *Le fromage et les vers. L'univers d'un meunier du XVIᵉ siècle*, Paris, Flammarion, 1980 (original italien, 1976).
2. P. Bourdieu, *La distinction. Critique sociale du jugement*, Paris, Éd. de Minuit, 1979 ; Cl. Grignon, J.-Cl. Passeron, *Le savant et le populaire. Misérabilisme et populisme en sociologie et en littérature*, Paris, «Hautes Études», Gallimard/Éd. du Seuil, 1989.

« mentalité », qui lui était souvent associée d'ailleurs. On sait la place que devait tenir la critique qui s'engageait alors dans la redéfinition des outils, des démarches et des thèmes d'une histoire culturelle qui devait s'en trouver, à terme, profondément renouvelée.

Dominique Julia, Jacques Revel

INDEX DES NOMS
ET DES LIEUX

TABLE DES CARTES

D. Julia a rédigé le chapitre I; M. de Certeau les chapitres II à VII et la conclusion; J. Revel le chapitre VIII; la postface est due à D. Julia et J. Revel. Les cartes (à l'exception de celle de la p. 314) ont été réalisées par Marie-Madeleine Compère.

DOCUMENTS

ANNEXES

DES MÊMES AUTEURS

Michel de Certeau

LE MÉMORIAL DE PIERRE FAVRE, Paris, Desclée De Brouwer, 1960.

GUIDE SPIRITUEL DE JEAN-JOSEPH SURIN, Paris, Desclée De Brouwer, 1963.

CORRESPONDANCE DE JEAN-JOSEPH SURIN, Paris, Desclée De Brouwer, Bibliothèque européenne, 1966.

LA PRISE DE PAROLE (1968), repris in *La prise de parole et autres écrits politiques*, Paris, Seuil, Points, 1994.

L'ÉTRANGER (OU L'UNION DANS LA DIFFÉ-RENCE) (1969), nouv. éd., Paris, Desclée De Brouwer, 1991.

LA POSSESSION DE LOUDUN (1970), 2e éd., Paris, Gallimard, Archives, 1980.

L'ABSENT DE L'HISTOIRE, s.l., Mame, Repères, 1973.

LA CULTURE AU PLURIEL (1974), nouv. éd., Paris, Seuil, Points, 1993.

LE CHRISTIANISME ÉCLATÉ (*en collaboration avec Jean-Marie Domenach*), Paris, Seuil, 1974.

UNE POLITIQUE DE LA LANGUE. LA RÉVOLU-TION FRANÇAISE ET LES PATOIS (*en collaboration avec Dominique Julia et Jacques Revel*), Paris, Gallimard, Bibliothèque des histoires, 1975 ; Folio Histoire no 117, 2002.

L'ÉCRITURE DE L'HISTOIRE (1975), 3e éd., Paris, Gallimard, Bibliothèque des histoires, 1984 ; Folio Histoire no 115, 2002.

L'INVENTION DU QUOTIDIEN. 1. ARTS DE

FAIRE (1980), nouv. éd., Paris, Gallimard, Folio Essais
nº 146, 1990.

L'INVENTION DU QUOTIDIEN. 2. HABITER,
CUISINER (1980) (en collaboration avec Luce Giard et
Pierre Mayol), nouv. éd. revue et augmentée, Paris, Galli-
mard, Folio Essais nº 238, 1994.

LA FABLE MYSTIQUE XVIᵉ-XVIIᵉ SIÈCLE, tome I
(1982), 2ᵉ éd., Paris, Gallimard, Tel, 1987.

L'ORDINAIRE DE LA COMMUNICATION (en collaboration avec Luce Giard), Paris, Dalloz, 1983.

HISTOIRE ET PSYCHANALYSE ENTRE SCIENCE
ET FICTION, (1987), nouv. éd. revue et augmentée, Folio
Histoire nº 116, 2002.

LA FAIBLESSE DE CROIRE, Paris, Seuil, Esprit, 1987.

Dominique Julia

ÉCOLE ET SOCIÉTÉ DANS LA FRANCE D'AN-
CIEN RÉGIME. QUATRE EXEMPLES : AUCH,
AVALLON, CONDOM ET GISORS, Cahier des
Annales nº 35, Paris, A. Colin, 1975, 119 p., (en collabora-
tion avec W. Frijhoff).

L'ÉDUCATION EN FRANCE DU XVIᵉ AU XVIIIᵉ
SIÈCLE, Paris, SEDES, 1976 (en collaboration avec
R. Chartier et M.-M. Compère).

LES TROIS COULEURS DU TABLEAU NOIR.
LA RÉVOLUTION, Paris, Belin, 1981.

LES COLLÈGES FRANÇAIS DU XVIᵉ AU
XVIIIᵉ SIÈCLE. RÉPERTOIRE DES ÉTABLIS-
SEMENTS, T. 1, FRANCE DU MIDI, Éditions du
CNRS, et Service des publications de l'INRP, Paris, 1984;

T. 2, FRANCE DU NORD ET DE L'OUEST, *ibid.*, 1988. (en collaboration avec M.-M. Compère).

ATLAS DE LA RÉVOLUTION FRANÇAISE, Fascicule 2, L'ENSEIGNEMENT 1760-1815 (en collaboration avec H. Bertrand, S. Bonin, A. Laclau pour la conception graphique), Paris, Éditions de l'École des Hautes Études en Sciences Sociales, 1987.

Direction d'ouvrages

LES UNIVERSITÉS EUROPÉENNES DU XVIᵉ AU XVIIIᵉ SIÈCLE. HISTOIRE SOCIALE DES POPULATIONS ÉTUDIANTES

T. I : BOHÈME, ESPAGNE, ÉTATS ITALIENS, PAYS GERMANIQUES, POLOGNE, PROVINCES-UNIES, Études rassemblées par D. Julia, J. Revel et R. Chartier, Paris, Éditions de l'École des Hautes Études en Sciences Sociales, 1986.

T. II : FRANCE, Études rassemblées par D. Julia et J. Revel, Paris, Éditions de l'École des Hautes Études en Sciences Sociales, 1989.

PASSÉS RECOMPOSÉS. CHAMPS ET CHANTIERS DE L'HISTOIRE (en collaboration avec Jean Boutier) Paris, Éditions Autrement, 1995.

REINE AU MONT AUXOIS. LE CULTE ET LE PÈLERINAGE DE SAINTE REINE DES ORIGINES À NOS JOURS (en collaboration avec Philippe Boutry), Paris-Dijon, Éditions du Cerf-Ville de Dijon, 1997.

HISTOIRE DE L'ENFANCE EN OCCIDENT, vol. 1 : DE L'ANTIQUITÉ AU XVIIᵉ SIÈCLE, Paris, Éditions du Seuil, 1998 (en collaboration avec Egle Becchi).

PÈLERINAGES ET PÈLERINS DANS L'EUROPE

MODERNE (XVIᵉ-XVIIIᵉ SIÈCLES) (en collaboration avec Philippe Boutry), Rome, École française de Rome, 2000.

RENDRE SES VŒUX. IDENTITÉS PÈLERINES DANS L'EUROPE MODERNE, (en collaboration avec Philippe Boutry et Pierre-Antoine Fabre), Paris, Éditions de l'École des Hautes Études en Sciences Sociales, 2000.

VISITATION ET VISITANDINES AUX XVIIᵉ ET XVIIIᵉ SIÈCLES, Actes du colloque international tenu à Annecy 3-5 juin 1999 (en collaboration avec Bernard Dompnier), Saint-Étienne, Presses de l'Université de Saint-Étienne, 2001.

Jacques Revel

LA NOUVELLE HISTOIRE, Paris, Retz, 1998 (en codirection avec Jacques Le Goff et Roger Chartier).

LES UNIVERSITÉS EUROPÉENNES DU XVIᵉ AU XVIIIᵉ SIÈCLE, 2 vol., Paris, Éd. de l'EHESS, 1986, 1989 (en codirection avec Roger Chartier et Dominique Julia).

LOGIQUES DE LA FOULE. L'AFFAIRE DES ENLÈVEMENTS D'ENFANTS, PARIS, 1750, Paris, Hachette, 1985 (avec Arlette Farge).

HISTOIRE DE LA FRANCE, 4 vol., Paris, Éd. du Seuil, 1989-1993 (codirection avec André Burguière).

A INVENÇAO DA SOCIEDADE, FRANÇA MODERNA, Difel, Lisbonne, 1990.

JEUX D'ÉCHELLES. LA MICRO-ANALYSE À L'EXPÉRIENCE, Paris, Gallimard/Éd. du Seuil, 1996 (sous la direction de Jacques Revel).

HISTORIES. FRENCH CONSTRUCTION OF THE PAST, New York, The New Press, 1996 (avec Lynn Hunt).

LES USAGES POLITIQUES DU PASSÉ, Paris, Éd. de l'EHESS, 2001 (en codirection avec François Hartog).

Composition Interligne.
Impression Société Nouvelle Firmin-Didot.
le 20 août 2002.
Dépôt légal : août 2002.
Numéro d'imprimeur : 60783.

ISBN 2-07-042457-X/Imprimé en France.